U0531019

中东部落名著译丛
韩志斌　总主编

TRIBES AND STATE FORMATION
IN THE MIDDLE EAST

中东部落与
国家形成

〔美〕菲利普·库里　　主编
〔以〕约瑟夫·克丝缇娜

韩志斌　等译

商务印书馆
The Commercial Press

Philip S. Khoury and Joseph Kostiner

Tribes and State Formation in the Middle East

© 1990 by The Regents of the University of California

Published by arrangement with University of California Press

本书由加利福尼亚大学董事会与加利福尼亚大学出版社于1990年合作出版的版本翻译而成。

主编简介

菲利普·库里为哈佛大学博士，美国麻省理工学院人文、艺术与社会科学学院主任，美国中东研究联合会前主席，美国科学促进会会员。出版的著作获得乔治·路易斯·比尔奖，这是美国历史学界影响最大的奖项之一。

约瑟夫·克丝缇娜为以色列特拉维夫大学教授，主要研究海湾国家的历史，以及中东部落问题。

陕西省普通高等学校优势学科建设项目经费资助

国家社科基金重大项目"中东部落社会通史研究"中期成果

译丛总序

韩志斌

"中东部落名著译丛"是以西北大学中东研究所韩志斌教授为首席专家的国家社科基金重大项目"中东部落社会通史研究"(项目号：15ZDB062)的中期成果，计划翻译英文、阿拉伯文、波斯文、土耳其文等经典名著若干，每年出版2—3部，本着宁缺毋滥的原则，确保精品出版。

中东地区整体性形态与结构的发展使其呈现一区多样、同区异国、常区时变的基本特征。这种一与多、同与异、常与变的文明互动是构成该地区历史面貌的基本因素。凡属古今之大事，都要根据历史连续性原则，进行梳理、连缀和扩展，使之呈现点、线、面相结合的历史演进轨迹，将之汇总于这一地区历史和现实中持续不断的文明创造，把看似孤立的历史事件放置于地区的整体历史中，在文明交往中确定历史事件的坐标，从而客观反映中东历史发展的原貌。

中东地区对于我国的对外战略和对外开放具有重要价值，特别是在"一带一路"倡议的背景下，中国和中东国家的关系近年来得到全面发展，合作涉及能源、基础设施、工业、科技、卫生、农业等多个领域。可以说，中东是与中国国家利益密切相关的地区之一。但同时，中东地区的国际热点问题频发，如巴以问题、叙利亚问题等都对地区和国际局势产生了重要影响，中国需要对相关事件做出及时和准确的反应。因此，中国学者亟须对中东的历史与现状进行全面系统的深入研究，以便为中国的中东政策和中国与中东国家的合作提供参考。近年来，我国在对外交往中强调不同宗教、不同文明的对话和交流互鉴。中东地区是人类文明的重要发祥地之一，同时也是不同宗教、不同文明的交融之地。因此，对于中东经典名著的系统译介有助于把握中东文明的发展脉络，为进一步深入研究中东文明和构建中东史研究的话语体系提供文献支持。

这里重点强调一下中东部落的重要性。人类学家菲利普·卡尔·萨尔兹曼指出，历史上曾经有两种方式统治着中东：部落的自治和君王的中央集权制。前者是这个地区的特色，也是理解该地区社会深层结构的关键锁钥。虽然现在各国均有各自的社会组织形式和政治制度，但绝大多数中东国家都起源于部落社会，它们有一个共同特征：这些国家长期存在着部落组织。可以说，部落是中东社会的典型特征，不了解中东部落社会就难以解读中东的深层社会结构。因此，对中东部落社会的深入剖析是理解中东问题的基础。2010年以来，阿拉伯国家经历了几十年未有之大变局，维系这些国家多年的统治模式面临前所未有的挑战。此次变局引起阿拉伯强权体制国家（突尼斯、埃及、利比亚、也门、叙利亚）的"连锁式崩溃"，阿拉伯国家因此陷入剧烈动荡之中。阿拉伯大变局引发国内外学术界的高度关注，学者们从各个视角深刻反思这场政治变局发生的原委，大都认为，阿拉伯大变局的发生是内外因综合作用的结果。内因是这些国家政治发展的衰朽（特别是威权主义、家族政治以及老人政治），经济发展停滞不前以及网络新媒体的传导等；外因则是欧美国家的干预与美国"大中东民主化"的余波，甚至还有气候变迁的影响等。应当说，学者们的上述探讨从不同层面揭示了这场大变局的某些原因，但"冰冻三尺，非一日之寒"，国内外学术界忽视了引发此大变局的一个深层次原因，那就是困扰阿拉伯国家至今的部落问题。在2010年肇始的阿拉伯变局中，部落问题成为推动变局产生、发展与达至高潮的重要因素之一，至今仍在产生影响，如在利比亚、也门等国。目前的利比亚乱局是部落武装混战的结果，也门的胡塞武装也是从部落起义发展起来的，至今搅得中东周天寒彻的"伊斯兰国"也与部落有着千丝万缕的联系。这也是本译丛较多关涉与部落相关的著作的深层原因。

策划"中东部落名著译丛"的初衷有三点：一是从世界史领域来说，中东史是世界史研究的薄弱领域，需要深入理解国外经典名著；二是中东史研究虽然取得了一些进展，但对国外学者的经典名著的了解仍然不足；三是中东主要国家均在丝绸之路经济带沿线，了解中东经典名著对我国推进"一带一路"建设有镜鉴作用。

西北大学中东研究所长期致力于中东、阿拉伯国家历史与国际关系的研究，陆续完成《二十世纪中东史》和《阿拉伯国家史》两部全国研究生教学用书，以及13卷本的《中东国家通史》和《中东史》，涉及断代史、地区史、国别史和通史，并出版有其他专题史著作。这些著作在国内学术界赢得好评，先后获教育部和陕西省哲学社会科学优秀成果一、二等奖多项。8卷本的《非洲阿拉伯国家通史》是国家社科基金重大项目结项成果，即将在商务印书馆出版，也将完成"大中东通史"学术体系、话语体系的构建。本套译丛是西北大学中东研究所中东研究系列的拓展和补充。

如果说，目前已有的中东通史、中东地区史、中东国别史、中东断代史、中东专题史是宏论中东帝国王朝、民族国家、政治精英、宗教民族、思想文化、军事外交的兴衰史，那么"中东部落名著译丛"则是细说中东底层大众生活状况的流变史，描述中东社会基层组织与结构的跃迁史，剖析中东部落与国家相互影响的互动史，其目的是全面反映国外学者如何讲述中东部落社会历史发展的原貌，体现国外学者对该地区历史研究的独特观点、研究水准及学术价值。

是为"中东部落名著译丛"总序。

目录

前　言——罗伊·P. 莫塔赫德赫　　　　　　　　　　　　　/1
纪念马尔科姆·克尔——艾伯特·胡拉尼　　　　　　　　　/3
致　谢——菲利普·库里　约瑟夫·克丝缇娜　　　　　　　/7

引　言　中东部落与国家形成的复杂性
　　　　　　——菲利普·库里　约瑟夫·克丝缇娜　　　　/9

第一部分　历史学、人类学、方法论与比较的视野

第一章　伊斯兰历史上的部落与国家形成
　　　　　　——艾拉·M. 拉皮杜斯　　　　　　　　　　/33

第二章　中东部落与国家形成中的人类学家、历史学家和部落民众
　　　　　　——理查德·塔珀　　　　　　　　　　　　/57

第三章　中东部落与国家形成的人类学理论：意识形态与权力的
　　　　符号学——史蒂文·C. 卡顿　　　　　　　　　　/88

第四章　中东的部落主义与国家——欧内斯特·盖尔纳　　/129

第五章　非同时的同时性：现代中东古老的部落与强加的民族国家
　　　　　　——巴萨姆·提比　　　　　　　　　　　　/152

第六章　中亚视域中的部落与国家关系
　　　　　　——托马斯·J. 巴菲尔德　　　　　　　　　/179

第二部分　中东国家个案研究

第七章　19和20世纪伊朗的部落与国家
　　　　——路易斯·贝克　　　　　　　　　　／213

第八章　转变的二元性：沙特部落与国家的形成
　　　　——约瑟夫·克丝缇娜　　　　　　　　／255

第九章　伊玛目与部落：上也门的历史书写与演绎
　　　　——保罗·德雷舍　　　　　　　　　　／283

第十章　部落与国家：利比亚的异常个案
　　　　——丽萨·安德森　　　　　　　　　　／319

结　语　伊斯兰历史上的部落与国家
　　　　——艾伯特·胡拉尼　　　　　　　　　／335

中东术语词汇表　　　　　　　　　　　　　　　　／343
参考书目　　　　　　　　　　　　　　　　　　　／347
索　引　　　　　　　　　　　　　　　　　　　　／365

── 前　言 ──

罗伊·P. 莫塔赫德赫[1]

　　某些历史命题在提出之前一直没有得到关注，而某些历史命题需要一代一代人去重复体验。当菲利普·库里（Philip S. Khoury）、约瑟夫·克丝缇娜（Joseph Kostiner）在哈佛大学中东研究中心提出举办"中东部落与国家形成"的学术研讨会时，我立即感觉到这是重新发现"中东部落与国家"这一主题的良机。这是一个经久不衰的话题。最近几十年来，人类学家、历史学家对中东语境中的部落和国家做出了较多研究成果，本次会议至少可以在此基础上对这一命题进行重新阐释。

　　这一命题的生命力为何如此持久，原因甚多。6000 年前，底格里斯河—幼发拉底河两岸形成的定居群体是这一命题研究的核心内容。《古兰经》(49: 13) 含蓄地指出了人类社会的类型："众人啊！我确已从一男一女创造你们，我使你们成为许多民族和部落（tribe），以便互相认识。在真主看来，你们中最尊贵者，是你们中最敬畏者。真主确是全知的，确是彻知

---

[1] 罗伊·P. 莫塔赫德赫（Roy P. Mottahedeh），伊斯兰社会史教授，哈佛大学中东研究中心主任。著作有：《先知的斗篷》（The Mantle of Prophet, Simon and Schuster, 1986）和《早期伊斯兰社会的忠诚与领袖地位》（Loyalty and Leadership in an Early Islamic Society, Princeton University Press, 1980）。

的"[1]。伊本·赫勒敦[2]（1332—1406）是前现代伊斯兰社会睿智的思想家，在伊斯兰历史上具有重要的地位，他思考的核心主题就是部落和政府权力的类型。

然而，曾几何时，全世界民众对中东社会和政府一直进行着激烈的争论，但部落研究却无人问津。由于部落似乎是一个消失的、前现代的政治单元，人们一直怀疑殖民主义政权企图通过玩弄部落认同对殖民地分而治之。正如本书作者所言，在中东特有的历史情景下，不应该仅仅关注城市市场经济或"乌里玛"（ulama），部落研究更不可能被忽视。

现代中东史的一个重要特征就是，坚持在新的语境中解读社会认同（social identification）的陈旧范式，现代欧洲历史也是如此。

很荣幸能为本书尽绵薄之力。本书也是为纪念马尔科姆·克尔（Malcolm Kerr）而作，他攻读学位，投身于中东研究的学术思索。可以说，他的所作所为在某种程度上对我们所有人都有启发。

---

[1] 《古兰经》，马坚译，中国社会科学出版社，2013年，第264页。——译者注
[2] 伊本·赫勒敦（Ibn Khaldun），1332年出生于突尼斯，是中世纪阿拉伯西部地区（马格里布）最后一位著名的哲学家，还是一位历史学家、社会学家和宗教学者，著有《历史绪论》。——译者注

纪念马尔科姆·克尔

艾伯特·胡拉尼[1]

让我欣慰的是,本书是为了纪念马尔科姆·克尔而著。原因有二:一是马尔科姆·克尔的职业生涯与哈佛紧密地联系在一起。本书的诸多作者对他十分熟悉,认识他的人都很喜欢他,悼念他。尽管他逝世了,但给我们留下一笔珍贵的智力财富与历史记忆,恒久的魅力和水晶般的心灵。

50年前,我认识了他。这50年的时光几乎占据他生命的绝大部分。曾记得,他当时与父母居住在贝鲁特,父亲是贝鲁特美国大学的教授。他身材修长、性格活泼、彬彬有礼,衣着整洁,是一个干净清新的小男孩。20年后,他在牛津大学圣安东尼学院(St. Antony's College)度过一年的时光。从贝鲁特美国大学完成学业后,他前往加州大学洛杉矶分校(UCLA)谋职。他一直和安(Ann)居住在一间冰冷的房子里,这可能影响了他的健

---

[1] 艾伯特·胡拉尼(Albert Hourani),牛津大学圣安东尼学院荣誉退休教师(Emeritus Fellow),著作等身,包括:《现代中东的产生》(*The Emergence of the Modern Middle East*, University of California Press, 1981)、《欧洲和中东》(*Europe and the Middle East*, University of California Press, 1980)和《自由主义时代的阿拉伯思想,1789—1939》(*Arabic Thought in the Liberal Age, 1798–1939*, Oxford University Press, 1962)。

康。他的长老会斯多葛主义风格（presbyterian stoicism）让他对这些痛苦能坦然待之。经过一年的博览群书和掩卷冥思，他的精神生活发生了巨大变化。这一年，他与安成为知音，与伊丽莎白·门罗（Elizabeth Monroe）等人以及我们成为密友。他值得在学院历史上留下一个注脚，因为是他让我们改变了一个荒谬的规则，即某人可以邀请别人的妻子而不是自己的妻子参加贵宾席，共进晚餐。"如果我不带安，我就不参加晚宴。"他态度坚决，因此，会议改变了上述规则。

我记得诸多人等访问加州大学洛杉矶分校，最后一次是参加1979年的利瓦伊德拉维达（Levi della Vida）学术会议。我曾经在他漂亮的房子住过几次，这座房子可能让他回忆起父母在黎巴嫩山区艾因阿努卜（Ayn Anub）的房子。房子一边的旧金山蜿蜒延伸，另一边则是一座光秃秃的山丘。我依稀记得，那天清晨起得很早，看到野鹿从山下跑到上面的花园中啃吃玫瑰花。这些年，他做过教师，担任过冯格吕内鲍姆中心（Von Grunebaum Center）主任与院长，生活过得很快乐。如果仅仅想到学术职业的正常模式，他离开加州大学洛杉矶分校，回到贝鲁特美国大学，对他不熟悉的人可能感到这是一件令人吃惊的事情。1982年以色列入侵黎巴嫩的内战时期，他本应该担任该大学校长，但他在贝鲁特期间没有得到擢升。这件事人所共知。

在他去世之前，我对他的最后记忆是那年夏天他在英国的访问。他来到牛津，我们为他及其朋友举行了欢迎会。他似乎已经改变了一些，不再直言不讳，为人更为谨慎，相当沮丧，不幸的阴影似乎已经笼罩在他身上。但是我敢肯定，除了贝鲁特美国大学外，他哪都不想去，那里是他童年生活之地，现在是他尽责之地。

第二个让我对纪念马尔科姆·克尔感到欣慰的原因似乎并不明显。初看上去本书讨论的主题与对马尔科姆·克尔的纪念并不是那么一致。他是一个政治学家，非常棒的政治学家，其思想具有非同寻常的历史深度。他作品很少，但部部是精品：三本书——《黎巴嫩封建主义的最后岁月》

(*Lebanon in the Last Days of Feudalism*)(本书也是1860年战争的阿拉伯编年史的译本)、《伊斯兰改革》(*Islamic Reform*)、《阿拉伯的冷战》(*The Arab Cold War*)——以及诸多文章,其中较为重要的一篇是关于"阿拉伯民主的激进观点"。这些成果概念清晰、资料翔实,是了解阿拉伯世界的必备佳作之一。我在这里向大家郑重推荐。

如果我们探究这些作品表象之下的深层次意蕴,就会发现政治和社会行动形式本身所表达出的社会与文化。他认为,塑造一种文化的思想与信念不应该简单化约为社会力量的结果,而应该有它们自身的权利和价值判断。它们赋予社会与政治进程以特殊的性质。我在他的《伊斯兰改革》一书中发现了一段展示他信仰的句子:

> 本书的主题遵循如下假设……一系列抽象的社会思想的重要意义至少部分取决于他们的智识价值(intellectual worth),即凝聚力(coherence)、深刻性(profundity)、洞察博学(insight and learning)、目标纯正(sincerity of purpose)。乍一看,本命题并不另类,但实际上今天许多人正在遭遇类似尴尬。在这个对外援助和文化交流盛行的时代,所有文化都是平等的,没有强弱之分,尖锐地批评他人的信仰似乎傲慢自大,非明智之举。更糟糕的是,现代的社会学理论所做出的尖锐评判似乎并不老于世故……它指引我们关注下述人群的生活情形,即思想深刻或接受某些思想者;或者远离思想本身的内容和本质,使它们处于被遗忘地位的人士,而这些科学方法解释社会进程存在诸多变量。当然,也许社会学家是对的,在这些个案中,我们仅是将尸骨从一个墓地移向另一个。

本书所探讨的问题之一就是,我们所谓伊斯兰的信仰、思想和践行如何塑造部落和国家的进程?我们也许可以从马尔科姆·克尔信仰的表白中感悟到什么。

致 谢

菲利普·库里 约瑟夫·克丝缇娜[1]

  本书缘自1987年11月在马萨诸塞剑桥举行的"中东部落与国家形成"的学术研讨会。其组织者是麻省理工学院和哈佛大学,这里也是会议举办地点。为本书提供资助的是哈佛大学中东研究中心和麻省理工学院,他们设有研究国际问题、技术和发展以及中东研究的科研项目。哈佛大学的罗伊·莫塔赫德赫、麻省理工学院的迈伦·韦纳(Myron Weiner)和纳兹勒·舒克瑞(Nazli Choucri)为本书提供资助,出力不少,深表谢意。

  主编对参与学术会议的下列人员深表谢忱:伊森比凯·阿里肯利(Isenbike Aricanli)、爱德蒙·伯克三世(Edmund Burke III)、约翰·埃斯波西托(John Esposito)、福阿德·库里(Fuad Khuri)、吉迪恩·克雷赛尔(Gideon Kressel)、杰拉德·奥博迈耶(Gerald Obermeyer)、詹姆斯·皮斯卡托里(James Piscatori)和西达·斯考切波(Theda Skocpol)。尽管书中没有

---

[1] 菲利普·库里,麻省理工学院人文、艺术与社会科学学院历史学教授和执行主任。著作有:《叙利亚和法国委任统治》(*Syria and the French Mandate*, Princeton University Press, 1987)和《城市精英和阿拉伯民族主义》(*Urban notables and Arab Nationalism*, Cambridge University Press, 1983)。约瑟夫·克丝缇娜,特拉维夫大学中东和非洲历史系讲师。著作有:《南也门的奋斗》(*Struggle for South Yemen*, Croom Helm, 1984)和《南也门的革命战略》(*South Yemen's Revolutionary Strategy*, Tel Aviv, 1989)。

提及他们所做的贡献，但其实际价值却很大。感谢本书作者不厌其烦地修改文章，快速交稿。我们也很感激丽萨·安德森（Lisa Anderson）、托马斯·巴菲尔德（Thomas Barfield）以及巴萨姆·提比（Bassam Tibi）为本书提供佳作。特别感谢路易斯·贝克（Lois Beck）和艾伯特·胡拉尼在导言章节中做出的独到且深刻的评论。

我们还要感谢如下人员付出的辛劳：海伦·艾维斯（Helen Ives）打印了整个书稿；保罗·富尔塔瓦（Paul Furtaw）作为编辑助手与苏佩罗·高希（Supreo Ghosh）编排了参考书目；布朗温·梅尔奎斯特（Bronwyn Mellquist）出力不少，文字编辑娴熟明快。最值得赞许的是，加利福尼亚大学出版社的编辑琳妮·威西（Lynne Withey）提供的鼓励和支持。我们最应该感谢的是罗伊·莫塔赫德赫，他在智识上的指导和支持使我们的项目能够顺利进行并得以完成。

引 言

中东部落与国家形成的复杂性

菲利普·库里　约瑟夫·克丝缇娜

　　近年来，人类学家、历史学家和政治学家逐渐意识到在理解不同社会的延续和变迁方面有足够机会进行知识交流甚至合作。历史学家和政治学家借助人类学的概念和工具来考察某些文本记录（written record）所不能解决的问题。同理，人类学家在从事研究的过程中也非常重视历史记录在理解当代文化和社会经济现象过程中的重要意义。当今，历史研究以文献为基础，人类学实地调研基于个人观察之上，二者相得益彰。这种学术研究范式，尽管很难长久维持，但已经成为研究中东国家与社会不可或缺的部分。

　　本书集人类学、历史学和政治学的研究方法于一体，以讨论一个由任何一个单独学科都难以解释清楚的命题。尽管部落和国家一直是中东人类学家的研究领域，但是历史学家和政治学家对部落在构建政治系统和政治制度中所发挥的作用也颇感兴趣。本书的诸多文章栩栩如生地展现了三大学科相互渗透的多种路径和生动图景。他们的研究题域不局限于历史的个案研究、狭隘的法理分析以及特定社区的微观探讨，而是从长时段历史视角出发，将社会经济和文化变迁研究与政治、制度发展有机地结合起来。

为什么聚焦于中东部落与国家形成呢？其重要性至少体现在两个层面：

第一，在中东的历史长河中，统治这些地区的帝国在很长一段时间并不占据主导地位。尽管部落在伊斯兰帝国的产生、瓦解中扮演着重要角色，如伍麦叶王朝、阿拔斯帝国、法蒂玛王朝、奥斯曼帝国、萨法维王朝和卡扎尔王朝，但他们赢得了大多数人的支持，并占据主导地位，在中东不同地区不同时期因地区和时间而有所不同。下列地区并没有处于伊斯兰帝国有效统治范围之内，即伊朗和土耳其平原、叙利亚沙漠、阿拉伯半岛，上尼罗河地区以及北非的沙漠、山区和平原。[1] 仅自19世纪中期起，这些地区的部落人口开始以不同的速度与节奏融入中东和北非的现代国家。但是正如本书某些作者所言，由于国家形成了，但部落并不是没有存在的必要了。部落力量对国家形成的作用在不同地域间的差异，就像伊朗和摩洛哥之间的差异那样明显，它们可能在国家形成中仍然保持着部落形态或者仅仅是不同形态的部落实体。实际上，以下事实在国家形成过程中司空见惯，即鼓励现存部落与国家权威达成默契，但其目的是赢得自治，或者创造一个与种族联系在一起、具有无限忠诚的新部落，让他们反对国家，甚至寻求独立。

第二，本书有助于推动社会学家将"国家研究回归到政治分析"的框架之中。[2] 中东伊斯兰国家的政治和制度研究有着悠久的历史编纂传统，至少可以追溯到14世纪伊本·赫勒敦的作品。研究中东国家的形成，是将国家作为自治的政治行为体，它将推动或反映社会变迁。然而，最近相

---

[1] 正如霍奇森（Hodgson）指出，这些地区并不是文明的核心。Marshall G. S. Hodgson, *The Venture of Islam* (Chicago, 1974), 2: 69–78.

[2] Ghassan Salamé 为 Salame, ed., *The Foundations of the Arab State* (London, 1987), 1:1 撰写的前言。另参见 Peter B. Evans, Dietrich Rueschemeyer, and Theda Skocpol, eds., *Bring the State Back In* (New York, 1985).

关研究成果较少,也是从事这项学术研究的最佳时期。[1] 本书学者的灵感大多数是在对欧洲、拉美以及最近美国国家形成的广泛考察中获取的。[2]

然而,讨论中东国家形成会遇到一些不易解决的难题。首先,"国家"一词与欧洲的概念和制度相联系,但到20世纪晚期这一概念也不一定反映中东现实。阿里·巴努阿齐兹(Ali Banuazizi)和迈伦·韦纳曾经写道:"国家意味着一种主权权威,一种基于共识和强制之上的主权。国家与特定的边界领土相联系,并由此垄断了强制性权力(coercive authority)。合法性暗示着一种神话与符号,可以为一种意识形态提供理性,并为垄断强制性权力提供了正当借口。"[3] 但是在20世纪的中东地区,掌权的君主、军官和其他政治精英在构建垄断强制性权力的过程中遇到了各种困难,原因在于他们在推进民众支持的政治合法性方面做得并不成功。其结果就是,他们面临着包括部落在内的各种社会和政治力量的反对和抵抗。典型案例就是20世纪80年代,阿富汗历史所展现出的乱局。[4] 不过,与此同时,20世纪中东和北非国家形成的特殊历程,导致传统部落权威自动或强制性地解体,削弱了昔日的部落忠诚。其结果就是出现了新型组织和运动,它们保留了某些部落特征,但受到阶级、族群,甚至民族主义等诸多条件的影响。

---

1 例如,Richard Tapper, ed., *The Conflict of Tribe and State in Iran and Afghanistan* (London, 1983); Gabriel Ben-Dor, *State and Conflict in the Middle East* (Boulder, Colo., 1983); Lisa Anderson, *The State and Social Transformation in Tunisia and Libya, 1830-1980* (Princeton, 1986); John Davis, *Libyan Politics: Tribe and Revolution, Society and Culture in the Modern Middle East* (London, 1987); John Wilkinson, *The Imamate Tradition of Oman* (Cambridge, 1988)。北美中东研究协会第23次年度会议全体大会,多伦多,1989年11月15—18日,本次会议主要研讨中东国家研究的新思路。

2 例如,Theda Skocpol, *States and Social Revolutions* (Cambridge, 1979); Charles Tilly, ed., *The Formation of National States in Western Europe* (Princeton, 1975); Evans, Rueschemeyer, and Skocpol, *Bringing the State Back In*。

3 Ali Banuazizi and Myron Weiner, eds., *The State, Religion, and Ethnic Politics: Afghanistan, Iran, and Pakistan* (Syracuse, 1986), p. 7.

4 Banuazizi and Weiner, eds., *The State, Religion, and Ethnic Politics*, p. 8.

这里想突出强调的是：尽管本书作者从不同的视角阐述部落和国家的历史关系，但现代学者对此领域取得的成果并不满意，感到忐忑不安。这种紧张状态一方面在某种程度反映了我们历史学家采用了不同的研究路径或学术观点；另一方面也反映了我们人类学家的同样状态。然而，大家一致认为中东没有"纯粹"的部落社会，艾拉·拉皮杜斯（Ira Lapidus）和约瑟夫·克丝缇娜两位历史学家采用了"微妙进化分析路径"（nuanced evolutionary approach），试图解释某些部落社会为什么缺乏国家的政治和制度特征。理查德·塔珀（Richard Tapper）和路易斯·贝克两位人类学家对进化论持有异议，后者认为部落是国家的前身。他们更关心部落和国家如何长期共存，以及二者关系的远近，并不关注部落如何成为国家。实际上，他们认为，尽管许多部落制度是国家的一部分，具有国家的某些结构，但很少能够改造为国家。巴萨姆·提比和丽萨·安德森两位政治学家，采纳了第三种研究方法，他们主要关心中东国家的认同和结构问题。他们演示了部落和部落行为模式如何影响国家的集体认同和决策过程。

本书基本上考察了中东部落与国家在不同地区不同时间的定义、功能、相互关系，以及"部落"和"国家"在中东社会和中东学术界特定语境中所蕴含的不同方法论意义以及文化和意识形态的假定。本文作者主要考察了中东国家在本地区扮演的主导角色，部落和国家的持续交往，在交往过程中的变迁，这种变迁在中东地区所带来的相同或不同效果，以及当代部落结构和体系继续流变的原因。

从理想类型的角度来说，部落和国家看起来似乎毫不相干，特别是提比在本文中所提及的民族国家（nation-states）更是如此。塔珀在其文中写到，"从传统意义上来说，伊朗和阿富汗的部落组织在历史上一直是国家根深蒂固的对抗者"，这一观点也适应于中东的诸多地区。[1] 部落在特定

1　Richard Tapper, Introduction to Tapper, *Conflict of Tribe and State*, p. 4.

领土范围内垄断了权力，是按照血缘联系和家庭谱系原则管理的亲族团体（Kin Group）的理想类型。按照这种规范的类型学方法，国家需要比家族联系更复杂类型的忠诚。用埃米尔·涂尔干（Emile Durkheim）的话说，国家是建立在一种"机械团结"（mechanical solidarity）的基础之上的，那就是说，是建立在族群、经济、官僚和政治组织的多重合作的基础之上的。[1] 因此，要想成为国家，部落社会必须经历巨大的变迁。基本上说，它们必须激进地改变它们的"部落核心精神"（tribal ethos）。

这种理想分类存在着如下问题：它们不能表达更为复杂的现实。它们采取了部落和国家的概念，假定了一种相互交往的理解方式。从中东历史和现代的证据来看，这种方式难以证实。正如塔珀指出，部落类型学认为，他们的成员基本上过着游牧田园的生活，是一种"'原始'的孤立组织"，实际上某些地区的部落"过着定居生活，与游牧主义和田园生活无关"。尽管伊朗西部的部落属于游牧组织，包括一些库尔德人和沙塞温（Shahsevan）部落流行游牧方式，但在阿富汗东部的部落是定居的，如帕坦人（Pathan）。[2] 这种类型学得出的观点还认为，历史上部落"与国家或他们的代理人疏于接触"，是一种对抗关系。事实上，"尽管部落和国家与生俱来存在着不稳定性，但二者创造了一个相互维持的体系"[3]。

由于"部落"一词主要描述不同类型的组织或社会构成，因此不可能存在一个单一的、无所不包的定义。塔珀在本书中从两个层面突出强调了部落的定义问题：一是阐述这一名词运用的不同方法；二是分析人类学家和历史学家的滥用和误用。他在其他文章中也指出，以不同层次的组织来考察部落是非常有益的，如从"营地"（camp）到"联盟"（confederation），以及研究影响各层次部落的不同过程。他提供了相关有意义的线索：

---

1 参见 Ernest Gellner, "Cohesion and Indentity: The Maghreb from Ibn Khaldun to Emile Durkheim," in Gellner, *Muslim Society* (Cambridge, 1981), pp. 86–98。
2 Tapper, Introduction, p. 47.
3 Tapper, Introduction, pp. 4, 8.

"部落"一词可能用于一个松散的或有局限性的组织，亲属关系在组织中发挥主要作用，其成员认为自己从文化层面与众不同（如习俗、方言或语言以及出身）；部落从政治层面来说是统一的，尽管不一定处于一个核心领袖的统治之下，这两个特点与国家有叠加之处。这种部落也构成了同类型部落的地区、政治结构。一般来说，它们不会与国家有直接联系，但通过这些媒介（intermediate）结构产生作用。更明确的语汇"联邦"（confederacy）或"邦联"（confederation）主要指地方大型部落，后者从文化、想象的起源，也许是阶级构成层面来看是不同的，但在政治层面一般处于一个中央权威的管理之下。[1]

艾伯特·胡拉尼在文章中指出，部落的团结精神并不是因为族属关系，而是因为"共同的祖先神话"。本书的其他作者也认为，部落团结精神是建立在一种更复杂的忠诚基础之上，这在20世纪比族属关系更实在或神秘。政治、社会、文化和民族语言以及领土联系都可以让部落更加团结。塔珀指出，伊朗的一些部落从来不认同下述观点，即认为部落是"具有共同祖先的意识形态，以及同一领袖的地方性政治组织"。然而，大多数部落"都千方百计地将共同的祖先谱系归功于那些居住在某一领土上获得权力的人物"[2]。部落研究者也不认为，部落能够在不同的生态系统中生存，部落可能是游牧的，可能是定居的，他们甚至族群背景不同。一些部落分支或族属可以联合起来组成部落；[3]有时，部落也可以通过国家干预而组建。

戴尔·艾凯尔曼（Dale Eickelman）和保罗·德雷舍（Paul Dresch）将各种各样族属分析的局限性进行了编目，更具体地讲应该称为"分支—世

---

1 Tapper, Introduction, pp. 6, 9.
2 Tapper, Introduction, p. 66.
3 塔珀将宗族界定为"一组人群，大的民族或族群的一部分，他们声称有共同的祖先，尽管没有必要去追根溯源"。一个宗族"当它们是从政治层面定义的组织，可能被看作是部落及其派系的文化或意识形态层面"。（Introduction, p. 10）

系理论"(segmentary-lineage theory),这是部落与国家区别的一种方式。他们强调的部落特征是:文化上与众不同、政治上自治,部落并不是碎片化(这种观点认为,在"平衡对抗"[balanced opposition]体系中,一个部落的亲属团体希望援助他们的盟友部落,对抗其他部落)或者奉行平等主义,老一辈人类学家已经强调过类似观点。[1]

与此相似,部落的理想分类也面临着中东历史学者和政治学者的激烈批评,他们不承认国家是一个在既定领土上垄断权力的统一政治实体。他们倾向于认为,国家是无数社会组织之一,其结构和功能不一定与现代欧洲国家模式相一致,后者被视为国家的理想模式。罗杰·欧文(Roger Owen)对此发出警告,尽管"国家"一词是多种物体属性的联合,或者说利维坦(Leviathanness),鼓励我们将之看作是单一的实体,或称之为所谓的社会"渗透"能力;或者说是操控或统治居住在不同空间、不同地域民众的能力,其"实际情况……则是更为复杂、更具变动性、更难概念化"。[2]罗纳德·科亨(Ronald Cohen)认为,"国家指的是权力、权威、结构和价值观的部分或整体变异,后者支持有组织的社会架构"[3]。对塔珀来说,"只要存在领土边界(不管界定的清晰或模糊)、中央政府(不论其目标是虚弱或有限)以及同源的人口,就可以界定为国家。在这些语汇中,一些部落联盟组成国家,一些国家也是在部落联系的基础上运行的。或者说,某些帝国承认国家或部落在其疆域内自治"[4]。

---

1 Dale F. Eickelman, *The Middle East: An Anthropological Approach*, 2rd ed. (Englewood Cliffs, N.J., 1988), pp. 126–150; Paul Dresch, "The Significance of the Course Events Take in Segmentary Systems," *American Ethnologist* 13 (May 1986); Paul Dresch, "Segmentation: Its Roots in Arabia and Its Flowering Elsewhere," *Cultural Anthropology* 3 (1988): 50–67.

2 Roger Owen, "State and Society in the Middle East" (Plenary address to the Twenty-third Annual Meeting of the Middle East Studies Association of North America, Toronto, 15–18 November 1989). 编者感谢欧文博士允许我们引用他的发言。

3 Ronald Cohen, Introduction to Ronald Cohen and Elman R. Serve, eds., *Origins of the State* (Philadelphia, 1978), p. 2.

4 Tapper, Introduction, p. 11.

固定领土内的国家、国家权力、国家合法性以及司法主权等这些时髦话语可以被认为是一种抱负或愿景。所有国家都渴望拥有上述特征,但在现实中国家拥有上述特征的程度有所不同。它们的合法性和领土主权仅是国家定义的一部分。国家或地区内的不同组织以及国际权力能够在这两方面限制国家力量。乔尔·米格代尔(Joel Migdal)强调了社会的多元化,这是"社会组织的混合","国家只不过是诸多组织之一"。[1] 加布里埃尔·本-多尔(Gabriel Ben-Dor)认为,国家的有效性依赖于特定时期的历史、文化、经济和政治环境。国家的力量或生存能力,也就是"国家特性"(stateness)会随着治理能力、执行法律、适应多元化、社会流动性与政治代表性等能力的变化而变化。[2] 当国家特性应时而动,国家与部落的适应能力也随着社会整合和政治参与的变化而不同。部落应时而变,在国家内部形成各种各样的社会类型,它们保持着不同程度的自治和主从关系。因此,部落和国家构成一种"辩证共生关系"(dialectical symbiosis):它们相互融合,相互支持,相互影响而变,有时还相互破坏。[3] 这种自然辩证法则不仅植根于部落的军事实力和政治组织,还在于部落的价值观和生活方式,以及对社会的广泛影响。更有甚者,由于"部落"缺乏一个共同的定义,一些学者似乎同意下述观点:部落作为一种集体,拥有福阿

---

1 Joel S. Migdal, "A Model of State-Society Relations," in Howard J. Wiarda, ed., *New Directions in Comparative Politics* (Boulder, Colo., 1985), p. 47.

2 Ben-Dor, *State and Conflict*, pp. 1-34.

3 最大的"国家特性"意味着一个集权的、官僚的行政机构,允许部落组织低程度自治。这意味着社会承认国家的合法性高于长期形成的既定边界,由于国家体现了社会的集体意愿,社会融合成为一个单一民族。相比之下,最小的"国家特性"指的是一个高度中央集权的国家,允许部落组织最大程度的自治,而部落组织并不接受国家权威高于长期形成的既定边界,也不同意国家强加给社会的意识形态理念。在中东,国家能力的差别很大,国家与部落组织的交往关系也千差万别。然而,总的来说,与欧洲国家相比,现代国家认同相对淡薄,因为它们都是建立在归属存在问题、地方狭隘忠诚基础之上的绝对民族国家。这些国家部落间的政治联盟是建立在政治联姻基础之上的,也受到国家发起的整合政策的影响,如采用统一法律、同一宗教标准(甚至复兴主义者的标准),以及社会整体的意识形态。参见Migdal, "Model of State-Society Relations"。

德·库里所谓的"文化本质"（cultural substance）[1]，即一种行为和价值观体系的典型模式，或者等同于塔珀所谓的"思想状态"（state of mind）。由于价值观和信仰体系较为抽象，其影响比部落社会变迁中面对的生态和社会条件更为持久。因此，即使部落载体并不能够给自己一个单一的、清晰的定义，但部落价值观存在并影响着国家和社会。

简而言之，本书呈现的图景比被归为理想分类（ideal typologies）的部落与国家要复杂得多。部落与国家呈现出多样性。有时，部落通过商业合同或军事条约将相距千里的各活动中心联系起来，适应穆斯林帝国的碎片化社会。[2] 但有时候，它们难以适应与伊斯兰教相联系的社会和政治体系，特别是城市。[3] 部落偶尔会与其他部落相交往构成国家，或者从更普遍的意义上讲，部落与国家相互影响构成其他类型的国家。再者，部落有可能与国家共存，也可能对抗国家。[4] 这种不同的关系序列也是本书作者的兴趣所在。

我们首先考察部落社会所具有的国家特性，即体现类似国家高度中央集权的政治特征。一些人类学家和历史学家已经从进化论的观点提出这一问题，他们强调部落社会首领权威的形成（本书也指部落酋长的地位）。部落酋长在部落和国家之间起着媒介作用，兼具二者的特征和机构。艾伦·W. 约翰逊（Allen W. Johnson）和蒂莫西·厄尔（Timothy Earle）写到：首领权威在社会中形成，社会群体之间发生地方性的战争，其直接目的就是征服和吞并对方，并不是将击败的群体排挤出疆域。首领权威

---

1 福阿德·库里在其提交会议的论文中所提及的"文化本质"。
2 Hodgson, *Venture of Islam*, 2: 62-151.
3 艾凯尔曼，包括其他学者，对盖尔纳的理论有异议。该理论认为，"分支—世系"组织下的平等型部落如何与（中东地区）城市和国家中的不平等和不同阶层的社会秩序同生共存。Eickelman, Middle East, pp. 137-138; Gellner, "Political and Religious Organization of Berbers of the Central High Atlas," in Ernest Gellner and Charles Micaud, eds., *Arabs and Berbers: From Tribe to Nation in North Africa* (London, 1972), pp. 25-58; Gellner, "Flux and Reflux in the Faith of Men," in Gellner, *Muslim Society*, p. 185.
4 Eickelman, *Middle East*, p. 130.

不是短期树立起来的，某单一原因难以解释清楚。这种观点认为，首领权威是长时间演化的结果，与政治和社会分层中人口规模、财富与生产的变化程度相呼应。[1]

与有组织的国家相比，部落是一种相对同质的联盟。就进化的规模来看，部落是一种较高水平的政治组成。但是就出身、文化和阶级构成来说，部落表现出某种程度的异质性。这是一种权力分享型的合作伙伴模式（power-sharing partnership），合作对象包括农耕边缘区的田园游牧人群、半定居的部落民（特别是农学家），偶尔还包括城市居民，以及在乡村或城市定居的统治者或首领。游牧或半定居的部落首领期望摆脱内部纷争，发展军事力量保护自己并对外扩张。作为回报，城市居民希望为这些军队提供给养，以便能够进行市场营销、组织宗教活动。首领的职责就是监督合作伙伴。部落王国、首领和部落的纽带并没有必要制度化。他们更倾向于在个人特殊安排的基础上理顺二者关系。在这种情势下，各种类型的社会组成，如部落首领、部落显贵保持不变，仍然能够享有较大程度的政治操控、文化和经济自治的特权。

这种进化论的研究方法认为，首领地位建立在社会各部门分割的基础之上，部落和部落各部门通过建立在血缘关系基础上的认同而凝聚在一起。这种研究方法问题在于：假如首领或统治者是首领地位存在的核心，那么酋邦不仅仅是通过血缘关系界定的。在描述酋邦时，我们应该关注它们的领导体系和政治进程。克利福德·格尔茨（Clifford Geertz）和弗雷德里克·巴特（Fredrik Barth）等学者认为，在酋邦的产生和维持过程中，表征语言和实践所表达出来的政治动机比血缘关系和部落谱系更为重要。

因此，酋邦的一个重要特征就是他们首领的地位和角色。塔珀认为，一个部落领导（leader）要想成为首领（chief），他首先必须将某些"道德权威"（moral authority）凌驾于部落成员之上，并能够给他的追随者带来

---

[1] Allen W. Johnson and Timothy Earle, *The Evolution of Human Societies: From Foraging Group to Agrarian State* (Stanford, 1987), pp. 21–22.

"源源不断"(continuous flow)的商品和服务。然而,"为了维持这种宽泛的领袖地位",他最终必须建立一种"世袭制王朝"(hereditary dynasty),或者获得"更强大的统治者的认同,后者承认他是官方领袖的合法代表"[1]。为了较好理解部落如何发展成酋邦,考察一下不同部落的经济和社会体系是非常重要的事情。能够发展成酋邦的部落,一般来说较为富庶;他们必须有固定的剩余产品来"维持领袖阶层"的运转。与此同时,能够激发更有权力的统治者和国家首脑的兴趣,后者能够提供这些部落首领的官方认同。作为回报,国家控制部落过剩的份额。按照塔珀的说法,一些变成酋邦的部落都拥有以下特点:"长期附属(至少名义上附属)于周边国家的经历,如奥斯曼帝国、萨法维王朝和卡扎尔王朝的统治者坚持要对部落进行行政控制,这种控制可能是间接的",利用这种官方认同来"达到自己的目的"。[2] 欧内斯特·盖尔纳(Ernest Gellner)和史蒂文·卡顿(Steven Caton)主要集中讨论了部落和部落首领推动酋邦形成的原因和路径,包括应付季节性的困境、斡旋部落冲突、分配盈余物品,以及通过征服开疆拓土。

盖尔纳和艾拉·拉皮杜斯在文章中突出强调了酋邦的另一特征,即宗教对维持酋邦存在的重要意义。宗教意识形态可以通过宗教或神圣权威增强统治者或首领的合法性。再者,宗教意识形态与首领意识形态相结合,可以加强统治者与被统治者之间的联系纽带,并为首领对外扩张提供合法依据。然而,宗教在酋邦的产生和维持过程中并不总是发生重要作用。几个世纪以来沉浮于阿拉伯半岛和北非的大多数酋邦在同其对手或敌手的角逐过程中,宗教的作用并不突出。因此,"圣人"(saint)的统治或调解尽管较为重要,但也有例外情况。[3]

---

[1] Tapper, Introduction, pp. 54-55, 57.

[2] Tapper, Introduction, p. 60.

[3] 塔珀指出,在伊朗和阿富汗,宗教领袖能够将较大的群体合并成为联盟,"物质回报的期望和物质匮乏是冲突的原因",这比宗教意识形态更为重要。(Introduction, p. 50)

卡顿在他的文章中评估了学者考察部落和酋邦关系时的不同模式，从马克思分支—世系理论突出强调了二者的不同特征。他也批判性地考察了伊本·赫勒敦的假说，并将之与人类学家的研究联系起来，认为盖尔纳接受这些猜想。提比的文章通过考察部落和国家在政治科学中的文艺作品弥补了卡顿的观点。拉皮杜斯列举了伊斯兰历史上酋邦的出现频次，并指出帝国征服运动的成功很大程度上在于资源的丰富以及部落首领的扩张动力。托马斯·巴菲尔德的文章也对中亚和阿拉伯地区的不同生态环境进行了饶有趣味的探索。这些都有助于解释为什么中亚的土耳其和波斯部落能够建立规模庞大、时间持久的酋邦。我在这里补充一下，撒哈拉南部地区的酋邦存在时间也很长，但没有阿拉伯和中东地区的酋邦规模大。[1]

尽管部落可能联合起来形成酋邦，但它们是一个寿命不长、难以存续的实体。酋邦面临的主要问题就是如何经受随时可能发生的剧烈的社会波动与秩序瓦解。由于缺乏强大的中央权威，没有明晰的疆域边界，人口也没有凝聚的价值体系，酋邦几乎难以应对剧烈的社会变动。本书的诸多文章都认为酋邦具有固有的脆弱性，其原因有二：

第一，由于其制度缺失或者根本不存在，酋邦本身具有天然的不稳定性。其服务目标有限，困难重重，领土扩张能力不强。小政府与部落及其首领间的脆弱联盟巩固了首领的地位与权威。此外，酋邦很不稳定。酋邦里部落与其首领的纽带本质上是建立在个人特殊关系之上，一旦一方对合作关系不满意，会随时反目。部落可能会背叛盟友，或者他们可能不认同个别首领，或者公开向首领挑衅。与此同时，首领能够操纵部落，并且挑拨离间让它们相互争斗。其结果就是，酋邦是一个有限度的、不稳定的实体。

第二，一些酋邦制造麻烦的根源就是它们有扩张的倾向。巴菲尔德

---

[1] Eickelman, *Middle East*, p. 130.

突出强调了酋邦存在的必要性，特别是在中亚地区，酋邦相互争斗，并通过征服活动进行扩张。拉皮杜斯指出，原教旨主义或者伊斯兰教苏非派（神秘派）在扩张过程中若隐若现。然而，这两种扩张方式并不矛盾。征服者经常控制贸易和农业，并以宗教名义进行扩张，二者相互交错。提及研究部落—国家关系的学者莫过于伊本·赫勒敦，他认为阿萨比亚（'asabiyya，集体精神或凝聚力）一旦浸染了部落宗教意识形态，在建立盟友以及征服的过程中会发挥非常有效的作用。[1]

　　酋邦在扩张过程中，特别是在扩张巅峰时刻，许多首领建立的政府规模较小且不稳定，历史事实证明这难以处理扩张所带来的挑战。获取领土与人民所带来的最严重挑战就是，部落需要规范新征服地区的文化、经济与政治生活，将它们整合到主导行政体系，避免整个王国在扩张巅峰时分崩离析，让刚刚开始正常化的生活虎头蛇尾。伊本·赫勒敦认为，阿萨比亚最终削弱了首领权威，也是部落首领最困扰的事情。因此，具有远见卓识的首领经常会采用下述新战略。他们需要替换酋邦昔日赖以扩张的不稳定基础。H. A. R. 吉布（H. A. R. Gibb）的文章分析了伍麦叶哈里发希沙姆（Hisham，724—743 年在位）统治时期政府演化的历程，这也是酋邦演化成国家的典型特点。经过多年的扩张，希沙姆在统治区域要求民众集中精力投入到国家构建，引领和疏导扩张主义者的精力。他加强伊斯兰帝国的制度力量，增强国家稳定，延长国家的生存时间。[2] 希沙姆的上述措施取得了部分成功，为一些有雄心的首领提供了样板。他们的使命是，将酋邦改造成更发达的国家，克服酋邦的局限性。

　　当酋邦在城市立足，并依靠城市金融和人力资源时，他们就变得与众不同了。扩张导致人口、领土以及财富的增加，部落社会日益分层。在这

1　这是伊本·赫勒敦在《历史绪论》一书中所表现的主题之一，译者弗朗茨·罗森塔尔（Frantz Rosenthal［Princeton, 1967］）。

2　H. A. R. Gibb, "The Evolution of Early Government in Islam," in Gibb, *Studies in the Civilization of Islam* (London, 1962), pp. 34–45.

种环境下，政治与经济权力可能集中在某些部落首领，出现了地区精英。地区精英经常将族属与社会经济纽带杂糅起来与首领建立联系。战争、分配与贸易需求要求集中控制，这与集中管理不同。[1] 酋邦在偶然的情况下会成为国家，统治者也比其部落盟友变得强大。他们建立新的、更集权的制度和机构来管理他们扩张的领土。他们用常备军替换了昔日征服这些领土的部落力量。他们开始数落帝国传统以及早期非穆斯林帝国的实践，如拜占庭帝国和波斯的萨珊王朝。拉皮杜斯也阐述了从伍麦叶王朝到奥斯曼帝国、萨法维王朝这些伊斯兰帝国以这种线性逻辑的演进历程。

盖尔纳强调了军事—行政精英的"马穆鲁克解决方法"（mamluk solution）在酋邦到帝国演进过程中所发挥的关键角色。因为这些奴隶精英并不受族系或血缘联系的束缚，他们可以完全忠诚于他的主子，因此在诸如奥斯曼帝国那样的大帝国的维持和扩张中发挥了重要作用。拉皮杜斯再次强调了伊斯兰教如何在帝国构建过程中继续发挥作用，指出伊斯兰教既给予帝国意识形态的合法性，又为部落历史延续了历史继承性。政府变得更官僚，军队更为集权。但是关于王朝性质，其领导层需要与政府高层的族系进行协商。有趣的是，这些帝国是部落构成的混合体。实际上，部落和酋邦在大多数情况下可以与国家和帝国共存和发展，并不是所有部落和酋邦都进化为国家和帝国。

国家形成的模式之一，包括中东不同帝国边缘区部落的情形。在帝国边缘沙漠和山区，中央政府鞭长莫及，自治的部落组织不仅生存下来，还得到帝国政府的半官方认同。这些部落联盟在不同时代主导着库尔德斯坦、阿拉伯半岛和叙利亚沙漠地区，以及北非的沙漠和山区。尽管它们远离中央政府，有足够的空间发展成为独立的政府结构，但大多数仅能成功地发展成为酋邦，不能完全演进成为国家，阿拉伯半岛、上尼罗河或北非的部落联盟就是典型个案。他们偶尔以宗教动机为借口进行征服活动，

1　Johnson amd Earle, *Evolution of Human Societies*, pp. 244-245.

后者都是一些部落内部或者与部落有关系的宗教改革人士。典型个案是沙特第一王国（1744—1842）、苏丹马赫迪（1881—1898），以及19世纪末、20世纪初利比亚的赛努西亚。其结果是，它们成立了巴菲尔德所谓的"地区国家"。这些国家往往持续时间不长，而且不可避免地与帝国中央政府的优势军队在领土边疆上兵戎相见。一些国家被摧毁，另外一些国家也没有多少扩张的机会，仅仅成为酋邦而已。因为他们免受奥斯曼帝国和欧洲帝国的影响，这些酋邦也没有灵感将自己改造成其他行为体。[1] 保罗·德雷舍的文章以也门伊玛目国（imamate）为个案，展示了此类部落按照线性逻辑形成政治组织却没有发展成为国家的历史图谱。他在文章中提及的地方编年史也表明了也门伊玛目国家生存时间的短暂。由于缺乏稳定的认同力量，伊玛目国一成立，就迅速分崩离析了。德雷舍的分析似乎对那些生存在中东和北非其他地区的大帝国边缘的部落较为适用。

部落组织不仅存在于国家控制之外的这些地区，而且也在国家间接控制的乡村地区较为流行。[2] 塔珀写道："强大的统治者会通过以下手段控制部落，即任命部落首领、将部落主要成员扣为人质、部落首领与王室之间联姻、处决政敌，或者在不同首领或部落间挑拨离间。"在这种情况下，部落可能接受间接统治，或者诉诸武力对抗，或者通过迁移或者减少生产至自给自足试图避免中央政府的控制，削弱中央政府施加权威的兴趣。[3]

这些庞大多元的帝国被迫适应不同的宗教和族群社区、专业组织以及通过地区和血缘联系起来的组织。实际上，将不同宗教、专业、地区或血缘联系为纽带的共同体联系起来塑造集体认同，是这些帝国的主要特

1　Yitzhak Nakash, "Fiscal and Monetary Systems in the Mahdist Sudan, 1881–1898," *International Journal of Middle East Studies* 20 (August 1988): 365–385.

2　值得怀疑的是，部落形成于主要城市中心。可以肯定的是，族属关系在城市中过去和现在都很重要，但是所缺乏的是与部落首领相联系的权威。在城市，部落首领仅能在政治混乱和社会分裂的情况下才能形成。20世纪80年代的贝鲁特就有这种典型个案，其部落首领就是以城市为基础的。

3　Tapper, Introduction, p. 54.

点。这些帝国，如奥斯曼帝国、萨法维王朝（以及后来的卡扎尔王朝）的特点是：一方面维持部落和族群之间的力量平衡，另一方面是官僚机构和奴隶制度之间的权势转移。权力平衡转移带来的紧张局势有时候是人为制造的，尽管它可能更容易被破坏。

20世纪，随着奥斯曼帝国分裂出来的诸多继承国家，仍然可以察觉部落和国家之间的紧张关系，不过是以一种新的方式出现的。在那些帝国曾经有效治理过的地区（土耳其、叙利亚、巴勒斯坦，在某种程度上包括伊拉克和利比亚），或者欧洲殖民化替换过统治的地区（阿尔及利亚、突尼斯和埃及），现代国家的基础主要构建在帝国旧制度架构之内或殖民新秩序基础之上。[1] 此外，部落组织仍然以酋邦的形式持续发展，特别是在一些沙漠和山区的边缘化地区，这里都是奥斯曼帝国和伊朗政府统治鞭长莫及之地。部落在这里继续繁荣发展，维持着传统的文化基础和集体认同。例如，奥斯曼人在帝国的最后几十年，通过财政诱惑等措施，让游牧和半游牧部落进行定居，帝国乡村地区实现稳定，并让国家权威延伸至这里。英国、法国和意大利不仅鼓励在前奥斯曼帝国领土上实施上述政策，而且通过在民族主义精英之间挑拨离间，让乡村对抗城镇，游牧和半游牧部落对抗新型城市。这种现象可以在两次世界大战之间英国在伊拉克和外约旦的政策中初现端倪，在法国殖民下的叙利亚也很明显。[2] 第二次世界大战后，大多数新独立的国家纷纷出现，这一政策有助于保留甚至增强部落社会。其结果就是，这些新独立的国家都想加强中央集权，但如果想让中央政府的权威遍及疆土的各个角落则面临着极大的阻力。这样一来，治理这些独立国家，以城市为基础的民族主义精英对部落怀有敌视

---

1 参见Albert Hourani, "The Ottoman Background of the Modern Middle East," in Hourani, *The Emergence of the Modern Middle East* (London, 1981), pp. 1–18。

2 例如，Hanna Batatu, *The Old Social Classes and the Revolutionary Movement of Iraq* (Princeton, 1978), pp. 63–152; Mary C. Wilson, *King Abdullah, Britain, and the Making of Jordan* (Cambridge, 1987), pp. 85–102; Philip S. Khoury, "The Tribal Shaykh, French Tribal Policy, and the Nationalist Movement in Syria between Two World Wars," *Middle Eastern Studies* 18 (April 1982): 180–193。

态度就不足为怪了。城市居民中的老一代人轻蔑地称之为"部落问题",认为部落任性、不守规矩、难驾驭,并且"野蛮"(savage),因此需要迅速地并入国家体系。[1]

贝克的文章强调了部落与国家之间持久的紧张关系,这在伊朗有新的表现。她阐述了卡扎尔,特别是巴列维政府如何利用国家的军事能力削弱自治、镇压叛乱的部落组织。为了将国家权威延伸到乡村地区,这些政府甚至将不同乡村组织整合起来创造"部落"。再者,他们普遍将部落首领变成政府代理人。但是政府依赖部落的基础设施和武装力量,为部落带来极大的活力和部落认同。

贝克还阐释了伊朗巴列维王朝如何拥有现代国家的观念,以及如何在这些地区推进教育、金融和经济基础设施的改革。巴列维还宣传一种民族主义意识形态,并在伊朗强加一种民族意识形态(national ideology),认为部落作为一种落后因素,会阻碍国家控制乡村地区的努力。正如安德森所说,意大利人认为利比亚部落与巴列维时代的伊朗部落基本一样。克丝缇娜以沙特阿拉伯为个案,表明部落是沙特家族军队对外扩张所依赖的重要部分,国家权力的巩固过程需要通过军队镇压部落力量,以建立一个中央集权的、城市为据点的行政机构。德雷舍描述了也门伊玛目叶海亚(Yahya)如何通过以下两种方式加强统治:一是通过家族力量控制国家省份,二是将反抗部落的家人作为人质。

本书作者强调的重点是:新型国家不能够形成中央集权的官僚机构,更不能垄断权威。从欧洲国家形成模式来看,帝国或者酋邦到现代领土国家的过渡期既不太短,也不太突然,更没有不舒适感。其结果就是,新生国家仍然反映了某些部落习俗,并且不得不适应部落权力的特定标准。

---

[1] 塔珀写道:"19世纪和20世纪初的作家在部落社会观点上反对定居的城市社会,文明的伊斯兰思想。然而,城市是政府、秩序和生产力的来源,部落具有叛乱、劫掠和毁坏的天然倾向,这与它们出身严酷、远离与文明的发源地有关系,这也与它们就业率低的生活方式有关系。"(Introduction, p.6)

在伊朗、沙特阿拉伯、也门和利比亚，部落构成了各国边界地区的主要元素。在也门，部落是一股自治和强大的力量，在20世纪60年代的也门内战中扮演着举足轻重的主导作用。在沙特阿拉伯和伊朗，部落遭受军事上的挫败，但仍然控制着部落的内部事务。伊朗边远地区的叛乱部落首领甚至在地区行政管理中发挥关键作用。

在决策领域，许多国家都奉行世代相袭的践行。由于缺乏中央政府的规划，行政任命主要基于亲属关系和特殊的税收管理，这在20世纪60年代的沙特阿拉伯、利比亚和也门较为典型。巴列维治理下的伊朗更有组织性，尽管难免受到国内的社会压力，包括来自部落的压力。

20世纪出现的新型国家不得不适应以前不曾存在的边界。20世纪20和30年代，在欧洲强国的鼓励下，许多国家相互之间签署协议划定边界。不过，边疆领土管理起来非常困难，那里的居民并不愿意将自治身份让渡给新成立的中央权威政府，后者想在这里行使主权。再者，邻国也将边界地区的居民看作是自己属民的一部分，或者通过这些代理人去影响其他国家。因此，边界地区成为国内势力或国家间力量竞争的核心，这里的地方部落经常受到周边国家的操控。直到20世纪后半期，当边界争议开始缓解后，沙特阿拉伯和也门的领土主权才开始发展起来。

本书所描述的新型国家也不能够沿着欧洲民族国家的路径整合成为一个共同体。提比在他的文章中指出，在整个中东地区，"民族国家"一词仅是各族群和部落杂糅上的一个罩盖，具有不同族属基础、地区、语言和文化认同。很明显，政府试图通过如下两种方式将这些组织更为有效地组织起来：一是引进新型交通方式；二是通过统一法规和宗教学说，制定规范公众行为的统一标准。在伊朗，新型改革力量已经改变了某些部落的结构，转变成其他部落，使得某些部落融入了国家的主导族群和文化认同。在沙特阿拉伯，王室成为部落构成的万花筒；这些部落通过政治联姻和精英利益的捆绑而凝聚在一起，但并没有在沙特阿拉伯社会形成单一的认同主体。20世纪中期后，伊朗、沙特阿拉伯、也门和利比亚所形成的国家认同更多地基于对国家存在的"顺从",并不是建立在现代合法性力量之上。

在过去的 40 年里[1]许多中东国家经历了剧烈的,甚至革命性的变迁,极大地推动了国家形成,特别是改变了部落—国家的关系。在伊朗、沙特阿拉伯和利比亚,产生这种变迁的原因是石油收入的暴涨,从而推动了迅速的城市化、现代教育的普及,甚至工业化。也门、利比亚和伊朗都发生了革命:1962 年也门发生军事政变,并陷入长达十年的内战;1969 年利比亚的军事政变掀起了剧烈的意识形态变动和社会变迁;1979 年的伊朗伊斯兰革命破坏了巴列维王朝的意识形态基础。新型社会和经济结构、意识形态诉求替换了传统的地方忠诚和情感认同。但是部落社会的价值观仍然不断地影响着国家。实际上,从国家的视野来看,现代化和迅速的社会变迁经常达不到预期目标,原因在于这些变迁不可避免会相互冲突,而部落通过参与这些冲突扮演着新型角色。[2]

本书主要阐述国家形成个案背后时隐时现的各种元素:欧洲、土耳其或阿拉伯的干预或者占领,世界和地区战争,西方帝国主义和石油收入带来的经济变迁和变动。这些力量改变了酋邦的游戏规则,迫使它们或者增强国家功能或者解散国家。

一些酋邦甚至成立行政机构,界定了具体的边界领土,整合对抗的分散组织,构建国家合法性的基础。克丝缇娜、安德森和德雷舍的研究成果表明,国家构建是一个辩证的过程:紧随短期大规模变迁而至的是长期的调整过程。这些变迁有:沙特在 20 世纪 20 年的征服与扩张以及 20 世纪 70 年代石油财富的源源涌进;20 世纪 70 年代,利比亚的卡扎菲引进"民粹主义—民族主义意识形态"(populist-nationalist ideology)伴随而至的是巨额石油财富。中央集权的加强,经济增长和社会流动带来的新机遇,不

---

[1] 这里指的是作者撰写本文的时间。——译者注
[2] Milton J. Esman and Itamar Rabinovich, eds., *Ethnicity, Pluralism and the State in the Middle East* (Ithaca, 1988), pp. 3-24.

仅带来了一些国家的整合运动（这在沙特阿拉伯和利比亚表现得比也门更为明显），而且推动了这些国家的领土完整。一些国家中现代民族主义的新兴话语表达了民族文化语言的忠诚，并替换了部落权威的传统形式，例如伊朗。这些新型忠诚方式有时会巩固扩张了的国家，有时它们会成为与国家对抗的基础。[1] 还有例子表明：部落和宗派认同的杂糅能够形成准国家运动，如提比提及的叙利亚的阿拉维派就属于此类部落分支（tribe-sect）。城市化、现代交通运输和民族主义的力量产生了社会交往和连结的新形式。但是正如我们所提出的那样，这些类似的外部力量不仅推动了国家形成，而且鼓励了部落组织的发展，保留甚至巩固部落忠诚。正如贝克等人所言，部落很可能与国家共生，部落或酋邦并不一定衍生为国家。

　　伴随着社会迅速变迁而至的是长时间的调整和适应。此时，部落主义可能起着举足轻重的作用。毕竟，部落组织是一种自治元素，也是国家中央集权和现代化改革的对象所在。它们的倾向是为了维持自治而试图放慢改革步伐。部落通过重新张扬家族部落传统和践行，缓冲社会变迁中的浮躁之波。尽管他们不可能取消改革，但有助于改变它们，使得变迁更能让社会接受。"原始组织"（primordial groups）不仅妨碍新国家的形成，而且会有助于这些国家通过提供事实的或表征的平衡力缓减国家扩张过程，经受住社会变迁冲击。当然，这种社会变迁在各国表现不同。利比亚和也门政府不可能解散部落，故不得不在政策层面与部落妥协。沙特阿拉伯的部族主义世系价值观构成了群体认同的基础，使得普通部落民和王室家族都保留这种认同。二者都能够践行部落惯例，成为行政管理的捷径。

　　恩庇（Patron-client）关系作为新型治理模式在这些国家都获得了长足的发展。他们在行政官僚管理中发挥了重要作用：推动商品和服务在民众中的有序分配，有利于民众对领袖的政治支持。这种关系很少仅基于

1　Banuazizi and Weiner, *State, Religion, and Ethnic Politics*, pp. 3, 19-20.

族系纽带，而是族系、阶级和政治利益的杂糅。

这里应该再次强调的是，部落社会很少形成现代国家，尽管它们经常可以大力推动中东国家的形成。实际上，许多中东国家内部至今仍存在部落社会，但是诸如此类的部落国家并不存在于任何有意义的语汇之中。不过，部落作为诸多力量之一有助于推动中东国家形成。在中东，部落为了生存可能被迫与国家达成妥协。它们可能比那些生活在国家内部或沿着扩张的国家体系而存在的竞争性组织或群体对国家施加更为强大的影响；或者他们可能试图抵制被并入国家体系内部，如果抵制成功的话，甚至可以创建他们自己的治理机构。

包含或与部落社会共存的国家，为了获得合法性，在发展有效行政管理机制和强制性的意识形态时遇到了困难。为了扩大控制区域，他们转而从身心两方面对部落进行控制。尽管这些国家建立了强大的强制性机构，部落行为对国家高压政治构成现实或表面上的制衡。许多中东国家的合法性程度，主要依赖于政府在服务国家意识形态的过程中，建立广泛、有效社会联盟的能力。按照亚历山大·帕塞林·登特列夫（Alexandre Passerin d'Entrèves）的说法，企图整合部落社会的国家，希望在政府和社会之间构建一种管理纽带，从而将"力量转换成权威"，也就是说，将政府权力对社会的"碾压效应"（abrasive effects）减少到最低程度。[1] 他们在设计契约的时候，并不是按照主权和自然权利，而是与部落间以及部落和中央政府之间权力分配的部落理念息息相关。

与欧洲和中东的帝国不同，部落社会并没有产生高度发达的治国理论。甚至马瓦尔迪（al-Mawardi）所概括的哈里发理论并不直接应用到部落社会。尽管缺乏理论，但部落社会通过几个世纪形成部落联盟和管理范式，演化成它们自己的合法性。

因此，出现在社会视野中的现代国家并没有被边缘化，这在中东地区

---

[1] Alexandre Passerin d'Entrèves, *The Notion of the State: An Introduction to Political Theory* (Oxford, 1967).

表现得极为特殊。它们并没有遵从西方国家形成的常规模式，没有发展成为一套与西方类似的合法制度和意识形态。同样，部落社会也没有演进成为与欧洲或中东某些国家相类似的现代国家。提比在他的文章中也提及这一点。部落社会没有伊斯兰教"乌玛"（umma）或信仰共同体的典型特征，后者超越了部落概念。[1] 它们经历了长期的过程，构建了一系列联盟，偶尔会建立中央集权的制度。形成酋邦比形成国家更为常见，但其生存时间极为有限。

本书的目标在于：全面理解部落影响较强的地区、国家形成的复杂性和特殊模式。中心议题之一是：当代民族国家内部部落结构和体系得以持续的可行性。本书提出一些假设并回答了为什么这些政治组织能够设法生存下来，以及它们对现代国家的影响。本书还指出了对这一重要命题进一步研究的未来方向。

---

[1] Joseph Kostiner, "State and 'Crisis' of Legitimacy in the Arab World" (Paper presented to a joint session of the Emile Bustani Middle East Seminar at MIT and the Harvard Center for International Affair Middle East Seminar, Cambridge, Mass., 7 April 1988).

第一部分
历史学、人类学、方法论与比较的视野

第一章
伊斯兰历史上的部落与国家形成

艾拉·M. 拉皮杜斯[1]

　　本文的题目"伊斯兰历史上的部落与国家形成"含义显得十分模糊。它并未明确指出任何的关键词。我所要做的就是，探讨一种特定社会类型，即通常的乡村社会组织。但自伊斯兰时代初始到 19 世纪，大中东地区（中东、内亚和北非）的这种与国家和帝国相关的社会组织称为"酋邦"（chieftaincies）更好。首先，我从"长时段"出发对中东历史进行评价，以呈现其中部落或酋邦与帝国关系的架构。伊斯兰时代，中东的部落与帝国关系的模式历史上可追溯至公元前 4 千纪到前 3 千纪。新石器时代的乡村社会在规模上发展成为寺庙城市、城市国家和帝国的社会形式，并且农业—城市—帝国型社会开始存在。此时，中东社会由三重结构组成：地方单元（宗族、乡村、部落或酋邦）、宗教集团和帝国。在伊斯兰时代前夕，中东是拜占庭和萨珊两大帝国的领地。它们的人口或是以一定的基督教教会和其他宗教团体构成，或是由一定规模的家庭、宗族、小的依附民和乡邻团体等更小的地方单元组成。在这一阶段，帝国和宗教集团具

---

[1] 艾拉·M. 拉皮杜斯，加州大学伯克利分校的历史学教授，著作有：《伊斯兰社会史》（*A History of Islamic Societies*, Cambridge University Press, 1988）和《中世纪晚期的穆斯林城市》（*Muslim Cities in the Later Middle Ages*, Harvard University Press, 1967）。

有明显的分野,后者的统治权威源于宗教魅力和对宗教组织的较大程度的控制。

在伊斯兰时代,上述问题具有相当的连续性和同等重要的变化。这一时期完全继承了中东文明之前的部落、宗教和帝国三重结构,以及定居—农业和城市—商业经济。同时,伊斯兰时代在上述旧的制度结构中产生了新变化,即产生了新的宗教文化和政治认同。

这一过程经历了三个主要阶段。第一,阿拉伯—穆斯林帝国早期(公元7—10世纪)确立了新文明的文化通则。第二,突厥移民和塞尔柱统治时期(公元11—12世纪),前述的文化观念进入大众社会领域。此时,大部分中东民众皈依伊斯兰教,伊斯兰认同、伊斯兰教和伊斯兰的国家和社会形式大体形成。第三也是最后一个阶段,公元16—19世纪,在奥斯曼帝国、萨法维王朝和诸多伊斯兰国家的统治下,中东伊斯兰社会重组为前现代的固定社会形式。

与此同时,中东社会具备了伊斯兰认同。伊斯兰化和国家形成的双重过程由中东真正传入阿拉伯半岛边远地区、北非和内亚草原。阿拉伯和突厥移民将国家和伊斯兰教传入当时还未被纳入国家和帝国的社会。这些新社会成为大中东伊斯兰社会的一部分,并形成部落或酋邦、宗教集团和帝国三种制度构架。

部落的概念模糊并充满争议。部落过去指由家族(family)延伸的族属团体(kinship group),或是相关家族的聚合。一些来自较大联盟的精英家族可能将其名称施加于一些社会组织,如文化的、民族的或其他非家族社会,以及不具有内部凝聚力的游牧民征服运动。本文探讨的部落不是小规模的家庭、合作性的游牧民或乡村社会,而是政治实体。后者构建了松散的乡村社会,并具有小规模的血缘关系、侍从关系或特定个体的联盟。这些个体是构成大规模联盟的大家族。这种大规模政治实体的成员可能用虚构的共同谱系定义该组织,但领导权通常由父系、勇敢程度和宗教关系决定。在中东,尽管酋邦在半自耕农、山民甚至农民中存在,但通常出现在游牧民当中。我为了方便起见使用"部落"一词。应当指出，在我的观念中部落并非指家族或族群团体，而是差异巨大的政治和宗教组织。

伊斯兰时代第二种社会类型是宗教集团。后者由阿里姆（'alim）[1]或苏非的追随者，或其他有影响力的教师或模仿对象等圣人的追随者组成。这种组织总体上是地方性的，但通常隶属于更大的组织，如教法学派、教理学派、苏非派或什叶派。在穆斯林社会，尽管一些宗教导师影响甚广，但宗教组织不具有等级制。宗教集团原则上处于国家或帝国政权之外，与国家精英相比在人员和思想上不同。然而，在一些个案中，国家对宗教人士的行动加以一定的控制。

中东社会的第三种主要制度是国家或帝国。这一时期，中东帝国通常由征服或其他军事精英建立。他们通过将官僚制度和半封建的伊克塔（Iqta'）制度相结合的方式进行统治。伊克塔是分权财政管理制度的普遍形式。统治者将伊斯兰和非伊斯兰象征融合，进而提供合法性。几乎所有中东政权都将自身塑造为麦地那先知的继承者抑或维护伊斯兰教的政权，以此构建认同。与此同时，统治者通过塑造的宇宙观、世界文化和祖先观念来赋予统治合法性。[2]

上述三种结构系统地相互关联。部落和帝国在某种意义上前后更替。然而，如果实现了上述演化，部落酋邦和帝国关系就是构建、解构和重构。公元前3千纪以来，帝国几乎一直围绕着集合体（collective bodies）进行角逐。在中东社会中，部落扮演着重要角色，但部落一直在帝国框架和影响下活动。伊斯兰教兴起以来，部落民不断和国家—农耕社会交往，部落民也是更具包容性体系中的整体因素。在内亚、阿拉伯亚、北非，游离于国家之外的部落社会甚至与帝国社会经常交往，并受到国家

---

1 伊斯兰教中真主的一个名讳，意为"全知"（All-Knowning）。——译者注
2 中东和伊斯兰社会的总体演变参见 Ira M. Lapidus, *A History of Islamic Societies* (Cambridge, 1988)。

中心的政治、经济和文化的强烈影响。虽然处于边缘的部落酋邦不断征服中东的帝国—农耕区,部落转变为国家,并且被整合到更大的文明体之中。

在文化层面,大中东的伊斯兰化也引发了伊斯兰话语下部落与国家关系的重构。14—19世纪,苏非主义成为中东,尤其是北非和内亚乡村人口普遍的组织机制。尽管乡村人口和帝国社会[1]对文化的理解不同,但苏非主义赋予两者以共享的文化结构,在两者之间构建更加复杂的关系。对此加以强调意在指出一种错误的认识,即将中东社会视为原始部落社会,以及将帝国视为农耕现象的产物。事实上,我们将探讨同一领土上两种政治和社会实体对于权力与合法性的争夺。[2]

为了更好理解酋邦与国家体系,本文对双方关系的基本模式进行阐释:(1)征服运动在没有国家的地区建立国家,在历史上具有国家或帝国的地区重组国家;(2)征服者建立的国家向普遍的国家和帝国政府转变;(3)惯例化和制度化帝国与帝国境内外部落民的关系。

征服运动

第一种模式,松散的地方社会转变为征服运动。尽管将前者称为部落,但在中东伊斯兰历史上,征服运动很少具有血缘关系。对许多人而言,伊本·赫勒敦解答了阿萨比亚的本质、部落首领的特质、部落统一的意识形态和观念基础。他提出了阿萨比亚的概念,即源于亲属关系、血缘纽带和共同祖先的部落纽带或部落情感。这种天然的情感和深植的互助

---

[1] 即城市社会。——译者注
[2] 前伊斯兰时代,中东部落与国家的历史关系参见 William M. McGovern, *The Early Empires of Central Asia* (Chapel Hill, N. C., 1939); René Grousset, *The Empire of the Steppes* (New Brunswick, N. Y., 1970); X. de Planhol, *Les fondements géographiques de l'histoire d'Islam* (Paris, 1968)。

观念将贝都因人（Bedouins）团结起来，以便生存或统治他人。部落首领通过提升内部和谐，加强部落对权力和神圣权威的认可，以及追求部落更大的外部利益，进而巩固部落的凝聚力。尽管伊本·赫勒敦认为，凝聚力源于血缘关系，但宗教却是更重要的因素。阿拉伯人特别需要宗教来达成征服和构建权威必需的社会团结。这是因为，阿拉伯人竞争的本性一般强于相互合作。宗教使阿拉伯人在一定程度上限制自身和进行合作。宗教将家族认同拓展为更加广阔和更具有包容性的凝聚力。[1]

除伊本·赫勒敦的观点外，从经验层面看中东的征服运动，我们也会发现血缘关系处于第二位。阿拉伯人、法蒂玛人、穆拉比德人（Almoravid）、穆瓦希德人（Almohad）和萨法维人领导的征服运动并非基于宗族，而是以多元的社会集团为基础，如个人、依附民、宗教人物以及家族和宗族组织。上述多元社会组织主要以两种方式联合在一起。阿拉伯人不认可政治等级制，其领袖只是调解者。由宗教统治进行联合是最普遍的方式。前者为具有魅力的宗教政治领导人。通过宗教共识和意识形态，宗教酋长将宗教人士和附属的组织联合起来。在这一运动中，宗教与前宗教社会组织的关系并不稳定。[2] 内亚的突厥人接受等级化的统治，认可王朝统治。对他们而言，军人统治基于宗族、家族和军人团体（Commitatis），这是最普遍的领导关系。军人纽带即军人获得了其他军事组织的忠诚，控制一定的人口。部落实际上是由宗教和政治领袖所创造。宗族因素或许在统治集团的构成上发挥着重要作用。后者为小规模的宗族组织，理论上具有自我认知。但是，在现实的规模更大的运动中，宗族因素并不重要。

阿拉伯征服运动理应是第一种联合方式的范例。我们通常认为，在

1　Ibn Khaldun, *The Muqaddimah*, trans. Frans Rosenthal, 3 vols. (New York, 1958), 1: 247–327.

2　当代对于部落社会和宗教精英研究的三部著作是上述观点的重要参考。E. E. Evans-Pritchard, *The Sanusi of Cyrenaica* (Oxford, 1949); Ernest Gellner, *Saints of the Atlas* (Chicago, 1969); Charles C. Stewart, *Islam and Social Order in Mauritania* (Oxford, 1973).

阿拉伯征服前夕，阿拉伯社会以大家族和宗族为基础。尽管阿拉伯人具有这种观念，但却没有证据表明阿拉伯人以大规模宗族关系来定义部落。吉布和 M. A. 萨班（M. A. Shaban）中肯地认为，后阿拉伯征服时代，阿拉伯人的驻屯城市（garrison cities）创造了阿拉伯部落联盟。在驻屯城市中，阿拉伯移民和其农耕化打破了古老的家族和宗族结构。阿拉伯人为了应付驻屯城市的危险，应对变化社会的压力以及争夺权力，变得日益具有阿拉伯认同的自我意识，日益以部落模式组织社会。这种模式源于阿拉伯文化，但在之前的社会实践中并不存在。驻屯城市对于认识卡伊斯部落（Qays）、也门部落和其他地区部落具有特别意义。[1]

在前伊斯兰时代，我们发现阿拉比亚存在诸如古莱什（Quraysh）这样以集体家族统治而非依据父系统治的部落。古莱什部落通过马拉（mala）[2]，即首领委员会代表，抑或是以共同隶属的麦加圣地（haram）实现统一。麦加因此更多是基于神龛而非一个严格基于部落的共同体。加萨尼联盟（Ghassan）和拉赫姆联盟（Lakhm）是君主国，而不是部落。[3] 两者分别受拜占庭和萨珊的政治支持，统治类似家族的小的社会单位。也门历史上，君主统治的时期要远超过部落集团的统治。在公元 6 世纪的阿拉伯半岛，宗教会议制（Conciliar）或君主制是大规模组织形成的主要机制，而非父系的宗族制度。

此外，穆斯林早期的乌玛[4]是由多种因素构成的，不是仅以宗族和部落为基础。一是为追随先知穆罕默德而迁往麦地那的麦加迁士（Muhajirum）；二是追随先知皈依伊斯兰教的首批麦地那人，即辅士，也叫安萨尔（Ansar）。后者为许多麦地那部落效仿。麦地那还有来自阿拉

1　M. A. Shaban, *Islamic History*, vol. 1 (Cambridge, 1971).
2　即由不同首领组成的代表会议。——译者注
3　加萨尼王朝存在于公元 3—7 世纪，受到拜占庭影响；拉赫姆王朝存在于公元 4—7 世纪，受到萨珊波斯影响。两者分别位于阿拉伯半岛东北部和西北部。——译者注
4　乌玛是先知穆罕默德迁往麦地那（徙志）后建立的政教合一的伊斯兰共同体。——译者注

伯半岛其他地区的个人移民、异见者、家族。他们为了追随先知，离开了原有的社会。最终，乌玛由麦加贵族，以及与穆斯林群体结盟的阿拉伯半岛西部一些部落组成。乌玛的构成多样化，包括个人和没有宗族基础的社群，隶属于特定部落的家族。穆斯林社会存在很强的宗族观念，他们认为乌玛观念融合了部落联盟的概念，宗教领袖被视为传统家族的谢赫（Shaykh）。但宗教是社会统一的深层观念。早期的乌玛并未区分部落认同与宗教政治认同，也未区分宗教领袖与政治领袖。[1]

历史上，北非征服运动的基础是宗教，而不是血缘、宗族或阿萨比亚。北非柏柏尔人长期存在的血缘、宗族和部落认同，并未引发征服运动和柏柏尔国家的形成。相反，罗马在突尼斯和非洲西北部海岸的影响推动了国家组织的形成和城市的发展。这为阿拉伯征服、阿拉伯精英和穆斯林提供了权威和意识形态的观念，并在突尼斯南部、阿尔及利亚和摩洛哥影响了第一批柏柏尔国家的形成。哈瓦利吉派之于鲁斯塔姆王朝（Rustamids），什叶派之于伊德里斯王朝和法蒂玛王朝，伊斯兰改革主义之于穆拉比德王朝（Almoravid）和穆瓦希德王朝（Almohad），苏非主义之于萨阿德王朝（Sa'dian）和阿拉维王朝（'Alawi）皆昭示，伊斯兰教能够统一分裂的社会。[2] 连绵不绝的宗教运动对于推动北非的伊斯兰化，马利基教法学派和苏非派的传播，以及摩洛哥的政治—领土认同均发挥了重要作用。这并不意味着北非所有国家的形成完全以宗教运动为基础。阿格拉布王朝（Aghlabid）和哈夫斯德王朝（Hafsid）是以阿拔斯王朝和穆瓦希德王朝的权威为统治基础的。兹里德王朝（Zirids）、哈马迪德王朝

---

[1] 在前伊斯兰时代和阿拉伯伊斯兰社会早期相关问题参见 Eric Wolf, "The Social Organization of Mecca and the Origins of Islam," *Southwestern Journal of Anthropology* 7 (1951): 329–355; J. Chelhod, *Introduction à la sociologie de l'Islam* (Paris, 1958); W. M. Watt, *Muhammad at Mecca* (Oxford, 1953); Ira M. Lapidus, "The Arab Conquests and the Formation of Islamic Society," G. H. A. Juyboll, ed., *Studies on the First Century of Islamic History* (Carbon-dale, Ill., 1982); J. Ryckmans, *L'institution monarchique en Arabie méridionale avant l'Islam* (Louvain, 1951).

[2] 上述王朝皆位于阿拉伯征服后的北非地区。——译者注

（Hammadid）、扎亚尼德王朝（Zayanid）和马林王朝（Marinid）都非宗教运动的产物。[1]

穆瓦希德王朝的案例说明，征服运动中宗教领袖而非部落血缘关系具有重要影响。故此，中央权威不是以宗族超凡魅力（lineage charisma）为基础，而是基于宗教的纯正。伊本·图马尔特（ibn Tumart）[2]自称先知的后裔，宣扬马赫迪观念。他追随先知的脚步，并以先知为榜样规范自己的生活。他认为必须回到基于《古兰经》和《圣训》的真正的伊斯兰教，并以此教授其随从。他还强调独尊真主，尊崇艾什尔里（Ash'ari）的宗教学说，反对拟人的真主观（anthropomorphic view）[3]。此外，伊本·图马尔特力主严格的穆斯林道德观，实行严厉的穆斯林法，禁止音乐和女性不戴头巾的行为。

伊本·图马尔特发现，其支持者遍布马斯穆达（Masmuda）定居的柏柏尔人中，包括他的信徒、布教者（tolba）和宗教学生（huffaz），以及首都梯摩尔（Tinmal）的居民。这些居民包括多元化的定居者和各地的信众，并不属于部落组织。图马尔特的联盟中，血缘群体包括他的家族哈尔加（Hargha），以及其他阿特拉斯地区（Atlas）的主要部落，即辛塔塔（Hintata）、加德米瓦（Gadmiwa）、萨乌达（Sauda）等其他部落。后来，桑哈加（Sanhaja）和泽纳塔（Zenata）等柏柏尔部落也被纳入其中。这一联盟并不遵循传统的血缘、宗族或部落团结的观念。与先知穆罕默德建立的联盟类似，穆瓦希德运动融合了家族、宗教和政治认同，而非仅是宗族

---

1 北非征服运动与国家形成参见 J. Abun Nasr, *A History of the Maghrib* (Cambridge, 1971); A. Laroui, *The History of the Maghrib* (Princeton, 1977); H. R. Idris, *La Berbérie Orientale sous les Zirides* (Paris, 1962); H. Terrasse, *Histoire de la Maroc*, 2 vols. (Casablanca, 1954); R. Brunschvig, *Le Berbérie Orientale sous les Hafsides*, 2 vols. (Paris, 1940, 1947). 关于哈瓦利吉派参见 T. Lewicki, "La répartition géographique des groupements Ibadites dans l'Afrique du Nord au Moyenage," *Rocznik Orientalistyczny* 21 (1957): 301–343; "The Ibadites in Arabia and Africa," *Journal of World History* 13 (1971): 51–130.

2 伊本·图马尔特为11—12世纪北非穆瓦希德王朝奠基人。——译者注

3 拟人观来自古希腊哲学，意指将人的属性赋予真主。——译者注

第一章　伊斯兰历史上的部落与国家形成

凝聚力。[1]

萨法维运动是第三个案例，它兴起的背景不同。萨法维运动源于13世纪突厥和蒙古入侵造成的伊朗西北部的破坏，城镇损坏，国家控制衰弱。苏非派领袖成为西部安纳托利亚、伊朗东北部和北部美索不达米亚民众的领导者。他们通过神秘的宗教知识，展现出神奇的医术、操纵神秘力量的能力，并且声张宗教权威。上述知识源于对神秘经书和天启的解释。苏非派告诉虔诚的追随者，救世主将会救赎普通人，库特布（qutb）[2]即神界之柱将天堂许诺给被压迫者。苏非派导师十分尊崇圣冢。某些圣冢是当时的产物，另一些是之前的遗存。苏非派建立学校（khanaqas，zawiyas）庇护异见者。圣地为圣人的后裔占据，他们成为地方政治社会的管理者和领袖。[3]

萨法维运动是前述之典型。该教团建立者谢赫萨菲·丁（Shaykh Safi al-Din，1252—1334）要求净化伊斯兰教。其子萨达尔·丁（Sadr al-Din）使萨法维教团等级化，并拥有财富。同时，在阿尔达比勒（Ardabil）获得基地，在此地建造住所和学校，建立等级化的传教者、宗教学生和宗教初学者。萨法维运动最初归信苏非派，信仰逊尼派伊斯兰教，但后来转向什叶派。沙汗·伊斯玛仪（Shah Isma'il，1487—1524）自称是第七任伊玛目的后裔、萨法维教团的第七代传人、先知海德尔（Khidr）的化身、弥赛亚，并且兼及世俗与神圣权力。

15世纪，萨法维教团受益于白羊王朝（Aqquyunlu）的崩溃，开始由

1　J. F. P. Hopkins, "The Almohade Hierarchy," *Bulletin of the School of Oriental and African Studies* 16 (1954): 93–112; R. Le Tourneau, "Sur la disparition de la doctrine Almohade," *Studia Islamica* 23 (1970): 193–201; W. M. Watt, "The Decline of the Almohads," *History of Religions* 4 (1964): 23–29.

2　库特布在苏非派中指完人，苏非派的精神领袖。——译者注

3　对伊朗苏非运动的深入考察参见 Marshall G. S. Hodgson, *The Venture of Islam* (Chicago, 1974), 2: 493–500; Jean Aubin, "Etudes Safavides," *Journal of the Economic and Social History of the Orient* 2 (1959): 37–81; A. Bausani, "Religion under the Mongols," in J. A. Boyle, ed., *Cambridge History of Iran* (Cambridge, 1968), 5: 538–549。

传教转向军事行动。1447年到1460年,苏非派导师谢赫祝奈德(Shaykh Junayd)首次纠集其信众,对格鲁吉亚和特拉比松(Trebizond)基督徒,以及他宣称异教徒政权的穆斯林国家发动圣战(Jihad,吉哈德),席卷从小亚细亚到叙利亚北部的广大地区。这意味着这些人不属于宗族或族属团体,而是来自特定地区的士兵和冒险者,萨法维教团在他们中建立政治组织。伊朗的突厥、库尔德和说卢里语(Luri)的游牧民、农民、手工业者和中等规模宗族的领袖加入萨法维教团,以便反对更加强大的地方领主。此外,谢赫祝奈德与地方贵族联姻,与之建立均势联盟,并且招募大部落。他在个人和地方部落[1]首领中招募追随者。其中最主要的就是红巾军(Qizilbash),他们头戴红色头巾,以示萨法维家族的追随者和勇士。因此,萨法维运动将个人、附庸和部落整合为统一的力量,最终征服伊朗。这一案例十分独特,在突厥社会中,宗教领袖领导征服运动并不多见。或许,苏非主义满足了伊朗北部和安纳托利亚东部人们的特定诉求。[2]

第二种军事征服运动的组织形式通常见于内亚、伊朗北部和安纳托利亚的突厥人中,以宗教之外的军人权威为主。喀喇汗人(Qarakhanids)、塞尔柱人、奥斯曼人、乌兹别克人和哈萨克人是典型的案例。与阿拉伯社会类似,突厥社会被视为基于血缘和谱系关系,但事实上以军事首领的军功和荣誉为基础。首领的地位取决于战争的胜利,首领的权威来自赢得权力斗争。但宗教对首领的权威也有一定影响。苏非派圣人(babas)领导的突厥军人征服小亚细亚和巴尔干,体现了军人首领与宗教诉求相结合的不同征服形式。征服的成功是真主庇佑的体现。

---

1 中亚和伊朗北部将部落称为"uymaq"。
2 萨法维教团的起源与兴起参见 R. Savory, *Iran under the Safavids* (Cambridge, 1980); M. Mazzaoui, *The Origins of the Safawids* (Weisbaden, 1972); Z. V. Togan, "Sur l'origine des Safevides," *Mélanges Massignon* 3: 345-357; E. Glassen, "Schah Isma'il: Ein mahdi der Anatolischen Turkmenen?" *ZDMG* 121 (1971); H. Sohrwede, "Der Zeig der Safevidin ein Persian," *Der Islam* 41 (1965): 95-213; V. Minorsky, "The Poetry of Shah Isma'il I," *Bulletin of the School of Oriental and African Studies* 10 (1942): 1006A-1053A。

首领得到军人侍从、首领的家族、低级军官,以及他们的随从和家族的支持。低级军官的支持源于战争的胜利和脆弱的合作。首领利用这种军事支持征服城市居民和农民,征税,建立地方政府。这种形式的酋邦被称为乌亚马克(uymaq)[1],事实上就是国家政权。但统治家族更认同于自身的谱系。然而,乌亚马克总体上不够稳定。其原因在于:这种统治以首领的个人权力和具有一定独立性的军人的忠诚为基础,这些军人不断评估自身的优势,残酷地竞争领导权,频繁地叛乱以反对建立更大的酋邦。[2]

上述国家形成方式在奥斯曼帝国的崛起中十分重要。奥斯曼帝国的创建者并非宗族首领,而是著名的边疆战士(frontier warrior),并且赢得加齐(ghazis)甚至拜占庭逃兵的支持。奥斯曼帝国创建者以军功和为其提供服务为基础分享利益,从而将他们联合起来。奥斯曼帝国和部落形成以军人忠诚为基础。在奥斯曼帝国早期组织中,家族、语言和宗教并不重要。奥斯曼帝国只是在后来以国家行政体系取代战士部落(warrior tribe)模式。[3]

金帐汗国及其在克里米亚和伏尔加河的分支乌兹别克人、哈萨克人具有类似的组织模式。这些联盟或汗国也是在军事精英的权威下形成的。军人精英得到家族联盟的支持,后者以前者为认同的来源。在这些社会,伊斯兰教在后来的历史中发挥作用。伊斯兰教有助于强化汗国、游牧国家和乌亚马克的认同,但在后三者崛起中并不是关键因素。因此,在内亚地区,阿萨比亚并不以血缘关系或宗教为基础,而是基于猎捕者的团结。

---

1 西方一些学者认为乌亚马克就是部落国家,也有人认为属于酋邦或部落联盟。——译者注
2 关于乌亚马克参见 James J. Reid, *Tribalism in Society in Islamic Iran* (Malibu, Calif., 1983); "Rebellion and Social Change in Astarabad," *International Journal of Middle East Studies* 13 (1981): 35–53; "Comments on Tribalism as a Socioeconomic Formation," *Iranian Studies* 12 (1979): 275–281; John Smith, "Turanian Nomadism and Iranian Politics," *Iranian Studies* 11 (1978): 57–83; R. Loeffler, "Tribal Order and the State: The Political Organization of Boir Ahmad," *Iranian Studies* 11 (1978): 145–171; G. K. Garthwaite, "Pastoral Nomadism and Tribal Power," *Iranian Studies* 11 (1978): 173–197.
3 R. Lindner, *Nomads and Ottomans in Medieval Anatolia* (Bloomington, Ind., 1983).

首领唯有赢得战争才能在部落、宗族和帝国统治中获得合法性。[1]

作为国家形成的主要因素，部落和部落征服很少以血缘为基础，更多基于宗教或首领的领导力，以及军人团结。征服运动由多种因素促成，但我们认为，在历史上大多数案例中，宗教和军人团结是关键因素。

从征服运动到国家政权

接下来要回答的问题是：征服运动如何转变为帝国？这种转型的关键在于，征服运动分化为分散的部落、宗教和政治共同体。第一，新政权裁撤参与征服运动的部落力量。被征服地区的行政官员成为部落首领的重要补充。依赖和忠于统治者的新军充实甚至取代部落军队。伍麦叶—阿拔斯王朝、法蒂玛王朝、穆拉比德王朝、穆瓦希德王朝、塞尔柱帝国、萨法维王朝、奥斯曼帝国及中东其他政权皆是如此。

伍麦叶—阿拔斯王朝是典型案例。哈里发具有繁重帝国军事和行政职责，他不可避免由较小社会的宗教领袖转变为帝国统治者。侍从性的军事力量（client military forces）和日常财政机构的设立进一步推动了征服运动向帝国的转变。伍麦叶维系了一个世纪的军事政策，其目标是以精心挑选且服从统治者的军事力量取代阿拉伯全民兵役制（Levée en masse）。新军既有阿拉伯人、柏柏尔人，也有伊朗人、粟特人。阿拔斯王朝通过选择政治上可靠的军队和裁撤阿拉伯军队，进而完成了这一进程。自由军人为依附性的奴隶与军队所取代。阿拔斯王朝最初依赖阿拉伯军队夺取权力，此后又依靠河中地区的波斯公国，最后转向突厥奴隶军队。除了美索不达米亚贝都因辅助部队外，阿拉伯人逐渐淡出哈里发的军队。国家的军队力量不再认同于曾经建立帝国的部落军队，其余的部落民沦

---

[1] 内亚的社会结构参见第 36 页注 2，另见 L. Krader, *Peoples of Central Asia* (Bloomington, Ind., 1963); *Social Organization of the Mongol-Turkic Pastoral Nomads* (The Hague, 1963).

为被统治者。[1]

伍麦叶和阿拔斯王朝哈里发以之前拜占庭、萨珊波斯的行政人员取代阿拉伯谢赫[2]。哈里发利用税收制度加强其经济与政治地位，同时削弱阿拉伯部落精英。因此，阿拔斯王朝以联合政府取代阿拉伯人的统治，即东部伊朗、伊拉克、基督教和巴格达什叶派文员与突厥军事奴隶分享权力。[3]

历史上其他征服运动具有类似现象。法蒂玛王朝以突厥、苏丹奴隶和埃及科普特行政人员取代柏柏尔部落民。穆瓦希德王朝以阿拉伯人、突厥人、库尔德人、黑人奴隶军队，以及安达卢西亚人（Andalusian）冲淡柏柏尔军队的影响。在上述案例中，统治者并未完全裁撤最初的柏柏尔军队，而是通过招募更加多元化的军人实现权力平衡。[4] 伊朗也具有类似现象。萨法维王朝打压最初的支持者红巾军，并以格鲁吉亚奴隶军队取而代之。同时，将波斯行政人员纳入行政体系。奥斯曼帝国以残酷的方式，成功地用奴隶禁卫军（janissary）取代突厥士兵（加齐），进而构建了中东地区中央集权程度最高和最有效的官僚制度。[5]

征服运动向帝国转变的第二个特征是：统治者的观念和统治合法化的转变。随着魅力型的宗教领袖或其直接传人让位于皇帝，即便他们曾初定江山，依然宣扬神圣的权威，但也逐渐适应君主制的政权形式。伍麦

---

1 早期伊斯兰军事组织参见 Patricia Crone, *Slaves on Horses* (Cambridge, 1980); Daniel Pipes, *Slave Soldiers and Islam* (New Haven, 1981)。

2 即部落首领。——译者注

3 关于阿拔斯政府缺乏系统论述，参见 D. C. Dennett, *Conversion and the Poll Tax in Early Islam* (Cambridge, Mass., 1950); D. Sourdel, *Le vizirat 'Abbaside*, 2 vols. (Damascus, 1959–1960); R. Sprengling, "From Persian to Arabic," *American Journal of Semitic Languages and Literatures* 56 (1939): 175–224, 325–336。

4 北非的国家组织参见 Abun-Nasr, *History of the Maghrib*; and Laroui, *History of the Maghrib*, passim。

5 萨法维国家组织参见 Savory, *Iran under the Safavids*, pp. 179–212; R. M. Savory, "Principal Offices of the Safavid State," *Bulletin of the School of Oriental and African Studies* 23 (1960): 91–105; L. Lockhart, "The Persian Army and the Safavi," *Der Islam* 34 (1959): 89–98。奥斯曼的军事体系参见 H. Inalcik, *The Ottoman Empire: The Classical Age* (New York, 1973)。

叶王朝以拜占庭的艺术、建筑和纪念仪式构建对哈里发的认同。伍麦叶王朝的货币样式、纪念碑都说明，哈里发既是先知的继承人，也是罗马和君士坦丁堡皇帝的继承者。与此类似，阿拔斯哈里发资助科学和哲学的发展，组织翻译巴列维语与希腊语文献，同时也支持伊斯兰教。这暗含哈里发在中东历史语境中的合法性。[1] 与此类似，穆瓦希德王朝也经历了从宗教认同到君主制认同的转变。阿卜杜·慕敏（'Abd al-Mu'min）[2] 自称穆斯林的埃米尔和伊本·图马尔特式的哈里发。然而，伊本·图马尔特的首位传人已不再宣称具有完全界定宗教信条的权力，而仅行使哈里发或行政首脑的权力。

萨法维王朝和摩洛哥的萨阿德王朝、阿拉维王朝则有所不同。在这些案例中，统治者也推动纯粹的个人权威向制度化权威转变，但却仍然维持个人的宗教魅力。在萨法维王朝，尽管统治者苏非导师的神圣光环逐渐褪色；但直至萨法维王朝灭亡，统治者作为第七任伊玛目及什叶派伊斯兰教的主要信仰的观念丝毫未变。与此同时，萨法维君主一直塑造自身勤勉、聪颖的历史形象。萨法维王朝的文献记载和建筑巩固了该王朝作为历史上伊朗最强大王朝的地位。因此，萨法维王朝的权威建立在统治者的宗教魅力和伊朗君主传统之上。[3]

与萨法维王朝类似，摩洛哥的萨阿德王朝和阿拉维王朝的苏丹同样将两种形象结合起来，即先知后裔和苏非派圣人，以及具有制度化权威的

---

[1] 作为皇帝的哈里发概念参见 Oleg Grabar, *The Formation of Islamic Art* (New Haven, 1973); Patricia Crone and Martin Hinds, *God's Caliph* (Cambridge, 1987); H. A. R. Gibb, "Constitutional Organization," in M. Khadduri and H. Liebesney, eds., *Law in the Middle East* (Washington, D.C., 1955), pp. 3–28。

[2] 阿卜杜·慕敏（1094—1163）是穆瓦希德王朝首位哈里发，他是柏柏尔宗教领袖伊本·图马尔特的追随者。——译者注

[3] 萨法维王朝的君主理论参见 A. K. S. Lambton, "Quis Custodiet Custodes: Some Reflections on the Persian Theory of Government," *Studia Islamica* 5 (1956): 125-148; 6 (1956): 125-146。萨法维王朝的艺术和建筑与王权想象参见 S. C. Welch, *A King's Book of Kings* (London, 1972); S. C. Welch, *Persian Painting: Five Royal Safavid Manuscripts of the Sixteenth Century* (New York, 1976)。

苏丹。这些统治者在穆斯林节日庆典和国家的苏非派圣人纪念仪式中扮演重要角色。但他们被视为哈里发，也是先知意愿——保卫和管理社会的执行者。他们是哈里发、伊玛目、圣裔（sharif）、保护者（wali）和穆智台希德（mujtahid）[1]。[2] 摩洛哥统治者的个人权威独特且长存。但总体而言，国家的形成改变了统治者的象征和意识形态的认同。这推动了个人领导权向制度化的领导权转变，以及宗教权威向政治权威的转变。继承杰出的宗教运动领导者的并非具有宗教魅力的圣人或先知式改革家，而是哈里发（Khalifa）、税收官和行政人员，他们融合了先前的宗教权威和中东君主制的普遍形式。

征服运动转变的第三个方面是国家与宗教制度的分离。这与统治者最初的宗教意识形态相悖。我们可以看到，伍麦叶和阿拔斯统治者逐渐接受世俗政治和认同。与此同时，先知的宗教和精神遗产体现在先知的同伴和弟子身上，而非哈里发。《古兰经》的传播、对法律和教理问题的思考、道德的宣扬和虔诚的行为外化到虔诚的穆斯林社会，而不是集于哈里发。民间学者和圣人继承了先知的宗教遗产。虔信者的小团体以上述圣人为中心，逐渐发展为有组织的教法学派、教理学派、什叶派和后来的苏非派分支以及各种兄弟会（brotherhoods）。

在公元8、9世纪，哈里发、宗教学者自发形成的组织以及神职人员相互争夺宗教权威。阿拔斯王朝的哈里发声称依然具有裁决是否信仰真主和处罚异教徒、叛教者的神圣权威。哈里发马蒙（Al-Ma'mun，813—833年在位）推行将《古兰经》受造信条[3]作为一般穆斯林的信仰，声称他的权威高于宗教教师，从而引发了与宗教学者的直接冲突。罕百里学派反对哈里发的观点。后者不得不让步，表示《古兰经》受造说并非官方的穆斯林信仰，哈里发无权界定此信条。哈里发的妥协标志他事实上承认了独

---

[1] 穆智台希德即具有伊智提哈德（创制）能力的宗教人士。——译者注
[2] 摩洛哥的君主观念参见 Laroui, *History of the Maghrib*; C. Geertz, *Islam Observed* (New Haven, 1968)。
[3] 原文为"createdness of Qur'an"，意指《古兰经》是被创造的，而非天启。——译者注

立的宗教公共地位。伊斯兰宗教公共生活与国家相分离，呈现出自治、分散和派系分明。这意味着国家制度与宗教制度的分离。[1]

在其他案例中也存在征服运动分化为独立的宗教和国家制度的现象。穆瓦希德王朝即是如此。阿卜杜·慕敏作为王朝建立者并未声张个人权威。穆瓦希德王朝后来的统治者背弃了征服运动的早期主张，并最终完全接受马利基学派。他们也放弃了建设纯洁的穆斯林社会的愿望，接受业已存在的马立克学派的宗教组织以及狂热的圣徒和苏非派，接纳了已经存在的穆斯林宗教结构。因此，征服运动通过接受已存在的国家与宗教精英、宗教社团的分离，进而融于被征服的社会。[2]

相似地，萨法维王朝建立在什叶派宗教组织基础上。十二伊玛目派（Ithna-'ashari）成为伊朗国教，救世主式的什叶派处于边缘化地位。萨法维王朝从叙利亚、伊拉克、阿拉伯半岛引进什叶派宗教学者以充实新的宫廷体系和教法学派。为支持新的官方宗教即十二伊玛目派，萨法维王朝进行宗教迫害。萨法维王朝打击持有弥赛亚观点的什叶派教徒，消灭逊尼派乌里玛和苏非派圣人，什叶派成为伊朗伊斯兰教唯一的代表。[3] 类似于阿拔斯王朝、穆瓦希德王朝以及其他穆斯林政权，宗教与政治权威在现实中而非理论上相互分离。以不同精英为基础的双轨制度得以形成。宗教—征服运动向常规制度的转变再次引发宗教公共精英和社群与国家的分离。

---

1 国家和宗教制度的分离参见 Ira M. Lapidus, "The Separation of State and Religion in Early Islamic Society," *International Journal of Middle East Studies* 6 (1975): 363-385; *History of Islamic Societies*. 另见 Crone and Hinds, *God's Caliph*。

2 参见第 41 页注 1。

3 伊朗的宗教与国家参见 N. R. Keddie, *Roots of Revolution* (New Haven, 1981); H. Algar, *Religion and State in Iran* (Berkeley, 1969); S. Arjomand, "Religion, Political Action, and Legitimate Domination in Shi'ite Iran," *European Journal of Sociology* 20 (1979): 59-109; "Religious Extremism (Ghuluww): Sufism and Sunnism in Safavid Iran," *Journal of Asian History* 15 (1981); H. Algar, "Some Observations on Religion in Safavid Persia," in T. Naff and R. Owen, eds., *Studies in Eighteenth Century Islamic History* (Carbondale, Ill., 1977), pp. 287-293。

以军人酋长为基础的征服运动并不存在上述分离过程,这与兼具宗教政治权威的征服运动不同。在突厥传统中,统治者从开始便将自己视为宗教的支持者、保护者,甚至是宗教管理者,但不是宗教知识和精神力量的拥有者。许多突厥统治者从祖传、世界主义甚至宇宙论文化观念中探寻血缘关系的合法性,并成为现存教法学派和苏非派的支持者。以军人凝聚力为基础的征服运动容易接受农耕帝国已存在的国家与宗教制度的分离。

因此,征服运动体现了相对较小的社会分化。在这种社会中家族和族群的团结、宗教归属和军事领导权都得到相当程度的认可。军队和政府几乎等同于男性军人群体。然而,征服运动也催生了酋邦向帝国的转变,宗教、军人领袖向皇帝的转变。这种国家拥有专业化军队、行政能力、宗教和政治权威的分离。

部落主义与国家组织的社会

构建完成的帝国政府与酋邦的关系是本文探讨的第三个问题。为本部分分析方便,我选取16—19世纪中东的历史进行论述。在这一阶段,主要的征服运动已经停止,部落与国家的关系稳定。

当时存在两大地理和政治实体。一是奥斯曼帝国,统治巴尔干、安纳托利亚、新月地带城市地区、下埃及和北非海岸。在帝国内部,中央政府战胜了部落组织。在14世纪中期的征服运动中,奥斯曼王朝利用塞尔柱和拜占庭的模式甚至人员构建国家机器。奥斯曼帝国建立奴隶步兵、炮兵和中央集权的高压,迫使乌里玛隶属于国家并最终被国家控制。与此同时,苏非派在安纳托利亚东部的突厥游牧民中传播。苏非派领袖带头反对奥斯曼帝国的征服,并且反对强化官僚行政机构。类似于伊朗西北部,安纳托利亚东部滋生着苏非派叛乱,后者具有救世主观念。叛乱的高潮几乎与萨法维王朝同步。例如，1519 年，苏非传教士吉拉尔（Jelal）以沙汗·伊斯玛仪的名义自称马赫迪，并组织突厥农民和游牧民对抗国家。16 世纪，苏非派十分频繁地以吉拉尔的名义发动叛乱。然而，奥斯曼人逐步击败这些运动，对大部分领土实现长期政治控制。在国家控制的广大地区，部落组织职能在诸如安纳托利亚东部、北非荒漠、新月地带边缘、阿拉比亚、上埃及和北非的南部地区等奥斯曼帝国的边缘活动。[1] 值得注意的是，18、19 世纪规模较大的宗教和部落运动大都发生在上述边缘地区，如瓦哈比运动、赛努西运动、苏丹的马赫迪运动。

二是在奥斯曼帝国东西两翼的伊朗萨法维王朝和摩洛哥阿拉维王朝。在这一地区，国家与乡村有影响的酋邦分享权力。与奥斯曼帝国不同，伊朗和摩洛哥的次国际组织分布广泛[2]，能够挑战国家权威，甚至在一些时候夺取政权。

在北非，领土国家的形成伴随着苏非派领导的乡村社会组织的巩固。穆瓦希德王朝垮台后，北非的国家与社会关系重构。马林王朝、哈夫斯德王朝等北非国家的政治制度直接源于前朝，即穆瓦希德王朝。前者获得侍从和奴隶、雇佣军、世袭的小规模官僚制度和部落力量联盟的支持。这些国家与宗教领袖建立一种新型关系。国家放弃之前具有的直接宗教权威，承认乌里玛和苏非派拥有宗教权威，认可他们作为政府与社会的媒介的角色。因此，中东伊斯兰制度结构方面，伊斯兰世界的西部接受了塞尔柱和埃及阿尤布—马穆鲁克王朝的模式。苏非主义的传播与国家巩固相伴而生。在西班牙和东部穆斯林世界的激励下，苏非主义在北非落地生根，苏非派在乡村社会普遍存在。这奠定了国家与宗教集团的权力平衡，

---

[1] 关于奥斯曼帝国参见 Inalcik, *Ottoman Empire*; H. A. R. Gibb and H. Bowen, *Islamic Society in the West*, 2 vols. (Oxford, 1950, 1954)。吉拉尔运动参见 William J. Griswold, *The Great Anatolian Rebellion*, 1000–1020/1591–1611 (Berlin, 1983)。奥斯曼社会的苏非派参见 J. K. Birge, *The Bektashi Order of Dervishes* (London, 1937)。

[2] 伊朗是乌亚马克，即酋邦；摩洛哥是苏非派领导的运动。——译者注

以及国家与部落社会的文化融合。[1]

阿尔及利亚和摩洛哥在上述平衡机制中有所不同。阿尔及利亚政权以突厥禁卫军精英为基础,后者直接统治阿尔及尔、康斯坦丁、马斯卡拉(Mascara)、蒂特里(Titteri)地区。在直接统治地区,地方贝伊领导禁卫军团、辅助性的军队,并且任命卡迪(宗教法官,Qa'ids)。卡迪控制地方部落首领、征税、化解矛盾,以及管理市场。

在直接控制区之外,还存在着宗教和其他首领的间接性权威影响着社会。事实上,土耳其政权将小规模社会组织整合为部落,将地方首领作为地方领导人,进而创造了部落结构。这使规模小、平等和以血缘为基础的社会转变为与中央政府相联系的等级社会。然而,在一些地区,地方首领仍然维持自治状态,拥有地方权力。这些首领一般为苏非,他们获得官方认可,拥有清真寺和圣冢;政府还授予其卡迪的地位,以及分配土地和税收的权力。阿尔及利亚政府以苏非派来维持在乡村地区的间接宗主权。19世纪早期,阿尔及利亚政权与苏非派的关系破裂。1800—1830年,达尔卡瓦(Darqawa)、卡迪里耶(Qadiriyya)和提加尼耶(Tijaniyya)等苏非派组织为反抗过高的税收,以及反对总督为获得财政支持而与犹太人以及法国、英国商人结成的联盟,不断进行叛乱。因此,苏非派既可以是国家权威在乡村的延伸,也可以组织反抗国家权威。[2]

马林王朝—瓦塔斯德王朝(Marinid-Wattasid)时期,摩洛哥国家与苏非派领导的乡村社会的关系得以巩固。这一时期,摩洛哥国家以阿拉伯人和泽纳塔柏柏尔人的联盟为基础,以非斯新城贾迪德(Fez Jadid)家族式的小规模行政机构为中心,通过吸纳部落精英的军队,将国家影响拓展

---

[1] 突尼斯和哈夫斯德王朝参见 Brunschvig, *Berbérie Orientale*。穆瓦希德王朝之后北非的国家结构参见 Abun-Nasr, *History of the Maghrib*; Laroui, *History of the Maghrib*。

[2] 土耳其在阿尔及利亚的政权参见 P. Boyer, *L'évolution de l'Algérie Médiane* (Paris, 1960); *Lavie quotidienne à Alger* (Paris, 1964); R. Gallissot, *L'Algérie pré-coloniale: Classes sociales en systeme pre-capitaliste* (Paris, 1968); J. C. Vatin, "L'Algérie en 1830," *Revue Algérienne* 7 (1970): 977–1058。

到乡村地区。马林王朝试图与乌里玛建立良好的关系，以扩大权威基础。与此同时，马林王朝抵御葡萄牙入侵失败，促使苏非派成为地方自卫运动的组织化权威。苏非成为乡村联盟的领袖。同时，苏非派以道乘（turuq，即共同宗教法统和共同的信仰形式）为基础，将大量宗教学校（zawiya）联合起来。

在历史上一定时期，摩洛哥的权力在世俗和宗教两极间摆动。在未实行奥斯曼帝国制度模式时，摩洛哥苏丹依靠家族式的行政机构和精英集团（Makhzan）[1]二者的联盟进行统治。但摩洛哥统治者的政治合法性却来源于圣裔的（Sharifian）"祝福"（Baraka），以及王朝世袭传统，精英集团、乌里玛和军队的支持。与此同时，统治者声称是哈里发，负责管理伊斯兰法、乌里玛、苏非派。阿拉维王朝试图通过授予苏非派宗教头衔和分配土地，控制苏非兄弟会。苏丹还经常干预苏非派继承争夺，声称具有超越苏非派的权威。相应地，苏非兄弟会时常成为国家权威在地方的代表，有时也对抗国家。在这种高度分权的体制中，权力和权威分布于整个社会，协商和控制成为常态。[2]

萨法维王朝的中央政府与部落社会的关系属于另一种情况。萨法维苏丹拥有苏非的光环、自身的魅力、什叶派哈里发的地位，他的权威类似于摩洛哥苏丹。但是，萨法维苏丹放弃了部分个人魅力，以构建更加强烈的帝国认同感，即伊朗认同与世界主义文化。此外，国家采取两种措施作为统治基础，一是强化中央集权的奴隶军队，二是相对弱化以王室为主体的行政机构。

1　"Makhzan"一般由国王、王室、高级军官、地主和官僚组成。该词在摩洛哥有"国家"和"政府"之意。——译者注

2　摩洛哥国家与苏非主义参见 Geertz, Islam Observed; V. J. Cornell, "The Logic of Analogy and the Role of the Sufi Shaykh," *International Journal of Middle East Studies* 15 (1983): 67–93; J. Drague, *Esquisse d'histoire religieuse du Maroc* (Paris, 1951); R. J. Jenkins, "The Evolution of Religious Brotherhoods in North and Northwest Africa," in J. R. Willis, ed., *Studies in West African Islamic History* (London, 1979), pp. 1, 40–77。

伊朗的领土分为隶属于国家的不同的乌亚马克部落酋邦。在萨法维中央政府之下，伊朗事实上由部落酋邦组成。酋邦统治者隶属的家族、部落分支、城镇以及乡村。部落首领的权力来自追随他的军人、控制的地方资源。但他们也需获得萨法维政府的承认，并从政府中获得补助、军权和征税权。16世纪末、17世纪初，国家与部落争夺权力最终引发政治危机。阿拔斯大帝（Shah 'Abbas）在军事和行政领域加强中央集权，控制税收，提升王室在首都伊斯法罕的经济地位。国家的集权化举措一般会导致部落首领地产的重新分配。但王室通常采取权力平衡策略，即联合支持国王的小部落首领打击富商权贵。阿拔斯大帝在延续原有政治体系基本结构的前提下，削弱了大部落首领。阿拔斯大帝对部落体系影响深远，但却并非打破这一体系。他死后，伊朗国家仍然在萨法维政府、从属于政府的部落、反对派之间的进行权力平衡。从本质而言，伊朗社会由地区性的部落国家组成，萨法维王朝对上述部落国家拥有宗主权。[1]

因此，中东地区的政治组织分布于两个区域：一是广阔的核心地区，帝国的中央权威居主导，乡村的酋邦仅限于边远地区；二是核心之外的两翼地区，乡村酋邦被纳入政治体系。在上述两个地区，帝国与酋邦的关系的特点可以从政治、宗教视角进行探讨。首先，国家体系囊括了所有人口，但国家在实践中并未绝对控制其领土。一般而言，国家与组织化的政治共同体尤其是乡村地区共享权力。国家和组织化的社会实体即乡村酋邦相互交往。在共同的领土上，两种政治组织通常公开争权夺利。在这种竞争中，国家具有优势，如统治者的神圣权威、军事能力、控制市场等经济资源的能力，以及利用官僚制度收税的能力。部落人口则在地理位置、迁徙、士兵人口和组织灵活性等方面具有优势。

国家通常尝试控制和瓦解乡村政治结构，将之纳入国家控制和税收

---

[1] 萨法维的宗主权和伊朗部落参见第42页注2和第43页注2。

体系。但这些实践以失败告终。国家可以将乡村人口组织为部落实体，以便对其控制。国家支持甚至任命与国家合作的酋长，并将之纳入统治集团，进而统治分裂族群，同时将其首领纳入统治精英集团。国家赋予本部落首领以行政官职、荣誉和赏赐。此外，国家还利用部落首领调解和联系社会。在部落首领维持自治状态地方，国家尽最大可能维护首领，承认他们的自治状态。在不同地区，国家的权力基础、乡村酋邦的特点和范围、中心和边缘的历史消长不尽相同。生态和地理因素深刻影响上述权力平衡。山地和沙漠地区易于部落自治，平原和农业区易于国家的控制。

随着伊斯兰教成为影响国家—乡村关系的因素，上述政治关系也受到文化的影响。14—19 世纪，许多地区苏非主义成为经济组织、部落组织在一个分裂社会中与国家权威进行协调、抗争或合作的主要机制。13、14 世纪，苏非主义在伊斯兰教向印度和安纳托利亚的传播中发挥着很大的作用。特别是在 14—16 世纪向安纳托利亚东部、伊朗西北部、河中部分地区，以及 13—19 世纪的北非发挥了尤为重要的作用。苏非主义在阿拉伯新月地带的乡村从未成为重要力量。

18、19 世纪，苏非派在规范分裂社会组织方面掀起了新的浪潮。革新（islah）、复兴（tajdid）、新苏非主义（neo-Sufism）等不同名称的改革运动不断兴起，激发了苏非派在苏丹、利比亚和北非的分裂社会承担起领袖功能。[1] 苏非主义在分裂社会的传播并不仅限于中东。在撒哈拉和撒哈拉以南非洲，英希利曼（Insilimen）或扎瓦亚（Zawaya）部落声称源于阿拉伯人和圣裔，是协调、组织沙漠中的苏丹人。在毛里塔尼亚，谢赫希迪亚·卡比尔（Shaykh Sidiya al-Kabir）扮演着十分重要的角色。他是苏非、教法学家、卡迪、调解者、经济生活组织者、政治领袖。在河中地区，我们发现土库曼人中有埃瓦里亚迪（Evliadi）、乌兹别克人，中亚社会中有米尔

---

[1] 苏丹是卡瓦提耶教团（khalwatiyya）和领导马赫迪运动的萨曼尼耶教团（Sammaniyya）；利比亚是赛努西教团（Sanusiyya）；北非是提加尼耶教团、卡迪里耶教团、拉赫曼尼耶教团（rahmaniyya），以及其他的改革主义运动。——译者注

（mirs）、和卓（khwajas）和赛义德。[1]

　　部落民之所以信奉苏非主义是由于苏非主义为部落的复杂政治生态提供了凝练的解释。苏非主义的权威独立于部落体系。它是部落社会的仲裁者，并且在共同的经济和政治目标下将小规模的群体联合起来。苏非派借助地方的圣徒和圣冢，建立了一定范围的宗教认同。[2] 这有别于城市中的乌里玛。苏非派很好地适应了这一点。从观念上看，苏非派提供了普世的社会秩序的构想；从组织上看，圣人及其宗族在地方层面具有社会调解的作用，苏非派的道乘能够整合广阔的地域中处于分散状态的民众。此外，伊斯兰教苏非派是部落民反对帝国和城市化伊斯兰教的象征，苏非派也是部落民统一于帝国社会结构和普遍的伊斯兰兄弟情感的象征。苏非派体现了部落与国家关系上对立和合作的复合。

结　论

　　中东古代社会的一般结构由三种组织构成，即地方组织、宗教组织和帝国。数千年来，中央政权与其隶属且政治上组织化的社会冲突、合作并存。兴起于阿拉比亚边缘地带、北非和中亚的征服运动周期性地挑战上述结构。这些征服运动通过回归一种未加分化的政治和社会结构[3]，整合分裂的社会。然而，成功的征服运动建立帝国，并且迅速演化为中东通常

1　改革运动参见 John Voll, *Islam: Continuity and Change in the Modern World* (Boulder, Colo., 1982); E. Rahman, *Islam* (Chicago, 1979), pp. 193-224。撒哈拉和撒哈拉以南的宗族结构参见 C. C. Stewart, *Islam and Social Order in Mauritania* (Oxford, 1973); H. T. Norris, *The Tuaregs: Their Islamic Legacy and Its Diffusion in the Sahel* (Warminster, 1975)。赛努西教团参见 E. E. Evans-Pritchard, *The Sanusi of Cyrenaica* (Oxford, 1949)。土库曼的埃瓦里亚迪参见 V. N. Basilov, "Honour Groups in Traditional Turkmenian Society," in A. S. Ahmed and D. M. Hart, eds., *Islam and Tribal Societies* (London, 1984), pp. 220-243。

2　圣地的核心是地方的圣人和圣人的宗族。——译者注

3　这种分化指的就是社会分化为部落社会、宗教组织和帝国。——译者注

的社会结构模式。[1] 部落、宗教和国家结构再次成为独立的组织,尽管三者的边界和关系仍然在一定程度上含糊不清。数个世纪以来,伊斯兰教几乎是社会组织、政治合法性最普遍的象征,也是帝国—酋邦关系的意识形态基础。伊斯兰教也是调解部落社会矛盾的象征,还是部落社会统一于其他社会的象征。

20世纪发生了重大变化,除了在边远地区外,上述社会体系能否继续存在似乎值得怀疑。从军事、行政和技术上看,强大的国家似乎终结了部落大规模动员的政治前景。国家具有民族主义、社会主义和伊斯兰主义等现代权威观念,从而否定了国内处于中层的自治政治力量的合法性。过去的帝国—酋邦体系已让位于新的政治与社会组织形式、新的社会团结和政治合法性观念。

---

[1] 这里的社会结构模式指的是上述中东社会的三重结构。——译者注

第二章

中东部落与国家形成中的人类学家、历史学家和部落民众

理查德·塔珀[1]

近几十年来,西方历史学家和人类学家开始紧密合作,以尝试重构西方自身以及第三世界的社会和历史。[2] 这种研究趋势的一个颇受欢迎的特点在于,不同研究领域的学者都致力于通过学习其他领域的知识来探究所谓的"第四世界"的部落民众(tribe people)。在大多数情势下,普遍缺乏文献资料的现象使人类学家的研究[较历史学家]更占优势,但不同类型的部落民众已经足够积极地长期参与了[现代]国家和[古典]帝国的政治、经济活动,并且在档案文献中留下了自身浓厚的印记,甚至创造了独属于己的编年史。在这种情况下,人类学家和历史学家又处于平等境遇,人类学家需要"研究历史"(done history),搜集精炼档案、编

---

1 理查德·塔珀,伦敦大学亚非学院中东中心主任和人类学的准教授(Reader),著作有:《牧场和政治》(*Pasture and Politics*, Academic Press, 1979)、《国王的朋友:伊朗沙塞温部落的社会和政治史》(即将出版)。他还主编了:《伊朗和阿富汗的部落和国家冲突》(*The Conflict of Tribe and State in Iran and Afghanistan*, Croom Helm, 1983)。
2 这是发表在哈佛大学—麻省理工学院部落与国家建构会议上的一篇论文之修订版本,也曾在加州大学洛杉矶分校近东研究中心的一个研讨会上发表,我对两次会议上收到的关于这篇论文的评论表示感谢。

年史和口述史的相关资料，以便更为深入地提供有关部落社会及其文化变迁的前沿性描述。历史学家则不满足于通过史料简单还原"史实"，他们希望借助人类学的研究，丰富他们在民族志、理论和比较洞察方面的阐述。

然而，[跨学科]合作并非总是一帆风顺，比如人类学家就不会总是斟酌和慎重地运用史料，而历史学家有时亦会应用一些过时、不恰当，并且有争议的人类学理论和概念。而最突出的问题集中表现在对"部落"（tribe）和"部落主义"（tribalism）两大特定概念的界定上。此类概念术语由于主要适用于人类社会的范畴，因此曾一度被认为是人类学研究的专有特权。然而，众所周知，人类学家本身也对相关概念争议颇多，根本无法就如何定义这些概念达成一致。因此，对历史学家、政治学家和其他对"部落社会"感兴趣的研究者来说，对有关术语和概念理解的大相径庭便更不足为奇了。类似的难题也体现在对"国家"这一概念的准确定义上，而这一问题可能被认为是历史学家和政治学家更为倾心和关注的问题。但若跨学科的对话与合作能够卓有成效，那么在有关概念的定义上达成一致就显得不那么重要了（人类学家的研究经历表明，这是一项乏味而又毫无意义的工作），无论这种定义是基于何种理论、由何种资料推断而出都是如此。

这里有几个与"部落"以及"国家形成"密切相关的问题，即部落体制究竟要达到何种程度的平等、分权和自治，才能促使其反对国家的不平等、中央集权和政治统治？就部落与国家的关系而言，部落该如何定义？反之，国家又该如何定义？部落究竟是进化学意义上的前国家实体，还是如同一些研究者所主张的，是国家的直接创造者？[1] 是社会分化造就了国家，还是国家形成引起了社会分化？部落在国家的建构过程中——在不

---

1 参见 Morton Fried, *The Notion of Tribe* (Menlo Park, Calif., 1975), 以及 "The State, the Chicken, and the Egg: Or, What Came First?" in Ronald Cohen and Elman R. Service, eds., *Origins of the State* (Philadelphia, 1978)。

同社会要素排列组合、社会等级的不平衡发展以及政府的集权化过程中（这导致了联盟实体、前国家实体以及次国家实体的形成）究竟扮演了什么样的角色？[1]

鉴于社会、经济、文化以及政治形态的多样性，"部落"、"部落的"（tribal）以及"国家"等专有名词已经在中东地区得到应用——就像在世界其他地区一样——而要触及类似问题的核心，我认为，对有关概念和惯例的深入思考是最佳的讨论方式。因此，在这篇文章中，我将首先分析目前人类学家关于部落的主要概念，把握有关概念术语在中东社会学术和政治治理过程中的具体应用，剖析那些被翻译成"部落"的土著词汇之具体含义；同时，我的论述将较少涉及"国家"，这不是因为其牵涉的问题较少，而是由于这一概念已在其他著作中得到了较为充分的讨论。其次，我将通过对那些由历史学家借助人类学资料推演而出的大量研究成果之批判性讨论，来阐明"部落"与"国家形成"的问题。最后，我将进一步探究基于中东部落族群之联盟和国家形成的主要过程。

人类学意义中的部落与国家

人类学家往往从自身的不同认识路径出发，强调对部落组织采用不同的判定标准，因此他们未能就部落的普遍定义达成一致。看起来，与大多数难缠的一般性和普世性概念类似，要找到一个既可用于既定土著部落研究，又可用于对各种部落分类和比较研究的泛用分析术语几乎是不可能的。

人们对国家基本属性的认识通常拥有更多共识，国家一般被认为是一个拥有中央集权政府与合法武装力量，并内含不同社会阶层和族

---

[1] Fried, *Notion*，以及 Cohen and Service, *Origins*。

群——文化团体且领土有界的政治实体。一些学者认为，就中央政府的控制程度、形式、职能及其意识形态而言，现代国家概念并不适用于前现代中东地区的伊斯兰政治实体。然而，为了便于实现我们的研究目的，我们认为国家可以定义为领土边界（尽管定义模糊）、中央政府（无论其目标有多么脆弱和有限）以及多样性人口。而在缺乏这些基本要素的情况下，使用"酋邦"一词则较为适宜。

人类学家对部落有三种截然不同的定义。而其中最流行的概念，或许是英语学界随意地将部落等同于"原始社会"（primitive society），这类定义被广泛用于描述世界各地的前殖民地人口。在这种定义的分类中，一个国家或一片陆地的人口常被划分为不同部落，并在客观上被理解为不同的"文化—语言团体"（cultural-linguistic groups）。一般而言，类似的部落团体通常会被暗示为"国家"和现代世界"理性"政治结构的对立面。以这些部落为基础的国家形成过程，也常被暗示为是受外部因素影响的结果。然而，此类部落的政治结构、意识形态以及普遍的规模存在较大浮动，比如那些被称为"非洲部落"的团体，其规模往往从几百人到几百万人不等，其组织形态更是从最初级的狩猎采集团体横跨至具有影响力的国家。而相较于"部落"一词，形容那些大规模本土集团更恰当（但仍不令人满意）的现代术语应当是"族群"、"人民"（people）和"国家"（nation）。

要获得对部落社会更为准确的描述，将其作为一种特殊社会形态的第二种部落概念值得留意。这类概念通常涉及某些进化论范式，即部落（拥有新石器时代的生产技术和平等主义特征，形成了以氏族为基础的政治组织）是在一定条件下，由原始狩猎集团发展而来，并向更为复杂的酋邦和国家形态继续演进的一种社会团体。此概念下部落的基本特征是血缘与亲属关系的广泛存在，并且这些关系是部落社会和政治组织所需遵循的原则，而在国家的形成过程中，这些原则将会被领土和等级权威所取代。

第二章　中东部落与国家形成中的人类学家、历史学家和部落民众

部落的第三类概念，在英国社会人类学领域的研究中很常见，其遵循埃文斯-普理查德（Evans-Pritchard）对苏丹境内努尔人（Nuer）部落的经典分析，在他的分析中，努尔人部落是一个由领土定义的政治团体，拥有共同的内部争端和解决机制。并且每一个努尔人部落在当地社群不同的结构层次上都被分割为不同分支，而每一个分支都有一个占主导地位的族属团体。在一个既定部落中，血缘世系团体依次在宗族占主导地位的部落社会层次上占有优势，并且属于最小世系。但血缘世系团体的大部分成员散居在其他地区，而并非集聚在其占统治地位的区域内，因此，埃文斯-普理查德细致地辨别区分了部落领土政治结构中的血缘世系网络。[1] 而这些部落不同于酋邦和国家，不存在中央权威。类似的权威，无论由部落内部自行发展或是由外部力量强加，都会成为这些部落向更复杂政治形态转型的标志。

许多人类学家通过定义部落或使用一些未经定义的术语来匹配其自身对特定社会形态的分析，他们也尝试翻译和释读一些特定的土著用语。然而令人遗憾的是，就比较研究的目的而言，人们不能期望那些被贴上部落标签的团体在职能和规模上是相同的，人们也不能期待相关研究能够催生出客观分类和比较不同部落团体的标准化术语。实际上，我们尚未认真思考人类学家 E. R. 里奇（E. R. Leach）在 30 年前发出的警告：

> 我认为，在人类学研究中，那种认为不同的部落皆以整齐的序列分布于地图之上且边界分明的观点，在很大程度上是一种学术虚构……我个人认为，人类学家通常仅能通过鉴别一个必定存在的文化实体的方式识别一个部落的存在。

根据里奇的说法，就某种程度而言，"部落"实际上是一种人类学的

1　E. E. Evans-Pritchard, *The Nuer* (Oxford, 1940).

臆造物。[1] 此后，又有其他学者指出，非洲和世界其他地区的许多"部落"团体，实际上都是由殖民主义当局和人类学家人为臆造出来的东西。[2]

中东地区的部落与国家

在中东，被称为部落的团体从来都不是一个远离国家及其代理人的孤立"原始"社群。与之截然相反，部落与国家在同一个单一系统内相互建构并且相互维系，尽管其中一方并不总是稳定。英国著名波斯史学家A. K. S. 兰布顿博士（A. K. S. Lambton）曾对伊朗地区部落与国家的关系做出如下描述，基本适用于整个中东：

> 掌控部落一直是国家权力面临的长期课题之一，除最强大的国家政权外，几乎所有的国家政权都会委任部落首领在部落地区代行国家职责。在某种程度上，波斯的历史实际上就是部落元素与非部落元素不断斗争的历史，并且二者的斗争一直持续至今，不同类型的波斯王朝都在部落的支持下掌权。在几乎所有的案例中，部落都被证明是参与未来国家形成的一个不稳定因素。[3]

"部落问题"以及部落及其首领在中东政治史上所充当的行为体和代理人角色一直是中东研究的共同主题。如果说中东的政治社会秩序确实长期受困于"部落问题"，那么反过来讲，中东部落本身也被认为需要面对一个长期性的"国家问题"。一直以来或者至少近几个世纪以来，没有一个中东部落会完全不受各种类型的国家之影响。在中东文献资料中，

---

1 E. R. Leach, *Political Systems of Highland Burma* (London, 1954).

2 参见 June Helm, ed., *Essays on the Problem of Tribe* (Seattle, 1968)。

3 A. K. S. Lambton, *Islamic Society in Persia* (London, 1954), p. 6.

第二章 中东部落与国家形成中的人类学家、历史学家和部落民众

部落所面临的国家问题始终是一个重要的论题,而所谓的国家问题,一言概之,即为国家在创造、改造或者摧毁部落制度及其结构方面究竟发挥了什么样作用的问题。因此说,要了解部落在中东国家形成中的具体作用,就必须首先把握中东国家在本土部落建构及其转型过程中所发挥的具体作用。

中东文献中的"部落"一词,在社会生产、组织规模、文化以及政治结构等方面,并无专门含义。鉴于此,人类学家戴尔·F.艾凯尔曼提出了有关中东部落的四个不同概念,即人类学意义上的部落、国家行政管理下的部落、作为土著意识形态的部落以及土著行为实践中的部落。[1]

就人类学的固有意义而言,所谓部落,即指文化和语言有界的"原始社会"。但倘若仅仅从规模、复杂性以及缺乏团结三个判断标准出发,这一概念实际上并不适用于阿拉伯人、柏柏尔人、土耳其人、波斯人、库尔德人、普什图人以及俾路支人等中东地区的主要"语言—文化"族群。然而,尽管这些族群、人口和民族不能被称为部落,但部落这一人类学术语却常可用来形容其分支,不过,识别这些分支为部落的具体判断标准不尽相同。比如,许多中东人类学家常将部落作为族裔概念加以运用。一般而言,阿拉伯和中东地区的典型部落范式符合伊本·赫勒敦以及埃米尔·涂尔干的机械团结概念。这些群体在其首领的领导下,可能是地域固定、政治统一的实体,也可能是地域不固定、政治不统一的实体。但是,许多此概念的现代拥护者拒绝使用有关术语去定义没有血缘认同的群体为部落。血统思想尤其适用于阿拉伯部落社会,在这里部落宗谱广为流行,拥有 25 万人口的卢瓦拉(Ruwala)部落就是其中的一个著名范例。还有一些规模更大的非阿拉伯群体,例如鲁尔—巴赫蒂亚里(Bakhtiyari Lurs,拥有 50 万人口)或普什图—杜兰尼(Durrani Pashtuns,

---

[1] Dale F. Eickelman, *The Middle East: An Anthropological Approach*, 1st ed. (Englewood Cliffs, N. J., 1981), pp. 88-89;他以不同的标准讨论了这些概念。

拥有 200 万人口）也被称为部落。此外，一些学者但很少有人类学家也同样会使用部落一词称呼卡什卡（Qashqa'i）、卡梅什（Khamseh）、沙塞温以及齐兹勒巴什诸分支（Qizilbash）等拥有领袖且政治上统一的庞大社会集团，尽管这些集团起源模糊、成分混杂并缺乏广泛的血亲认同。

对于拥有十万以上人口的政治文化群体而言，究竟应从文化标准（一种血统思想）还是结构标准（有领袖，并且/或者政治上统一）判定其为部落，学者之间分歧巨大。然而，部分学者并不希望采取任何极端立场，他们倾向于把部落定位在一个较低水平的政治结构上，并将更大的社会集团（无论其基于何种标准）看作是部落联盟（尽管他们的集权程度和等级制度足以使他们成为"酋邦"甚至是"次国家"）。因此，当研讨伊朗境内的社团联盟时，弗雷德里克·巴特（针对卡梅什人）、基恩·R.加思韦特（Gene R. Garthwaite，针对巴赫蒂亚里人）、路易斯·贝克（针对卡什卡人）、莱因霍尔德·莱夫勒（针对布瓦尔·艾哈迈德人 [Boir Ahmad]）以及理查德·塔珀（针对沙塞温人）等学者均使用"部落"一词形容至多拥有数千人口的初级或二级社团。[1] 而这些社团通常（但并不总是）团聚在单一首领的领导下，维持着领土和政治层面的统一，并且享有共同的血统意识。

从行政管理层面来说，部落社会不如城市社会和文明化的伊斯兰世界稳定，而城市则是政府、秩序和生产力产生的源泉，部落一贯拥有一种反叛、劫掠和破坏的自然倾向，这种倾向的产生可能与其严酷的生存环境、远离文明中心的地理位置以及不能充分就业的生存方式有关。这样的认识从政府角度来看是有一定道理的，但却有些浮于表面且过于笼统。

1　Fredrik Barth, *Nomads of South Persia* (London, 1961); Gene R. Garthwaite, *Khans and Shahs: A Documentary Analysis of the Bukhtiyari in Iran* (Cambridge, 1983); Lois Beck, *The Qashqa'i of Iran* (New Haven, 1986); Reinhold Loeffler, "Tribal Order and the State: The Political Organization of Boir Ahmad," *Iranian Studies* 11 (1978): 145-171; Richard Tapper, *Pasture and Politics* (London, 1979）.

第二章　中东部落与国家形成中的人类学家、历史学家和部落民众

除此之外，传统的部落形象也并不统一，不同身份的作者——历史学家、人类学家、行政人员、政治代理人以及旅行家——皆会基于其自身独特的经验、个性、目标和诉求，而对部落产生不同认识，并且他们所偶然接触的具体部落形象同样存在广泛差异。[1] 比如，在一些地区，部落民以强悍的山民特征而闻名，而另一些地区，部落民则被认为是沙漠中的游牧民；一些部落以他们的独立精神和民主制度而称著于世，而另一些部落则在强有力贵族首领的领导下，成为强大专制中央集权政府的构成部分。在中东部分地域，部落因其对宗教的无知和漠视而声名狼藉；而在另一部分地域，部落则又以对伊斯兰教信仰的虔诚与狂热而享有威望。总的来说，对中东部落的那种刻板认识或许有些道理，这些认识至少可以成为比较不同地区部落社会图景的基本依据，但它们不被夸张处理，因为特殊个案比比皆是。

学术界和行政领域对中东部落一直存在着一种根深蒂固的观念，这一观念认为，"部落"是草原游牧体系的政治学表述，即"部落"是"游牧民族"的代名词。[2] 正如许多观察者发现的一样，大多数中东国家的地理和生态条件适宜游牧生活，严酷的地形与气候使中东大部分地区在前工业化条件下无法耕种，只适合季节性放牧；而且，只有少数牧场可供定居的乡村畜牧业使用，广阔的草原、半沙漠和山地地区则只能为暂居于帐篷中的游牧民所利用。中东的游牧民直到最近才拥有上千万人口，并几乎都是在酋长和首领的领导下组织和团聚起来。此外，在中东历史上，部落（基于政治学意义）通常也存在着一种畜牧经济基础并引领着一种游牧的

---

[1] 例如，英属东印度当局对西北边境帕坦人的错误刻板印象，参见 Malcolm Yapp, "Tribes and States in the Khyber, 1838–1842," in Richard Tapper, ed., *The Conflict of Tribe and State in Iran and Afghanistan* (London, 1983)；俄罗斯对高加索东南部部落的态度，参见 Richard Tapper, "Nomads and Commissars in the Mughan Steppe," in Tapper, *Tribe and State*，另见 Richard Tapper, *The King's Friends* (forthcoming)。

[2] 请参阅本文后面对数位历史学家的讨论。参见 Emanuel Marx, "The Tribe as a Unit of Subsistence," *American Anthropologist* 79 (1977): 343–363。

生活方式。

然而当前，许多中东国家（如也门、阿富汗以及阿尔及利亚）的主要部落集团（无论其为平等型部落、无首领的血缘原始团体或者权力集中和阶级分层的酋邦）均为鲜见畜牧和游牧活动的定居农耕者。换言之，就像巴特和其他一些学者认为的那样，部落制之于游牧主义比游牧主义之于部落制而言，更具必要性。[1] 实际上，部落制与游牧主义并不构成一对简单的因果关系，而是围绕着国家构成了一对函数关系，游牧主义无论作为一种生产体系还是一种生活方式都并非促成部落组织形成的必要条件，这一情况无论从政治层面的部落领土定义还是从文化层面的部落血统定义来讲都是如此。与之相反，对游牧民的判断应基于其迁徙习惯，以及其内部成员之间的彼此联系或他们对首领的忠诚程度。这一情况常为那些将二者归为一类并采取近似管理手段的政府官员带来控制性难题，在某些情况下，[国家]会在那些之前没有部落组织和首领的游牧或定居人口中创建部落组织并任命其首领，以方便行政管理。

迄今为止，行政官员和学者仍然对中东部落持高度实证主义的观点，他们希望这些部落是可标识的、有明确边界的、内部成员少有更替的团体，并且他们期望以一个精准的术语对其加以分类和比较（前文已引述兰奇对这种研究倾向发出的警告），历史学家和人类学家等研究者基于这一研究倾向而面临的问题，中东学者巴西莱·尼基丁（Basile Nikitine）在多年前已有如下总结：

> 如果我们深入到亚洲民族学领域，就会发现民族和机构团结的概念不再是同一回事。在某一时刻我们实际上能看到一些部落时而在结盟的大潮下紧密团结在一起，时而在同样的机会下，联盟又分崩瓦解。甚至就连名称都没有任何的稳定性和确定性……民族处于繁荣时代

---

1 Fredrik Barth, "Nomadism in the Mountain and Plateau Areas of South West Asia," in *The Problems of the Arid Zone: Proceedings of the Paris Symposium* (Paris, 1962).

时，将会用此时期首领的名字取代前一个名称。在此基础上，再加上不同历史时期不同政党团体的分裂分化和重组，我们就能看到在研究者任务当中真正微妙的部分。[1]

从国家统治者的角度而言，哪怕是在其拥有主权的领土上自治程度最高的居民，也应有其代表和可识别的组织形式，乡村社群和少数族群对其首领，伊朗的沙塞温人（Shahseven）通常被认为是伊朗国王为强化地方忠诚而人为塑造的部落，实际上这也是由历史学家和人类学家著作人为创造的部落和民族认同之诸多案例中的一例。[2] 作为行政臆造的产物，官方的记录中会出现一些部落和酋长形象，但除书面上的记录外，这些部落和酋长可能并不存在现实之中。此外，部分官方文献中的部落名称暗示了某种统一的政治结构，这种结构可能完全是由行政行为主观臆造的，并且可能会掩盖一些社会和文化层面的根本性差异。

土著部落概念的本质，无论从显性的意识形态方面还是从含蓄的实用主义观念方面而言，都经常会被研究者（历史学家、人类学家以及行政官员）的某种主观期望所掩盖，这种期望追求赋予不同政治团体以统一、稳定的定义。一些研究者似乎确信，所有部落在等级或分级的系统中必定是有序的，并且每个阶层的特定团体都可以用一个明晰而可供释读的术语加以形容，这些术语包括联盟、部落、宗族、谱系、分支等等。

令人遗憾的是，中东本土的原住民分类术语（如常被翻译为部落的"qabila""ta'ifa""quam"和"il"等本土词汇）实际上并不比"家庭""团体"

---

1 Basile Nikitine, "Les afshars d'Urumiyeh," *Journal Asiatique* 214 (1929): 122–123.
2 Richard Tapper, "Shahsevan in Safavid Persia," *Bulletin of the School of Oriental and African Studies* 37 (1974): 321–354; "Ethnicity, Order and Meaning in the Anthropology of Iran and Afghanistan," in Jean-Pierre Digard, ed., *Le fait ethnique en Iran et en Afghanistan* (Paris, 1988); 另见 Jan Ovesen, "The Construction of Ethnic Identities," in Anita Jacobsen-Widding, ed., *Identity: Personal and Socio-Cultural*, Uppsala Studies in Cultural Anthropology (Uppsala, 1983); 以及 Yapp, "Khyber"。

等英语术语的表述更具体。甚至在表面上一致的一套本土术语中，单个术语的表意也是模糊不清的。这种模糊不清不仅体现在对原住民社团的层级划分上，也体现在对原住民社团之经济、政治、血缘以及文化职能的含义表述方面。就像英语实践中活用同义词一样，术语的模糊性以及语系的灵活性在日常交流中具有深意并且极为重要。[1]

大多数被翻译为"部落"的中东本土词汇都包含歧义，它们在对部落层级、职能以及本质的精准表达方面存在误导性。笔者认为，所谓的部落，实际上是一种精神状态，一种现实的构造物，一种关于组织和行为的特有模式。而要将一个已命名的团体描述为部落，则只需提及其本质的一面，并且否认同一系统中更高层级或更低层级的其他团体。一个准确的部落术语也许有助于展开概念比较，但却不太可能用来解释行为，或提供对本土居民及其观念的恰当解读。

要更好理解部落政治组织的实质，理解部落社会和非部落社会的关系以及理解部落在国家形成中的作用，就必须对部落的社会和经济基础进行更为深入的历史考察。然而令人遗憾的是，这方面的研究还停留在较为初级的阶段。现存的研究资料则大部分出自对部落抱有偏见和敌意的外部人士之手。这些资料常将主要关注点放在政府税收、军事武装、骚乱与镇压骚乱的手段以及有关部落团体、人口及其首领的不准确清单等方面。这些研究资料的作者很少与部落社区的社会和经济基层组织进行具体且可靠的接触，他们只是在支持和反对政府时，牵涉部族冲突时，或者从事跨地区活动时，提及特定部落。同时，我们仍然对前现代时期的部

---

[1] 我已经在他处比较了沙塞温人的"迪拉"（tira，部落机构，长老领导下的政治管理部门），"格比克"（göbek，父系家族）以及"贾米亚特"（jamahat，社区、宗教会众）的差别；校正了阿富汗杜兰尼人的"卡姆"（quam，家族，民族，族内婚制群体）、"乌拉斯"（wolus，政治共同体）、"阿里德"（aulad，父系家族）以及"塔法"（tayfa，本地部落机构）之间的歧义（Nancy Tapper and Richard Tapper, "Marriage Preferences and Ethnic Relations," Folk 24 [1982]: 157–177）。另见 Martin van Bruinessen 针对术语"ashiret""tira""tayfa"在库尔德人中的讨论，*Agha, Shaikh and State* (Utrecht, 1978), pp. 52–53。

落经济运作概念认识模糊。前现代部落的生产关系究竟是怎样的？并且其如何发生调整和变革？土地由谁掌握并且如何集中？能够控制自身生产的生产者比例有多大？依附于富裕部落民或者城市富商的租地农民之人口数量有多少？在国家税制或政府商品定价的条件下，部落能否有效控制其生产？有关研究资料中的零散信息必须通过现代人种学研究的假设实验和可能具有误导性的推断来加以补充和解读。否则，从国家到民族的观测角度如何发生令人鼓舞的改变，偏见将会继续支配政治和历史的世代更替；部落的经济和社会史则会继续保持隐晦不明的状态，部落民众也会继续像从前那样缺失自己的声音和面孔。

部分历史学家眼中的中东部落与国家形成

对部落概念理解的多样性反映在近期中东研究者对伊斯兰化的阿拉伯人、蒙古人、奥斯曼人、安纳托利亚与伊朗的土库曼王朝以及伊朗境内的齐兹勒巴什人及其后继者之社会政治组织的一系列历史研究之中。例如，《伊朗研究》某些篇幅在论及部落问题的领域就产生了争论，争论主要涉及伦纳德·赫尔高特（Leonard Helfgott）对波斯卡扎尔王朝崛起的研究，以及詹姆斯·里德（James Reid）对齐兹勒巴什人的研究。[1]

赫尔高特认为，在12世纪至19世纪之间，伊朗国家是由两个或多个独立但又具有联系的社会经济单元所组成。他从巴特对现代伊朗境内的

---

1 Leonard M. Helfgott, "Tribalism as a Socioeconomic Formation in Iranian History," *Iranian Studies* 10 (1977): 36–61; Helfgott, "The Structural Foundations of the National Minority Problem in Revolutionary Iran," *Iranian Studies* 13 (1980): 195–214; Helfgott, "Tribe and Uymaq in Iran: A Reply," *Iranian Studies* 16 (1983): 73–78; James J. Reid, "The Qajar Uymaq in the Safavid Period, 1500–1722," *Iranian Studies* 11 (1978): 117–143; Reid, "Comments on 'Tribalism as a Socioeconomic Formation in Iranian History,'" *Iranian Studies* 12 (1979): 275–281; Reid, *Tribalism and Society in Islamic Iran, 1500–1629* (Malibu, Calif., 1983); Reid, "Studying Clans in Iranian History: A Response," *Iranian Studies* 17 (1984): 85–92.

巴塞利人（Basseri）之研究中推论认为，伊朗的部落是具有封闭经济系统、以血缘关系和酋邦制为基础的游牧部落：他们的放牧权归集体所有，狩猎权归属个人，经济产品主要用来自给自足而非交换。这种游牧社会经济形态不同于定居农耕和城市经济形态，但一直与后两者保持着不间断的联系。不过令人遗憾的是，赫尔高特几乎没有为其论点提供有效论据，他过度强调了伊朗部落社会中游牧主义、亲属血缘关系以及首领的作用，并且低估了伊朗游牧民族制造剩余产品的意愿和能力。

里德抨击了赫尔高特的论点。里德从国家和行政管理的角度出发，认为伊朗部落组织的实质是高度复杂并且集中的齐兹勒巴什人"乌亚马克体系"（uymaq system），其在波斯萨法维王朝的统治下曾获得蓬勃发展。这些"乌亚马克"并非是简单的游牧民族，它们拥有三种经济形态（游牧、农耕以及商业），并且处于居住在城市中的首领的独立行政管理之下。此外，"乌亚马克"也不以亲属血缘关系为基础（尽管它们也拥有一些血缘分支，包括部分占主导地位的王朝）。它们实际上是国家，但它们同时也是部落（里德声称），因为它们的领袖是世袭罔替的。

在对里德抨击的回应中，赫尔高特承认部落不仅仅是游牧的，并且国家对部落经济、政治结构的影响要比他所论述的强烈和深刻得多。但他提出质疑认为，无法理解什么叫作部落首领控制下的部落农业和城市元素。他认为，"乌亚马克"可能是某种形式的部落国家，但里德这样的分类回避了对部落构成要素的必要分析，对那些游牧部落而言尤是如此。赫尔高特进一步补充说，根据大多数公认的标准而言，"乌亚马克"并不能被称为部落，但可以称之为酋邦或部落联盟，并且它们与自己最初论及的草原游牧部落之间没有可比性。此外，里德自己也承认，"乌亚马克"体系自波斯萨法维王朝后期即告解体，因此他们与之后的伊朗部落和游牧民族没有直接联系。

对里德有关著作的各类评论均对其整个论点持怀疑态度，R. D. 麦克切斯尼（R. D. McChesney）在对里德 1978 年发表的一篇文章的评论中，彻底推翻了里德对"乌亚马克"体系的人为建构。针对里德有关研究最具质量的分析报告认为，人们目前对"乌亚马克"的具体情况知之甚少，而里德的推断则完全建立在片面的、漫不经心的或者错误的研究资料基础之上。[1]

在20世纪80年代出版的历史学著作中，另外两名学者对部落及其在国家形成过程中所扮演的角色之看法也截然相反：一位学者是致力于匈奴人和早期奥斯曼土耳其人研究的鲁迪·林德纳（Rudi Lindner），另一位学者是致力于早期阿拉伯部落研究的帕特里夏·克劳恩（Patricia Crone）。[2] 其中，林德纳明确提出"应检验人类学模型的效用，以便重构欧亚大陆中世纪游牧部落更为公正的历史"。他首先批评了人类学家对"谱系与亲属血缘结构"的持续迷恋以及他们使用诸如锥形氏族（conical clans）与世系血统模型来"揭示部落真实结构"的行为。他引证了两位人类学家的研究工作：一位是埃姆里斯·彼得斯（Emrys Peters），这位学者将世系血统模型解读为一种部落意识形态，但对部落行为层面的描述很不充分；另一位是菲利普·萨尔兹曼（Philip Salzman），这位学者则质疑部落为什么要维系这样一个不充分的血统模型，并且发现该模型是一种可替代的意识形态。之后，林德纳排除了意识形态在部落构成中的关联性。在参照其他学者对伊朗南部巴塞利人和俾路支地区马里人的有关研究成果后，林德纳断言氏族和部落均为基层政治团体，他们像关心血缘关

---

[1] R. D. McChesney, "Comments on 'The Qajar Uymaq in the Safavid Period,'" *Iranian Studies* 14 (1981): 87–105. 参见 reviews of Reid, *Tribalism and Society*, by John E. Woods, *International Journal of Middle East Studies* 18 (1986): 529–532; A. H. Morton, *Journal of the Royal Asiatic Society*, 1986: 281–282; D. O. Morgan, *Bulletin of the School of Oriental and African Studies* 49 (1986): 342. 里德对部落的研究对麦克切斯尼的回应带有毁谤性，尽管批评内容很详细，但不能提供答案。用另一位批评家的话就是："这是一种游戏，是为了标配麦克切斯尼而设定的。"（摩尔根）乌兹（Woods）在其著作中并没有对部落观点进行系统分析，而是聚焦于15世纪安纳托利亚和伊朗的主导部落组织，以及由各朝各代主导部落构建的、各种游牧部落组成的复合政治联盟。*The Aqquyunlu: Clan, Confederation, Empire* (Minneapolis, 1976).

[2] Rudi Paul Lindner, "What Was a Nomad Tribe?" *Comparative Studies in Society and History* 24 (1982): 689–711; Lindner, *Nomads and Ottomans in Medieval Anatolia* (Bloomington, Ind., 1983); Patricia Crone, "The Tribe and the State," in J. A. Hall, ed., *States in History* (Oxford, 1986).

系那样关心集体的共同利益："例如近东和内陆亚洲的土耳其部落就是高度务实的，它们通常是团聚在一个成功首领周围的临时政治团体……部落的意识形态是亲属血缘关系，但部落实则由共同利益、条件和公共服务构成。"在此基础上，林德纳揭示了匈奴人部落和早期奥斯曼土耳其人部落形成的过程，他在其专著的部分细节中阐述了对奥斯曼部落的有关论点。

除了对关于游牧生活、畜牧经济和部落主义的持久定义外，林德纳的部落概念在对共同利益和忠于一位首领的描述方面还存在两个问题。首先，他并没有指明这样一个部落团体与酋邦、派系以及社团的区别是什么。同样的问题，无论是明确的还是隐晦的，也出现在林德纳提及的那些研究土耳其—伊朗[中东北层地区]部落问题的人类学家之中。

其次，林德纳在一定程度上证明，20世纪国家对部落的征服，导致人类学家过度强调部落的血缘关系，并将之归因于现代部落组织的政治领土稳定，以及以往游牧部落所不具备的一种亲缘政治。林德纳承认"血缘宗谱要素可以成为游牧民族（游牧部落）用来解读其历史和政治的习惯用语或族纲"，但这一要素在他本人对匈奴人或早期奥斯曼人部落的研究中是无足轻重的，林德纳强调从来没有听说过匈奴或奥斯曼勇士的家族和血缘联系，例如，他们的姻亲关系。在研究19和20世纪中东部落组织的过程中，也就是现代国家权力建构之前后时期，历史学家和人类学家（包括林德纳提及的诸多学者）均发现，血缘联系，特别是联姻带来血缘关系是决定政治策略的核心元素。

林德纳显然高估了共同利益对部落团聚的作用，并且低估了血缘、道德与部落信任及偏好的紧密联系。根据笔者对部落的解读，笔者认为，匈奴人和奥斯曼人的部落特性实际上仍然发端并且建立在血缘关系和姻亲关系的基础之上，即使血缘意识形态并未在这些部落的世代相袭中完全得到普及的情况下也是如此。类似的早期欧亚社团，例如最接近当代的齐兹勒巴什人、沙塞温人或卡什卡人，均是通过政治忠诚和文化意识形态的复杂混合凝聚而成的,他们取得的成就与展现出的延续性可以归功于这种混合所固有的模糊性和灵活性,以及他们首领的军事实力。

林德纳专著的另一个主题是对奥斯曼游牧社会的分析,为此他在选择性分析现代民族志研究样本,尤其是巴特对伊朗境内巴塞利人以及比特斯对土耳其南部尤鲁克人(Yürük)研究样本的基础上构建起自己的研究模型。但令人遗憾的是,除对复杂问题的大量误读、误解外,他所总结的游牧社会之基本经济、社会和政治特征实际上具有高度偶然性。而他如果能更广泛地选用诸如巴赫蒂亚里人、卡什卡人、沙塞温人、土库曼人等游牧民族研究样本,他本可以避免上述错误,因为这些游牧民族在规模和文化上更接近奥斯曼人。

我认为基于一些因素,巴塞利人的样本完全不适合解读早期游牧部落的一般特征。首先,巴特对巴塞利人政治、经济以及社会的分析数据(主要)来源于巴塞利可汗的私人随从达尔巴尔(the Darbar),其角色并非巴塞利游牧部落社会的典型代表。[1]

其次,与伊朗境内外的当代中东游牧部落社会相比,巴塞利人仅仅是诸多游牧部落家庭、组织、移民、生产、权力结构分层中的一种特定形式。[2] 对此无须惊讶,因为与奥斯曼、齐兹勒巴什或沙塞温等其他游牧部落的一般形式不同,巴塞利部落是适应特定自然、经济、政治和历史条件的产物。

最后,其他地区部落团体的社会、经济和政治组织在不同时期也表明,巴塞利模式非常与众不同。不同的典型模式表现出奇高的相似性。例如 15 世纪白羊王朝联盟派系,16 世纪齐兹勒巴什的乌亚马克体系,以

---

1 参见 Tapper, *Pasture and Politics*, p. 252。

2 对巴塞利、尤鲁克、土库曼以及沙塞温人游牧社会组织之间的比较,参见 Tapper, *Pasture and Politics*, pp. 240f.。John Masson Smith, Jr., "Turanian Nomadism and Iranian Politics," *Iranian Studies* 11 (1978): 57–81,其中研究结论为林德纳大量应用,可以从林德纳在其蒙古游牧社会研究中对巴塞利和尤鲁克人(最小和平均畜牧规模,生产产值等)的错误推断中发现它们,林德纳实际上误解巴特对巴塞利人作为一个部落的分析。

及 19 世纪布瓦尔·艾哈迈德和沙塞温的部落联盟。[1]

帕特里夏·克劳恩考察了部落的各类定义以及有关部落与国家关系的各种理论。首先，她宣称，大多数人都赞同部落是一种建立在社会生物学特性基础上，具有完备或大部分社会职能的社会形态。也就是说，部落是建立在血缘、生殖以及年龄而非领土、征服以及阶级基础之上的社会形态。"因此，单个部落实际上就是一个原始社会。"一般情况下，"所有聚落级别以上的无国家社会"都可称之为部落，而在具体含义上，所谓部落即"构成政治共同体的族属团体"。部落社会是由"相同或可替换的单位所组成"，具有低水平的贫富分异和非专业化的经济特征。此外，"无论部落的内部情况如何，它都是一个无国家的社会……部落国家则是叠加在一个需要国家秩序，但又可以随时回归无国家状态的社会基础之上的国家"。

克劳恩发现上述部落概念尽管并非绝对权威，但却在"人类学家的著作中产生了根深蒂固的影响"。此外，克劳恩严厉谴责了那些把部落作为"社会文化民族实体"的说法。这种说法认为，部落的"文化元素"是由"中立的观测者"通过语言要素分布等客观标准鉴别而出的，与"政治元素"没有关联，而"政治元素"则是基于部落成员的实际需要而产生的（应当指出，这些关于文化和政治的定义与现代人类学的惯例截然相反，这里的文化是关于符号学和意义学的系统，政治则与权力紧密相关）。而克劳恩则坚持认为，她所认知的部落是"某种类型的政治组织"，并且宣称"客观标准不符合部落成员的自我规范"。她进一步解释称，像辨别动物种群门类的动物学家一样，人类学家也应当采用不同的分类和行为学术语，尽管在人类语境中，部落这一术语已经替代了行为学研究，成为用于探究"政治"而非"文化"单位的术语。她还进一步断言："如果部落是政治单位，那它们就不可能成为文化单位……相反，如果它们是文化单位，则它们就不可能成为政治单位。"

---

1 Woods, *Aqquyunlu*; McChesney, "Comments"; Loeffler, "Tribal Order," pp. 154f.; Tapper, "Nomads and Commissars".

克劳恩对"社会文化民族实体"定义的另一种反论与笔者之前的观点近似,即如果依据这样的定义,中东地区像犹太人和阿拉伯人这样的民族将会被错误定性为部落。实际上,非洲地区的部落更应该被定义为拥有政治性"部落"成分的民族(基于一种文化分类)。如果说努尔人、丁卡人(Dinka)、图尔卡纳人(Turkana)、卡里莫琼人(Karimojong)、桑布卢人(Samburu)和马赛人(Masai[肯尼亚和坦桑尼亚的游牧民族])等非洲民族,与贝都因卢瓦拉等阿拉伯部落在规模上是可比的,也是由于前者牧牛后者畜养骆驼的缘故。

克劳恩接着讨论了部落在自身进化和国家形成中的地位。与马歇尔·D.萨林斯(Marshall D. Sahlins)以及艾尔曼·R.瑟维斯(Elman R. Service)等人类学家的观点相反,克劳恩认为,部落在自身复杂化发展过程中不会演化成国家。部落和国家是截然相反的,"它们都是为解决近似问题演化而成的,并且可以相互替代的人类组织形式,"以至于"为了给国家形成创造条件,部落组织需要被摧毁"。部落并没有向国家进化的潜力,"部落首领是国家形成的产物而非国家形成的发起者"。克劳恩声称,最初的文明(国家?)是宗教的产物。而且,"由于国家体制相较于部落拥有毋庸置疑的优越性,使得部落日渐萎缩并在当代发展到了濒于消失的地步"。基于以上认识,她质疑莫顿·福瑞德(Morton Fried)关于部落起源于国家形成的主张,认为"国家破坏而非创造了部落组织"。

克劳恩认为部落是一种压倒性或完全性的游牧现象。此外,部落还是一个"控制牧区土地的族属团体",适用血统—金钱规则(blood-money rules),并且拥有自己的首领和社区。克劳恩眼中的游牧部落是"可怜的生物",它们生存的边缘环境注定了其将走向部落化,并因此回避国家化;但是,当她发现这些游牧部落曾大规模转化为征服者时,她又是极为震惊的。

最后,"部落主义"等同于"平等主义传统"。克劳恩认为,在阿拉伯社会中有一种强烈的部落主义元素,"沙里亚"[伊斯兰教法]则是一种"部落法典"。伊斯兰教教义强调:"部落与现代国家关系亲密,两者均主张公开的平等,两者也均拥护群众参与。"然而,"尽管两者关系密切,但部落与现代国家却分别代表着社会组织光谱的相反两端"。

然而,必须强调的是,上述所有论点均存在严重缺陷,这些缺陷部分是由粗糙的实证主义研究方法造成的,部分则是由错误的潜在假设造成的。以克劳恩将部落定义为社会的一个物种,一个以生物学原理组织起来的政治单位,而非一个"社会文化民族单位"而言,其所涉及的假设与最新的人类学思想背道而驰。因此,尽管她认识到人类群体很难被精确划分,但她似乎仍然认为"部落"和"社会"可以进行"类别"细分(甚至是按生物学的"属"和"种"进行划分)。然而,这种假设在很久以前就已经被里奇这样的学者所否定。

克劳恩把血缘关系视作部落社会形成一系列社会组织形式的"要素"。她口中的部落,是家族层次之上"最明显"(即"最原始")的社会组织问题解决方案,该方案以被人们理所当然地视为社会信号的显见"种族特征"为基础。这种观点(在人类学上不可信)现今只与社会生物学的极端形式相适应。那种声称"生物和社会要素之间不应发生任何差异"的观点对大多数文化来说也并非事实:在这一点上,克劳恩比欧内斯特·盖尔纳(他与其他有关学者进行了长达25年的争论)更为激进地反对"生理和社会血缘关系恰好重合"的主张。[1] 我们真的确信我们已经学会将血缘系统、种族以及生物学理论,作为社会建构的现实模型加以使用了吗?它们可能正确,也可能不正确,但其"真相"与对社会组织的理解并无关系。克劳恩坚持认为除安纳托利亚、伊朗以及阿富汗境内的部落(包括俾路支的马里人、伊朗的巴塞利人以及林德纳笔下的奥斯曼人)外,中东和中亚地区的部落均为游牧族属团体。而安纳托利亚、伊朗和阿富汗的部落团体则是结构复杂、类型多样的酋邦,这些酋邦通常是由国家或殖民政府创造的,并且多为定居的农耕者。

在部落组织的规模问题上,克劳恩对中东与东非部落的对比是存在

---

[1] 参见 Ernest Gellner, *Cause and Meaning in the Social Sciences* (London, 1973)。

问题的。首先,她忽视了东非地区大规模牧牛的阿拉伯人社群与小规模养殖骆驼的非阿拉伯人社群的存在。其次,她的主要对比案例——阿拉伯贝都因卢瓦拉人社群,就单个部落组织而言,其规模显然过大。更为常见的阿拉伯部落应该是类似于穆拉(Al-Murra,15000人口)这样的部落,其规模较东非努尔人部落的应有规模(依据克劳恩本人与埃文斯-普理查德的定义)更为接近,即人口维持在5000到450000人之间。而按照克劳恩自己的研究,中东地区的其他部落有时只拥有几千甚至数百人口。

克劳恩假定,任何社会都需要通过一个或一类特定的规则组织起来,这些规则包括生物、宗教、文化和政治法则。也许她想运用产生于既定"原则"的社会和文化术语,以便思考和理解"社会",但是并没有证据表明这种想法可行。她在自己的著述中一再转变立场,比如,有时她认为部落是一个族属团体,有时她又认为部落是"政治性"的团体。

克劳恩从进化论角度出发提出的国家对部落而言具有优越性的结论,是建立在不充分的推理以及从部落中辨识游牧民族、从前现代国家中鉴别现代国家之失败尝试基础上的。首先,克劳恩究竟是基于何种证据,证明血缘和种族意识形态先于宗教思想促成了国家的形成?在这样的假设下,前者能否被看作是内生要素,后者又能否被看作是外生要素?其次,国家体制是如何从军事、经济、道德层面优越于部落体制的?克劳恩著述中关于游牧民族潜力不能令人信服的断言,充斥着诸如"很明显"这样的短语,但"很明显的是,这些推断需要更多的合理解释方能成立"[1]。

总的来看,克劳恩的脑海中充满了现代国家对游牧社会和部落社会的傲慢与偏见。克劳恩认为"长期以来,部落总是被证明落后于国家",并且后者必须摧毁前者。这显然是一种现代主义观念,并且是对前现代中东国家历史的一种切实曲解。与此相反的标识现象是:国家被部落征服,国家与部落并存,国家依靠部落,或者国家至少遭受部落所谓的控制。

当克劳恩断言部落和国家是不可调和的对立双方时,她显然是在用一

---

[1] Crone, "The Tribe and the State," pp. 72–73.

套既定且纯粹的概念同等地考量二者，即使这种概念描绘下的组织并不曾真实存在。此外，把"沙里亚"称为一种建立在"平等主义"基础上的部落法典，则是一种典型的概念混淆："沙里亚"所宣扬的平等并非部落体制下的社会和经济平等，而是真主话语下的法律和宗教平等。但是，克劳恩对部落与国家是"可以相互替代的组织形式"的认定，以及对部落和现代国家内部的"平等主义"与"民粹主义"思想的鉴别是具有价值的，我认为克劳恩对有关组织范式和模型的理论划界，是探究部落与国家最为行之有效的研究路径。

中东部落的联盟与形成国家

为解释部落形式的变化以及部落联盟和中央权威的出现，我们通常会假设一个单一且理想化的部落体系，该部落体系（不含游牧部落）的典型特征包括简单的劳动分工、分支的血缘世系制度、具有平等主义思想的组织以及自治的政治组织。在中东研究领域内，此类研究方法具有悠久的历史，并且与部落（游牧式）社会生产模式或社会经济形态的理论非常类似。然而，人们几乎没有就理想的部落社会生产模式和社会经济形态应具备哪些基本特征达成共识。大体而言，分支的血缘世系仍是区分部落与非部落社会的基本准则；而其他准则，一般指政治自治、独特的文化，或者权力分层下的部落首领体制。然而，另一部分人认为，无论从经济或者逻辑的角度来讲，平等主义都是游牧主义和部落主义与生俱来的特征。

无论理想部落模式的实质是什么，它都是由一系列差异化变量所塑造的，这些变量通常分为内部变量（包括文化、人口、生态和经济等）与外部变量（包括国家、邻近部落、城市和贸易路线等）。内部变量已有学者做了详尽的研究。[1] 其中，最重要的内部变量是那些用于耕种、放牧或

---

[1] 塔珀在《部落和国家》（*Tribe and State*）的序言中对诸多观点进行深入探讨。

者财富积累的土地,这些土地包括私营地和公有土地。这些因素反过来成为社区或团体形成与性质的基础,对部落社会,其派系、竞争对手的层次起着决定性作用。当面对外部威胁时,上述情况与分裂的意识形态和阻碍团结的情势形成鲜明对比。由于缺乏一个有效的强势政府,一个区域内的自治政治团体之间的关系呈现出相同的棋盘格局:邻国之间充满敌意,与邻国的邻国结成盟友(通常是政治联姻),构成了一个由域内外两个联盟或集团形成的更大的格局。据相关记载,这种格局有时有很多不同层次,有时则很少。[1]

区域性部落派系对立主要涉及部落政治团体的领导者,较低层级的部落领导者可能会以煽动自己的追随者,通过叛变投敌的方式来打破政治平衡。有时,部落团体的区域对抗性联盟会延伸至城市,并与制度化的城市竞争联系起来。[2] 在这种情况下,部落团体不愿意形成统一的区域联合体,更不用说成为民族国家形成的基础。

当一个强大的领袖寻求控制整个地区时,他通常会首先征得一个部落集团的支持,并将其纳入一个部落联合体或联盟之内,以便对抗其他集团。这种战略手段已经多次被各类征服者、统治者以及帝国代理人所采用。在一些地区,特别是在阿拉伯逊尼派集团主导的区域,不同派系间的

---

1 对抗型集团在以下部落中很普遍:在斯瓦特·帕坦人(Swat Pathans)部落中,参见 Fredrik Barth, *Political Leadership among Swat Pathans* (London, 1954),以及 "Segmentary Opposition and the Theory of Games," *Journal of the Royal Anthropological Institute* 81 (1959), pp. 5–21;在昔兰尼加贝都因人部落中,参见 Emrys Peters, "Some Structural Aspects of the Feud among the Camel-Raising Bedouin of Cyrenaica," *Africa* 37 (1967) 和 Jacob Black-Michaud, *Cohesive Force: Feud in the Mediterranean and the Middle East* (Oxford, 1975) 一书的前言;在亚美特土库曼人部落中,参见 William Irons, *The Yomut Turkmen* (Ann Arbor, Mich., 1975);在沙塞温游牧营地中,参见 Tapper, *Pasture and Politics*;以及在沙塞温部落联盟中,参见 Richard Tapper, "Raiding, Reaction and Rivalry," *Bulletin of the School of Oriental and African Studies* 49 (1986): 508–531。另见,马格里布的莱夫(leff)和索夫(soff)。卡扎尔人分裂为上层和下层的不同分支,库尔德人细分为左派和右派,巴赫蒂亚里人分为察哈尔(Chahar)和哈弗兰特朗(Haft Lang)。各类帕坦人分为兹拉克(Zirak)和旁遮培(Panjpay),斯北(Spin)和托尔(Tor),加尔(Gar)和萨米尔(Samil),等等。

2 参见 Tapper, "Raiding"。

争斗,是由当地的宗教领袖负责调解的,这些宗教领袖包括赛义德[对贵族出身等的伊斯兰教徒的尊称],他们有时与当地部落有血缘联系,克里斯马型伊玛目或毛拉,苏非派的谢赫或皮尔(苏非圣人)。有时,这些宗教领袖会超越他们所扮演的冲突调停角色,为实现特定的宗教政治目的而促使各部落集团大规模团聚起来,或者至少使其形成一个短暂的政治联盟。在阿拉伯部落共同的血统、宗教和其他统一性意识形态具备的条件下,阿拉伯部落团结的内动力通常源自对获取物质财富的渴望,而部落派系间的冲突则往往是由于物质财富匮乏所致。

在地方层面,只有当部落团体有剩余物质产出时,作为非生产角色的有效中央领导体制才能被持续维系下来,这一情况对游牧经济、农耕经济或劫掠性经济形态的部落而言同样适用,并且无论部落集团倾向于商业贸易还是自给自足都是如此。部落过剩的生产能力会激发其内部萌生政治控制的欲望,但不一定会促成领袖和贵族团体的出现,进而引发社会阶层不平等与分化瓦解;部落成员可能会通过故意减少或压制潜在领袖的方式来挫败部落内部出现的政治控制企图。大规模的政治妥协和遏制冲突肯定需要领袖出面——但是他们认为没有必要这样做。

这些部落组织的内部要素和过程可能被视为部落系统互联和一定程度上的文化自治,也就是说,这些内部要素和过程是由部落成员自身的观念和策略所控制的。然而,决定部落中央领导权威出现的主要变量一般被认为来源于外部因素,特别取决于部落与国家以及与其他部落关系的性质及其演化历史。一些学者认为部落是自然分裂且具有平等主义意识的组织,所有的中央权威实际上是为了将部落定义为文化或政治单位而存在的,是外部力量强加抑或部落对外部压力做出反应的结果。其他学者认为,首领制作为部落的潜在发展趋势,可能会被外部力量激活或者压制。此外,还有学者认为,一些(如果不是全部的话)部落系统从本质上讲就是集中的。

在中东国家的历史上,国家控制力在任何时期只能延伸到部分部落区域，并且任何一个部落区域也只会在一定时期内处于国家的控制之下。而国家对部落地区的控制程度，一部分取决于政府的实力，另一部分则取决于部落团体的可接近性。其中，以地形为例，即指部落所处的高山和沙漠地理形势及其到城市与政府主要机构的距离。此外，国家对部落的控制也取决于二者的意愿与态度，即取决于它们寻求或避免控制的行为动机。

统治者对"控制"和"部落"的理解，也许与部落民众自身的认识有极大不同。部落民众通常会将他们历史上的"部落自治"时期与处于"国家治下"的时期进行对比。例如印度帕坦人部落的两种不同状态"赫克玛特"（hokumat）与"亚吉斯坦"（yaghistan），以及摩洛哥人部落的两种不同状态："国家控制区域"（bled el-makhzen）与"不受国家控制的部落地区"（bled es-siba）。这些术语并不表示客观的条件，它们属于文化范畴，用来表示对处于特定时间与特定地点的感知，我们可以称之为"情景"（situations）。

国家控制显然是部落政治组织形成的一个决定性要素，但其不仅仅是一种外部强制力；其影响取决于其自身如何被部落民众内化，以及部落民众如何对这种控制做出反应。部落民众通常有很多选择。当国家严格管理其境内的部落团体时，这些部落团体可以通过服从或者抵抗来做出反应，也就是说，它们可以自由地在政府治下或部落自治两种情景中做出选择。部落对国家的自愿服从通常是有条件的，即国家将继续容忍部落组织模式的存在，并且只能通过首领负责制来间接管理它们。

如果国家统治者热衷于推动部落的无条件服从，倾向于采取更为严厉的措施摧毁部落的组织结构，并强制部落人口融入更广泛的人群之中，那么其将遭到部落多种形式的抵抗。一种抵抗形式是部落的直接武力对抗，即部落民众很可能组织出一个反政府的军事武装联盟。另一种对抗形式是隐匿回避策略，即部落成员拒绝接受和承认来自其内部或者由外部空降的任何领导人，并且维持一种散漫的组织形式。这种组织形式即盖尔纳所说的"散而不治状态",也即马尔科姆·亚普(Malcolm Yapp)定义的"水母部落"(Jellyfish tribes)形式。在某些情况下,隐匿回避策略甚至会导致部落成员主动放弃血统世系等部落的固有组织形式,并且以远遁代替反抗。[1] 最成功的部落隐匿回避策略的实践者,不会引起国家权力的任何注意。这种隐匿回避策略在部落没有生产剩余并且缺乏强有力领袖的边际条件下,在国家边境、沙漠地带和山区更为可行;但他们通常也会在一个低效的体制下团结起来,以求共同反抗来自外部的显性军事侵略。

特定部落团体应对国家统治的策略可能会随着时间的推移而在"接受间接统治""军事抵抗"以及"隐匿回避"三者之间不断发生转化,具体转化形式主要取决于部落首领和国家机器二者野心与能力的变化。最成功的部落团体是那些能够维持一系列可选择的政治机构(例如首领、议事会以及血缘世系)和意识形态(包括宗教主义与物质主义),并以之来适应各类自治条件,应对不同类型外敌入侵的部落。经常有报道称,阿拉伯部落民众憧憬部落早期的黄金时代,他们希望追随真正英明的部落首领,而不是向今天这些骗子领袖宣誓效忠。这种情绪可以被看作是部落具备可选择性意识形态,并在一定条件下愿意接受中央权威领导的证据。[2]

从历史的角度看,已有证据表明中东部落的演化过程是进化、循环以及进化循环不断交互的过程。部落向国家和准国家性质联盟的大规模复杂政治进化,通常涉及不同社团的统一、中央权威的集中化、社会内部一次又一次的阶层分化、血缘世系向领土忠诚的过渡,以及作为部落组织法

---

[1] Ernest Gellner, *Muslim Society* (Cambridge, 1981); Yapp, "Khyber";另见 Bernt Glatzer, "Pashtun Nomads and the State," in Tapper, *Tribe and State*。

[2] 参见 Gellner, *Muslim Society*, chap. 4; Philip C. Salzman, "Does Complementary Opposition Exist?" *American Anthropologist* 80 (1978): 53–70, 以及 "Ideology and Change in Tribal Society," *Man* (n.s.) 13 (1978): 618–637; F. G. Bailey, *Stratagems and Spoils: A Social Anthropology of Politics* (Oxford, 1969), pp. 15–16。

第二章　中东部落与国家形成中的人类学家、历史学家和部落民众

则的生产资料所有制的变革等。然而，通常我们也会看到与之完全相反的部落演化过程，这一过程包括中央权力的下移（devolution），强大联盟实体重新部落化为更分散的组织和更简单的社群，甚至趋于湮灭和隐匿。而类似过程的出现，一般情况下，是由部落抗拒外部控制所引起的，并突出表现为部落的组织法则从领土首领制向分支的血缘世系制倒退，以及部落重新开始隐匿。

然而，在这些关于部落进化或者退化的一系列显而易见的案例中，没有任何一个案例可以为一种特定部落理论或国家形成理论提供确凿证据。但在所有案例中，国家的作用以及部落对国家政策的反应都是影响部落社会变革的中心因素。笔者曾与人争辩认为，部落和国家应当被看作是一个单一系统内的两种对立思想或组织模式。作为认同、政治忠诚以及行为的基础，部落首要关注血缘和世系关系；而国家则坚持所有社会成员，无论他们之间究竟是何种关系，都应绝对效忠于中央权威。部落强调个人、道德和身份归属因素；而国家则是非人格化的，其通常承认契约、交互和成就。部落模式强调社会的同质化、平等主义和世系分支，国家则是异构多元和纵向分层的社会。部落属于个人，国家对个人而言是外部因素。

部落国家体系涉及一种持续性的张力，这种张力的内生动力受到其他一些理论和模型的关注。在这些理论和模型中，由伊本·赫勒敦于14世纪提出的早期伊斯兰历史周期论尤为引人瞩目，该理论主要建构在伊本·赫勒敦自身对西北非地区的长期观察之上，但稍加修改即可适用于中东大部分地区。[1]

部落国家体系的张力也生根于思想层次，以至于每个部落内部都存有国家要素，每个国家内部也都存有部落要素。很少有国家会否认公民的血缘亲属关系。同时，20世纪某些中东部落的平等主义和民主制并不

---

[1] Ibn Khaldun, *The Muqaddimah*, trans. E Rosenthal (London, 1967)；参见 Gellner, *Muslim Society*, 特别是 chap. 1；Tapper, Introduction, pp. 62f.。

能成为判定它们是一个纯粹、未被触及并且不受任何国家和帝国影响的部落社会的证据，其可能是部落孤立和自闭状态引发的一个不稳定结果，在有关部落并不处于与国家武力对峙的状态下，平等主义和民主制则可能只是特定边际条件下一种部落原生思想的直接反映。

大多数作为观测样本的部落与国家都是酋邦、部落联盟或部落国家之某种形式的混合体。酋邦是一种拥有领土边界的社群（通常为部落团体）集合体，具备协同性和可能的王朝领导体制，但不具备完善的行政机构和显著的社会分层特征。"联盟"是一个用来形容部落联合体的术语，这些部落联合体通常是为了某些政治目的而组建起来的，有时这一术语也被用来形容那些建立在共通血缘基础上的部落联盟（如巴赫蒂亚里人），这些部落联盟通常拥有自己的中央领导机构，但有时也未必如此（如亚美特土库曼人），有人会将这样一个无中央权威的部落联盟称为联盟的部落。其他的部落联盟具有更强烈的异构多样性特征，它们要么处于一位首领的控制之下，要么为国家行为所驱动（如沙塞温人），或者选择以本地化方式联合起来，以应对国家和其他外部压力（如卡什卡人）。中央集权的部落联盟通常更接近于国家形态，它们被领土定义并且在王朝和贵族的统治下出现社会阶层分化；从起源上说，这些部落联盟属于次国家（secondary states），许多独立的穆斯林王朝都发端于这种形态。

部落国家可能存在三种形态。最常见的一种形态表现为一块由部落（以血统为根基）贵族或王朝所统治的被征服领土及其内含的多样性人口：延续至20世纪初的奥斯曼土耳其帝国、波斯卡扎尔王朝、阿富汗杜兰尼王朝以及其他一系列阿拉伯国家均属此类。另一种形态表现为一个非部落王朝被部落赋予统治权力，并持续依靠部落来维持统治。这一形态最著名代表即前现代的波斯萨法维王朝，而许多与之相似的现代阿拉伯国家中央行政机构今天不再具有部落性，但部落主义仍然在其社会的许多领域继续发挥着重要作用。在所有这些例子中，国家类似于一个承认

第二章　中东部落与国家形成中的人类学家、历史学家和部落民众

部落和少数族群半自治权力的帝国。此外，其他现代国家的统治者（如土耳其的凯末尔或者伊朗的巴列维王室）试图通过宣称全体国民拥有共同的血统和起源的方式，来完整地铲除部落主义痕迹，并且试图通过提倡与部落意识形态近似的民族主义一体化思想，来消弭和否定社会人口的差异性。

部落和国家是如何被部落民众概念化的？大量研究表明，部落与国家两种模式不仅存在于系统的结构之中，而且与独立个体具体经验中的文化属类有关。而有关术语的表述，代表了可以同时用于解释社会组织和指导危机和争端发生时实际行动的两种可替代模式。[1]

在其他领域的一些研究文本中也有对类似部落—国家对立统一体系的描述。其中，一个最著名的人类学案例即是缅甸克钦（Kachin）高地的"贡萨—贡老"（gumsa-gumlao）体系，里奇分析了作为这一体系组成部分的社区的三种"类型"，即平等主义的贡老组织、阶级分化的掸人王国（Shan Kingdom）以及介于二者之间的不稳定的贡萨酋邦。这些组织在神话和仪式中均是为克钦人服务的理想模式，但其符号意义的模糊性也允许其他替代性方案出现，这一点可以被独立个体按需要加以利用。整个"贡萨—贡老"体系充满着不一致性，里奇提供的证据表明，独立的个体组织长期在体系光谱内的两个极端之间来回震荡，而这两种极端形态从本质上讲都是不稳定的结构。[2]

里奇的震荡模型概念源自维利弗雷多·帕累托（Vilifredo Pareto）对"狮子"与"狐狸"交替优势的讨论，并且这一模型在用于探讨锡巴（Siba，是一种外围的、分支的和平等主义的部落）与马克詹（Makhzen，代表那些处于国家行政管理之下的部落地区）二者之间的关系时，常被用来与伊

1　参见 Tapper, *Tribe and State*。
2　Leach, *Political Systems*. 里奇的分析在遭受大量批评后仍然幸存下来，并得到了重估，参见 Jonathan Friedman, "Tribes, States and Transformations," in Maurice Bloch, ed., *Marxist Analyses and Social Anthropology* (London, 1975)。

本·赫勒敦的西北非部落贵族循环理论相比较。[1] 里奇的震荡模型近期激起了大量争论。在研究北非的地方和民族时，该模型对"分支"以及"平等主义"等术语过于字面化的应用，被批评为是对古典人类学分支理论的复古。批评者坚持认为，这些术语，包括"锡巴"和"马克詹"等名词在内，都不是描述性的术语，而是文化性的术语，它们都不足以解释实际部落社会的流动和复杂运作，更不要说用来解读部落与国家间的关系。对此，人们必须考虑那些特定组织层次上的逆分支团体，并且需要对这些团体向竞争模式、联盟模式以及介于二者之间的集团模式过渡加以理解。在此基础上，人们还应把握在两极交互网络架构下，这些团体不断加强的集中化趋向及其中央权力与外围组织的双向沟通。[2]

我认为部落发展三个过程中的一系列变化环节（如血缘分支、共同体、竞争集团或联盟集团、中央集权等）可以作为判断部落社会变化的依据。而在部落社会变化中，最主要的变量则是同时作为外部强制力和反部落意识形态的国家的影响。部落思想的本质是亲属关系和平等主义的民主（以分支性世系为基础），而国家意识形态的本质则是领土（以共同体、竞争体和联盟为基础）和中央权威。如前文所述，最纯粹的分支世系部落，不是那些完全独立于国家之外的部落，而是位于国家内部，具有从

---

1 Vilifredo Pareto, *The Mind and Society* (New York, 1963); Robert Montagne, *The Berbers,* trans. J. D. Seddon (London, 1972); Ernest Gellner, *Saints of the Atlas* (London, 1969). 另见 Owen Lattimore, *Inner Asian Frontiers of China* (New York, 1941)。

2 参见例如，C. Geertz, H. Geertz, and L. Rosen, *Meaning and Order in Moroccan Society* (Cambridge, 1979), pp. 106, 264, 377; Michael Meeker, *Literature and Violence in North Arabia* (Cambridge, 1979), pp. llf., 220; Eickelman, *The Middle East*, esp. p. 104; Peters, "Structural Aspects"; E. L. Peters, "Aspects of Affinity in a Lebanese Maronite Village," in J. G. Peristiany, ed., *Mediterranean Family Structures* (Cambridge, 1976)。对于盖尔纳对分支理论的批评及应用，参见 *Muslim Society* 和 "The Tribal Society and Its Enemies," in Tapper, *Tribe and State*。相关讨论更多的研究成果包括：M. Eliane Combs-Schilling, "Family and Friend in a Moroccan Boom Town," *American Ethnologist* 12 (1985): 659–675; Paul Dresch, "The Significance of the Course Events Take in Segmentary Systems," *American Ethnologist* 13, no. 2 (1986): 309–324; 以及 Steven C. Caton, "Power, Persuasion and Language," *International Journal of Middle East Studies* 19 (1987): 77–102。

事实上和意识形态上最大化其部落分支的动机，这些部落一般既反对国家实体，也反对国家的意识形态。对于扩散性部落组织而言，其分支的发展也很脆弱，这种组织形态的部落常出现在那些远离国家影响（包括国家实体或国家意识形态的影响）的部落团体之中，有时这种组织形态又可以成为弱小部落团体反抗国家侵犯的策略手段。作为一种可替代的意识形态和储备性的组织结构，尽管与政治团体及其行为几乎没有关系，但许多现代部落社会依然保留着血缘分支传统。而每当国家的控制力加强，国家组织原则（包括领土原则、社会分层原则以及中央权威原则）的影响就会增强，紧随其后的是部落派系主义（Factionalism）和代理人角色的强化。

上述概念和术语，使我们可以理解实际的部落组织形式及其变化的差异，无论我们是采信有关部落变化的循环（震荡）模型，还是承认部落向国家发展过程中出现的不可逆变化（进化），这些概念和术语均可适用我们的分析。

第三章

中东部落与国家形成的人类学理论：
意识形态与权力的符号学

史蒂文·C. 卡顿[1]

这是一篇具有理论性和比较性质的文章，我们写作它主要出于两重目的。其一，是对涉及部落与国家关系问题的各个人类学模式进行较为详细的比较，这包括四种模式（尽管可能存在其他值得审视的模式）[2]，首先是马克思主义模式——但不包括卡尔·魏特夫（Karl Wittfogel）的"治水社会"（hydraulic thesis）理论，我认为他的观点在马克思主义的作品中属于特殊且异质的情况，因此未将其列入其中——我将马克思主义模式排在首位，并非完全出于该理论在中东民族志领域所取得的巨大成就，而是因为其阐明了一些支配部落与国家形成研究的基本问题，尤其是有关意识形态的问题。之后，是伊本·赫勒敦的一些理论阐释，有趣的是，其与马克思主义理论之间存在相似之处，虽然，我并不打算详述这些共同点，但是，通过将

---

[1] 史蒂文·C. 卡顿（Steven C. Caton），加州大学圣克鲁兹分校人类学副教授，著作有：《"也门巅峰的一次召唤"：文化实践意义上北也门部落的诗歌》("Peaks of Yemen I Summon": Poetry as Culture Practice in a North Yemenni Tribe, University of California Press, 即将出版）。

[2] 其中就包括费雷德里克·巴特对于巴塞利游牧民及斯瓦特·帕坦人中政治领导权的分析。他的理论已在中东部落研究领域，以及人类学总体理论研究领域产生了深刻影响，但由于篇幅所限，我没有分析他的理论，但在对上述三种模式的分析中，我已直接或间接地提及了他的观点。当然，一个较长篇幅的作品应当包含他的理论。

第三章　中东部落与国家形成的人类学理论：意识形态与权力的符号学

两者并置，读者无疑将一目了然。伊本·赫勒敦的理论十分重要，不仅因为这是一种以穆斯林视角审视国家起源问题的独特模式，而且，他的观点已被后来的功能主义理论所吸纳，尤其是在欧内斯特·盖尔纳的作品中。因此，我们也有必要去审视与伊本·赫勒敦理论相关的功能主义学说，并在第三部分，围绕分支—世系体系探讨我们所关注的部落与国家形成问题。我并非泛泛列举政治经济观点、人类学理论，或穆斯林政治哲学，而是凸显历史学家和人类学家有关部落精英的研究，并以此结束全文。

我的第二个目的是通过对以上模式的个人评论，提供有关部落与国家形成问题的特定思考方向。我发现，一个基本问题存在于以上四种模式之中，而这一问题被以往的研究所忽视。不过，随着我们日益认识到在国家形成过程中意识形态所起到的重要作用，这一问题也将突显出来。而我认为，为了理解在这一进程中意识形态所扮演的角色，人们必须去研究社交行为中的记号（sign）[1]使用，而其中的一些记号仍未在中东地区被任何政治行动的学习者所使用。

我不仅在本文的第一部分详细阐释了这些观点，并在随后几个部分中再次加以说明，而且将此观点精炼为：对于（要么是部落酋长，要么是宗教圣徒，或先知圣裔的）超凡魅力型人格[2]的概念解析是理解具体环境中记号使用的关键。而这种理念体系——在交流的具体社会行动中，由超凡魅力人物进行的记号使用——我将其称之为"权力的符号学"。

马克思主义研究方法

1. 马克思、恩格斯关于部落与国家的观点

为了理解马克思关于资本主义生产以前各种经济形式（precapitalist

---

[1] 为与"符号"（symbol）相区别，本文将"sign"翻译为记号。——译者注
[2] "charismatic personality"也被称为克里斯马型人格。——译者注

economic formations）的相关理论，必须首先阐明他关于人的观念的阐释。[1]
马克思与恩格斯在《德意志意识形态》中写道："当人开始'生产'自己的生活资料的时候……人本身就开始把自己和动物区别开来。"[2] 在这里，生产不应当只从它维持个人肉体存在这一方面加以考虑，而应理解为"是他们表现自己生活的一定方式、他们的一定的生活方式"[3] 自然因素，例如身体条件以及生产所需的生态条件，深刻影响着人类的劳动成果；但在所有因素中，最为重要的是社会因素，因为人类是社会动物，他们不仅为自己的生存而生产，而且为了家庭的延续而生产。反过来，这一家庭又与其他家庭在一个更广的社会群体中发生联系，并且以此类推，继续扩展。根据马克思的观点，社会的形成并非借由一些社会契约或公约；它是"自然形成"的产物。他在一些文章中写道："自然形成的部落共同体，或者可以说群体[4]。"[5]

人也是一种具有思维的动物，拥有一种强大的思考与语言能力，但对于马克思来说，重要的是"无论思想或语言都不能独自组成特殊的王国，它们只是现实生活的表现"[6]。然而，不应以宿命论的观点对物质存在决定精神生活这一理念加以简单理解。而是，人总是将自己的思想投入

---

[1] 本文不可能涉及所有主要马克思主义人类学家的理论。可参考 E. Terray, *Marxism and "Primitive" Societies* (New York, 1972); M. Godelier, "The Concept of 'Tribe': A Crisis Involving Merely a Concept or the Empirical Foundations of Anthropology?" in Jack Goody, ed. *Perspectives in Marxist Anthropology*, trans. R. Brain, Cambridge Studies in Social Anthropology, vol. 18 (Cambridge, 1973), pp. 70–96; M. Godelier, *The Making of Great Men*, trans. R. Swyer (Cambridge, 1986); M. Fried, *The Evolution of Political Society* (New York, 1967); 以及 R. Firth, "The Skeptical Anthropologist? Social Anthropology and Marxist Views on Society" in M. Bloch, ed., *Marxist Analyses and Social Anthropology* (London, 1975), pp. 29–60。

[2] 《马克思恩格斯全集·第3卷》，人民出版社，1960年，第24页。——译者注

[3] Karl Marx and Friedrich Engels, *The German Ideology* (1846; New York, 1970), p. 46.[《马克思恩格斯全集·第3卷》，第24页]

[4] 原文使用"herd"一词，也有兽群、畜群之意。——译者注

[5] Karl Marx, *Pre-Capitalist Economic Formations* (1857–1858; New York, 1965), p. 68.[《马克思恩格斯全集·第46卷上》，人民出版社，1979年，第472页]

[6] Marx and Engels, *German Ideology*, p. 118.[《马克思恩格斯全集·第3卷》，第525页]

第三章 中东部落与国家形成的人类学理论：意识形态与权力的符号学

解决真实、客观的现实问题之中，而这些问题因劳动分工和阶级分化而产生。

根据上述原理可以推导出以下内容。要成为生产者，个人必须夺取自然的一部分，为他或她自己的使用而占有它。并且，个人必须防止其他人窃取他或她的占有物。的确，一个特别强壮的人可以通过蛮力从别人那里进行掠取，但对于马克思来说，这并非是一个解决占有问题的合理且可持续的方案。因此，个人仅可能在社会已经决定了他或她的财产所有权状况的前提下才能进行占有。也就是说，财产所有权模式先于个人对土地的占有。

在人类历史的开端，人仅仅是一群逐渐使自身"个体化"（individualization）的"种属群、部落体、群居动物"[1]。这种个体化因何而生？要回答这一问题，我们必须更为细致地审视马克思关于社会及在社会中发生劳动分工的观念。

在人类历史的早期阶段，社会由家庭和部落构成。在家庭中可以发现男女长幼间的"天然"分工。分工也天然存在于部落的其他部分。一些人狩猎，一些人捕鱼，一些人耕作，但为了获得一种丰富且全面的生活，所有人都必须互相交换自己的剩余物品或服务。而正是在劳动分工中"种属群"开始使他或她自己"个体化"；与社会中的其他类型形成对照，他或她是一类生产者："劳动分工意味着独立的个人或个体家庭的利益与集体的公共利益间的矛盾。"因此，在很大程度上个人主义（individualism）与物质存在条件密切相关。伴随社会中的劳动分工，人类自身也遭到异化，这是马克思学说中影响最深远且具有悲剧性的概念之一："原来，当分工一出现之后，任何人都有自己一定的特殊的活动范围，这个范围是强加于他的，他不能超出这个范围：他是一个猎人、渔夫或牧人，或者是一个批判性的批评者，只要他不想失去生活资料，他就始终应该是这样的

---

[1] *Marx, Pre-Capitalist Economic Formations*, p. 96.［《马克思恩格斯全集·第46卷上》，第497页］

人。"[1] 马克思所哀悼的,并且承诺在共产主义社会中恢复的,是一种人类早期社会那样田园牧歌般整全的生活与活动,人们在此不会感到自身在自己的劳动中被异化。同样重要的是,马克思认为剩余产品与服务的交换从来不是公平的,以至于他怀着阴郁的心情暗示,人类早期家庭"潜藏着奴隶制"。合乎情理的是,权力的建立以个人对交换体系的主动支配为基础,而权力的冲突是劳动分工造成的。

这些基本原理是马克思用以构建其资本主义生产以前各种经济形式逻辑模型的建筑模块。反之,通过考察这些经济形式,可以发现马克思对个人与(部落的)共同体及国家间关系的思考,而这正是本书关注的基本问题。[2]

在人类脱离了像野兽一样游荡的早期生活后,出现了所有制的第一种形式(被称作古代的,或部落的),其中以"血缘、语言、习惯等的共同性"[3]界定的家庭联盟(即部落)是土地的所有者。在此,个人或许"占有"(possess)土地,即可能有使用它的权利,但是,仅在其是部落团体中的成员的情况下,他或她才能"占有"土地。"因为我们可以设想,游牧,总而言之流动,是生存方式的最初的形式,部落不是定居在一个固定的地方,而是在哪里找到草场就在哪里放牧。"[4] 最终,人们在村落中定居,甚至在贸易网络的聚集地建立起城市(这取决于当地的生态环境)。社会

---

[1] Marx and Engels, *German Ideology*, p. 53.[《马克思恩格斯全集·第 3 卷》,第 37 页]

[2] 有关这些经济形式分析的评注是值得注意的。在《政治经济学批判》(*Critique of Political Economy*)的前言中,马克思似乎打算把它们归于一种相继的进化序列,而在《资本主义生产以前各种经济形式》(*Pre-Capitalist Economic Formations*)中,他是否以这种方式将它们加以概念化则是不清楚的。我将采用 E. J. 霍布斯鲍姆(E. J. Hobsbawn)在《资本主义生产以前各种经济形式》的介绍中提出的观点,p. 36,他主张以下将被讨论的三种类型——"部落的"或"古代的""东方的"以及"日耳曼的"生产方式——是一种前述"兽群—动物"("herd-animal")阶段的进化分支,其中的每种形态代表了一种在逻辑上比前一种更高的个体财产所有程度。

[3] 《马克思恩格斯全集·第 46 卷上》,第 472 页。——译者注

[4] Marx, *Pre-Capitalist Economic Formations*, p. 68.[《马克思恩格斯全集·第 46 卷上》,第 472 页]

第三章　中东部落与国家形成的人类学理论：意识形态与权力的符号学

结构仍然是相对简单的，仅仅是带有一些在征服中所捕获奴隶的扩大了的家庭，并伴有初步的劳动分工。在这种财产所有权阶段，有两种不同的生产形式。一种形式是，每个村庄将土地分配给个体劳动者，他们为各自家庭的需要而生产物品，同时，一部分剩余产品被用于公共福祉。另一种形式是，村庄联合起来，彼此合作以建立大规模灌溉系统或交通网络（墨西哥、秘鲁、古代凯尔特人和某些印度部落被作为例子加以引用），并且马克思补充到，后一种形式"在亚细亚各民族中起过非常重要作用"。[1]

第二种所有制形式被马克思称之为东方的、公社的、罗马的或亚细亚的，与第一种形式相同，其同样建立于共同体的基础之上，但个体所有制或私有财产是与公社土地并列的。也就是说，"公社成员的身份在这里依旧是占有土地的前提，但作为公社成员，每一个单个的人又是私有者"[2]。在这一阶段，同样显著的是城市更加普遍，部落间通过"契约或征服"[3]联合在一起，从而形成了这些城市。事实上，在这种经济模式中，正是城市，而非土地（如在"部落"所有制中那样）是共同体的中心，土地现在仅仅是城市的附属物。奴隶制变得更加明显，出现了与众不同的阶级结构，其由城市自由公民与奴隶阶级组成。甚至在自由公民之中，小农与更有权力的土地所有者之间也出现了冲突的端倪。尽管存在这种阶级冲突，

1　Marx, *Pre-Capitalist Economic Formations*, pp. 70–71.[《马克思恩格斯全集·第 46 卷上》，第 474 页]这些关键句使人直接联想起魏特夫的"治水社会"理论（hydraulic hypothesis）对于"东方专制"产生的解释。这一结论看来被之后的文字所支持，也就是说，这些公共建设"就表现为更高的统一体，即高居于各小公社之上的专制政府的事业"(p. 71)[《马克思恩格斯全集·第 46 卷上》，第 474 页]。

2　Marx, *Pre-Capitalist Economic Formations*, p. 73.[《马克思恩格斯全集·第 46 卷上》，第 476 页]日耳曼模式（或者前述两种模式中的一种）大概进化成了封建模式，尽管在《资本主义生产以前各种经济形式》中，马克思几乎没有提及封建制度。当然，反过来资本主义可能因封建社会的种种矛盾而进化，尽管表面上也很难在他的作品中找到有关这些矛盾的性质的只言片语。参见霍布斯鲍姆对于《资本主义生产以前各种经济形式》的介绍(p. 45)。

3　Marx and Engels, *German Ideology*, p. 44.

但马克思认为，主要的对抗产生于城乡之间，这是因劳动分工造成的，也就是说，城镇与乡村间的对立。"因此，战争是巨大的共同任务，巨大的共同工作"[1]，为此城市—国家需要军队。因此，这种由家庭组成的公社首先是按军事方式组织起来的，是军事组织或军队组织，而这是公社以"所有者"的资格而存在的条件之一。[2] 毫不奇怪的是，在这种战争条件下，国家变成一种公民"对抗外界的联合"，同时也是"他们的保障"的途径。[3] 在这一阶段，国家仍然服务和保护共同体中大部分成员的利益，而对抗少部分人的利益；但是，随着阶级分化变得更加显著，国家逐渐成为统治阶级用以压迫无产阶级（奴隶与小土地所有者，小土地所有者逐渐失去产业，迁移到城市，向土地所有阶级出租他们的劳动，同时与奴隶进行竞争）的工具。

第三种资本主义生产以前的经济形式，被马克思称为日耳曼所有制形式，其标志为中世纪早期。在此，土地不被共同体所拥有，其中仅有一部分仍是公共土地；而其余部分属于个体家户，从而在土地上形成各个分散的独立生产中心。换句话说，私人财产成为所有制的基础。人的逐渐"个体化"使其成为个体所有者。在这种所有制中"作为由共同语言、血统等等所定义的共同体，是个体所有者存在的前提"，但"日耳曼的公社事实上只存在于公社为着公共目的而集结的行动中"[4]，例如仪式、战争以及仲裁。城市并不存在，仅有许多定居的家户，因此马克思主张"公社事实上便不是像在古代民族那里那样，作为国家或作为国家组织而存在"。[5]

---

1 《马克思恩格斯全集·第46卷上》，第475页。——译者注
2 同上。——译者注
3 Marx, *Pre-Capitalist Economic Formations*, pp. 71–72, 75.[《马克思恩格斯全集·第46卷上》，第476页］
4 《马克思恩格斯全集·第46卷上》，第482页。——译者注
5 Marx, *Pre-Capitalist Economic Formations*, pp. 75, 80, 78.[《马克思恩格斯全集·第46卷上》，第480页］

2. 马克思主义模式中的部落与国家

然后，根据马克思的理论，国家首先作为一种总体上"代表"共同体利益的组织出现在部落生产形式中。它可能是因内部共识而建立，或是因外部征服而强加；在形式上，它或许是民主的，或许是专制的，但皆与城市的存在紧密相关。

其原因在于，国家的出现与劳动分工中的固有矛盾相关。马克思解释道："正是由于特殊利益和共同利益之间的这种矛盾，共同利益才采取国家这种与实际的单个利益相脱离的独立形式。"[1] 起初，国家代表着共同体，或部落中大部分人的利益，实际上，国家必须抑制威胁其团结的个体利益。因此，国家起初保护大众的利益。然而，在"东方"模式中，劳动分工中的固有冲突因一种更为高度发展的经济阶级结构所加剧。生产方式的所有者现在支配了社会中的其他人，其结果是，国家不再是公共利益的保护者而是统治阶级试图实现其自身利益的工具："每一个力图取得统治的阶级，即使它的统治要求消灭整个旧的社会形式和一切统治，就像无产阶级那样，都必须首先夺取政权，以便把自己的利益又说成是普遍的利益，而这是它在初期不得不如此做的。"[2] 国家因而逐渐成为压迫者（有产阶级）为其个人利益服务的"工具"。这一符合逻辑的推论符合马克思有关在历史时期中，人因劳动分工而逐渐成为个人化的观念。但我的观点是，国家首先应解决或尝试解决（因部落中的劳动分工引发）浮现出的种种矛盾而造成的秩序问题而出现；然后，随着经济上阶级结构的形成，国家成为一种有产阶级借以剥削无产阶级的机构。

那么，统治阶级通过何种手段获得并维持对国家机器的控制？一个

---

1 Marx and Engels, *German Ideology*, p. 53.[《马克思恩格斯全集·第3卷》, 第37—38页]
2 Marx and Engels, *German Ideology*, p. 54. 另见 Friedrich Engels, *The Origin of the Family, Private Property and the State* (1884; New York, 1942), pp. 96–97.[《马克思恩格斯全集·第3卷》, 第38页]

明显的手段是军队，我们已经看到，军队为维护共同体的总体利益、平息因劳动分工造成的矛盾而出现。而军队也能够被有产阶级用以压制无产阶级。此外，更令我感兴趣的是一种被马克思称为意识形态的手段。事实上，随着劳动分工的逐渐深化，产生了一种新的阶级，其主要工作是生产观念并引领新的思潮以塑造公民头脑中的意识。与他所主张的精神生活从来不是独立自持的，而总是与实际的物质条件相关联的原理一致，马克思认为意识形态是为国家利益服务的。意识形态把国家描绘成服务于"总体利益"；但随着经济上阶级结构的形成，国家因为掩盖了阶级斗争与有产阶级统治的现实，因此它在现实中的代表变得虚幻或混乱。接着，思想家变成了统治阶级的工具。

不管人们怎样认同上述有关意识形态的观点，但关于意识形态的准确定义仍然未被说明。如果其与实在的物质条件相连，那么意识形态就不可能是任何纯粹的黑格尔精神或意识。但其也不可能是一种对物质现实的反映（reflection），因为意识形态是一种物质现实的神秘化或扭曲化表现。后来的研究者认为，意识形态是一种现实的符号中介（semiotic mediation of reality）。马克思主义理论家 V. N. 沃罗希洛夫（V. N. Vološinov）与 M. M. 巴赫金（M. M. Bakhtin）对此做出了最具说服力的解释："意识形态现象的现实是社会符号（signs）[1] 的客观现实。"[2] 事实上，他们合著的《马克思主义与语言哲学》（1929）是对经典马克思主义在意识形态方面疏漏的一次修补。

沃罗希洛夫和巴赫金指出纯粹的理念（pure idea）是无法存在的，因为"理解就是要用熟悉的符号来弄清新符号"[3]，并且"我们一般不停顿地从一个熟悉的符号物质环节，到另一个也熟悉的符号环节。任何地方都

---

[1] 《马克思主义与语言哲学》使用俄文 "знак" 一词，英文直译为 "sign"，即记号。——译者注

[2] V. N. Vološinov, *Marxism and the Philosophy of Language* (1929; Cambridge, Mass., 1973), p. 13. [《巴赫金全集·第 2 卷》，钱中文等译，河北教育出版社，1998 年，第 354 页] M. M. 巴赫金被认为是这部作品的合著者，因此我有时注明作者为沃罗希洛夫和巴赫金。

[3] 《巴赫金全集·第 2 卷》，第 351 页。——译者注

第三章 中东部落与国家形成的人类学理论：意识形态与权力的符号学

没有间断，任何地方这根链条都没有陷入物质的和非符号体现的内部存在中去"[1]。而理念必须凭借记号才能展开交流（即使在"内心语言"或思考之中）；并且，记号不可能脱离社会活动而存在：

> 符号只能够产生在个体之间的境域内，而且这一境域不是直接意义上的"自然的"：在两个"智人"（homo sapiens）之间，符号也不会产生。必须使两个个体社会地组织起来，即组成集体：只有那时它们之间才会形成符号环境。[2]

因此，对于意识形态的分析来说，研究其中介（mediation）——在具体的社会交流行为中，这种中介是通过记号发挥作用的——便是必要的。而这种在当时社会背景下，针对语言研究而提出的理论，如今已被言语沟通民俗学（ethnography of communication）所发展。[3] 尽管，其也融合了 G. H. 米德（G. H. Mead）[4]的某些社会心理学学说。"每一个时代和每一个社会团体都有自己的言说模式以便在行动中进行意识形态交流"[5]，并且，沃罗希洛夫和巴赫金主张"一种关于这些形式的类型学是马克思主义最迫切的任务之一"[6]。

限于本文的篇幅，要想进一步阐述他们丰富的论证是不可能的，但沃罗希洛夫与巴赫金在有关社会交流行为中需要强调的基本观点是：思想的表达需要符号中介，因为这是对马克思与恩格斯作品中未被充分表达的意识形态概念的一种修补。此外，在有关中东地区部落与国家研究的马克思主义模式中，罕有作品涉及沃罗希洛夫和巴赫金的理论。

---

1 《巴赫金全集·第 2 卷》，第 351 页。——译者注
2 Vološinov, *Marxism*, pp. 11, 12.［《巴赫金全集·第 2 卷》，第 353 页］
3 D. Hymes, *Foundations in Sociolinguistics* (Philadelphia, 1974).
4 乔治·赫伯特·米德（George Herbert Mead）是 20 世纪初，美国社会心理学家，符号互动理论（Theory of Symbolic Interaction）的奠基人。——译者注
5 《巴赫金全集·第 2 卷》，第 361 页。——译者注
6 Vološinov, *Marxism*, pp. 19–20.［《巴赫金全集·第 2 卷》，第 361 页］

3. 中东民族志中部落—国家关系的马克思主义模式

在马克思主义的部落社会分析中，涉及中东地区的民族志作品仍然相对缺乏。[1] 不过，让-皮埃尔·迪加尔（Jean-Pierre Digard）关于伊朗巴赫蒂亚里人的研究是一个较好的研究个案。[2] 像大多数研究游牧社会的作品一样，迪加尔的著作重点关注了巴赫蒂亚里社会所赖以生存的生态环境。[3] 同时，他也注意到部落中的劳动分工（就像在部落民、其他种族群体和定居人口中一样）造成了对于物质资源的不公平使用。此外，他不相信不同的层级，或各层级中的分支间具有平等的政治权力，而是认为存在一个金字塔形的权力结构，位于其顶端的是伊尔汗（il-khan），之下是卡兰特（kalanter）、卡图达（katkhoda），等等。[4] 解释这种所谓的集权体系因何而成并不容易。这不得不部分归结于生态因素，即可用土地的不足及因人口增长而带来的对于土地需求的增加。这种需求造成了潜在的冲突，并可能使本处于微妙平衡状态的社会体系整体陷入无秩序状态。可汗们（khans）是和平的有效维护者，他们或许可以强迫执拗的几方达成和解，并且，如果发生大规模冲突，他可以基于（或不基于）集体意愿调动军队平息骚乱。凭借这种权力，可汗个人得以在部落内外拥有越来越多的土地；这反过来把他们转化为部落的领主（overlords），并且，潜在地把他们置于与部落相冲突的位置。换句话说，因为生产模式的二元性和生产成

1　甚至在马克思主义人类学家中，对于部落社会关系的意见也不一致。这些争论在戈得利尔（Godelier）的文章《"部落"的概念》（"The Concept of the 'Tribe'"）中被最为清晰地表达出来，在这篇文章中，他对萨林斯的部落社会分析（Marshall D. Sahlins, *Tribesmen* [Englewood Cliffs, N. J., 1968]）进行了批判。

2　Jean-Pierre Digard, "Histoire et anthropologie des sociétés nomades: Le cas d'une tribu d'Iran," *Annales: Economies, sociétés, civilisations* 28, no. 6 (1973): 1423–1435; "On the Bakhtiari: Comments on 'Tribes, Confederation and the State'," in Richard Tapper, ed., *The Conflict of Tribe and State in Iran and Afghanistan* (New York, 1983), pp. 331–336.

3　Digard, "Histoire et anthropologie," p. 1425.

4　Digard, "Histoire et anthropologie," p. 1427.

果的不平等占有，领导者与追随者间的劳动分工也是显著的，这反过来造成了一种初级的阶级冲突。

在论证中，迪加尔就此把部落中阶级分化的产生同部落与中央民族国家的关系联系在一起。他没有否认，在部落与国家官僚机构之间，需要一种从中斡旋的代理人或中间人——在可汗地位突出上升的18世纪，他们可能是十分适合担任这一角色的——但要不是他们在担任这一角色前已经在部落权力结构中处于恰当的位置，他们便无法走到这一步，并且这是经济作用而非政治作用的结果。这是一个重要的理论观点，其将马克思主义关于部落政治精英产生的解释从当前被许多研究者所发展的模式（见后文）中分辨出来。塔拉勒·阿萨德（Talal Asad）最为透彻地理解并表达了这些观点：

> 政治精英可能的确以承包商、中间商或代理人的身份活动，但是，相对于其部落的"委托人"（clients），他们是拥有垄断性特权的中间人。与所有决定性垄断的掌控者一样，其给予了精英—中间人统治他人的权力：中间人能够设定满足其委托人利益的条件，甚至决定事情的轻重缓急。[1]

实际上，阿萨德的分析暗指弗雷德里克·巴特对于巴塞利[2]游牧酋长的描述，而不是G. R.加思韦特、路易斯·贝克等人对于政治精英的相关分析，但其基本观点适用于两者。[3] 在马克思主义模式中，精英人物的

---

[1] Talal Asad, "Political Inequality in the Kababish Tribe," in Ian Cunnison and Wendy James, eds., *Essays in Sudan Ethnography* (New York, 1972), p. 137.

[2] 巴塞利人是生活在伊朗西南部法尔斯省的游牧人群，是卡梅什部落联盟的下属部落。——译者注

[3] Fredrik Barth, *Political Leadership among Swat Pathans* (London, 1959), pp. 77-79; G. R. Garthwaite, *Khans and Shahs: A Documentary Analysis of the Bakhtiyari in Iran* (Cambridge, 1983); Lois Beck, *The Qashqa'i of Iran* (New Haven, 1986).

出现被认为是劳动分工模式改变，及随之而来的劳动成果不公平分配的结果。随着国家巩固在部落层级中的统治，卡巴比什人（Kababish）[1]和巴赫蒂亚里人中的精英们试图垄断生产力，成为部落"平民"的剥削者。[2]

迪加尔以马克思主义研究方法分析巴赫蒂亚里人有关资料的方式，已被阿萨德尝试用以分析苏丹的卡巴比什阿拉伯人，以一种挑战性的姿态重新分析了巴特从斯瓦特（Swat）地区得来的资料。[3] 但从我们的角度来看，阿萨德的马克思主义框架中更令人感兴趣的方面在于，他同样关注了被统治阶级用以维持其统治，但常被研究者所忽视的意识形态角色："除非我们也开展一种对于意识形态的批判研究，以揭开建立在意识形态之中的，业已构成这种结构（structures）所不可缺少部分的，对于现实存在加以片面化、扭曲化的概念，否则我们就不能理解政治统治的历史结构。"[4]

卡巴比什是指位于苏丹西北部的一个松散的游牧部落联盟。阿萨德认为这些部落由彼此不平等的"分支"(segments）组成——奥拉德·法德拉拉（Awlad Fadlallah）统治者们是 19 世纪一个强大谢赫及其追随者的后代——并且认为他们之间存在剥削关系，既表现在物质方面（精英们不从事直接生产，但占有牧人集体生产活动的剩余），也表现在政治方面（只有统治者

---

[1] 卡巴比什人是苏丹北部科尔多凡地区的游牧人群。——译者注

[2] 他在 1983 年写作了一篇针对加思韦特对于巴赫蒂亚里人研究的评论文章，在其中，迪加尔或多或少重复了其依据阶级结构对巴赫蒂亚里社会组织做出的早期解释，即这种社会建立在两种不同生产模式的基础之上。其他模式可能认为礼赞（Reza）与穆罕默德·沙（Muhammad Shah）的霸权行为是现代国家中央集权化驱动的结果，而迪加尔的模式则依据经济主导阶级的"垄断驱动"（monopolizing drive）理论对其加以解释。也可参考 Talal Asad, "Equality in Nomadic Systems? Notes towards the Dissolution of an Anthropological Category," in Centre Nationale de la Recherche Scientifique (CNRS), *Pastoral Production and Society* (Paris, 1979), for a reanalysis of Digard, "Histoire et anthropologie"。

[3] Talal Asad, *The Kababish Arabs* (New York, 1970); "Market Model, Class Structure and Consent: A Reconsideration of Swat Political Organization," *Man* 7, no. 1 (1972): 74–94.

[4] Asad, "Political Inequality," p. 146.

第三章　中东部落与国家形成的人类学理论：意识形态与权力的符号学

可以做出影响其他卡巴比什人生命的决定）。[1] 阿萨德并不认为精英的权威来自部落的一致赞同，以作为对其维护和平，或充当应对中央国家的中间人的必要交换。他认为，事实上部落能够找到解决这些问题的其他途径。

> 更为重要的……是……固有的，作为卡巴比什部落定义一部分的不公平结构。这是一种必要的，使卡巴比什人团结在一起的模式。并且，为了有效实行这种功能，统治者们必须在他们的政治生活经历中施加一种独特的意识形态秩序。他们不仅必须要说服其民众，还要说服他们自己，其所具有与他人不同地位与特权是合法的。[2]

令我们感兴趣的是，阿萨德认为卡巴比什人中权威形成的首要基础既不是强制，也不是一致赞同，而是一种不公平的结构被意识形态"合法化"（legitimated）的历史进程。"'合法性'（legitimation）的意义超过了证明合法的过程，从某种意义上来说，这种过程只不过是已形成的政治秩序对包括秩序'真正'是什么在内的概念的一种认可。"[3]

换句话说，马克思主义的部落分析模式，是需要阐明文化通过何种途径来定义政治现实的。尽管阿萨德确实对意识形态加了相当详细且清晰的解释，但他并没有解释被部落成员所坚持的政治信念是怎样被制定在日常的社会关系之中的。也就是说，他未像沃罗希洛夫和巴赫金已经阐明的那样，把意识形态充分地揭示出来；将意识形态与关键的社会行为环境联系起来也是必要的，事实上，在这种社会行为环境中，精英们确实通过操纵有效的政治符号（symbol）说服或强迫卡巴比什人接受他们的权威。[4]

1　Asad, *Kababish Arabs*.

2　Asad, "Political Inequality," pp. 135–138, at p. 137.

3　Asad, *Kababish Arabs*, p. 240.

4　Clifford Geertz, "Centers, Kings, and Charisma: Reflections on the Symbolics of Power," in Geertz, *Local Knowledge: Further Essays in Interpretive Anthropology* (New York, 1983), pp. 121–146.

4. 马克思主义分析方法的问题

尽管，马克思主义的历史分析方法已被用于分析中亚的游牧国家，但除了阿萨德的分析外，涉及中东地区的详细的马克思主义民族志仍然相对缺乏。[1]而这种分析方法将不得不面对并解决某些经验主义的困境。显而易见的是，仅仅提出存在经济上的不平等是缺乏解释力的，毫无疑问，不管在何种社会或历史阶段，都可以得出以上结论。反之，从何种角度讨论这些不平等展现了阶级结构才是有意义的？在某种程度上，要想回答这一问题，首先要对其他一些问题进行处理。经济上占有优势的群体在何种程度上拥有或控制了生产资料，却没有参与必要的直接生产过程？经济上占有优势的群体真的剥削了经济上处于劣势的群体吗？并且支配群体（dominant group）借由何种意识形态使自身在体系中的政治权威合法化？

一些有关中东部落社会的研究已经显示，部落政治组织的管理大致可分为两个层级——次部落（subtribal）层面，通常包括由头人（headmen）领导的牧人营地和一些由通常由联系的家庭组成的扩大家户以及一个在他们之上的部落领导层级。[2]例如，贝克详细描述了一个卡什卡（伊朗西南部的一个游牧社会）的社会政治组织，其由一个权力来源于地方组织内部的长老（elders）领导的次部落营地组成，并且直到最近都未受到中央国家的支配。[3]在他们之上存在一个金字塔结构，其顶端是伊尔汗尼（ilkhani），他直接处理与国家的关系，而在他之下的是一个由可汗组成的中间阶层，他们在牧人营地与伊尔汗尼之间展开协调。部落社会中的这

---

[1] A. M. Khazanov, *Nomads and the Outside World*, trans. Julia Crookenden (Cambridge, 1984). 另见 Lawrence Krader, *Social Organization of the Mongul-Turkic Pastoral Nomads* (The Hague, 1963); *Formation of the State* (Englewood Cliffs, N.J., 1968); 以及 "The Origin of the State among the Nomads of Asia," in CNRS, *Pastoral Production and Society*, pp. 221–234。

[2] Richard L. Tapper, "The Organization of Nomadic Communities in Pastoral Societies of the Middle East," in CNRS, *Pastoral Production and Society*, pp. 43–65.

[3] Beck, *The Qashqa'i*.

第三章 中东部落与国家形成的人类学理论：意识形态与权力的符号学

两个层级也被认为以不同的生产模式为基础。在牧人营地中，土地归集体所有，而牲畜被个体家户私有。精英们可能也拥有大量畜群，但他们的收入主要来自其拥有的农业生产资料，以及从城市财产收集来的租金。尽管经济与政治的不平等是真实存在的，但从民族志资料上来看，根本不能明显显示，精英与其部落追随者间存在"剥削"关系。

P. C. 萨尔兹曼已对阿萨德有关卡巴比什人的主张产生了怀疑。[1] 他的文章的基本观点似乎是建议在描述游牧民的社会组织时，要谨慎使用"平等"(egalitarian)和"压迫"(oppressive)这类可以包罗万象的术语。萨尔兹曼认为阿萨德忽视了部落精英与国家之间的关系，而这是一种造成政治不平等的重要原因。同时，这些政治精英并未设法控制牧人的生产资料，那些生产资料仍被部落民集体所有。因为他们的移动性（以及其他可能的抵抗手段，例如暴力），精英难以进行经济剥削，除非官方政府愿意大力支持他们。[2] 具体到卡巴比什人的案例，萨尔兹曼认为，尽管存在经济上的不平等，但不能就此假定部落民感到自身被精英所"压迫"："这不是说部落一致赞同精英的垄断，而是精英垄断本身对于部落民来说并不是一个他们所关心的重大问题。"[3]

简而言之，马克思主义研究模式对于中东游牧或定居部落社会与国家形成的解释，并未得到有说服力的民族志研究的证明。尽管如此，为与之后提到的理论形成对照，我们仍要重申这一模式的理论主旨。这种模式认为，部落这一概念以生产模式为本质基础。劳动分工与随之而来的不公平的财富分配导致各分支之间，以及精英与部落中其他部分之间在

---

1 P. C. Salzman, "Tribal Chiefs as Middlemen: The Politics of Encapsulation in the Middle East," *Anthropological Quarterly* 2 (1979): 203–210.

2 William Irons, "Nomadism as a Political Adaptation: The Case of the Yomut Turkmen," *American Ethnologist* 1: 1 (1974): 635–658; P. Burnham, "Spatial Mobility and Political Centralization in Pastoral Societies," in CNRS, *Pastoral Production and Society*, pp. 349–360.

3 Salzman, "Tribal Chiefs as Middlemen," p. 433.

经济与社会方面的不平等。在这种情况下，经济上占据优势的群体能够剥削经济上处于劣势的群体，之后，一种阶级体系伴随政治冲突而发展。起先，为了控制这些冲突，形成了一种国家机器，但其最终沦为政治精英进行剥削的工具。至少在马克思与阿萨德的理论中，实施这种剥削的关键手段是利用群体的意识形态。马克思认为，精英的意识形态将精英剥削的社会现实"神秘化"。而阿萨德认为意识形态问题与马克斯·韦伯（Weber）的权力合法化概念相关。而我的观点是，要以另外一种观念去理解意识形态的本质，我们必须深入探究存在于具体交流行为中的符号中介，这是一个十分关键，但常被忽视的研究领域。

伊本·赫勒敦的部落与国家理论

把14世纪马格里布哲学家伊本·赫勒敦（1332—1406）的理论纳入我们这篇理论比较性文章看来相当合适，因为正如穆欣·S. 马赫迪（Muhsin S. Mahdi）所说的那样，"国家的创建需经何种阶段，形成何种形式以及国家因何衰落等问题正是伊本·赫勒敦的文化科学所关注的中心问题"[1]。就像马克思那样，伊本·赫勒敦也从他所认为的人类本性出发推演出他的模型。因此，在详细探讨其复杂的国家模型之前，我们应当首先理解他对于人的看法。

人类因其理性而不同于动物："要知道，伟大的至高无上的安拉，以思想把人类与其他动物区分开来。思想是人类完备的起点，也是人类高于和优于其他造化物的终点。"[2] 但是，人仍然具有和动物一样侵害他人的

---

[1] Muhsin S. Mahdi, *Ibn Khaldun's Philosophy of History* (Chicago, 1957).
[2] Ibn Khaldun, *The Muqaddimah*, trans. E Rosenthal (Princeton, 1967), p. 333. 后文中出现的所有引文皆出自此版本。[伊本·赫勒敦：《历史绪论》，李振中译，宁夏人民出版社，2015年，第602页]

第三章　中东部落与国家形成的人类学理论：意识形态与权力的符号学

本性，总是试图支配他的同类。而这种侵略本性与人类对于社会合作的需要相矛盾，因为，如果不依靠社会合作，人类就不可能获得所需的食物，就不能有效防备野兽的攻击（pp. 45-46）。因此，由于自然环境与自身的心理状况，人类也是一种极其孤独的生物。

伊本·赫勒敦认为，社会组织一旦形成，人们就需要一些发挥抑制作用的人，抑制人们野兽般的侵略性。"所以，这个管理者必然来自人类自身，是他们中间的一员，他有压倒其他人的能力，有权威，没有人能侵袭他、伤害他，这就是国王。"[1]（p. 47）他承认，这种对于权威的服从行为也可能存在于"某些不会说话的动物中"（例如蜜蜂），但是他坚持认为，人类基于理性而服从，这是其自由意志的选择。人们自愿服从一个更高的权威，这是他们基于（实用性的）理性而做出的明智选择。

几乎所有评论者都已经注意到了伊本·赫勒敦所强调的"神学术语"（god term）——阿萨比亚[2]，即"凝聚力"，与肯尼斯·伯克（Kenneth Burke）[3]所使用的措辞相应。伊本·赫勒敦告诉我们"族亲意识产生了保卫自身、抵御侵害与提出要求的能力"（p. 111）。人们仅因几种有限的原因而团结在一起，例如，出于共同抵御其他敌对群体的现实需要。而更为重要的是"人类的血缘关系是一种自然关系……这种关系使得亲属之间彼此非常关心，不愿意让他们受到伤害和不公正待遇，不愿意看到自己的亲属受到任何侵害和暴虐……这是一种天性，是人类生来就有的"[4]（p. 98）。这段文字所述的基本假设，让我们不禁联想到人类学产生

1　《历史绪论》，第 57 页。——译者注
2　阿拉伯语العصبية，本义为神经、神经质的，指部族间强烈的、无理由的对立情绪。——译者注
3　肯尼斯·伯克（1897—1993）是 20 世纪美国著名的修辞学家，著有《反论》（Counter-Statement）、《作为象征行动的语言》（Language as Symbolic Action）等作品，提出了"同一"理论、语言戏剧观等理论。——译者注
4　《历史绪论》，第 160 页。——译者注

之初，L. H. 摩尔根（L. H. Morgan）的观点，即亲属关系，可以理解为血统，创建了人群之中的"天然"纽带。然而，在伊本·赫勒敦的理论中，血统并非维持团结的唯一因素。族亲意识也受到空间距离的影响，当亲属之间相隔较远时，他们或许需要通过其他手段强化族亲意识。屈辱感也使血缘纽带得以强化，它唤起亲属们保卫自己血缘兄弟的意识。但如果是这样的话，那么凝聚力［族亲意识］显然仅能在特定的意识形态体系中发挥作用。

现在我们已经大体阐释了伊本·赫勒敦有关人类本性的基本观念。接下来，我们将对他凭借这些理念所构建出的政治模式加以检验。

如果凝聚力［族亲意识］以血缘关系为基础，那么理所当然，拥有"最纯粹血统"的群体应当是最具凝聚力的。那么世上哪个群体可能拥有"最纯粹的血统"？答案是贝都因人。他们在沙漠中的生活是如此的艰苦，充满危险且穷困，以致没有哪个明智的人愿与他们发生关系；"这样，游牧人就保证了他们的血统不与其他血统混杂，不致使自己的血统受到破坏"[1]（p. 99）。相反，对于"山地阿拉伯人"（hill Arabs），他们占据了足以吸引其他种族的丰美牧场，失去了其纯粹的血统，以及他们的凝聚力［族亲意识］。

然而，尽管贝都因人具有凝聚力［族亲意识］，但是依据伊本·赫勒敦的理论，他们也不能摆脱人类天然的侵略本性；因此，如果秩序可以在他们之中维持，那么国家就必然已存在于部落秩序之中。当把伊本·赫勒敦的国家理论与其他相关理论，如分支—世系体系进行对比时，我们就会发现这是一个非常值得考虑的观点。尽管，国家在游牧部落与定居者中呈现出不同的"形态"，但根据伊本·赫勒敦的理论，其本质上是一种现象：这是一种人类借以抑制其侵略本性的机构，因他们的理性塑造而成。

---

[1] 《历史绪论》，第 161 页。——译者注

第三章　中东部落与国家形成的人类学理论：意识形态与权力的符号学

那么，部落国家是什么样子的？"在游牧区里，是由游牧人的长老、酋长和贵族来阻止游牧人间的彼此侵害，因为这些长老、酋长、贵族在人们心目中，享有崇高的威望，受到极大的尊重"[1]（p. 91）（这里暗含了有关荣誉的意识形态，我将在之后对此加以探讨）。需要注意的是，伊本·赫勒敦区分了两种不同的统治类型：首领权（chieftaincy）与王权（kingship）。他说，"领导权是一种荣耀，一种声誉，大家服从领导者，他做出的裁决并不是强加于人的，而王权是制约性质的，是强加于人的"[2]（p. 108）。与此相似的区分也出现在其著作的其他部分：

> 他们（贝都因人）已习惯孤独、寂寞地生活，单骑走天下，彼此之间很难领导。而部落酋长却需要他们，以维护族亲意识和加强部落自身保卫的力量。酋长被迫要搞好与游牧民的关系，不与他们为敌，不破坏族亲意识和团结，否则酋长完蛋了，游牧民也完蛋了。而权力政治要求领导人使用权力推行他的政策，否则就不可能。[3]（p. 120）

如果贝都因酋长的权力基础并不是威压（coercion），那么其基础是什么？伊本·赫勒敦再次将其归因于族亲意识："部落的领导权必然属于占据优势的族群，它是胜于其他族群的。"[4]（p. 101）然而，他已在之前的章节中提到，谢赫的影响是有限的，因此他的权力来自其在人群中享有的"尊崇与威望"。这表明谢赫之所以拥有权威，是因为其行为在某些意识形态或价值体系中被认为具有合法性。在《历史绪论》中，伊本·赫勒敦基本上仅在一个长段中，以简洁的语言对价值体系进行了解释（p. 112）。根据伊本·赫勒敦的理论，如果人类是一种具有侵略本性的生物，那么，要么

1　《历史绪论》，第159页。——译者注
2　同上，第177页。——译者注
3　同上，第193页。——译者注
4　同上，第164页。——译者注

通过强力(威压),要么存在一种说服人们去服从其管理者的文化信仰体系,或二者兼有,否则人们将反过来攻击他们的领导者,因此,除了凝聚力[族亲意识]以外,一定存在其他的约束力量。这样,问题便是,在社会政治行为中,意识形态是如何发挥作用的?

政治强人的出现开启了一个王朝的兴衰轮回,这是伊本·赫勒敦的国家理论中最为知名,但非唯一的重要论断。人类学家与政治学家对这种政治循环理论如此熟悉,以致没有必要在此赘述,但他所阐发的,有关天启(prophecy)本质的看法,及其在国家形成过程中发挥何种作用的观点却鲜为人知。王权部落的问题在于,它建立在一个与其自身相矛盾的政治基础之上——因迅速发展的官僚机构等原因,统治者与其家族日渐疏远,贝都因人在沙漠中因其血缘纽带而形成的强大凝聚力最终被城市文明所瓦解。[1] 要想克服这种矛盾,国家就必须建立在一个比血缘纽带更为牢靠的基础之上。对于伊本·赫勒敦来说,这样的国家必须建立在天启和天启所揭示的宗教法律之上。在伊本·赫勒敦看来,与单纯的部落国家不同,构筑在伊斯兰国家模式中的社会,是在向一种文明的更高阶段迈进。

在《历史绪论》中,伊本·赫勒敦阐释了一种关于意识(consciousness)的复杂理论,其与我们所探讨的意识形态与国家形成间关系的问题密切相关。第一章绪论六对三种"人类灵魂"进行了探讨。第一种仅限于"在肉体中思考"(thinking in the body),即通过身体感觉器官和想象来获得知识,尽管这是一种学者掌握知识的普遍途径,但这是获取知识的最低级形式。第二种形式则不依赖于肉体,其灵魂"遨游在内心世界的太空里,得到的知识全都是直觉的、知觉的"[2]。而总的来说,只有圣徒(saint)和伊斯

---

[1] 有关摘要,参见 Mahdi, *Ibn Khaldun's Philosophy*。
[2] 《历史绪论》,第 124 页。——译者注

第三章　中东部落与国家形成的人类学理论：意识形态与权力的符号学

兰神秘主义者（mystics）才具有这种灵魂。而被人们所向往的，拥有第三种灵魂的人"生来就是要从肉体上、精神上完全脱离人类，升入天上的仙界，在一瞬间成为真正的天使。在这瞬间，他看见了上界许多例证，听到了灵魂的语言和神的讲话"[1]（p. 76）。尽管马赫迪认为，先知们的根本标志（sign）正是他们所拥有的"指导民族走向正道"的知识，然而，为什么唯有先知们拥有这种知识，并且表现在他们充满奇迹的行为中。同时，像许多穆斯林哲学家一样，伊本·赫勒敦强调天启的"政治"本质："因此，先知不仅仅是一位得到启示的人，或是一位能够施展奇迹力量的人。实际上，他首先是一位政治家，一位立法者。"[2]

先知如何获得其追随者的效忠？尽管在他事业开始的阶段，亲属对他的支持可能至关重要，但他不能仅依赖于族亲意识；而他恐怕也并非想要完全依赖他们，因为，正如我们所看到的那样，他们是部落群体中无数冲突的根源。据马赫迪所说，"他需要一种使其同道中人相信他所看到的，以及认同他所认为的最佳行动原则的说服力"。由于"到目前为止，大多数人相信律法（The Law）已被揭示，而先知进行的修辞性劝说是多数人与少数人皆能接受的"，"因此，律法在很大程度上使用华丽的辞藻，以及简单的证明方式，即几乎不存在对其前提的论证，或者前提是不言而喻的，而结论又可以从这些前提中轻易推导出来"[3]，这并非巧合。一种新的凝聚力随之出现，其以宗教信仰为基础，建立于对虔诚生活的美好愿景之上，而这些愿景通过先知—领袖的启示及行为展现出来，并通过受过教育的精英传播至城市与沙漠部落。天启本质上传递的信息是：奖赏不在今世，而在来世，如果接受这一信息，那么将带来克服造成王权国家矛盾的超然性。人们将不再因统治者的财富与权

1　《历史绪论》，第 124 页。——译者注
2　Mahdi, *Ibn Khaldun's Philosophy*, pp. 89, 91.
3　Mahdi, *Ibn Khaldun's Philosophy*, pp. 91, 93.

力而嫉妒他，因为他们将不再垂涎于现世的财产与荣誉。而精神领袖则将摒弃那些在部落国家中耗尽国王活力的奢侈品。这样，通过从基于血缘纽带的王权，向基于伊斯兰教法的先知治理的转变，国家已达到其极致。

伊本·赫勒敦的逻辑模式是一种复杂、丰富、精细的整体理念，通过对人类心理、社会组织、国家、宗教与经济的系统考察，从而对人类现实做出解释。的确，他所概述的某些理念凭借的是其个人经验，经不起推敲——尤其是他关于人类心智的朴素观点——但正如我们所看到的那样，在对国家的解释中，他的确意识到了人类品性的重要性，这点无疑值得钦佩。然而，如果认为伊本·赫勒敦的模式关键取决于一种韦伯式的超凡魅力型人格观念，只不过换成了沙漠酋长或先知，这样的观点则是不充分的。[1] 我们需要以一种符号学的解释途径理解伊本·赫勒敦的模式，在这种模式中，启示作为一种意识形态，被用以在伊斯兰国家中说服各种受众认同先知信条的正确性。阿克巴尔·S. 艾哈迈德（Akbar S. Ahmed）对巴基斯坦西北部部落天启的研究将阐明以上观点，我们将对其进行简要介绍。毫无疑问，由于这种模式的内涵如此丰富，以致可以开发出多种富有成效的研究道路，然而，其分析中的问题，恰好产生在意识形态与用于具体交流行为中的记号相结合的地方。如我们在马克思主义模式中所发现的一样，意识形态最终也成为伊本·赫勒敦模式解释国家运行的关键，然而，它们都没有深入探究记号的社会使用情况，而意识形态正是通过记号对社会行为产生作用的。

---

[1] 该模式的某些内容已被人类学家所吸纳。参见 Ernest Gellner, *Saints of the Atlas* (Chicago, 1969)，其研究了阿特拉斯柏柏尔人的社会体系，调查了在部落社会中，伊斯兰教与政治秩序问题的关系。另见 "Flux and Reflux in the Faith of Men" in Ernest Gellner, *Muslim Society: Essays* (Cambridge, 1981), pp. 1–85。

第三章　中东部落与国家形成的人类学理论：意识形态与权力的符号学

分支—世系体系模式

功能主义是一个拥有较长历史传统的优秀理论体系，限于本文的篇幅，不可能对其展开详细叙述。在人类学中，特别是在中东部落社会研究领域，E. E. 埃文斯-普理查德的作品无疑最为引人注目。[1] 在他的社会组织理论中，最广为人知的是分支—世系体系模式，这种模式与之前所述的马克思主义模式形成鲜明对照。而对比伊本·赫勒敦的模式，主要因为欧内斯特·盖尔纳尝试将其吸纳进分支—世系体系之中，因此，两者间的关系较为模糊。[2]

埃文斯-普理查德认为，在部落社会中，国家——至少在我们的观念中，那种具有一套官僚机构、保卫一定的领土以及通过强制手段执行政策的政治实体——并不存在。当然，部落中也存在管理者（例如，努尔人的豹皮酋长或昔兰尼加的谢赫）[3]，但是，他们的权力很是微弱，或根本不具有强制性。如果说国家并不存在，那么怎样维持秩序？在马克思的理论中，国家尽管尚不完善，但已存在于部落生产方式之中，因为，分工造成的矛盾必须加以遏制，要么通过代表公共利益的民主手段，要么通过更为专制的政府。而在《历史绪论》中，国家以沙漠酋长，之后是城市统治者的旗号存在于阿萨比亚之上，这并非由于经济因素，而是因为社会心理——即人类的侵略本性必须加以抑制。然而，在埃文斯-普理查德的功能主义模式中，部落可以脱离国家而存在，这种新颖的主张（这可能是有问题的），以及他对此提出的"社会学"解答正是其政治理论的独到之处。

由于国家的缺失，当部落民（从文化角度定义的）权利受到他人侵犯时，便不能通过统治者、法院或议会寻求公正。因此，他必须依靠其他

1　E. E. Evans-Pritchard, *The Nuer* (Oxford, 1940); *The Sanusi of Cyrenaica* (Oxford, 1949).

2　Gellner, "Flux and Reflux."

3　Evans-Pritchard, *The Nuer*; *The Sanusi*.

人或物来解决这一问题。对于一些人类学家来说，这种提法显得十分勉强；与其说"依靠其他人或物"，为什么不直接说"依靠他的亲属"，因为在他的理论中，给予其成员支持的正是世系群体。依据这样的观点，也就是说，血统是社会凝聚力的基础，那么，岂不是埃文斯-普理查德与伊本·赫勒敦的观点实际上是吻合的？并且从路易斯·亨利·摩尔根开始，许多人类学家也这样认为。然而，某些人类学理论（尤其是在美国）认为，亲属关系未必是一种群体团结的黏合剂。中东民族志领域也出现了一些反对之声，其中最为显著的是戴维·施耐德（David Schneider）的学生迈克尔·米克（Michael Meeker），他反对通常的亲属关系学说已有一段时间。[1]

具体来说，分支—世系理论主张，通常由于水源或植被的缺乏，一个部落社会将分裂为较小的群体，他们仅在举行仪式的场合，或者，更有可能在面临外部侵略的威胁时才会团结在一起。此外，群体沿着谱系线分开，即在谱系树的顶端分散，而在其根部汇集。然而，米克争论到，为什么不推翻这种被普遍接受的逻辑？或许，亲属纽带反而形成了人们彼此争吵，甚至于争斗的基础。[2] 为了弄清这些争论的意思，我们必须结合米克对于血统所做的解释来进行思考，而他的解释依据了一种在贝都因人中普遍存在的荣誉观念体系。米克主张，一个人若想获得荣誉，就要在光荣的侵略性行动（例如，款待、战争和政治辩论）中获得声望（这令我们再次联想到之前伊本·赫勒敦的理论）；但唯有在与一个相匹敌的对手相对抗时，他才能获得荣誉，而最公平的对手即是他的直系亲属。因此，在一个基于血统的文化体系中，存在某些导致流血冲突的内在逻辑。不过，这种在中东背景下得出的关于亲属关系的看法，如果向其极端推演，也是成问题的，因为，这将引起一种灾难性的，甚至是骇人听闻的、颇成问题

---

[1] David Schneider, *A Critique of the Study of Kinship* (Ann Arbor, 1984).

[2] Michael Meeker, "Meaning and Society in the Near East: Examples from the Black Sea Turks and the Levantine Arabs," *International Journal of Middle East Studies* 7 (1976): 243–270, 383–422.

第三章　中东部落与国家形成的人类学理论：意识形态与权力的符号学

的人类动机。[1]

埃文斯-普理查德在他这部著名的民族志中，反复提示读者注意努尔人的荣誉与个人尊严观念。但是，当人们试图在他的模式中去解释这些观念时，问题便出现了。例如，世仇（feud）是一种受到损失的个人可以采取的手段，并且，世仇沿着世系线而延伸，他的群体会设法夺回被偷走的牛；我们也被引导着去相信，因为国家的缺失袭击、互殴，或者威胁是不可避免的。通过仔细阅读，可以发现另一种对于复仇行为的解释，努尔人将很快采取互殴行为，这是他们的荣誉观念造成的。孩子们在社会化的过程中相信自己拥有自治权，他们也被训练以战斗的方式去捍卫这种自治。但这一信念体系仅会机械地开启世仇程序吗？换言之，点燃冲突之火的燃料——荣誉，反而维持了群体的团结？荣誉观念反而在其之中产生了以世仇为标志的社会对立结构——也就是一种以观念主导的体系开始，之后朝向社会行为结构发展的"杜蒙式"（Dumontian）[2]分析？

回到埃文斯-普理查德的模式，与敌人作战的社会群体因世仇而统一；因此，社会冲突可能反而有利于社会秩序的建立，马克斯·格拉克曼（Max Gluckman）在其功能主义作品中巧妙探究了这一悖论。我们可以借助一个力学模型来理解这种政治秩序，就像在教堂建筑中，支柱的支撑力必须与穹顶的压力相匹配一样，在冲突中彼此抗衡的两个力一定是相等的，否则秩序的崩塌将不可避免。同样，世系裂变支的平衡对抗原则应该可以与这些社会压力相抗衡。即，如果各个裂变支在人口和军事力量上大体相等，那么他们间的对抗将不会导致较弱的一方逃亡或被消灭。如果争斗中的一方怀着战胜对手的希望，在世系群体系中寻求更高层级群体的帮助，那么其对手也可以立即号召他们在更高层级中的亲属，从而

---

[1] Michael Meeker, "The Twilight of a South Asian Heroic Age," *Man* n.s. 15: 4, pp. 682–701.

[2] 路易·杜蒙（Louis Dumont）是20世纪法国人类学家，著有《阶序人：卡斯特体系及其衍生现象》（*Homo Hierarchicus: Essai sur le système des castes*）、《论个体主义：对现代意识形态的人类学观点》（*Essais sur l'individualisme: Une perspective anthropologique sur l'idéologie moderne*）等作品。——译者注

产生一个相对应的反作用力,结果,在更高层级的裂变支间将再次形成平衡对抗。继续这种力学类比,世仇有一个上限,如果冲突仍要被遏制在部落中,就不能超过最高的世系范围;世仇也有一个下限,家户内部父子间不允许出现残杀,以避免摧毁再生的基本单元。但以上情况十分罕见,特别是那种一经发起就将穿透体系上层,危及体系存在的复仇行动并不常见,对于为何会出现这种状况,我将在考虑盖尔纳的作品时进行简要解答。

现在,我将考虑复仇的反面,即调解,其也被埃文斯-普理查德所强调。攻击与调解是一个硬币的两面,这也是平衡对抗原则中的另一个悖论。冲突不能依靠武力解决,因为在一个平衡对抗体系中,冲突的结局必然是不确定的;而随着复仇开始涵盖体系中越来越高的层级,发生凶杀的风险也在不断增加。因此,调解是一种避免世仇的血腥后果,或至少是缓解这一灾难性影响的机制。但需注意的是,在这种模式下,调解并不能成为一种解决冲突的工具。尽管,由于新的威胁出现,冲突会在其再度爆发之前潜伏一段时间,甚至几年,但它从未被彻底解决。而为回应新的攻击,调解者将再次活跃起来促使体系回到某种平衡状态,这便形成一种无休止的,甚至是恶性的循环。这正如 E. 彼得斯所说的那样,"世仇既无始也无终"。

这种模型既简洁又典雅,其根植于涂尔干社会学的"裂化理论"(segmentation theory)、"机械团结",或者说群体凝聚观念(因为它们彼此"相似")以及 W. 罗伯森·史密斯(W. Robertson Smith)[1]对于伊斯兰教以前阿拉伯历史的重新建构。但是,如彼得斯以及之后盖尔纳所指出的那样,体系的运行并不像理论预期的那样规整。彼得斯或许是最先对此提出异议的学者,他发现很难在实践中验证平衡对抗原则(如果该原则真的

---

[1] 威廉·罗伯森·史密斯(William Robertson Smith, 1846—1894),英国东方学家,著有《早期阿拉比亚的亲属关系与婚姻》(*Kinship and Marriage in Early Arabia*)、《闪米特人的宗教》(*Religion of the Semites*)等作品。——译者注

第三章 中东部落与国家形成的人类学理论：意识形态与权力的符号学

存在的话），因此，不得不去处理大量复杂的，令每个裂变支难以实现平等的人口、生态以及经济变量。[1] 在上文中，我已料想到会出现这种批评，也无须再对此加以详述了。此外，彼得斯还抱怨到，分支—世系体系是一种原生型模式（native model），并且，是一种并不科学、客观的社会学模式，不过，也有足够的理由反对彻底抛弃这一理论，因为这样做无异于玉石俱焚。但彼得斯的批评也颇有意义，他提醒我们注意主观学术体系与观察者视角间的差别，并且，提出了应以何种模式解释现实的问题。鉴于彼得斯的批评，我们也面临着一种具有讽刺意味的事情，毕竟，埃文斯-普理查德已经进行了一种未能完成的符号学分析。的确，当前存在一种日益增长的趋势，即，将这种平衡对抗的机械型原则解释为，部落民实现其象征性（symbolic）——并且不是功利性的——动机，例如个人自治以及行动自由，而采取的自觉策略，或一种决策的交感（consensual）过程，等等。

据我观察，彼得斯在放弃了这种他曾所受的训练，以理解部落社会的经典模式后，并没有用其他模式加以代替。而欧内斯特·盖尔纳则提出了一种非常不同的思路。首先，他坚定地认为，利用一种尝试解释现实的模型终归好过没有模型。其次，他采取的模式是从穆斯林哲学传统，更具体地说，是从伊本·赫勒敦的作品中衍生出来的，是一种对分支—世系体系的改进。而且，在很大程度上，正是由于盖尔纳的影响，中东人类学界才开始关注伊本·赫勒敦的模式，并且向我们展示了它可能具有的重大意义。

盖尔纳也发现，体系并未处于平衡状态，但是，他有意提出另一种悖论："体系要想运转，它就不能运行得太好。"他在下面的文字中详细解释

---

[1] E. Peters, "The Proliferation of Segments in the Lineage of the Bedouin of Cyrenaica," *Journal of the Royal Anthropological Institute* 40: 29–53; "Some Structural Aspects of the Feud among the Camel-Herding Bedouin of Cyrenaica," *Africa* 37, no. 3 (1967): 262–282.

了这一悖论：

> 恐惧，是隐藏在群体凝聚背后的驱动力。也就是说，在无政府状态下，对于他人侵略的恐惧。如果平衡体系真的可以完美运行，产生一种在各个层级中维持永久和平的平衡，那么，社会将结束无政府状态，而恐惧也将不再是一种缓解行动的弹簧……自相矛盾的是，裂变社会的维持有赖于其机制的足够低效，以保持支持体系存在的足够的恐惧。[1]

换句话说，根据这种模式，世仇必须存在于体系的各个层级之间，而复仇行为的暴力性，就像彼得斯所展示的那样，随着冲突的升级与扩大而上升。

然而，部分问题在于，在这些作品中，人们并非总能了解，将部落视作暴力的、对复仇上瘾的，或者处于无政府状态这些观点，是一种得到了村落的宗教精英、部落民赞同的观点，还是一种人类学家的观点。这确实是一个问题，例如，我在北也门的萨达（sada）地区进行考察时，那些曾经或者有时仍把自己视作部落领主的人，几乎无时无刻不在告诉我，部落地区除了盛行"混乱"（fawda），其他什么都没有。但是，当我亲历了一场也门部落中的暴力对抗时，与最初忧虑的场景相反，我被这种暴力对抗的仪式性与几乎是戏剧性的场面所打动；然后逐步升级，经过数月之后，随着经济与政治赌注的增加，暴力变得血腥起来，其中的参与者这时才真正担心起来。因此，或许并非在每个层面上，复仇行为的爆发都会引起参与者同样的恐惧，尤其是在体系的较低层级中，复仇变得更像是一种象征性行为，而非一种功利性的致命诉求。对于我的这些观察，人们可能会指出，这完全可以再次利用分支—世系理论加以解释，即使表面上是无害的，近

---

[1] Gellner, *Saints*, p. 53.

第三章 中东部落与国家形成的人类学理论：意识形态与权力的符号学

乎仪式性的荣誉竞赛也会使其中的参与者感到恐惧，因为，存在爆发大规模冲突的可能，并且这种可能性因体系在抑制冲突方面的低效（因为缺乏一个外部调停者，或一个可以凭借强力维持和平的暴君）始终存在。然而，直到1962年，也门的部落一直被一个相当强大的伊玛目政权统治了数个世纪，因此，他们对表面上的伊斯兰秩序并不陌生，但是，相比于其政治体系（表面上的）的无政府状态，他们还是更加畏惧专制统治（或者换个说法，失去他们的政治自治）。当权衡这两种恐惧时，两害相较取其轻，部落根本不会考虑国家干预这一选项。

就这一方面，盖尔纳提出，圣徒扮演了一种介于充满潜在暴力的部落无政府状态与国家专制之间的妥协角色。[1] 圣徒们的权威，因他们的血统、学识、宗教上的虔诚，尤其是其和平的举止而具有合法性，这与部落谢赫的权威来源形成道德上的对照，谢赫的权威则来自荣誉准则所认可的社会侵略性行为。圣徒和他们的后裔，因维持和平的能力而被迎入部落。他们的主要职能是：在调解已在最高层级用尽，体系面临停转时，维持系统的运行。[2]

然后，盖尔纳将一种伊本·赫勒敦的国家观念嫁接到分支—世系体系之上，这是他对裂变理论做出的一个重大贡献。《历史绪论》第二章第26节的开始部分讲到：

> 这是因为阿拉伯游牧民（贝都因人）是生性野蛮，彼此之间最难驾驭的民族。他们粗鲁，自尊心很强，有很大的抱负和强烈的权力欲望，所以他们个人的志趣、爱好很难取得一致。当通过由他们中间出现的先知、圣徒等宗教性人物来管理和统治他们的时候，他们那种骄

---

[1] Gellner, "Flux and Reflux," p. 41.
[2] 这种理论或许有助于解决以上疑问，但又可能引起了其他问题，例如，谢赫与赛义德（圣裔）之间存在对于权力的潜在竞争。据 R. B. 萨金特（R. B. Serjeant）报道，他曾听到一个也门部落民对他的一位处于赛义德听之所及（earshot）范围内的伙伴说，"我们都知道谢赫是什么，但赛义德是什么？"对于此问题的研究则极为罕见。

傲自大的态度和争夺权力的欲望就会消失，变得容易领导和团结一致。[1]（p. 120）

96 由于伊本·赫勒敦的政治理论以及盖尔纳所做出的完美解释，我们得以更好地理解，在这种国家"处于"部落社会之内的理论中，圣裔（saintly lineages）究竟能够发挥多大的作用。

盖尔纳提出，当一场危机，一场足以撼动社会基础的危机出现时，会发生什么呢？我们必须承认一种假设，即，根据这一理论，部落需要城市国家，并且远超城市国家需要部落的程度，而当国家受到威胁时，部落必将参与防御。在这种情况下，"弱小"圣徒所具有的平凡神圣性是无法鼓舞部落采取行动的。那该怎么办？盖尔纳写到，所需的是"一种不同寻常的、显著的、更为普遍的和更高要求的领导权"，这具体来说就是伊本·赫勒敦所述的，通常出现于城镇的先知。[2] 因此进入了一种韦伯式的超凡魅力人格模式。此外，所需的不单是一种文化—信仰体系，而是一种清教徒式的、一神论的"意识形态"——当然，对于两者间差异的区分并非没有问题[3]——以更新人们的信仰，净化他们的仪式，并且激励他们走向正途。回顾伊本·赫勒敦的理论：通过将人们的思想从渎神的世俗欲望转变为对来世卓越生活的向往，先知以此将群落锻造为一个在心理上具有凝聚力的群体。也就是说，这一理论解释了这样一个问题，即，一个超凡魅力型领袖是怎样克服部落社会的分裂倾向，或者使其"失效"的。

而继大卫·休谟（David Hume）[4] 之后，盖尔纳再次视宗教，或者更具体地说是伊斯兰教，摆动于偶像崇拜与原教旨主义一神论之间。之后，为

---

1 《历史绪论》，第 192 页。——译者注
2 Gellner, "Flux and Reflux," p. 53.
3 然而，参见 Gellner, "Notes Towards a Theory of Ideology," in Ernest Gellner, *Spectacles and Predicaments* (Cambridge, 1979), pp. 117–134。
4 大卫·休谟（1711—1776），18 世纪英国哲学家、历史学家、经济学家。——译者注

第三章　中东部落与国家形成的人类学理论：意识形态与权力的符号学

了对其加以解释，他将这种寓于宗教之中的摆动置于一个特定政治环境之中。在平常裂变政治的部落世界中，以圣徒为标志，被认为适合于部落"心理"的非正统伊斯兰教，发挥了一种维持政治秩序的功能，而该模式认为，在这种政治秩序下，部落组织不断面临着被暴力撕裂的风险。而在整个社会——部落和城市——偶然被投入其中的特殊世界，作为对这种涉及更广范围的问题形势的回应，一种强有力的意识形态理想地出现在城镇之中。伊斯兰教的两种不同形式因此彼此系统地联系在一起，并且动态地与变化的政治舞台相联系。

拓展讨论范围，阿克巴尔·S.艾哈迈德对于巴基斯坦西北部，瓦济里斯坦（Waziristan）毛拉（mulla）的研究，可能有助于展现这一模式的优势与不足。艾哈迈德评论："理想中的部落结构不承认领导的世袭权利，不承认按照上下级地位而进行的社会政治划分，而贫瘠的生态基础也不允许强有力酋长的生成。"[1]政治决策由拥有土地的长老组成的支尔格大会（jirga）中通过达成共识而做出的。社会行为，例如兄弟对抗（tarboorwali）以及维护女性荣誉（tor）是依据荣誉准则而做出的，艾哈迈德对此总结到，荣誉准则包括"勇气（tora）、复仇（badal）、好客（melmastia）、对求和的失败者的宽容（nanwatee），以及留心支尔格大会的声音"[2]。两个部落也都保留了相当详细的谱系。艾哈迈德认为，瓦齐尔人（Wazir）与马哈苏德人（Mashsud）间的敌对呈现在兄弟对抗中，即世仇在当地的文化分类中的称呼。而伊斯兰教的相关理念也并入了普什图人的行为准则中，而这一点，常被那些强调在部落民中荣誉体系高于其他一切的人类学调查所忽视："对于部落民来说，伊斯兰教为普什图人提供了一种可供操作的、明确的政治和社会宗教形态。"此外，到目前为止，还算不错的是，艾哈迈德观察到，"瓦济里斯坦的裂变程度（segmentation）与裂变意识

1　Akbar S. Ahmed, *Religion and Politics in Muslim Society* (Cambridge, 1983), p. 23.

2　Ahmed, *Religion and Politics*, p. 24.

(seymentary conscionsness)是很高的,并且当地人也这样认为"[1]。

在瓦济里斯坦社会中,存在怎样的宗教人物?或许可以区分出三种类型。首先是"乌里玛"(maulvi),他们代表着伊斯兰教的律法主义(legalistic)、经训主义(scriptural)以及官僚传统,并为中央政府建言献策。接下来是苏非圣徒(赛义德sayyid、谢里夫sharif或米安mian)将"博得一种模糊且泛化的尊敬,特别是当他们保持理想化的行为,即在敌对的群体与宗族间保持和平、庄重与中立的姿态时"[2]。不过,美中不足的是,尽管,从巴特的著作中可以佐证,存在这种调解角色[3],但艾哈迈德并没有说明,他们是否在部落纷争中扮演了这一重要角色。最后,存在一种被称为毛拉的宗教人物,其既不是学者—法官(scholar-judge),也非苏非神秘主义者,并且,他们在宗教层级中属于最低的等级。艾哈迈德接下来的叙述使我们回想起盖尔纳的观点,即在一场危机中,具有超凡魅力的宗教人物出现,他将部落锻造成为一个更大的共同体:"除非发生特殊情况,毛拉很大程度上受限于村庄级别的社会与政治生活。他通常在危机中崛起……毛拉的权力可能在非常时期上升,团结穆斯林抗击入侵的非穆斯林。"[4] 然而,他的宗教说教,并不像是一种对于清教徒式原教旨主义信仰的要求。毛拉们已经懂得利用多种技艺——其中一些是邪恶的,一些则是无害的和滑稽的——他们希望借此,使他们那些易受欺骗的追随者相信他们具有超自然的非凡力量。而伊本·赫勒敦已经注意到,先知必须将奇迹当作符号加以利用。接下来,艾哈迈德对努尔·穆罕默德(Noor Muhammad)毛拉非凡生涯的考察向我们揭示的正是这种对于符号的利用,这相当于一种宗教说教(persuasion)的符号学理论。

1963年,努尔·穆罕默德从其父那里继承了在瓦济里斯坦瓦那(Wana)地区,一个当地清真寺的毛拉职位。他最初的行动之一,是去新

---

[1] Ahmed, *Religion and Politics*, pp. 141, 145.
[2] Ahmed, *Religion and Politics*, p. 93.
[3] Barth, *Political Leadership*, p. 10.
[4] Ahmed, *Religion and Politics*, pp. 93-94.

第三章　中东部落与国家形成的人类学理论：意识形态与权力的符号学

建一座宏伟的清真寺，他通过"其雄辩与说服力"设法获得了捐助。此外，他还在其附近兴建了一座由瓦齐尔人主导的市场，因为它能为毛拉日后的政治活动提供资金支持。毛拉也在调解两个瓦齐尔宗族间的土地纠纷中展现了其卓著的能力，这场纠纷在双方都有两人丧命后变得恐怖血腥。最终，他通过对相互争斗的人采取罚款以及其他惩罚措施，迫使该地区的所有瓦齐尔宗族保持总体和平。同时，他还获得了一个治愈者（healer）[1]的名声。

这个故事因 20 世纪 70 年代发生在巴基斯坦的危机而备受关注。1971 年，由于一位超凡魅力型领袖对抗中央政府，孟加拉国得以独立，这给巴基斯坦境内的其他族群提供了一个示范。此外，这个国家仍在遭受印巴战争带来的苦难，特别是有超过十万俘虏还被关押在印度的监狱里。"许多巴基斯坦穆斯林认为，这些现状，与被击败的耻辱一道，是伊斯兰教史中空前的奇耻大辱"[2]，一种悲观与失望的情绪正在蔓延。

艾哈迈德写到，毛拉显然尝试在瓦济里斯坦策划种种危机以挑战各种权威——瓦齐尔当地的政治领导、马哈苏德（Mahsuds）当局以及最终由行政办事处代表的巴基斯坦官方——以此为他自己获取权力。这并没有克服部落分立的无政府状态，反而加剧了这一情势，以致巴基斯坦总统不得不下令空袭瓦齐尔，并且逮捕毛拉以避免一场潜在的叛乱。

艾哈迈德认为毛拉的动机很大程度上是模糊不清的。它是一种个人野心、反对国家的种族要求以及预言感召（prophetic yearnings）的复杂混合。[3] 令人感兴趣的是，他所信奉的地方性狭隘观点也和他的某些道德污点一样，是一种我们所认为的（也是该模式所预测的）与原教旨主义的伊斯兰教相连的普世主义清教精神的对立物。最后，能够解释毛拉在部落分立的世界取得成功的，并非一神论意识形态的力量，而是他的个人

1　指用宗教方式给人治病的人。——译者注
2　Ahmed, *Religion and Politics*, p. 55.
3　Ahmed, *Religion and Politics*, pp. 86–88.

魅力。的确，这一案例所呈现出来的一些个人或"人格"（personality）观念，对于理解瓦济里斯坦所发生的事情起到了至关重要的作用（而艾哈迈德所提出的这种"地区范式"也可扩展至更广大的穆斯林部落社会）。[1] 必须加以强调的是，个体获取权力并不仅仅依靠操纵政治集团、利用经济资源抑或采取攻击对手的恐怖手段，而且通过与他想要争取的追随者以及与他想要征服的敌人进行"符号互动"（symbolic interaction）。而为了理解这种符号互动，我们不仅要采取主观视角，或如艾哈迈德所说的那样"通过行为者的眼睛调查整个事件"[2]。而且，我们也必须聚焦于一些关键的行为者，例如这位毛拉——换句话说，我们必须聚焦于重要的个体，而不仅仅是分立的群体——在交流的具体行为中，利用种种文化符号的这位毛拉。

部落的联盟与国家的中央集权化

到目前为止，我们已经对所有把国家的出现视为对部落组织内部状况进行回应的理论进行了考察。[3] 其中，马克思主义范式认为，由于部落生产模式造成了阶级分化，随之而来的冲突只能通过代表性议会或专制君主加以遏制，国家这种政治机构因而出现，随后成为经济主导阶级实施压迫的工具。而伊本·赫勒敦的理论认为，为了保障社会合作，不得不保有一些抑制人类攻击天性的方式，因此，国家一开始便存在于社会之中，在形式上［的代表］要么体现为沙漠酋长，要么体现为国王。或许只有裂变模式在这些看法上与前两者不同，如我们之前所叙述的那样，分立的部

---

1 为了避免误解，应当指出这一观念不同于 Dale F. Eickelman, *Moroccan Islam* (Austin, Tex., 1976) 和 Lawrence Rosen, *Bargaining for Reality: The Construction of Social Relations in a Muslim Community* (Chicago, 1984) 所推崇的个人文化概念，而艾哈迈德已经提出了一个清晰的社会—心理概念。

2 Ahmed, *Religion and Politics*, p. 146.

3 M. H. Fried, *The Evolution of Political Society* (New York, 1967).

第三章　中东部落与国家形成的人类学理论：意识形态与权力的符号学

落社会被定义为不存在国家，或者说不存在西方概念中的国家。根据之后盖尔纳对这一理论的发展，如果没有一种外部"类国家"（statelike）机构（如圣徒）的介入，部落似乎就不能进行自我管理。

而在本节所考虑的模式中，应该以一种不同的方式理解该问题。某些部落成员，拥有大量畜群、耕地和城镇中可出租财产的大汗们（the great khans），作为中央政府与普通部落民的中间人而活动。尽管有些过于简化，这种模式主张，在某种意义上，这些部落首领是外部国家扶持产业的。国家利用他们统治那些位于边远地区的流动人口。在人种、语言或历史上具有某些联系的部落组成了一个由可汗领导下的专设（ad hoc）联盟，可汗通常选自部落上层，他与其同级的上层贵族一同实行"统治"。他负责为国家征税，在发生紧急情况时动员战斗人员保卫国家，同时，在国家官僚体系中代表部落或个别部落成员的利益。国家的间接统治策略是一把双刃剑，当可汗成为强大部落联盟的首领时，他进而可以在国家处于虚弱状态时，挑战国家的权威。因此，在这一模式中，国家权力与部落精英的权力是一种辩证关系。当国家强大时，其倾向于绕过，甚至消除部落精英，直接统治部落。当其面临内忧外患，国家便不得不退而求其次，通过精英对部落实施间接统治，尽管这些精英日后可能对其绝对权力造成威胁。

或许，我们可以透过 G. R. 加思韦特的作品，对这一理论进行更为细致的考察。他于 1983 年写了《可汗与国王》（"Khans and Kings"）的文章，这是一篇讨论有关伊朗国家—部落过程的重要作品。在此文中，他首先提出了一个关键假说："在一个有组织的国家中，形成部落联盟的可能性与官僚中央集权化程度成反比。"[1] 例如，他比较了巴列维王朝时期的中央

1　G. R. Garthwaite, "Khans and Kings: The Dialectics of Power in Bakhtiyari History," in M. E. Bonine and N. R. Keddie, eds., *Modern Iran: The Dialectics of Continuity and Change* (Albany, 1981), pp. 159–172, at p. 160. 另见 *Khans and Shahs: A Documentary Analysis of the Bakhtiyari in Iran* (Cambridge, 1983)。

集权化与19世纪卡扎尔王朝时期的去中央集权化。

卡扎尔王朝时期，国家依靠可汗与大联盟——其被定义为本质上是在部落或"塔亚法赫"(tayafeh)层级之上的一个组织——对部落实行间接统治。加思韦特区分出三种间接统治模式。首先，国家可能指定一名领导者，他不一定来自部落群体之中，负责维持秩序、收税并为军队招募士兵。其次，一个部落首领可能设法在其控制的联盟中合并权力，从而联合起越来越大的群体（尽管加思韦特认为，这种模式在伊朗历史中是罕见的，因为"很难在获得外部支持的情况下不威胁到中央政府"，但据说卡扎尔人便是这种模式的一个例子）。[1] 最后是一种合并与选派相结合的模式，一个部落首领，可能首先通过自己的努力建立起一个联盟，然后为国家提供服务，之后，国家会设法指派（co-opt）他。著名的侯赛因·库里·可汗·伊尔汗尼（Hosain Qoli Khan Ilkhani，1862—1882年在位）[2] 据说就是第三种模式的一个例子。这位伊尔汗尼（部落首领）从部落以外的土地及政府公职中得到了一份相当高的收入，因此，根本不依赖于部落的经济资源。然而，他的案例与其他19世纪强势可汗的情况形成了鲜明对照。

巴赫蒂亚里联盟是一个特别的案例。加思韦特描述其具有一种双重政治结构，以部落为基础，顶端是联盟，同时，这种结构随着国家的兴衰而改变。在部落中，家庭单元是日常生活的基础："从塔亚法赫到整个巴赫蒂亚里联盟，群体在一个不佳的框架内运转，并且通过与外部因素——邻近部落、国家或可汗们的扩张野心间的互动而结盟，并通过这种互动对他们自己进行定义。"加思韦特展示了一个典型的部落社会，即，一个基

---

[1] Garthwaite, "Khans and Kings," p. 169.
[2] 侯赛因·库里·可汗是巴赫蒂亚里联盟的第一位伊尔汗尼。1867年，卡扎尔王朝的纳赛尔丁·沙（Nasir al-Din Shah Qajar）授予了他伊尔汗尼这一称号；1882年，他死于这位沙授意的刺杀行动。参见 G. R. Garthwaite, *Khans and Shahs: A History of the Bakhtiyari Tribe in Iran* (Cambridge, 1983), p. 17. ——译者注

第三章 中东部落与国家形成的人类学理论：意识形态与权力的符号学

于亲属关系组成的初级群体，亲属关系是其"忠诚与身份认同的基础"。而在这一层面之上的每一件事大多都是暂时的，并依历史条件而定。"这一联盟……在大多数时间里，仅能提供一个模糊的行政身份。"[1] 作为与国家对抗的结果，巴赫蒂亚里联盟——换句话说，政治结构的上层——或多或少遭到了破坏，但下层结构或者说部落，则仍然是完整的，并且保持着自治状态。究其幸存下来的原因，或许是因为其处于民族国家与经济上的边缘地带。这一案例再次与卡扎尔人形成对照，卡扎尔人并未处于孤立状态，也没有遭受过多少艰难险阻。

加思韦特试图解释，为何可汗们无力团结巴赫蒂亚里部落反对巴列维国家。即便不是最重要的，但其中之一的原因是"他们无法提出一种可行的替代意识形态，而不威胁到他们在国家或部落中位置。"此外，在有关18世纪中叶，为何巴赫蒂亚里人未能团结部落推翻纳迪尔·沙（Nader Shah）[2]的讨论中，加思韦特评论："巴赫蒂亚里人的身份没有吸引力，并且没有特别的部落、游牧观念或语言的表达。"[3] 我们可以从中清晰地看出意识形态与权力之间的关键联系，如我之前所强调的那样，这是一个在以往研究中常被忽视的问题。

贝克的民族志《伊朗的卡什卡人》（*The Qashqa'i of Iran*, 1986），是迄今为止对于伊朗西南部游牧民（扎格罗斯山）中部落精英分析的最佳作品之一。她把卡什卡人的社会组织分成了三个层面：由他们自己的头人领导的次部落营地，其长老的权力来自地方群体，并且直到最近，仍不依赖于中央国家（central state）；中间层级是部落的可汗，他们在游牧民与伊尔汗尼和伊尔贝基（ilbegi）间进行调解；而联盟的最高领导者（伊尔汗尼和他的伊尔贝基）受到可汗们与中央国家的支持。可汗与伊尔汗尼的权力极其依赖于他们的财富，他们与外部强权（伊朗国家或西方列强）间的联

---

1 Garthwaite, "Khans and Kings," p. 163.
2 纳迪尔·沙（1736—1747年在位）建立了阿夫沙尔王朝（Afshar Dynasty）。——译者注
3 Garthwaite, "Khans and Kings," pp. 164, 165.

系，以及他们在潜在的盟友或敌人面前，象征性地操纵卡什卡人不屈形象的能力。

贝克在其书中的基本观点是，部落与联盟层面的政治组织随中央国家的出现而兴起，这是一种共生关系，这一点与加思韦特的主张相关。在某种意义上，精英因国家为了更有效地统治处于边远地区，且不顺服的人口而创立。这些精英负责收税、招募年轻人进入国家军队，以及执行国家政策。简而言之，他们是国家的间接统治者。然而，面对国家权力的逐渐渗透，精英为了保护自身利益而行动起来；而精英业已凭借国家提升了自身的权力，成为国家潜在的敌人，这一事实不时促使伊朗国家发动进攻他们的战役——特别残忍的是在穆罕默德·礼萨·汗（Muhammad Reza Shah）与霍梅尼（Khomeini）统治时期。这一研究成果具有更为深远的理论意义，我们应该借此重新思考中东地区部落与国家的类别，因为，其暗示部落与国家从未彼此孤立，而总是相互依赖，并且，部落的结构（至少是在政治结构的第二层或最顶层）不仅是以往认为的是自下而上形成的，而且也是自上而下形成的。

第九章，"卡什卡人的领导权"（Qashq'i Leadership）或许是该书最为迷人的部分。贝克写道，"没有领导者可以运用绝对权力"，因为"不满的部落民可以拒绝支持其领导者，甚至可以最终切断与他们间的纽带而加入其他团体，或形成他们自己的团体"。[1] 在任何层级中，从未出现过领导者使用政府军队强制其追随者的情况。为了解释这种体系中的权力，我们必须首先承认，正如贝克所认为的那样，文化体系是极为重要的："一个使卡什卡政治体系得以统一的本质要素，是与卡什卡人的文化体系相连的。卡什卡领导者借由这一文化体系来描绘其合法性，界定他们的身份，而他们也尽力维持这种文化体系，并创造某些关键的卡什卡符号，从而利用它们进行领导。"贝克接着提供了一份有关卡什卡人的身份识别，

---

[1] Beck, *The Qashqa'i*, p. 200.

第三章　中东部落与国家形成的人类学理论：意识形态与权力的符号学

以及他们怎样使用政治符号（signs）进行交流的详细附录："例如，当作为新的伊尔汗尼的纳赛尔·可汗（Naser Khan）积极恢复其领导权时……他引进了一种特别的帽子……在许多年中被所有卡什卡男子佩戴……在一个历史时期，帽子立即成为卡什卡人政治自治与种族独特性的象征，紧接着，国家立刻主导了消除作为伊朗独特人群的卡什卡人的尝试。"事实上，我们可以明确地说，伊尔汗尼的营帐、他的支持者、他的好客行为、他的生活方式以及他的政治联系都是"最高领导权的标志（symbols）"[1]。在这种符号分析的背景下，有关为何人们渴望与伊尔汗尼讨论他们自身的困难，为何经常让他调解其争执等问题的描述，便呈现出特别的重要性。[2]在这些交流中，伊尔汗尼从未进行主宰，而是引导他们达成一致，他既在政治进程中使用符号表现其领导者的角色，又扮演或具象了这种角色。通过分析在面对面的互动中，个人，具有超凡魅力的个体，如何在交流行为中使用代表权威的记号，我们或许可以更好地理解权力是怎样被应用的。

结　论

我想，到现在为止，我已找到了今后对部落与国家问题研究的方向。本文所探讨的四种模式，每一种都在理解部落、国家以及它们间的关系时强调信仰体系或意识形态的重要性。阿萨德——因其声望，我相信——通过主张法德拉拉的权力不仅基于其所控制的生产资料，而且也基于他们对其所称之为意识形态的使用，创造了一种等级制的社会图景，从而深化了马克思主义对该问题的分析。在分支—世系模式中，随着盖尔纳将伊本·赫勒敦的政治哲学嫁接其上，文化体系与意识形态自然在该体系中

1　Beck, *The Qashqa'i*, pp. 203, 206, 213.

2　Beck, *The Qashqa'i*, p. 218.

成为至关重要的部分。现在,理查德·塔珀所著的有关沙塞温[1]游牧生活的杰出民族志作品提供了更为丰富的细节:重要人物与其观众面对面的相互交流,通过政治记号的使用,交流他们的文化意图。[2]而这种不仅仅是对理论进行补充的研究已在部落—国家关系领域开始展开,其中最为突出的是艾哈迈德与贝克的作品。

如果说研究方向已经明确,那么至少对于我来说,或许研究途径也已被确定。我们要彻底搞清"符号学"吗?或者,研究格尔茨式(Geertzian)是我们想要的"解读"?"话语语用学"(pragmatics of discourse)?"交流的民族志"?米德的"社会心理学"(social psychology)、艾德蒙·伯克的"戏剧式行为"(dramatism)、哈贝马斯(Habermas)的"社会交流行为"(communicative acts in society)理论吗?我认为,我们都意识到在具体行为中,个人通过符号、记号的使用来交流关键的文化观点和态度,这点对于我们的问题分析是重要且值得考虑的。因此,尽管并非易事,我们只能研究这些众所周知的艰深理论以揭示它们所具有的重要意义。不过,没有什么可以阻挡我们的努力。

---

[1] 沙塞温人是如今主要分布在伊朗与阿塞拜疆的突厥部落。——译者注
[2] Richard Tapper, *Pasture and Politics: Economics, Conflict and Ritual among Shahsevan Nomads of Northwestern Iran* (London, 1979).

第四章

中东的部落主义与国家

欧内斯特·盖尔纳[1]

中东地区典型部落准国家(tribal quasi-state)的形成,往往受到如下因素的影响:

1. 分支—世系结构(segmentary-lineage organization)[2]。实际上,这意味着存在一种内部具有凝聚力,其成员共同确保秩序的社会群体。参照斯坦尼斯拉夫·安德烈斯基(S. Andreski)的标准[3],这种群体往往具有极高的军事参与度;事实上,几乎所有成年男性都参与到了有组织的暴力活动之中,并且共担风险。

复仇是这种社会最典型的机制。具体来说,如果 A 群体的某个成员攻击了 B 群体的某个成员,那么接下来,B 群体的任何成员都将对 A 群体的任何成员发起反击。如果双方达成和平,并且 A 群体做出了补偿,那么

---

[1] 欧内斯特·盖尔纳,剑桥大学社会人类学威廉·怀斯(William Wyse)教授,其成果有:《文化、认同与政治》(*Culture, Identity, and Politics,* Cambridge University Press, 1987)、《穆斯林社会》(*Muslim Society,* Cambridge University Press, 1981)以及《阿特拉斯的圣徒》(*Saints of the Atlas,* University of Chicage Press, 1969)。

[2] 人类学术语,指较大的群体分裂成若干氏族,而这些氏族又分化为若干世系群的政治组织形式,其中的成员具有(或想象出)共同的祖先。——译者注

[3] 参见 S. Andreski, *Military Organisation and Society* (London, 1968)。

A群体的每个成员都要为此做出贡献，而B群体的每个成员皆可分享这份补偿。这种集体责任制促使每个群体积极监管自己的成员，因为，除群体外，不存在其他的监管机构，而一旦监管失效，其后果将由群体成员共同担负。

这种群体组织形式也存在消极的一面，即在群体中，很少甚至不存在中立的、专门的命令执行机构，缺乏来自外部或上层的管理。因此，在这样的群体中，循环的、自我延续、自我修补的内在机制是显而易见的（强大的自我监管和自行管理导致中央机构的虚弱或缺失；而虚弱的中央机构造成对自我保护、共同保障的强大群体的需要）。

"嵌套"（nesting）结构是这种裂变社会（segmentary society）的关键特征。一个群体包含多个次群体，这些次群体反过来又包含其他更低一级的群体，这样的关系对于彼此是一再重现的。其中不存在超群或决断的社会组织或等级。也就是说，在群体内部运行的权力平衡模式同样运用于群体之间。在文献中，这种群体被冠以部落联盟、部落、氏族或裂变支（segments）这样的名称，他们都以大致相同的方式进行运转。在任何层级中，难以避免的冲突随时可能发生，进而刺激到相应的群体，他们要么立即采取行动，要么先是隐忍，等到节日、季节性转场或其他活动结束后，再爆发出来。

在中东，这些群体常常对其自身加以识别和界定，但辨识的标准并非完全是谱系的（genealogical）或父系的（patrilineal）。如果在群体中，成员间的关系依照血统而定，并且仅存在一条世系，就会自然形成一种被社会秩序所需的、平滑且清晰的嵌套型族群（nested groups）体系。当我们在摩洛哥的阿特拉斯山中部（central High Atlas）进行田野调查的时候，我发现，与部落中的圣裔（holy lineages）不同，在谱系方面，普通的世俗部落民是典型的奥卡姆主义[1]者（Occamist），他们记忆中（或虚构的）祖先的数

---

[1] 或称奥卡姆剃刀原理，由14世纪逻辑学家、圣方济各会修士奥卡姆的威廉提出。——译者注

目几乎与部落中群体的数量一致（为进行自我界定，他们需要一位处于各自谱系顶端的先祖）。

事实上，这些群体不仅仅是单系的（unilineal），而且也是父系的，这种现象的产生，可能源于中东及地中海地区盛行的男系风俗（agnatic ethos），或者，这种模式刚好满足了牧人社会的需要。不过，撒哈拉的图阿雷格人（Tuareg）是一个有趣的例外，尽管在其他方面，他们与中东的其他部落相似，但与众不同的是，他们具有一种母系（matrilineal）意识，并且（尽管未得到深入研究）他们曾经拥有一种母系社会组织。另外，在图阿雷格人的部落群体中，等级次序（hierarchical ranking）高度发展，尽管这种现象也在其他地区偶尔出现，但并不显著。

与一般的观念相反，中东的这些群体并非完全依照血统进行自我定义。在山区的农业部落中，至少在扩大式家庭（extended families）[1]这一微观层面，他们在对自身群体的范围加以界定时，常常以地域而非血缘为标准。此外，即便将血统作为界定标准，部落中也存在一种公认的仪式，使个人或群体得以摆脱"血"的宿命，加入新的群体之中。

部落的集体责任体制要求其成员必须具有毫无疑问的身份，不过，当个体或群体的血统被公认的仪式调整后，其结果仍可满足该体制的需要。因此，在一个所谓的按照血缘对自身加以定义的群体中，常见的情况是，其次级群体通过仪式而不是血缘结成实际上的同族。

2. 由选举或准选举赋予的、虚弱的领导权。最普遍的模式是，在部落（或其他层级）中存在一个首要分支（chiefly segment）或世系，在传统上，他们有权为包含其他世系和分支在内的更大的群体提供首领。同时，缺乏清晰与明确的继承规则也是这种体系的重要特征。

这种特征导致，当首领位置发生更替，继任者的选择更多基于权力与声望的平衡，而非简单应用一种继承规则。儿子、兄弟、侄子或表叔皆拥

---

[1] 或称扩大家庭、大家庭，指通过血缘纽带联系在一起，住在同一家户中的若干核心家庭的集合。——译者注

有继承权,并且,表叔与表叔的儿子所表示的范畴比这些术语的英语意味更广。因此,继任者的确立要么通过非正式的选举(以证明其获得部落中其他分支的支持)实现,要么通过血腥的斗争获取。

这样的社群必须面对一种两难选择,一方面,为了抵御外敌、掠夺资源、处理外部关系,他们需要得到领导的支持。但是,与此同时,部落内部组织的形成更多依赖彼此之间的权力平衡,而不是围绕一个核心加以构建。因此,大致存在这样一种规律:部落中某个群体的外部关系越强大,那么其在部落中的领导就更为集权与有效。[1]

3. 牧民与农民共生。上文提及的社会组织类型对于过着畜牧生活的牧民,尤其是游牧民来说尤为合适。游牧民以及他们的财产(牲畜等)都是可移动的,因此,他们倾向于也能够抵抗或逃避来自中央集权政府的管控。然而,我们经常发现,这种类型的组织也存在于一些由农民组成的群体中,他们往往定居在外人难以到达的区域。这种地理位置对他们造成的政治影响,与畜牧生活带给游牧民或半游牧民的影响相似。不过,定居农民组织受限于绿洲,且严重依赖灌溉,他们更为脆弱,生存前景也更加渺茫。

脆弱的农民与侵略成性的牧民互为补充,并在经济方面相互依赖。[2] 在一种缺乏管理,或没有管理的状态下,农民与牧民交换各自的产品(如农民用谷物和椰枣交换牧民的肉制品或奶制品),不过,产品的交换并不只依照市场原则进行。产品交换或上交的比率被视作混合了产品价格,须交贡赋、保护费和保险(在灾荒发生时,牧人会为农民提供帮助,以防他们被饿死)等相关因素。

牧民与农民之间稳定关系的确立,可能有助于产生一个稳固的领导阶层与一位强大的首领,从而推动部落准国家的形成,因此,这是一个敏感的政治话题。农民更愿意与一个单独的权威打交道,反过来,对于其

---

1 参见 A. M. Khazanov, *Nomads and the Outside World* (Cambridge, 1984)。

2 另见 Ross Dunn, *Resistance in the Desert* (Madison, Wisc., 1977)。

自身，他们更关注自己的生存与发展之道。因此，他们更愿意接受上述安排，而不希望遭受这样一种突然袭击：它由若干自称开拓者、组织不佳的群体发动，其中一些人希望一次性获取大量战利品，而不顾这种毁灭性的掠夺将会减少未来的收益与持续的贡赋。即便这种袭扰是一次性的，农民也不愿接受，毕竟，他们将来可能还要向其他人交纳贡赋。

农民和牧民都希望接近并利用工匠和商人。同时，与农民们一样，这些绿洲的原始资本家（protobourgeoisie）也希望得到强大保护者的稳定庇护。而对于牧民来说，他们希望得到一个补给充足、价格合理，并且可以安全准入的市场。

4. 与圣裔相互依赖。尽管并不通行，但在中东存在这样一种正常机制，即地位上有所差别的圣裔散布在各个分支型部落（segmentary tribes）之中。这些圣裔通常声称其血统来自先知。他们崇高的地位（尤其是，如果他们同时能够保持节制，在原则上避免卷入世俗部落间的冲突，从而成为一种稀缺的、具有特殊角色的、和平主义的典范）使他们（至少是他们中的杰出成员）有资格去担任普通部落民的仲裁者。他们也提供一种松散的领导，然而，其命令是否有效则要取决于被领导者的意愿。

5. 对外贸易与朝觐路线。一个强大的酋长或原始部落国家愿意居住在贸易路线、朝觐路线（二者经常重合）附近，或者，甚至居住在可能的哈吉（麦加朝觐）路线上。旅途中的商贩和朝觐者需要运输工具，住所与安全保障。与在当地定居的工匠和商贩一样，他们也更愿意与一个单独、有效的保护人打交道，而不希望与若干繁杂的保护者相处（他们可能既不可靠又十分贪婪）。贸易经常是必需的，它并不是一种可有可无的奢侈品。恶劣的生态环境与气候条件，以及干旱迫使社会生产趋向专门化（specialization）。这反过来迫使他们开展贸易活动；不过，对于贸易的需要，有助于推动这种社会采取一些政治性治理措施。

6. 外来思想的输入。对于伊斯兰平等主义（Islam-egalitarian）、经训主义（scripturalist）、清教主义（puritan）、法治主义（nomocratic）等高级文化的崇敬之情遍及穆斯林世界，对于以研究社会组织机构为导向的社会学家来说，很难解释是何种原因造成了这一现象。这些社会思潮似乎具有一种自身特有的生命与权威，并不因任何具体组织形态的变化而发生明显的改变。在正常情况下，一些小规模的穆斯林社会领域内，城市中有身份学者接受这些理念。实现这些理念的先决条件是文化素质的养成，以及遵守由规则产生的伦理，而不是遵循个人忠诚（personal loyalty）。同时，这些理念坚决谴责任何试图对神圣加以调解的行为（什尔克[1]的罪行），因此，它们似乎与未受教育的部落群体并不相配。部落群体对调解者（mediators）有着巨大的需求，他们需要调解者作为人与神之间的中介在群体中实施仲裁。尽管如此，在部落中，排他性权威与唯一神论理念（unitarian ideal）仍备受尊重，即使他们未能或不能在大多数时间里遵守它。此外，这些理念时不时便会被激活，从而成为一种极有效力的情感；进而在国家构建中扮演重要角色。

7. 宽广的政治舞台。虽然，部落地区处在中东的边缘地带，但在国际上却占有重要位置。在石油财富出现之前，很少有人关注他们到底生产或控制了什么，但是，他们确实具有战略上，有时是象征性的重要价值。这使各种外部势力急欲控制他们，或阻止敌对势力操纵他们。这些强权相互倾轧，并在部落地区培植自己的势力。例如，在19世纪，名义上中央集权的奥斯曼帝国，实际上是由两个相互独立的基地（一个在埃及，另一个在伊拉克）对阿拉伯半岛的部落地区加以操控。

8. 可选方案：招募雇佣军或建立马穆鲁克体制。部落首领本身并不具有创建职业军队或官僚机构的资源基础。部落本身就是他们的武装力量对于争斗和战利品的渴望，以及领导者的激励会把他们动员起来。这种特性既具优势也存在弱点。其长处是，军事单位本身就是部落既有的

---

[1] 本意为"合伙"，通常用来指偶像崇拜者、神灵崇拜者。——译者注

社会群体,因此,其拥有与生俱来的凝聚力(因为他们有着共同的经历并且彼此关心)。此外,他们平时的生活环境使其习惯于战时移动、暴力与艰苦的作战条件。由于这种战时与平时一体的特性,部落武装常常成为一种令人生畏的力量。他们不需要像普通新兵一样接受特殊训练,便天然具有一种类似的军团精神(esprit de corps)。他们得到充分且模式化(encadré)的训练,由公认的领袖率领,在熟识的地理环境中展开战斗,这正是他们的优势所在。

然而,其劣势也同样源于部落社会的特质。也就是说,这种社会组织既能带来强大的凝聚力,也会导致严重的离心倾向。由于在公民角色与军事角色之间缺乏界限,因此,他们总是在压迫他人方面反应积极,但对最高长官的长远战略置若罔闻。恶名昭彰的是,只要他们感到合适,便会将战略考量抛之脑后,立即动身返回家乡。而对于他们来说,季节性的各种义务和习惯(如进行季节性转场)差不多就是一种长远战略。因此,对于每个部落酋长来说,只要其统治范围可以超越单纯的部落基础,自然想要通过招募由雇佣兵和奴隶组成的、职业的私人武装力量以扩充和平衡他的部落随从。并且,对于酋长们来说,这种做法也并非独创,因为,自从哈里发国家衰落之后,这样的社会组织模式便在中东地区高度发展。[1] 马穆鲁克体制一直在运行,而且,在某些时期它还运转得相当出色。

诸要素的综合探讨

虽然,马穆鲁克体制的最初发明者不大可能研读过柏拉图的《理想国》。但是,这些穆斯林群体潜在地践行了柏拉图的相关理念。由于以下

---

1 参见 Patricia Crone, *Slaves on Horse: The Evolution of the Islamic Polity* (Cambridge, 1980)。

原因，这样的社会得以避免堕落与衰退：统治阶层的精英成员自幼接受系统的军事训练，并学习行政管理技能，同时，灌输给他们一种忠于国家的观念。此外，他们与其亲族和财产之间的联系被切断，因为，这些诱惑会干扰他们履行职责。

尽管这些精英被称为奴隶而不是护卫者（guardians）[1]，但这并不重要。国家拥有他们，同时，他们也掌控国家。精英统治的职业模式强化了他们服务国家的信念；同时，他们被从具有不同地理环境、民族，甚至是宗教和肤色的地区招募而来，由此造成的相互之间的差异提高了他们的忠诚度，或者，至少减少了他们试图谋反的邪念。像那些"野心膨胀"的酋长最初依靠的权力基础——部落民一样，这些精英出自艰苦的生活环境，并且，被隔绝在那些令城市统治者堕落的温柔陷阱之外。不过，与聚集在一起生活的部落民不同，他们被割断了与亲属之间的联系。

如果这样的体制没能持续运转下去，那么，它衰败的原因可能正如柏拉图所预见的那样：尽管，这一统治集团最初的凝聚力通过有意地严苛训练锻造而成（而不像部落民那样，其凝聚力因共担沙漠中的风险而产生），但最终，他们还是拜倒在了荣誉、亲属关系以及财富的引诱之下。这是一种柏拉图所预测的，如同在其他政治体的交替衰败中所展现的那样，诱惑操纵其命运的规律。当然，真实的衰败过程不会像论述的那样规整。印度的种姓制度（Hinduism）可能是践行柏拉图主义（Platonism）的另一种类型，其形成了一个具有学识、实行高压统治，并能自我延续的固定阶层，不过，其完全服从于血缘关系原则。因此，马穆鲁克体系是唯一的柏拉图主义变体。柏拉图主义的关键要素：教育、隔离、与财产隔绝、断绝亲属关系，全部存在于该体系之中。

从另一种视角来看，在官员产生方式上，马穆鲁克体系是一种特别的、超越其时代的尝试。由于传统社会中总是存在一种试图攀附地域与

---

[1] 出自柏拉图在《理想国》中提出的三个社会等级（执政者、护卫者、生产者）。——译者注

亲属关系的积习，这使人们逃避责任、漠视法令，并且导致国家分裂成自治的地区单元，因此，传统国家在其中央集权化道路上倍受阻碍。而只有可能在现代社会，由于众多因素——社会总体的原子化（atomization）[1]、广泛的工作与职业方向、人们在学校而不是在地方团体中得到社会化——的共同作用，才在本质上把每一个人转化成潜在的官僚。就总体而论，在当前可以相信，人们通过官僚组织的方式执行各自的任务，而不会为了讨好他们的亲属而使规则发生扭曲。可以说，现在我们都是马穆鲁克。然而，传统社会并不具有这样的优势，为此他们不得不依靠奴隶、阉人、教士或外国人，以实行有效的行政管理。[2]

当马穆鲁克原则及其修正形式取得大规模的显著成功时，或许应当反思的是，在大多数时间里，我们所谈论的政治体是否可以归类为部落国家？例如，以部落国家这一术语来称呼鼎盛时期的奥斯曼帝国，就确实是一件荒谬的事。那是它的开端，但是它并没有保持那种形式。马穆鲁克原则是一种可以代替部落基础的方案，两者的纯粹版本构成了一个范围的两端，在中东，恰好位于两端的社会形态十分罕见，许多政治体处于这一范围中间的某个位置。

这样，便存在另外一个问题。奥斯曼国家的出现是否意味着伊本·赫勒敦有关中东社会的理论（我已深深依赖这种理论）已经失效？它是否已经无法作为一种适用于穆斯林世界干旱区域的总体理论而存在？对此，我并不这样认为，理由如下：毫无疑问，在中东，两种因素（伊本·赫勒敦所论述的部落基础范式与其对手奴隶官僚范式）能够并且确实以不同的比例混合在各种国家形态之中。

在其初始阶段，奥斯曼帝国不过是安纳托利亚的一群典型部落政治体，仅仅当它们中的某一群体取得突出成就时，下述两件至关重要的事情才得以发生：其一，它在巴尔干和安纳托利亚西部，最终在尼罗河谷获

---

[1] 指取消国家与个人之间的中间人，从而形成"国家—个人"两极结构的过程。——译者注
[2] 参见 K. Hopkins, *Conquerors and Slaves* (Cambridge, 1978)。

取了一个由温顺的定居农民组成的特殊基础；其二，马穆鲁克因素疯狂生长，不断消除与其竞争的部落因素。这两种变化无疑紧密相关。大批可供征税的农民维持了非部落国家机构的运转，而农民不适合由部落民来治理。然后，这种体系以一种自发的形式在突尼斯、阿尔及尔以及其他可能的地区进行自我复制。

然而，在更为广阔的区域里，应用旧有部落因素的伊本·赫勒敦模式依旧保持着生机。大部分中东人正常的政治生活恰恰处于这种模式之中，尽管在名义上，奥斯曼帝国拥有最高统治权。在适当的时候——随着阿尔及利亚的阿布德·卡迪尔[1]起义、苏丹的马赫迪运动、阿拉伯半岛的瓦哈比运动、昔兰尼加的赛努西运动的兴起，以及哈伊勒（Ha'il）的拉希德（Rashidis）[2]国家、东安纳托利亚小规模的部落酋长国、阿曼的伊巴迪伊斯兰教长国、也门的宰德派国家的建立——它重新站到历史的前台，被世人瞩目。因此，在广阔的区域里，部落因素从未被真正隐藏。

以上提及的部落因素，以不同比例加入国家构建之中，因而形成各种不同的国家模式。设想这样一个情景：处于酋长松散管理下的部落民，在一片荒芜的山地放养着自己的牧群，同时这片山地也掩蔽着一处绿洲，而这些部落民有可能对其加以控制，从而为部落中的首要世系（chielfy lineage）提供另一种基础。自此以后，首领将自己的部分精力投给绿洲城镇，而为了使城镇更加繁荣，他可能会邀请手工业者和商贩来此定居，同时，他也要对其留在牧场的同族给予关注，促进他们季节性生活的发展。他把更受宠爱的妻子们留在城镇，同时通过与各分支首领的联姻（婚姻可能是短暂的）巩固他与部落同族间的联系。他平衡部落中不同成员的

---

[1] 阿布德·卡迪尔（1808—1883），阿尔及利亚民族英雄，在法国征服阿尔及利亚后，被奥兰省的阿拉伯部族选举为埃米尔，坚持抗法斗争多年。——译者注

[2] 拉希德酋长国，是一个位于内志地区的酋长国，建立于1836年。——译者注

关切,并鼓励牧民们去掠夺,但不要针对他的属地,而是去攻击合适的外人。不过,有时他也不得不权衡利弊,是允许其旧部和同族享受劫掠带来的好处,以换取他们的忠诚,还是通过禁止劫掠以收取更多的保护费?理想的解决方案是:允许适当的劫掠以获取部落分支的忠诚,同时,保证保护费得到最大程度的支付。在一个完美协调的酋邦中,劫掠的临界值应当恰好与贡赋的临界值相等。

同时,酋长不得不去提防部落分支中的背叛行为,他给予部落成员更多补助以换取他们的忠心,并时刻准备着以高官厚禄拉拢一些摇摆不定的追随者。所有这些都需要钱,因此,他身处市场以聚敛财富,并且接受外部势力的武装,反过来,这些外部势力利用他的战略位置确保自身交通线路的安全,同时,破坏其竞争对手的线路和相关利益诉求。每个外部势力都有其当地的委托人,但这种联盟总是不稳定的。因为,背叛正是这些地区的通病。

对于酋长来说,同样难以处理的还有贸易与朝觐路线问题。要求过多的安全保障可能会引起部落成员的敌意从而得不偿失。而权力斗争也在首要世系内部同时展开;在这场复杂的、永不止息的斗争中,彼此敌对的兄弟、表兄和侄子们积极谋取外部参与者的帮助,或者被外部势力加以扶持。在国际场景中,新的参与者相继而来,一些旧的势力则被淘汰出局。在这场权斗游戏中,没有一方注定不会遭遇失败,也没有任何势力可以永远终结这一游戏;在裂变社会中,领导权就是争斗之源(dragon's teeth)。我在巴列维王朝时期的德黑兰(Pahlavi Tehran)听到过这种抱怨:无论你杀掉多少部落首领,新的首领总会在首要世系中出现。被处决的或被暗杀掉的首领或权力诉求者自然不能重夺其位,但他的兄弟、儿子或侄子将继续争夺这一位置。[1]

接下来,我们将设想另一种可能的场景,这个故事仍然包含之前

---

[1] Madawi Al Rasheed, "The Political System of a North Arabian Chiefdom" (Ph.D. diss., Cambridge University, 1988).

提到的所有部落因素,不过加入了一个更深层次的参与者:原教旨主义(fundamentalism)与宗教复兴运动。伊斯兰教一直具有宗教改革[1](reformation)倾向,甚至被描述为处于永恒的宗教改革之中。信徒们总是愿意去响应宣教者有关清除所有疑似与准异教因素,回归信仰最初版本(假设他们或他们的祖先曾真正了解它)的呼吁。其产生的影响也在部落公社[2](community-polity)中发生反应,从而推动这些宣教者成为政治人物。

什叶派信徒有意识地对其特殊信仰的起始——殉道——进行重新演绎。而其他穆斯林则更倾向于重新演绎或体验信仰的建立与之前——现在仍经常存在并具有威胁——蒙昧时代之间最初冲突的过程。在部落中,这种被清教主张所点燃的激情可能会带来额外的凝聚力,并且有助于接受清教思想的首领组织更大规模的集团,这是仅仅依靠亲族基础所无法办到的。这种行为赋予这些首领的一些优势,原本是需要更大国家通过收取农业地区的大量贡赋,并用这些贡赋召集雇佣兵和马穆鲁克才能获得的。这种在部落基础上加入宗教复兴因素的特殊模式,可能带来更大的政治资本,尤其是在一场世界大战中,交上与胜利者结盟的好运。与信仰相连的酋长进而可以击败在其他方面与其类似的对手。实际上,这就是沙特(Saudi)战胜拉希德的故事。

也存在其他值得注意的部落国家类型,其中一种建立在世俗部落领导与圣裔结合的基础之上。在这种情况下,社会被分成人口占多数的世俗部落民与少数世袭圣裔两部分。圣裔们环绕一个或多个公认的圣所(shrines)而居。世俗部落民的行为则符合众所周知的、支配一个裂变社会的有关规则:集体责任、权力分散、虚弱的领导权(选举或准选举产生

---

1 在本文中,其含义与16世纪欧洲宗教改革一词的本义相同,并不具有明确的进步或改良意味。——译者注

2 公社(community):指原始社会中,社会成员共同生产、共同消费的社会结合形式。——译者注

的）以及家庭中男性头领广泛参与所有政治或其他活动。在各个层级群体中产生的冲突都可以在圣所中被世袭圣裔仲裁或调停。圣裔因其出身而定，而不通过任何一种人类选举方式产生。或许是出于战略性的考虑，圣所常被置于最有可能发生冲突的地点——主要部落分支间的边界或临近牧场的位置，这些牧场需要被季节性地重新占领并进行周期性地重新分配。虽然，具有圣人血脉的男性数量远少于世俗男性的数量，但同时远多于主持圣所事务和担任有效仲裁人所需要的数量。因此，从实际效用的角度来说，真正的圣裔是从那些潜在拥有圣人血脉的人群中挑选出来的。

根据当地可接受的理论，这种选择是由真主做出的。但实际上，"天听自民听"（vox Dei vox populi）。一种持续很久且心照不宣的过程决定了谁能拥有这份超自然的"祝福"（baraka）。在这一过程中，神恩的归属通过世俗部落民给予这个或那个圣裔以支持的方式来运作。而正是这种支持，有效赋予了一些圣裔"神授的能力"（charisma）。因此，实际上，被当作圣裔来对待的人成为"圣裔"。被展现出来的对他的尊敬，使他得以有效地施行仲裁，并以此显示和证明他的神圣性。他收到的捐赠使他似乎能够不计花销、慷慨地招待他人，并因此，一次又一次证明他的神圣地位。

世俗部落民有义务进行复仇，而对于圣裔，由于其角色的特殊定位，他们被迫放弃暴力与争执，但复仇行为仍在他们当中继续，只是通过其他更为隐秘的手段。一些圣裔因其举止赢得特别的崇敬。他们在一些诉讼委托人中所激发的尊敬之情，使他们进而对其他潜在的教民产生吸引力；一位广受尊敬，其判决得到听从的仲裁者，比一个对于冲突的裁决可能被当事人唾弃的同行更能派上用场。通过这种方式，一种准国家得以成形。在该体系下，暴力的、经选举产生的世俗部落酋长与和平的世袭圣裔互为补充。一种典雅、稳定且令人满意的内部权力平衡体系得以发展。在阿特拉斯山中部，一个这种类型的体系大约持续了300年，在这段时间里，它提供了一个运转良好却成本低廉的准政府。[1]

具体到阿汗索（Ahansal）[2]的圣裔，有两件事情值得特别注意：他们在当地权力中的稳定性，以及在大多数时间里，他们对更大的政治野心保持节制。总的来说，他们没有介入更广阔的摩洛哥历史。仅有一次，他们中的一名成员显露了更大的野心，而他为此付出了生命的代价。但他被杀害这件事被当地传统所否认，他们相信他具有一种隐遁的能力，在最需要的时候他将最终返回。到目前为止，这种预言还没有被证实。然而，对于历史学家来说幸运的是，他的死亡竟恰好被托马斯·佩兰（Thomas Pellow）亲眼看到了。托马斯·佩兰是个英国人，他在被俘虏后变节，为当时的苏丹服务。最后，他设法返回英国并且根据他的冒险经历出版了一份报告。[3] 从而，当地到现在都一直坚信的，关于他具有"隐遁能力"的说法被独立的外部文件所证伪。

这种部落国家（或准国家）类型，或许可以被称之为阿汗索模式，其与之前所提及的沙特模式不同。伊斯兰教的不同类型涉入到这两种模式之中。在每个案例中，我们所探讨的都是部落国家，但是宗教在其中所起到的黏合作用却十分不同。受到伊斯兰教具体影响的社会分布在一个范围之内，其一端是具有学者风范、清教徒式、平等主义的高深理论，另一端则是偏向人类学研究领域、具有心醉神迷的仪式、层次各异的民间宗教。而每一种宗教形式都为部落国家或准国家的形成做出了各自的贡献。世袭的圣裔，以什尔克（shirk）原则（调解神圣或是神意的折射）为基础，这被正统的高级神学所激烈斥责。并且，能够提供最小限度的中央集权机构。然而，在处理大量人口的政治问题方面，它的表现却十分令人满意。它能够完成同样的事情，却不用走过于强制性的中央集权化道

1　参见 Ernest Gellner, *Saints of the Atlas* (Chicago, 1969)。
2　摩洛哥地区名，也作姓氏名。——译者注
3　参见 *The history of the long captivity and adventures of Thomas Pellow, in South-Barbary*。——译者注

路。换言之，我们将其称为通向真正国家的道路。它能够利用一种复杂的手段管理季节性的放牧活动，这要求将大量畜群和人口季节性地从撒哈拉沙漠迁徙到高山地带，并且它能够帮助季节性放牧者与定居者保持和平。

相反，清教徒式唯一神论（unitarian）的伊斯兰教，能够赋予一位领袖充分的合法性，以克服部落的分裂倾向，并帮助他建立一个更为有效的国家。在这种模式下，宗教所明文规定的内容得到更为严格的执行。宗教人士则被官僚化，成为有理念的、具有判决权的（judicial）国家公职人员，而不是成为少数高压政治执行者的平等（甚至高于他们的）伙伴。倍受尊崇的伊斯兰教士（marabout）在各分支首领中进行裁决，并且帮助各分支在政治上融为一体；文职法官（scribe-judge）为他们提供了适当的合法性与基本的官僚机构，帮助他们由部落的谢赫成为国家的埃米尔（amir）。

除了以上两种模式（沙特模式与阿汗索模式），作为政治黏合剂的宗教因素还能有助于形成其他模式。兼有政治中央集权与世袭宗教仲裁的中间模式也是存在的。例如，传统的也门国家融合了一位伊玛目（其合法性来自什叶派的宰德支派[Zaidi][1]）的中央权威与由萨达家族（Sadah families）执行的地方仲裁[2]，他们的权威（源于部落分支体系之外的世袭—宗教身份）被权威来自部落"内部"的谢赫们，以及各合法家族（legal families）所分享。[3]这种混合形式的一个有充分资料证明的实例

---

[1] 宰德派是什叶派的一个支派，形成于8世纪中叶，由什叶派第三位伊玛目侯赛因的孙子宰德·伊本·阿里的拥护者组成，该教派规定伊玛目必须是圣裔，即阿里与法蒂玛的后裔。——译者注

[2] 公元9世纪末，宰德派开始在也门北部的萨达地区传教，其领袖哈迪·叶海亚·伊本·侯赛因成功调解了当地部落的矛盾，因而被他们拥戴为伊玛目，萨达从此成为宰德派的永久立足地。——译者注

[3] 相关主题受益于研究生尚未发表的成果，特别是希拉·维尔（Shelagh Weir）和加布里埃尔·冯·布鲁克（Gabriella von Bruck）。

出现在意大利殖民下的昔兰尼加（Cyrenaica）。[1] 赛努西教团（Sanusiyya）将一种苏非（调解主义者[mediationist]、教团[religious order]或塔里卡[tariqa]）[2]的组织形式与一种相对（宗教）改革主义的思想（换言之，原则上承诺为缺乏教育的贝都因人提供一种更纯正的信仰版本）结合起来。在正常情况下，改革主义的伊斯兰教（Reformist Islam）与教团组织处于敌对状态，但是在部落地区，完全缺乏城市地区的基础结构，苏非的组织原则提供了唯一一种可供持续开展传教工作的制度工具。当一种原则（doctrine）被赋予到不适合的社会基础上时，原则必须做出让步。由于当地的社会生态，只可采取这种政治组织形式，这样的前提条件最终推动赛努西人（Sanusi）朝向阿汗索模式进发，以此形式，圣所（saintly lodges）得以嵌入分支部落体系（segmentary system）的关键裂隙。在那里，他们能够提供调解（mediation）与仲裁。与此相反，由于需要团结广阔区域，以及证明其宗教合法性（其有效性超过传统，原生的那种"marabtin-bil-baraka"，即数量稀少的圣裔附着在一些小规模部落分支上的模式），他们同时也倾向于遵循一种更加唯一神论和经训主义的宗教版本。

这两种合理原则——平等主义—经训主义（egalitarian-scripturalist）与以亲族关系为基础的调解主义（kin-based mediationist）——之间始终存在着一种张力。前者的具体化身是宗教学者们，单凭他们自己的力量几乎没有可能缔造一个国家。他们既不能组织也不熟悉高压政治。然而，他们能为一位君主（或立志成为君主的酋长）提供所需的合法性与官僚机构。而在第二种国家形成原则中，其基础——部落的众分支生来便在暴力环境中得到训练；但以更广的穆斯林社会视角来看，他们总是缺乏合法性。事实上，他们平时的生活模式本身便不符合道德逻辑。他们被视

---

1 参见E. E. Evans-Pritchard, *The Sanusi of Cyrenaica* (Oxford, 1949), and the posthumous collections of papers by Emrys Peters, to be published。

2 伊斯兰教苏非派术语，另译道乘、途径。——译者注

第四章　中东的部落主义与国家

为是愚昧与放纵的，既不愿也过不了一种良好的穆斯林生活。假如社会中充满为伊斯兰教献身的激情，上述问题便不再无关紧要。因为，只有与那些以正统为名的强大集团（units）相结合的群体才能进而去劫掠那些剩下的罪人（他们仍保持碎片化的状态，并且未能加入滚雪球般的宗教复兴运动）。

此外，也可以视马穆鲁克体系为一种部落国家，不过这是一种极端版本。这种模式尽一切可能去除亲族（kin）或部落因素，并且这样的因素仅在其顶端出现。个体被以一种原子化（atomized）的方式招募进国家公务机构。他们被撕掉各自的亲族背景，以及（并非全部）非穆斯林出身，从而成为有专业技能的奴隶。持续的宗教和军事训练（注意这是非部落的）成为一种引发军团精神的手段。人们既能够把马穆鲁克当成一种由教育产生的人造部落，又可以视他们为一种由宗教精英（通常在政治上无用武之地）转变而成的执行高压统治的高效团队。这是因为穿礼袍的马穆鲁克（mamlucks de robe）同样也是佩剑的马穆鲁克（mamluks d'epée）。当这一体系运转良好的时候，其中的个体能够在其职业生涯的不同阶段有效履行每一种职责——他们在年轻的时候是士兵，而在之后的阶段成为教士—行政官（cleric-administrators）。因此，他们真正践行了柏拉图有关护卫者的相关理念。

总之，建立一种社会与政治秩序的前途是什么？也就是说，是否存在一种政治体制，人们能够在其中开展创造性工作并且安全享有劳动果实，并且那里既存在文明又保持稳定？在这些方面，穆斯林的中东与欧洲相比会怎样？

伊本·赫勒敦与尼可罗·马基雅维利[1]是对各自体系进行过系统论述的著名人物。且不论其他方面，他们的伟大之处在于，其作品更倾向于

---

[1] 尼可罗·马基雅维利（Niccolo Machiavelli，1469—1527），意大利佛罗伦萨的政治家、外交家、政治思想家，著有《君主论》《论提图斯·李维著〈罗马史〉前十卷》（简称《李维史论》《罗马史论》或《论说集》）、《曼陀罗华》（喜剧）等。——译者注

不带感情的理性分析，而不是道德说教。然而讽刺的是，相比伊本·赫勒敦，反倒是常被扣上犬儒主义恶名的马基雅维利更加频繁地放弃"价值无涉"原则（Wertfreiheit），并且展现出更多的道德关切与懊悔之情。而伊本·赫勒敦的分离则更为彻底。

他们有关社会凝聚力与秩序的解释值得相并而提，尽管他们并非同时代的人物；伊本·赫勒敦于1406年逝世，与马基雅维利出生的年份相隔整整一代人，或者确切地说，66年。这段时间里，至少发生了一场重大事件，那就是君士坦丁堡的陷落，以及随后奥斯曼帝国的最终出现。这一事件造成的巨大差异，反映在他们各自的作品中；马基雅维利仔细思考过奥斯曼国家，而伊本·赫勒敦已无法这样做。

尽管如此，两者的世界相距并不遥远，并且可以有效地加以比较。马基雅维利对奥斯曼帝国印象深刻，认为如亚历山大帝国那样的中东公民社会[1]的虚弱是奥斯曼帝国具有牢固权威的根本原因。一旦你击败其核心，整个社会就不会再反对你，并且拜倒在你的膝下。这与欧洲是如此的不同，在欧洲，起初男爵们可能会背叛他们的领主，协助你的入侵行动，但即使你已成功击败他们的国王，之后他们也将给你带来永无止境的麻烦。马基雅维利的这种论断被后来的"东方主义者"斥责为西方对东方进行诋毁的异端邪说。不过，马基雅维利确实没有注意到，在中东，部落也将给你带来同样的麻烦，即使你已击败并取代了他们的苏丹。在中东，同样存在一条通向政治碎片化的特殊路径。

如果一位外星人使用两位思想者的作品作为主要参考材料，调查当时人类政治生活，可能将得出这样的结论：中东的政治前景远好于欧洲。在另一篇体现马基雅维利政治思想的散文中，文中不时洋溢出难以抑制的悲哀与厌世之情。

---

1 在本文中，公民社会指国家和家庭之间的一个中介性的社团领域，在这一领域由同国家相分离的组织所占据，这些组织在同国家的关系上享有自主权并由社会成员自愿结合而成，以保护或增进他们的利益或价值。——译者注

而在伊本·赫勒敦的世界里，存在三种用以维持秩序的有效政治原则（概述在其文章较前的部分）：部落生活的天然凝聚力、军事—行政奴隶制以及宗教。其中没有任何一个原则是完美无缺或能免于衰亡的；但是如果各原则彼此结合，就有希望至少带来暂时的和平、稳定的政治以及有效的政府。一个因宗教因素团结在一起的部落联合体或许可以建立一个国家；一个被宗教学者指导与服务的国家能够持续运转，维护权利并抑制恶行。可以遵守并执行已包含（甚至法理上已预先构建）在信仰之中的根本的、已确立的政治章程（即宪法）。

穆斯林国家在逻辑上不需要宪法，因为宗教已经建立了一种（并且提供了牢固的道德与政治条款）道德与政治秩序。虔诚且受到训练的奴隶能够赋予这个国家以力量，并推动一个著名的公平合理的循环，其中的公民社会（尽管其公民权已被剥夺）能够生产维持这个国家的足够财富，反过来得到所需的保护。[1] 因此，即使基本的人类困境——产生凝聚力的条件与产生文明的条件是不相容的——不能被完全克服，但在某种程度上文明与凝聚力还是有可能融合的。一个人要么生于城市，要么生于部落，城市与部落各自的美德不可能同时出现在一个人身上；但是各自美德的载体、部落民与学者，能够偶尔联合并共同建立和使一个国家运转。

然而，据马基雅维利观察，以上这些因素以远远更低的程度存于意大利和欧洲。反过来，下面我们将逐一分析其中的每一个因素：

部落主义。马基雅维利注意到，在欧洲，只有瑞士人仍像古人那样生活。他的意思是，这是一种有着极高军事与政治参与度，具有一种维持公民道德的宗教，免于外部干扰，且内部盛行平等主义的社会，"瑞士人则是彻底武装起来，从而享有完全的自由"[2]（《君主论》）；"瑞士人……是现在唯一的，既对宗教又对军事组织怀有敬意的人群，他们如古人那样生

---

1 参见 Lucette Valensi, *Venise et la Sublime Porte: La naissance du despote* (Paris, 1987)。
2 《君主论》第 12 章"论军队的种类与雇佣军"。——译者注

活"(《李维史论》)。这无疑符合伊本·赫勒敦通过"阿萨比亚"一词所表达出的意蕴;当一个群体不得不自己进行管理与防卫时,天然的凝聚力出现了。这种形势造成的军事影响无论在何种国际体系中(被赋予族亲意识的部落或城市中的这些人)都是一致的,而伊本·赫勒敦早已认定这对全人类皆可适用。在战争中,瑞士人击败了每一个对手,并且没有人,甚至是法国的君主,能够在没有他们帮助的情况下取胜:"法国人就没有能力对抗瑞士人,而且没有瑞士人就不敢对抗别人。"[1](《君主论》)从城市公民社会中招募来的军队是无用的,例如意大利的那些;马基雅维利写到,只有当敌人由于某种原因主动撤退时,他们才能取胜。

马基雅维利的假定并非完全正确,瑞士人并非欧洲仅存的、全体参与的、自我管理的武装公社(communities)。然而,他已极其接近真相了,尽管也能在其他地方发现一些这样的人群,但他们处于边缘地带,如黑山(Montenegro)或苏格兰高地(Scottish highlands)这样的地方。但在近代早期的欧洲,无论作为一种威胁还是救星出现,野蛮人确实数量庞杂的。迟至18世纪,爱德华·吉本(Edward Gibbon)才困惑:是否罗马的命运也降临到了奥古斯都时期的欧洲?他惊讶地写到,欧洲已经充分利用了野蛮人(savage)。

马背上的奴隶。由于种种原因,欧洲已经废除了奴隶制。尤其是在意大利,令人感到惋惜的是,一种自由劳务市场原则在其尤为不适合的领域——军事领域兴旺发达。其结果是灾难性的,马基雅维利控诉到,雇佣军是没有用处的,遇到危险时他们抛弃你,得胜之时他们则骑在你的头上,成为你的主人。事实上,很难说是否给其雇主招致巨大的风险是他们的成功或失败之处。由同盟提供的外部援军怎么样?劣势是,至少请他们出场要花大的价钱。怎么办?公民社会(civic societies)只能提供当敌人主动逃跑时才能取胜的军队;而雇佣兵与同盟者在他们占上风时反过

---

[1] 《君主论》第13章"论援军、混合军和本国的军队"。——译者注

来会对抗你。绝望的是，马基雅维利所给出的建议仅仅是：配置一种"混合"的武装力量。这样做的目的大概是，你可以期待在同一时间，他们不会都背叛你。

相比之下，穆斯林世界具有更好的天赋：一方面，他们的世界是一种一般化的、没有布谷鸟钟的瑞士，充满自由的乡野公社几乎环绕了每一个国家。这片土地如同一座天然的蕴含政治与军事才能的永不枯竭的水库；伊本·赫勒敦在他的自传中预言，未来属于突厥人和阿拉伯人，因为他们人口稠密且具有凝聚力。[1] 中部阿尔卑斯山相对狭小的土地很难比得上浩瀚的中亚旷野与布满群山峻岭与稀树草原的中东大地。未来或许属于突厥人和阿拉伯人，但肯定不属于瑞士人。马穆鲁克很大程度上是从高加索与中亚及之后的巴尔干地区的"水库"中抽取出来的，他们是穆斯林宫廷的瑞士卫队。"我的瑞士人在哪？让他们来守卫大门！"在《哈姆雷特》(Hamlet)中国王这样喊道。但是，他将很快惊呼："门被攻破了！"因为，克劳迪亚斯(Claudius)带来了更为可靠的土耳其亲兵(janissaries)。依据柏拉图的处方，通过持续训练、深度教化，并以精英模式管理的马穆鲁克无疑相对机会主义、反复无常的雇佣兵（其可疑的动机必定把他们变成靠不住的随从）有着巨大优势。

宗教。与期待的相反，如果我们求助于宗教，这对欧洲更加不利。伊本·赫勒敦十分清楚信仰的政治潜能。当宗教热情与全体参与式的群体所具有的天然凝聚力相叠加时，将催生大规模的政治集团与更为有效的纪律。伊本·赫勒敦没有过多地讨论由小部分圣裔提供的微观组织，尽管他对其十分熟悉；但他了解，并详尽阐释了宗教所能提供的、有助于扩大政治单位的能力。

相反，在欧洲，宗教所扮演的角色，据马基雅维利所说，是阴暗的。在《君主论》中，他先是断言讨论教会国家毫无意义："由于这种国家是

---

1 参见 Ibn Khaldun, *Le voyage d'Occident et d'Orient*, trans. Abdesseiain Cheddadi (Paris, 1980).

靠人类智力所不能达到的更高的力量支持的,我就不再谈论它了;因为这种国家显然是由上帝树立与维护的,如果议论它,就是僭妄的冒失鬼的行为。"[1] 但是,他很快就将上述原则抛诸脑后,紧接着就描述了三位相继的教宗是通过何等狡诈手段使教皇国(Papal States)变得强大。在《李维史论》中,他更为直白地咒骂道:"由于罗马教廷树立的恶劣先例,意大利已经失去了全部忠诚与宗教信仰。正是教廷曾经维持,并且继续维持意大利的分裂局面……意大利……现在已经成为牺牲品……任何人都可以随意宰割它。对此,我们意大利人不得不去'感谢'教廷,并且全部'归功于'它。"马基雅维利说,瑞士人是唯一保持祖先美德的欧洲人;但是,如果教廷从罗马迁到了瑞士,瑞士人将很快被拉到彻底的无序之中。不过,所幸的是,这种独创性的实验从未被尝试过。

因此,在欧洲,没有部落(除了被赐福的瑞士人),没有由受过良好训练的国家公仆组成的军团,也没有能在社会中发挥效用、鼓舞人心的信仰。那么,还有什么能给意大利和欧洲带来希望?相反,在中东的部落—城市复合体中,阿萨比亚与城市文明的混合至少可以周期性地复兴。信仰与美德总会复现。人们能够期望在政治的车轮再一次回转之前,过一段和平而稳定的生活。然而,对于地中海北岸,那里似乎根本没有希望。

基于当时可以利用的证据,得出上述结论再合理不过了。但历史结果都是不一样的情形。有关欧洲,甚至尤其是意大利,是怎样摆脱上述政治僵局的问题,已不在本文的讨论范围之内。欧洲产生了一种新的中央集权化的官僚国家。其中,每一个人都被转化成了士兵和官僚,也就是说,成为"马穆鲁克";国家与公民社会之间的关系得到转换,公民社会参与政治进程而国家参与经济建设;此外,宗教以新的形式恢复了其社会潜能——所有这些则是另一个话题。

但是,对中东部落世界后来的命运加以简要观察还是合适的。许多

---

[1] 《君主论》第11章"论教会的君主国"。——译者注

人认为奥斯曼帝国的建立已使伊本·赫勒敦的有关理论不再适用于解释近几个世纪的历史进程。对此，我并不赞同。在表面之下，伊本·赫勒敦的世界仍然在运转；并且随着帝国的衰落而复现。只有当新的军事和行政技术被引进，且权力的天平倒向国家时，它才最终走向终结。后来的新秩序带有许多显著特征：在国家面前，公民社会继续保持虚弱状态；国家机构内的冲突总是呈现出一种地方派系色彩，即使名义上是意识形态间的斗争。这是一种新的环境与话语下的部落主义。与世界上的其他地区明显相反，在中东，宗教保持或者提升了其作为政治催化剂的能力，而世俗化的缺失备受瞩目，政治上频繁呈现出原教旨主义色彩。强大的宗教、强大的国家、虚弱的公民社会，以及准亲族间脆弱的阿萨比亚、强大的地方派系，所有这些似乎都是历史留下的遗产。

第五章

非同时的同时性：
现代中东古老的部落与强加的民族国家

巴萨姆·提比[1]

奥斯曼帝国瓦解之前，中东国家的形成主要有两种形式：帝国和区域国家。奥斯曼帝国是最后一个伊斯兰帝国，它的瓦解随之而来的是遭受过殖民统治的民族国家的兴起。这种新的国家形成模式最先出现在欧洲，与穆斯林世界的国家形成模式截然不同。在民族国家与世界体系合并后，"伊斯兰世界"就不再是自主独立的世界。[2] 伊斯兰世界的核心区域阿拉伯地区成为世界体系的附属体系，由此"近东"产生——"近东"这个术语具有欧洲中心论的色彩，"近"指的是与欧洲相邻。近东与国际体系相融合，成为地区子系统。对于阿拉伯—伊斯兰的历史而言，民族国家是新事物。第一，民族国家是基于对内主权的概念而建立的。对内主权的基本要素是公民权，前提是部落的转型。一般来说，前民族的认同

---

1 巴萨姆·提比，哥廷根大学政治科学系教授，成果丰硕，代表性成果有：《现代伊斯兰的危机》(*The Crisis of Modern Islam*, University of Utah Press, 1988)、《阿拉伯民族主义：一种批判性的考察》(*Arab Nationalism: A Critical Inquiry*, St. Martins's Press, 1981)。
2 首先应该明确表示，我不赞成伊曼纽尔·沃勒斯特的世界体系论。此外，我认为沃勒斯特的观点是经济主义的，同时也是简化的，他粗略地简化了我在这里提到的世界体系全球结构的复杂性。

（prenational ties）和忠诚与现代民族国家的认同和忠诚紧密相连。第二，现代民族国家是基于对外主权的概念而建立的，指的是国与国之间互相承认边界，形成一套互动的系统性框架，但在阿拉伯—伊斯兰的历史中并没有这个概念。帝国和领土国家都不是由部落转变为同质政体的；虽然部落饱受压制、没有发言权，但部落联系通常是群体形成的基本要素。不管是在过去伊斯兰"乌玛"的框架中，还是当前国家的世俗观念里，部落联系都是群体形成的基本要素。[1] 因此，现代民族国家，像古典伊斯兰国家一样，都期望实现由部落向民族的转型。

中东地区经历了巨大的社会经济和政治变革，前奥斯曼帝国的省份与世界经济体系相融合，接着又被纳入民族国家的世界体系中，由此人口发生了巨大变化。我们可能要问，是否依然可以研究中东的部落？当今，中东只有很少的一部分人被视为部落民。结构变化并未促使部落联系向国家认同和忠诚的模式转变。部落作为社会结构的重要性下降，但是对于社会认同和忠诚而言依旧具有很大影响力。在这一点上，我指的是德国哲学家的"非同时的同时性"（Gleichzeitigkeit vom Ungleichzeitigen [simultaneity of the unsimultaneous]）[2]，这个概念用来描述两种社会和政治模式的并行存在，但这两种模式起源于不同的历史时期：古时的部落和现代民族国家。

部落和国家：问题、概念和研究范围

当前中东民族国家的危机在于对内主权的脆弱性，这种脆弱性因伊

---

1 令人困惑的是，在阿拉伯语中，普遍共同体的伊斯兰概念和民族的世俗概念都以相同的术语来表达，即"乌玛"。参见 Barbara Stowasser, ed., *The Islamic Impulse* (London, 1987), pp. 59–74。

2 非同时的同时性：德国哲学家恩斯特·布洛赫提出的概念，指过去和现在不是相继发生，而是同时发生。——译者注

斯兰复兴主义的发展而更加凸显。[1] 伊斯兰复兴主义者质疑现代民族国家的模式，并且反对这种外来的解决方式（Hal mustawrad）。[2] 我认为，民族国家的危机是伊斯兰主义复兴的主要原因，同时也是地方势力再起的重要因素。在中东，地方势力主要指部落、族群和教派。地方势力的再起引发了学者对伊本·赫勒敦的经典主题——部落与国家关系的再次关注。

最近发生在苏丹、利比亚、伊拉克、叙利亚以及中东其他国家的事件使得部落和国家的关系成为学者关注的焦点。在20世纪60年代的社会科学文献中可以看到，民族构建的基本策略是民族融合，因此民族构建问题似乎得到了较好解决。[3] 但是，事与愿违。当前，学者需要研究名义上的主权民族国家崩溃的原因。西方学者在研究民族构建概念时再次提出了他们的假设，然而，他们并不是先行者；阿拉伯学者早先就聚焦于民族统一问题，他们反思了早期的设想，但是依旧坚持阿拉伯统一的观点。例如，加桑·萨拉米（Ghassan Salamé）复述了伊本·赫勒敦的观点："在众多部落居住的大陆上很难建立一个国家。"[4] 萨拉米的观点有一个前提，即阿拉伯城市精英难以应对奥斯曼帝国崩溃后地区的发展，不经意间为乡村的部落势力铺平了掌权之路："当许多城市政体失去支持时，一些乡村集团即使拒绝政治参与，也能够进入现代国家，提高社会层级，同时提升政治地位。最终，他们会掌控国家。"萨拉米还提到，"军队是乡村民众手中的剑……乡村逐渐成为城市，相对而言，国家权力属于乡村。现代国家及其制度的发展带有了过多的由此而生的部落阿萨比亚"。在中东，"非同时的同时性"的突出特征是部落团结精神的再现，以国家主权和国家合

---

[1] 参见 Philip S. Khoury, "Islamic Revival and the Crisis of the Secular Statein the Arab World," in I. Ibrahim, ed., *Arab Resources: The Transformation of Society* (London, 1983), pp. 213-236。

[2] Yusuf al-Qurdawi, *Al-Hulul al-mustawrada wa kayf janat 'ala ummatina*, vol. 1 of *Hatmiyyat al-Hall al-Islami*, 2 vols. (Beirut, 1980).

[3] 更多细节参见 Bassam Tibi, *Arab Nationalism: A Critical Inquiry* (New York, 1981), part 1。

[4] Ghassan Salamé quotes the Muthana Press edition of *Al-Muqaddimah* (Baghdad, n.d.), p. 164, in his remarkable volume, *Al-Mujtama' wa al-Dawla fi al-Mashriq al-'Arabi* (Beirut, 1987), p. 11.

法性为幌子。显而易见,国家主权和国家合法性与部落无关,而与现代民族国家相关。诚如萨拉米所言,"部落集团厌恶将政治实践贴上自身的标签。相反,部落集团将国家展现成为整个社会服务的最佳工具,这反映了现代阿拉伯叙述的一个特征……执政的阿拉伯当局拘泥于现代国家的意识形态,迫使他们掩盖了自身的源头"。叙利亚阿拉维派的部落就是一个很好的例子,不仅证明了部落权力的存在,而且表明了部落权力作为现代民族国家的国家权力可以被合法化。[1]

这个观点是否可以说明,虽然当前中东已经成为世界体系的一部分,并受到世界体系的制约,但伊本·赫勒敦关于部落与国家关系的观点仍旧适用于研究阿拉伯—伊斯兰的历史?撇开古典伊斯兰国家和现代民族国家的本质区别不谈,两者似乎都具有反对部落的特征,尽管部落是过去的结构基础,也是现在的社区团结组织。这种看法证实了对过去和现在两种国家模式成就的比较研究是合理的,也就是说,这种研究的目的在于建立概念性的框架来理解部落和国家在国家形成时期不同阶段的互动关系。接下来我们定义研究范围和基本概念。

伊本·赫勒敦的观点及部落和国家的分裂是否源于历史循环的观点?阿拉伯—伊斯兰历史取代了部落的循环发展,这一观点是否正确?弗里德里希·恩格斯(Friedrich Engels)对伊本·赫勒敦关于国家和部落的分裂以及国家兴衰的历史循环并不熟悉,他认为阿拉伯历史因其自身的循环性和静态性而缺乏前进的动力,阿拉伯历史是游牧民和城市居民之间"周期性碰撞的历史"。首先是部落,接着是国家权力的所有者,都是由贝都因人转化为城市居民的。"100年后,这些变节者需要纯净信仰。"[2] 在这种循环中,部落成为城市,之后被其他部落推翻,这是没有任何进步的;这样的世界也难以向前发展。爱德华·赛义德(Edward Said)的东方主义也证实了这个观点。本文的重点并不仅仅是沿着这一争论展开,

---

1 Salamé, *Al-Muqaddimah*, pp. 23-24.
2 Friedrich Engels, in Karl Marx and Friedrich Engels, *Über Religion* (East Berlin, 1958), p. 256.

而是提供一个历史导向的框架来理解和解释国家（权力的集中和垄断）和部落（完全或部分自治）的分裂。

德国哲学家恩斯特·布洛赫（Ernst Bloch）在研究黑格尔时提醒我们："无力的、无关紧要的思考很少是简洁的。它往往是冗长的……没完没了地围绕一个主题，因为它无法切中要害，可能并不想真正触碰要点，它谴责自己表达的主题。越是喋喋不休，越无意义，其凝聚越是危险。"[1] 因此，本次研究的前提是：任何国家结构与多样的部落社会组织都是对立的，因为国家的特征是权力的集中和垄断，而部落的基本特征是一定程度的自治。

这个前提引出一个问题，传统伊斯兰国家是如何处理国家和部落分裂的？古兰经承认部落的存在："我们已经把你们形成了民族和部落，你们必须了解彼此。"（49:13）但是，教徒构成了同质的社区"乌玛"，这一观念十分盛行。在圣经之外，伊斯兰可以被看作是社会学术语，即一种组织化的宗教，历史地看是一种国家宗教（state religion）。本文后面会分析在伊斯兰教形成时期，伊斯兰教是否为解决国家和部落的冲突提供了一个模式，以及这个模式是否与当前相关。

在阐述了中心问题和长时段分析的重要性后，本文需要解释所用术语。文中需要解释部落的概念及其在当前社会科学争论中所处的位置。历史学家和人类学家将前民族集团（prenational groups）视为部落，社会科学家用族群的概念取代了部落的概念。[2] 在中东语境中，部落并不等于族群或族群社区。此外，在此需要指出部落的理想类型。在韦伯看来，部落就是一个没有国家主权的、分裂的社会群体，其特征是有着共同的血统，

---

1 Ernst Bloch, *Subjekt Objekt: Erlaeuterungen zu Hegel*, 2d ed. (Frankfurt-am-Main, 1972), p. 32.
2 安东尼·史密斯在英语中引入"族群"一词，指族群社区，与"民族"相对而言。参见史密斯的著作 *The Ethnic Origins of Nations* (Oxford, 1986), esp. pp. 13-16. 最近关于族群的一本重要著作是 John Rex and David Mason, *Theories of Race and Ethnic Relations* (Cambridge, 1988)，这本书中有"族群或部落情感"（第158页）和"部落"或"族群冲突"（第159页）等诸如此类的短语。这些短语意味着族群等同于部落，而在本文中，我质疑这一观点。

第五章 非同时的同时性：现代中东古老的部落与强加的民族国家

并因线性忠诚而聚集在一起的群体。历史上并没有这样纯粹的部落存在过；部落间通常都会有互动（包括通婚）。部落的自治权因部落服从国家权力而周期性受到削弱。当部落掌握国家权力时，部落会发生许多变化。当今中东国家的部落，不管是叙利亚、伊拉克、苏丹，还是利比亚，名义上都是国家人口的一部分。因此，国家的主权是名义上的主权。这种观点并不表示中东人口的基本单位为部落。过去两个世纪中，中东经历了迅速的社会变革，逐步融入了现代世界体系。但是，部落没有受到这一进程的影响。除了一些例外，当代中东几乎不存在部落生活的社会再生产。然而，这并不意味着中东部落已被纳入民族共同体。虽然中东国家经历了快速、破坏性的社会变革（一些理论家称之为现代化），但是国家一体化并没有沿着民族国家构建模式的方向发展。部落和多种前民族的忠诚和认同仍旧存在。因此，部落和国家的分裂不是纯粹的学术问题，也不是完全只与过去相关的问题。在社会科学文献中，学者引入"族群"这个术语来解释两者的分裂，并且视其为族群政治的来源之一。[1]不管怎样，在中东，这个概念需要谨慎对待。族群概念适用于非洲社会群体的划分，但并不适用于中东，因为非洲人与阿拉伯人不同，他们有族群差异（在语言、宗教等方面）。然而，与血统有关的部落，我们倒可以采用族群的概念。

本文将现代国家视为民族国家，文化上同质的社会群体视为民族，提及这些，我不得不阐明研究的历史范围。本文体现了现代时期的主要特征，即西达·斯考切波创造的"世界时间"（world time）这一术语。[2]19世纪末以来，随着现代通讯和交通系统的发展，世界逐渐成为一个整体。世界时间是民族国家体系的全球化和世界经济结构的跨国性共同作用的结果。在中东融入这些具有世界时间特征的全球结构和全球互动过程之前，

---

1 关于中东参见 Milton J. Esman and Itamar Rabinovich, eds., *Ethnicity, Pluralism, and the State in the Middle East* (Ithaca, 1988), 特别是前言, the editors and the contribution of Gabriel Ben-Dor, "Ethnopolitics and the Middle Eastern State," pp. 71–92。

2 Theda Skocpol, *States and Social Revolutions* (Cambridge, 1987), p. 23.

中东是一个"穆斯林世界"。在当前的世界历史架构下,"穆斯林世界"不再存在。中东地区也不再被视为其自身的世界,而是成为国际世界秩序的一个地区子系统。[1] 一方面,这个子系统有其自身的区域动态,其中包括国家和部落的分裂。另一方面,它受到了国际环境的很大影响。地区和全球层面的分析是相互关联的,除非是启发式需求,两者才可分开探讨。地区子系统由民族国家构成。艾伯特·胡拉尼将国家定义为"具有承认主权合法性和专有权力的实体"。这个定义侧重于中央的权力垄断,似乎适用于历史上的所有国家,但其现代意义(合法性问题)并未体现。但是,历史上的国家概念与现代的并不相同,因而我们把现代国家定义为民族国家,而不是一般意义上的国家。[2] 此外,我们必须在定义中增加与主权(内部和外部)原则有关的内容。主权和民族国家都是现代时期的现象,这两个概念起源于欧洲,之后传至全球。因此,在中东,主权和民族国家都是现代时期的产物。显然,在不同质的部落社会中,民族国家的概念比传统国家观念更严重地加剧了国家和部落的分裂。民族国家需要的不仅仅是部落服从中央权力,也需要国家整合,而这会影响到部落的自治及其独特性。国家是基于公民权的概念而建立的,前提是国家忠诚,而不是部落忠诚与认同。部落各集团可以与传统国家在形式上共存,但不能与真正的民族国家共存。我们看到,中东民族国家的形成没有促成部落忠诚和认同向国家忠诚和认同的转型。因此,中东民族国家未能将部落纳入以公民权为中心的国家结构中。

在现代中东,伊本·赫勒敦部落循环的观点不再能解释国家和部落的分裂。本文不是探讨一般意义上国家的形成,而是分析在世界时间的

---

1 与中东概念相关的诸多细节研究,参见 Bassam Tibi, *Konfliktregion Naher Osten. Regionale Eigendynamik und Grossmachtinteressen* (Munich, 1989), part 1。另见 Bassam Tibi, "Structural and Ideological Change in the Arab Subsystem since the Six Day War," in Y. Lukacs and A. Battah, eds., *The Arab-Israeli Conflict* (Boulder, Colo., 1988)。

2 相关主题的经典著作是 Anthony Giddens, *The Nation-State and Violence* (Berkeley and Los Angeles, 1987)。

条件下,从名义上的主权国家过渡为真正的国家。

下一节中,我将探究阿拉伯—伊斯兰背景下国家和部落之间的冲突,并在此基础上提出两个问题:在伊斯兰教形成时期,伊斯兰教作为国家宗教是如何处理这一重大冲突的?伊斯兰教是否提供了由部落过渡至国家的模式?

国家的形成和部落的长期存在

与其他具有相似发展水平的地区相同,前伊斯兰时代阿拉伯半岛的宗教表达了居民的情绪和态度,增强了部落各集团的统一。依据文化人类学理论,宗教是影响信徒世界观的文化体系。依据宗教社会学理论,信仰体系构成了交流的象征性符号,是社会组织的中心。随着一种宗教的影响范围由地区扩大为普遍的信条,部落集团的世界观通常也会发生变化。伊斯兰教由阿拉伯半岛的地方宗教转变为普遍的宗教,由此导致阿拉伯地区发生了重大变化。正如安东尼·史密斯(Anthony Smith)所言,"一神论救赎宗教的兴起……超越了族群和政治的边界"[1]。部落边界崩塌的结果是一个伊斯兰国家的建立,表现为中央集权机构通过暴力首先控制了麦地那,之后是阿拉伯半岛。这种中央集权是早期伊斯兰教的基本成就。《麦地那宪章》第一条就宣布,信徒构成单一的社区(乌玛),麦地那成为国家的首都,这标志着宗教义务取代了部落义务,不同部落的穆斯林借助宗教纽带超越了部落界线。630年,穆罕默德占领麦加,在侯乃尼(Hunayn)[2]击败了反对部落,恢复了新秩序。

---

1 Smith, *Ethnic Origins of Nations*, p. 35.
2 侯乃尼之战:630年,穆罕默德征服哈瓦津(Hawzin)部落的战斗。穆罕默德占领麦加后,其东部的哈瓦津部落不服,联合塔伊夫的达基夫(Thaqif)部落,共约2万余人,企图偷袭穆斯林。穆罕默德率1.2万人迎战于侯乃尼,最终获得胜利,俘获6000余人和不少牲畜。参见金宜久主编:《伊斯兰教小辞典》,上海辞书出版社,2001年,第233页。——译者注

穆斯林对伊斯兰乌玛的忠诚高于部落联盟，同时这种忠诚也为建立新的国家结构铺平了道路。由此产生一个问题，一个统一的社区能否发展为这样的新结构？新的国家结构仅仅是凌驾于部落联盟之上，还是将其转变为了新的联盟？W. 蒙哥马利·瓦特（W. Montgomery Watt）承认，部落体系向基于伊斯兰教而建立的新的国家结构的转型日益复杂。他补充到，穆罕默德建立的国家"与伊斯兰教创立之前的概念没有联系……结果……是创建了一个与穆罕默德联合的部落联盟……这样的联盟意味着所涉及的部落成为伊斯兰国家的一部分"[1]。瓦特称之为"伊斯兰的平和"的新秩序，其基础是穆罕默德的部落政策，这些部落政策旨在掌控"令人迷惑的部落内部的多样性"[2]。为了实现这个目标，穆罕默德结合了宗教布道者、军事领导人和政治家的优点[3]，他成功地在部落之间建立了一个国家。瓦特对穆罕默德的评价很高，他认为穆罕默德的成就"建立在政治、社会和经济体制的宗教基础之上……他的部落政策仅仅是其中一个方面"[4]。但是，新国家带来的统一并未克服部落因素。部落从属于新政体；正如瓦特所言，"部落的争吵和斗争并未消除，但已经被制服"[5]。如果接受这种解释，同时鉴于宗教具有统一与分裂的双重功能，我们可以得出结论，伊斯兰国家的结构从一开始就十分脆弱。伊斯兰国家没有促成部落的解体；相反，部落适应了新国家的结构。从这个角度来看，伊斯兰乌玛可以被视为由部落联盟演变而来的超级部落。乌玛并不是一个同质的共同体，这个联盟在其支柱被削弱时极易解体。正如史密斯所言："有组织的宗教，特别是经过第一个狂热的阶段后，不得不处理存在的经济和文化分歧，尤其是当宗教具有了政治意义之后。最终，我们发现，宗教通常能够增强族群情感，两者结合形成了独特的宗教—族群共

1　W. Montgomery Watt, *Islamic Political Thought* (Edinburgh, 1968), p. 13.
2　W. Montgomery Watt, *Muhammad at Medina* (Oxford, 1977), p. 78.
3　结合的更多细节，参见 Maxime Rodinson, *Mohammed*, trans. Anne Carter (New York, 1971).
4　Watt, *Muhammad at Medina*, p. 144.
5　Watt, *Muhammad at Medina*, p. 149.

第五章　非同时的同时性：现代中东古老的部落与强加的民族国家

同体。"[1] 关于本文主题和早期伊斯兰教历史，我们需要回顾部落和族群的差异。早期伊斯兰国家的分裂力量是部落（阿拉伯内部的对抗）和族群（阿拉伯人和麦瓦里或其他阿拉伯人之间的冲突）。在中东阿拉伯—伊斯兰的历史背景下，族群与部落是不可等同的，在其他文化领域则有可能等同。

总之，瓦特的解释表明，伊斯兰教未能将阿拉伯半岛的部落结构转变为同质的实体，因为伊斯兰秩序并未将众多部落同化为一个单一的、同质的伊斯兰社区。相反，新秩序中处处留下了部落的痕迹。尽管瓦特的解释反映了伊斯兰教的历史，但这一解释仍需要完善。[2]

第一，伊斯兰教是一个有组织的（organized）宗教。关于国家和文明起源的争论，学者普遍认为，当有组织的宗教介入时，宗教变革先于中央国家结构的产生。随着这个制度化的中心逐渐形成，"它创建了超越家庭主义和地方部分狂热信徒的宗教，涵盖了社会活动的方方面面。这个宗教崇拜真正的神，而不仅仅是含义模糊的灵。公共纪念碑和寺庙是举行仪式之处，从属于社会，由社会的服徭役者来建造"[3]。这是人类学家艾尔曼·瑟维斯所强调的。第二，伊斯兰教是一神论的宗教。瑟维斯的观点适用于一般意义上的有组织的宗教。在一神论宗教的情况下，需要特别看待。对于宗教社会学家来说，一神论意味着单一的神是权力的来源。一神论的主张必定在政治秩序建立的过程中留下了印记。马歇尔·霍奇森（Marshall Hodgson）对伊斯兰教政治成就的评价支持这一解释："穆罕默德建立的政治结构显然是一个国家结构，如同阿拉伯半岛的国家有着一个日益集权的中央政府，忽视这个中央政府就会受到惩罚。穆罕默德派出使徒讲授古兰经和伊斯兰教的原则，征收天课（zakat），仲裁争端以

1　Smith, *Ethnic Origins of Nations*, p. 35.
2　Bassam Tibi, *The Crisis of Modern Islam: A Pre-Industrial Culture in the Scientific-Technological Age*, trans. Judith von Sivers (Salt Lake City, 1988), chap. 4.
3　Elman R. Service, *Origins of the State and Civilization* (New York, 1975), p. 297.

维护和平、阻止争斗。"[1]

霍奇森把新的伊斯兰国家与历史上的中央国家立于平等之地位。但是，早期伊斯兰模式并没有存在很久。分裂（而不是统一）一直是伊斯兰历史上突出的特点。阿拉伯半岛以及阿拉伯化和伊斯兰化的新帝国省份一直存在国家秩序，但部落仍旧是基本的社会单位，然而这并不意味着部落没有发生改变。阿拉伯—伊斯兰历史上的困境是，而且依然是部落结构的解体并不会对部落团结产生很大影响。因此，虽然部落社会再生的经济基础受到变革的破坏，但部落认同感持续存在。

阿拉伯社会科学家的一个重要团体承认部落组织的长期存在及其优势。需要注意的是，在马格里布地区，社会经济、文化和跨部落的限制改变了中东部落的社会再生产。这些学者认为，伊本·赫勒敦的循环论可能适用于某些历史时期，而不适用于16世纪之后。[2]

暂且不管伊本·赫勒敦的历史哲学命题，历史发展不能被解释为受制于历史变迁规律的影响。在这个意义上，一般的假设不得不根据伊斯兰教历史进行修改，即有组织的、一神论宗教的社会的建立需要一个强大的中央国家的根基。伊斯兰教引入了新的社会政治和经济秩序，由此导致了结构性的变化，取代了伊斯兰教创立前的部落秩序。但是，它没有把这些已有的结构变化与先前存在的强大的部落认同联系起来。

假如补充上文所述的内容，瓦特对阿拉伯半岛国家和部落的分裂和伊斯兰教的历史平衡的评价是可以接受的。瓦特没有区分各种自我意识的部落观念和部落组织。迈克尔·哈德森（Michael Hudson）修改了瓦特的解释，指出伊斯兰教未能保持部落之间的统一与稳定，"这种失败不能归罪于伊斯兰教，而是亲属关系的社会分裂、沟通不畅以及领导阶层的

---

[1] Marshall G. S. Hodgson, *The Venture of Islam*, vol. 1, *The Classical Age of Islam* (Chicago, 1974), p. 193.

[2] Ghassan Salamé, Elbaki Hermassi, and Khaldun al-Naqib, *Al-Mujtama' wa al-Dawla fi al-Watan al-'Arabi*, ed. S. E. Ibrahim (Beirut, 1988), esp. pp. 103–118.

第五章　非同时的同时性：现代中东古老的部落与强加的民族国家

才能所致"[1]。伊斯兰教仍然是对抗部落的城市文化。西非反复伊斯兰化的过程就是一个相似的例子。在19世纪的西非，伊斯兰教从城市中心传播开，鼓励农民以城市为导向。正如民主社会学家赫尔德·斯皮特勒（Gerd Spittler）所言，"穆斯林本应以超越地域为导向……穆斯林属于超越部落的世界"[2]。

中东融入现代世界经济和现代民族国家体系促进了社会的广泛动员，同时推动了相互作用的结构性变化。当今，中东的游牧部落很少，但是中东社会仍然具有部落实体的特征，尤其是部落忠诚和自我意识。正如哈德森所指出的，"部落是阿拉伯社会的一小部分……随着现代交通、通讯和石油经济的发展，阿拉伯世界的部落生活方式逐渐消失。当今，虽然阿拉伯世界的游牧人口少于5%……但是，有很大一部分人保留了一定程度的部落认同"[3]。

为了应对当代社会危机，阿拉伯世界已经出现"救赎的意识形态"（ideologies of salvation），主要宣扬普世价值观，如与伊斯兰新原教旨主义相关的内容。但与根深蒂固的地方认同相比，这些内容的影响十分小。普世和地方的价值观的不同造成了当前中东民族国家的分裂。本文更关注地方认同，当前地方认同和忠诚的复兴能否解释为部落或族群观念的复兴。

中东的亚社会群体：部落、族裔还是教派？

本文的主要论点是：大多数中东国家和社会缺乏同质的国家人口，并

1　Michael C. Hudson, *Arab Politics: The Search for Legitimacy* (New Haven, 1977), p. 99.
2　Gert Spittler, *Herrschaft über Bauern: Die Ausbreitung staatlicher Herrschaft und einer islamisch-urbanen Kultur in Gabir/Niger* (Frankfurt-am-Main, 1978), p. 103.
3　Hudson, *Arab Politics*, pp. 88–89.

且民族国家多是在外部势力的要求下强行建立的。[1] 前现代社会组织的部落结构已经解体，但是部落认同和团结依旧是中东社会的突出特点。这一部分重点分析部落因素及其与族群之间的关系。[2] 在中东社会中，部落集团阻碍了同质人口的形成，而同质人口能够巩固以国家符号和忠诚为特征的民族共同体。事实上，大多数中东国家都在不同程度上适应了以本土化符号和忠诚为特征的多样性社会。泛民族意识形态（如阿拉伯民族主义）或者地方民族意识形态（如阿尔及利亚或叙利亚民族主义）主要受到了知识分子的关注，并没有深深扎根于社会分裂的阿拉伯国家中。[3] 问题仍然是：我们如何解释个别国家的这种分裂？它是部落的、族群的还是只是教派的？

研究中东的社会科学家采用族群这个概念，将其作为一种分析工具，用于描述缺乏同质社会的民族国家中的亚社会群体。"族群"（参见第156页注2）一词是否仅是部落的另一种表述方式，只是命名上发生了变化，还是为研究本文主题引入了一种新的分析概念？路易斯·斯奈德（Louis Snyder）认为，"族群一词有着多种含义，最好别使用这一概念"[4]。在做出一个明确的判断之前，我们会问为什么学者要用族群代替部落？欧洲历史学家通常将欧洲历史前现代阶段的社会群体称为"族群"，而将非欧洲历史的相似社会群体贬低为"部落"。因此，部落主义被视为阿拉伯地区或非洲的社会现象，而不是欧洲社会的现象。目前，为突破部落的欧洲中心论内涵，社会科学家特别是中东的学生都避免使用"部落"一词，而将

1　相关话题也与中东有关，参见 Hugh Seton-Watson, *Nations and States: An Enquiry into the Origins of Nations and the Politics of Nationalism* (London, 1977), esp. pp. 239–271；以及 John Breuilly, *Nationalism and the State* (Manchester, 1982)。

2　除了 Smith, *Ethnic Origins of Nations*, 参见 Joane Nagel, "The Ethnic Revolution: The Emergence of Ethnic Nationalism in Modern States," *Sociology and Social Research* 68, no. 4 (1983–1984): 417–434。

3　参见 Tibi, *Arab Nationalism*。

4　Louis Snyder, "Nationalism and the Flawed Concept of Ethnicity," *Canadian Review of Studies in Nationalism* 10, no. 2 (1983): 263.

第五章 非同时的同时性：现代中东古老的部落与强加的民族国家

前民族的社会群体称为族群。

虽然当代阿拉伯知识分子贬低部落主义，赞扬民族主义，但是我们不能忽视一个事实，那就是先知穆罕默德，即阿什拉夫（Ashraf）的后裔因其部落（古莱什）出身而感到自豪。同时，研究中东的人类学家通晓当地普通民众的部落血统。此外，在阿拉伯语境中，形容词"部落"并不具有非洲语境中的负面含义。更重要的是，与非洲不同，史密斯使用的"部落"和"族群"不能在中东语境中同时使用。因此，在中东语境中，"部落"一词用来指代族群或族群社区的一个分支。例如，叙利亚的阿拉维派，从族裔上来看，他们是阿拉伯人，并由四个部落组成。从与叙利亚其他社区的互动关系来看，阿拉维派被视为一个族群。虽然阿拉维派是阿拉伯人，但他们拥有共同的血统和信仰，以此与其他阿拉伯人相区分。通过仔细观察阿拉维派社区之间的关系，我们只能使用部落的概念。在这个层面上，我们不能将部落等同于族群（ethnie），因为阿拉维派被分为四个部落：马塔维拉（Matawaira）、哈达丁（Haddaadin）、哈亚廷（Khayyatin）和卡勒比耶（Kalbiyya）。当前叙利亚的统治精英主要来源于马塔维拉部落，更具体来说是努迈拉提伊（Numailatiyy）氏族。[1] 显然，我们不能把这些部落视为独立的族群社区（ethnic community），也不能将其简单地视为阿拉维派，因为他们不仅分为四个部落，而且在宗教上又分为沙姆绥耶（Shamsis）、嘎马里耶（Qamaris）和穆尔什迪耶（Murshidin）等三个支派。[2]

此时，我们很难赞同米尔顿·伊斯曼（Miltion Esman）和伊塔马尔·拉比诺维奇（Itamar Rabinovich）的观点，因为他们采用族群概念作为一个总体框架，将其应用于叙利亚语境中，而对部落却只字未提。在解释当代中东民族国家存在的亚群体时，伊斯曼和拉比诺维奇使用了族群

---

[1] Hanna Batatu, "Some Observations on the Social Roots of Syria's Ruling, Military Group and the Causes of Its Dominance," *Middle East Journal* 35, no. 3 (1981): 331-332. 另见 Patrick Seale, *Asad: The Struggle of the Middle East* (Berkeley, 1989), pp. 8–11。

[2] 参见哈全安：《中东史 610—2000（下）》，天津人民出版社，2010 年，第 683 页。——译者注

的概念。他们将族群定义为"建立在先天性因素,如共同血统、语言、风俗习惯、信仰体系、宗教行为以及在某些情况下也包括共同种族或肤色之上的集体身份与群体团结"[1]。基本上,两人以及他们主编著作的作者都对中东民族国家采用欧洲模式后产生的影响十分感兴趣。他们认为,中东"族群"或部落政治的兴起的原因在于:"(1)现代国家控制了政治和经济资源,而这与居民的安全和幸福息息相关;(2)国家要求管理所有居住在其领土边界内的人,而这与社会多元主义背道而驰……采用欧洲主权国家模式……是对少数族群的威胁,在某些情况下,也是对主体民族的威胁。这种威胁加剧了中东各族群社区之间以及族群社区与新建立的国家之间的紧张关系。"[2] 因此,这些新国家仅仅是名义上的基于民族主义概念而建立的民族国家,同时也表明真正的民族共同体从未存在。暂且不管伊斯曼和拉比诺维奇的观点,对族群(作为现代中东民族国家族群社区的分裂势力)和部落进行辨识会很有收获。因此,我们可以将摩洛哥的柏柏尔人、叙利亚的阿拉维派、苏丹的丁卡人以及伊朗、伊拉克、土耳其和叙利亚的库尔德人看作族群,同时不能忽视他们以部落为界进行了再次划分。经过推理,我们可以发现,族群(ethnicity)的概念不能替代部落的概念。族群可以作为一个大的类型,用来描述前民族群体之间的差异。一方面揭示了现存民族的族群起源,另一方面反映了民族形成过程中的亚社会群体。然而,它并未提供有关族群内部结构的看法,也没有为分析这些问题提供工具。因此,族群的概念依旧有用,但不是过时的部落定义。

部落的游牧民也不等同于乡村人口。例如,在叙利亚的大马士革、阿勒颇、哈马以及拉塔基亚等地的主要城镇,阿拉维派的人口占有多数。阿

---

[1] 参见 Esman and Rabinovich, eds., *Ethnicity*, p. 3。拉比诺维奇指的是叙利亚的阿拉维派,他指出"过去20年群体的现代化和政治化"是阿拉维派"从叙利亚公共生活的边缘上升到拥有权力和统治地位"的结构性背景(第155—172页)。对于拉比诺维奇而言,这一现象的解释"仍然是一个谜"(第162页)。"族群"的概念并不能帮助我们突破僵局。

[2] Esman and Rabinovich, *Ethnicity*, pp. 3-4.

第五章　非同时的同时性：现代中东古老的部落与强加的民族国家

拉维派的成员是当前叙利亚政权中执政的军事精英和平民精英的重要来源。根据汉纳·巴塔图（Hanna Batatu）所言，"选择精英十分谨慎，似乎不太可能选择来自哈菲兹·阿萨德（Hafiz al-Asad）所在部落的人。许多人甚至说，也不太可能选择来自阿萨德出生地卡尔达哈村（Qardaha）的人"[1]。在阿拉维派的马塔维拉部落中，我们分析的是一个部落社区，其亲属已经晋升为执政的政治精英。其他部落民众最终居住在城镇，但处于社会经济的底层，他们没有丧失其部落认同。苏丹南部的丁卡人，现在居住在喀土穆的贫民窟。简而言之，部落联盟是中东民族国家的亚族群社会。虽然中东社会经历了根本性的转变，但部落联盟依然存在。

部落等同于族群还引发了一个类似的问题，那就是族群等同于教派集团，如伊拉克的什叶派。正如在叙利亚，逊尼派和阿拉维派的冲突不是简单的教派冲突；在伊拉克萨达姆·侯赛因亲属代表的逊尼派和什叶派的紧张关系也不仅仅是教派问题。巴塔图已经表明，什叶派中的部落因素起源于乡村。他让我注意到以下事实：

> 进入本世纪的头10年，广大乡村是半游牧部落的家园……同时，需要记住的是，一方面，许多乡村的什叶派都是贝都因裔的亲属，贝都因人并不因其宗教热情而闻名……另一方面值得强调，很多乡村什叶派的部落是最近才转信什叶派的。许多重要的部落，如拉比亚部落（Rabi'ah）、祖拜德部落（Zubayd）和台米木部落（Bani Tamim）[2]都是在最近的180年才皈依什叶派。[3]

---

[1] Batatu, "Some Observations," p. 332；另见 Seale, *Asad*。

[2] 台米木部落：阿拉伯半岛的主要部落之一。部落祖先台米木是阿德南的直系后裔，而阿德南是先知易卜拉欣长子伊斯玛仪的后裔。当前，台米木部落后裔生活在阿拉伯半岛和邻国，如沙特阿拉伯、埃及、伊拉克、科威特、约旦、叙利亚、卡塔尔、阿曼、也门、巴林、阿联酋、伊朗、黎巴嫩和巴勒斯坦等国。——译者注

[3] Hanna Batatu, "Iraq's Underground Shi'a Movements: Characteristics, Causes and Prospects," *Middle East Journal* 35, no. 4 (1981): 583-584.

此外，部落因素解释了民众向什叶派的转变，而不是相反。

此前我强调自治，至少在一定程度上，自治是部落的主要特征。这有助于解释为什么部落会站在中央集权国家的对立面，为什么部落的抵制能够被制服。正如巴塔图所言，"什叶派反政府，反对压迫……胡赛因[1]出于本能及部落民向农民转变时的痛苦而显示奇迹，从而减轻什叶派穆斯林（mu'mins）[2]朝觐的任务"。正是这些穆斯林帮助贝都因人转信了什叶派。[3]因此，为了减少什叶派对伊拉克国家的敌意，将伊拉克的冲突解释为教派冲突，而这却完全忽视了部落与国家之间的冲突。

归根结底，为了理解中东民族国家现存社会分支（societal subdivisions）的复杂性，我们必须明白族群、教派与部落主义是如何相互交织在一起的。在这个意义上，部落不是一个社会组织，而是指身份认同和群体团结，是族群政治中最重要的因素。[4]这是当前中东民族国家危机的核心因素，直接导致了某些国家（如黎巴嫩和苏丹）的分裂。我们必须牢记，鉴于国际体系的基本单元为民族国家，因此除了民族国家之外，别无选择。

正如将部落视为族群是不正确的一样，将许多族群社区看作不同的民族同样是错误的。族群社区存在于整个历史长河，而民族的出现是当代的现象，可以追溯至18世纪下半叶。因此，族群的共同文化和情感与民族的不同。当民族出现时，族群纽带并不会消失。安东尼·史密斯并

---

[1] 胡赛因：全名胡赛因·伊本·阿里，他是伊斯兰教先知穆罕默德的外孙、阿拉伯帝国哈里发阿里·伊本·艾比·塔里卜的次子。680年，穆阿维叶之子亚奇德继任哈里发，侯赛因不服。当侯赛因和家属一行离开麦加去库法与其支持者会合时，遭到伍麦叶王朝四千骑兵的追击，被围于卡尔巴拉，因寡不敌众，大部遇难。该日正是希吉拉历1月10日，什叶派将这一天定为哀悼日，即"阿舒拉节"。参见金宜久主编：《伊斯兰教小辞典》，上海辞书出版社，2001年，第236页。——译者注

[2] "mu'mins"原意为信徒，音译为"穆民"，与穆斯林同义。——译者注

[3] Batatu, "Iraq's Underground Shi'a Movements," p. 585.

[4] Gabriel Ben-Dor, "Ethnopolitics and the Middle Eastern State," pp. 71–92.

第五章 非同时的同时性：现代中东古老的部落与强加的民族国家

不赞成现代主义者的分析，他们支持民族这一新事物，并且坚持认为，在前现代群体和作为集体单位的民族之间存在根本性断裂。[1] 史密斯也不赞同原生论者的分析，他们质疑民族这一新事物，将民族看作是旧集体单位的更新版。然而，史密斯认为，前民族的族群联系和新的民族联系有着很大的连续性。正是在这种情况下，史密斯把族群的概念看作是族群社区及其象征意义。[2] 史密斯的分析有助于回答本文提出的问题，因为他强调了族群转向民族的历史条件，也有助于理解中东部落的族群，如阿拉维派、德鲁兹派、柏柏尔人以及库尔德人等其他族群—部落集团没有转变为民族的原因。史密斯在承认民族的族群起源时指出，"在集体单位和情感之内的重要变化……发生在一个先前存在的集体忠诚和身份认同的框架内，它已经适应了这种变化，适应的程度如同他们影响先前存在的集体忠诚和身份认同一样多"。从这个结论可以看出，他推断，"需要类型分析来比较现代民族单位和情感与以前时代的、我称之为族群的集体文化单位和情感之间的相似与差异"。在史密斯看来，族群的核心是"神话、记忆、价值观和符号以及特定的形式或风格和历史"[3]。这个概念比伊斯曼和拉比诺维奇在国家形成的过程中将部落视为亚族群的概念更有意义。伊斯曼和拉比诺维奇等人表示，共同语言和族群血统是族群的重要特征，而没有考虑到阿拉维派、德鲁兹人，甚至是巴勒斯坦人的部落。这些群体都说阿拉伯语，而且有着共同的阿拉伯民族血统。[4] 即使是狭隘的族群概念，我们也很难区分阿拉伯人和非阿拉伯人，这个概念并不能提供解决问题的思路。这两种方法都不能帮助我们将族群的概念纳入部落和国家的研究中。

由此可以得出结论，在各族群的历史发展中，族群的特征分别是神

1　Smith, *Ethnic Origins of Nations*, pp. 7–13.

2　Smith, *Ethnic Origins of Nations*, pp. 13–16.

3　Smith, *Ethnic Origins of Nations*, pp. 13, 15.

4　参见 Esman and Rabinovich, *Ethnicity*, pp. 3–24。

话、记忆、价值观和符号。在这个意义上,族群也包括阿拉伯部落,本文将其定义为亚族群,因为族群(例如德鲁兹派或阿拉维派)由许多相互关联的部落组成。

为什么现代欧洲工业社会不仅需要而且通过民族融合获得了文化同质性,而中东社会却效仿失败?欧洲工业化和现代化相对而言是有机的;也是民族的不同族裔适应社会变革的本土化进程。在中东,像其他第三世界国家一样,现代化进程是快速的、外向的,因此发展很不平稳。史密斯指出,这些过程"必然会改变村庄和整个地区的生活方式,侵蚀传统结构和文化,并将民众从原有环境扔进由未知和现代城市中心冲突所主导的环境中……城市熔炉未能通过教育体系将后来者融入主流文化中"[1]。那些未被吸收的族群—部落只能依靠他们的族群—部落的亲缘群体,只有维持前民族的部落忠诚和关系网才得以生存。族群,或更狭义的部落会因争夺稀缺资源而发生冲突。例如,喀土穆和卡萨布兰卡。当亚族群部落,像叙利亚阿拉维派的马塔维拉部落在掌控国家权力时,不仅由弱势转向强势,而且还利用前民族的部落关系来维持其对国家的控制。[2] 讽刺的是,阿拉伯国家的国家意识形态为叙利亚的这种情况提供了合法性。这让我们质疑中东现代国家构建的成效,不禁要问为什么民族国家的制度移植未能扎根于中东,并形成所需的民族共同体?当部落生活的社会再生产的框架消失时,为什么部落身份认同仍旧存在?鉴于欧洲国际经济的扩展和欧洲民族国家体系的全球化,深入探讨欧洲民族国家的出现及其对中东的扩展可能会找出答案。

---

1 Smith, *Ethnic Origins of Nations*, p. 10.

2 加桑·萨拉米的人口城市化和政治权力的乡村化适用于分析这一现象,参见 Salamé, *Al-Mujtama'*, pp. 215-218。在社会学上,作为资源分配中心的国家权力持有者和他们前民族的部落群体之间的联系可以描述为恩庇关系。为了解决这个复杂的问题,参见 John Waterbury, "An Effort to Put Patronsand Clients in Their Place," in Ernest Gellner and John Waterbury, eds., *Patrons and Clients* (London, 1977), pp. 329-342。

第五章　非同时的同时性：现代中东古老的部落与强加的民族国家

民族国家的国际体系及其中东子系统

关于中东部落和国家争论的概念性研究可以与另外两种方法形成对照：世界体系论和区域研究法。世界体系论不太适用于地区研究，而区域研究法又太过狭窄，并且多是描述性的。一方面，现代国家不一定是民族国家；另一方面，民族国家对中东而言是新事物，并且是外部势力强加于中东的。在这方面，世界体系的一般性和非特定的概念无疑会忽视地方因素和国内发展。世界体系论的主要支持者伊曼纽尔·沃勒斯特（Immanuel Wallerstein）认为："这些国家是……被创建的机构，反映了世界经济中运作阶级力量的需要……在国与国之间的框架内。这个体系的意识形态是主权平等，但国家实际上既没有主权，主权也不是平等的。"[1] 经济还原论和全球化的结合并不能够用于分析在世界时间的情况下部落和国家的相互作用。至于区域研究法的支持者，他们将中东看作是一个世界（阿拉伯世界或穆斯林世界）来理解这一现象的地区特定因素，而不是将中东视为区域子系统，即中东是更大的、世界范围内的民族国家体系的一部分（参见第158页注1）。

可以肯定的是，民族的定义是文化的、同质的群体，这就导致民族与国家相分离。这样的定义迫使我们区分文化同质和社会同质，文化同质的基础是文化具有不变的特征，社会同质本质上与民族国家相关。换句话说，不是每个文化上同质的群体都是一个民族，文化同质也并不总是民族的。民族不是一个静态术语，如语言、宗教等。让我们更具体地以中东为例来考察这一论点。

虽然中东阿拉伯地区存在"少数群体"，但是阿拉伯国家大部分的人口是穆斯林的阿拉伯人。迈克尔·哈德森提醒由此会观察到不成熟的结论。"就民族和宗教价值观而言，阿拉伯世界基本上是同质的。"但

1　Immanuel Wallerstein, *The Politics of the World Economy: The States, The Movements and the Civilizations* (Cambridge, 1984), p. 33.

是,"在以效率和原来的原始身份认同为特点的政治文化中……阿拉伯主义(Arabism)必须与持有相同身份认同的其他教区共存或竞争……不能简单地认为现代化在该地区起到了同化和融合的作用"[1]。此外,在泛阿拉伯统一的意义上来看,阿拉伯主义是一个现代问题,尚未深深根植于中东社会。"原始的"或前民族的身份认同就像是之前探讨的部落一样,对当前的身份认同和忠诚模式的影响甚于现代国家的身份认同和忠诚。

阿拉伯人文化上的紧密联系并不等同于民族国家的同质民族,因此,学者常常提及中东民族国家。例如,詹姆斯·皮斯卡托里提醒他的读者"要意识到有关正确用词的争论",并建议,为避免混淆,他将交替使用国家、领土国家、主权国家和民族国家这几个术语。[2] 之后,他将一般意义上的国家,包括传统国家、现代早期的主权国家和现代民族国家混为一谈。他反对"民族国家在理论上是不成立的,与伊斯兰价值观本质上相矛盾"的观点,并认为"民族国家是,或者可以是一个伊斯兰机构"[3]。根据皮斯卡托里的观点,不仅历史上不同模式的国家可以互换使用,而且"主权"可以等同于"领土性"和"专有权"。[4] 他的分析与我的观点不符,我认为,民族国家的现代政治结构与早期国家截然不同,它首先在欧洲建立,之后强加于世界其他国家。安东尼·吉登斯断言:

> 民族国家……只有当国家对其主权范围内的领土实施统一的行政控制时才得以存在……民族国家是拥有边界的权力容器……凡是传统国家就都在其版图内要求对暴力工具实施正规化的垄断。但是,只有

---

1 Hudson, *Arab Politics*, pp. 56–57.
2 James P. Piscatori, *Islam in a World of Nation-States* (Cambridge, 1986), p. 168 n. 8.
3 Piscatori, *Islam,* pp. 149, 150.
4 Piscatori, *Islam*, p. 74.

第五章　非同时的同时性：现代中东古老的部落与强加的民族国家

在民族国家中，这种要求才能一定程度上取得成功……民族国家存在于由其他民族国家组成的联合体中，它是统治的一系列制度模式，它对业已划定边界的领土实施行政垄断，它的统治靠法律以及对内外部暴力工具的直接控制而得以维护。[1]

这个新制度的基本要求之一就是国家全体人口的同质化。

民族国家的历史前身是《威斯特法利亚合约》(1648年)之后形成的主权国家。相比之下，伊斯兰教中从未形成政治主权的概念。这是可以理解的，因为在伊斯兰教的信仰中，人类没有主权，唯一有主权的是上帝。在建立欧洲国家体系使用这一概念之前，让·博丹(Jean Bodin)是第一个阐述这个概念的人。[2] 法国大革命后，主权成为民族主权，主权国家也发展为民族国家。

欧洲主权国家不仅是现代民族国家的前身，而且是世界历史上第一个国际性的国家体系的核心。[3] 查尔斯·梯利(Charles Tilly)告诉我们"在未来300年里，欧洲人及其后裔会设法将这个体系强加于整个世界。最近的去殖民化浪潮几乎完成了这一体系的全球化"[4]。因此，我们认为中东的民族国家是外部强加的。本文没有对奥斯曼帝国的解体以及殖民统治时期进行充分的历史分析，分析民族国家的形成时没有考虑这一历史进程。正是由于这个原因，与皮斯卡托里不同的是，我们必须明确区分国家形成

---

[1] Giddens, *Nation-State and Violence*, pp. 119-121.

[2] 从与非西方文化（包括伊斯兰教）比较的视角，对主权概念的历史和发展进行分析性调查，参见 F. H. Hinsley, *Sovereignty*, 2d ed. (Cambridge, 1986)。另见 Hinsley, *Nationalism and the International System* (London, 1973)。

[3] 古代国家体系并不是国际体系，关于这一观点的详细阐述，参见 Hedley Bull, *The Anarchical Society: A Study of Order in World Politics* (New York, 1977) 的第一部分。另见 Hedley Bull 和 Adam Watson, eds., *Expansion of International Society* (Oxford, 1988) 和 Adam Watson, eds., *Expansion of International Society* (Oxford, 1975), p. 45。

[4] Charles Tilly, ed., *The Formation of National States in Western Europe* (Princeton, 1975), p. 45.

的不同模式,特别是传统的领土国家和现代主权国家以及随后的民族国家之间的差别。历史上,这些模式不能等同,也不能互换使用。[1] 主权不具有排他性,也不是简单地指代领土性。

关于主权对建立民族国家的意义,吉登斯的历史重构强调了定义同质群体的重要性。他指出:

> 国家主权的发展表现并进一步刺激了一种新型行政秩序,绝对主义国家的形成就是这种新秩序形成的信号。而在民族国家中,它的发展达到了最大的限度。国家是也只能是"至高无上的"(sovereign)……即便大部分国民都掌握了与主权有关的一整套概念……公民身份在观念上的发展……与此密切相关。有很多这样的情况,传统国家中大量民众并不知道自己是国家的"公民",而这对这些国家权力的连续性也并非特别重要……国家主权的膨胀意味着属民在某种意义上能够意识到他们在政治共同体中的成员身份,知道这种成员身份所赋予的权利和义务。[2]

中东名义上的主权国家仍然缺乏这种基本架构。要理解国家主权,就要承认还需要改变政治文化以外的更多东西,这很重要。结构变化同样重要,它与吉登斯叙述的"在公共领域中,可能获致信息的话语性质和范围"[3]有关。印刷业的发展和识字率的增加创造了一个拓宽了的"公共"领域。作为群体象征主义的新类型,民族主义象征有着很强的动员能量,并且因工业社会的迫切需求而更加强大——"工业主义迫切需要在整个人口中普及通行的思考方式和信仰方式"。正是民族主义将这些思考方式和

---

[1] 在约翰·沃尔对皮斯卡托里著作的评论中(*MESA Bulletin* 21, no. 2 [1987]: 245–247),他指出,皮斯卡托里"似乎认为中世纪的'国家'概念与现代世界的'国家'概念基本相同"。

[2] Giddens, *Nation-State and Violence*, p. 210.

[3] Giddens, *Nation-State and Violence*, p. 211.

第五章　非同时的同时性：现代中东古老的部落与强加的民族国家

信仰方式附着在作为协调它们手段的国家之上。[1] 与现代欧洲民族主义相反，阿拉伯民族主义是一种乌托邦，而不是必要的结构和社会需要。由此得出结论，主权和民族不仅仅是概念，而且与相应的结构现实有关。中东民族国家，如同第三世界的其他国家一样，没有发生类似欧洲的社会变革。在这种历史背景下，我们才能理解旧部落和外部强加的民族国家的同时性。

结　论

本文将现代民族国家与旧部落的并行发展称为"非同时的同时性"，对此进行研究的目的是帮助理解在世界时间条件下，中东国家与社会的关系。研究第三世界其他国家的学者对这一研究课题十分熟悉：如何解释国家的弱势，以及为什么现代中东国家，如乔尔·米格代尔所言，"难以制定切实有效的社会规则和行为准则"[2]。米格代尔创造了两个术语：强社会/弱国家。为方便研究，我们可以将这种二元性重述为分裂的碎片化社会/人为强加的国家（segmentary fragmented societies / artificial imposed states）。由此，我们可以理解中东社会碎片化的原因。除了少数几个社会相对同质的国家，如埃及和突尼斯，大多数中东国家的社会中，部落、族群及教派联系长期存在，并成为了身份认同和忠诚的来源。为什么中东国家相对较弱势？这种弱势可以用一般的术语来阐述，还是参照民族国家模式？

与中东历史中的帝国和王朝领土国家不同，外部强加的民族国家模式的定义是民族的政治组织，而不是群体的。民族国家强调的是最高统治权，不仅需要在其领土范围内建立中央政权，而且也需要构建公民身份

1　Giddens, *Nation-State and Violence*, p. 214.

2　Joel S. Migdal, *Strong Societies and Weak States* (Princeton, 1988), p. xx.

以及相应的国家认同与忠诚。中东所有国家都在不同程度上缺乏国民对国家的认同与忠诚。尽管有些阿拉伯地区没有经历过奥斯曼帝国或殖民统治,但奥斯曼帝国和殖民主义的遗产对所有阿拉伯国家的发展都产生了深远影响。

奥斯曼帝国的遗产在于前民族认同和忠诚的存在,一直延续至现代民族国家。在奥斯曼帝国,社会由穆斯林和非穆斯林组成。非穆斯林按照宗教和族群划分为不同的米勒特(millet)[1]。凯末尔·卡尔帕特(Kemal Karpat)写道:"宗教信仰是穆斯林和非穆斯林主要的区别……不但没有破坏族群意识,反而使其有所增强。"[2] 奥斯曼帝国并未否认当地群体之间的特殊关系,也没有上文所提到的"主权"。在外部压力下,奥斯曼帝国才开始改变帝国结构。然而,奥斯曼帝国未能实现这一目标,最终解体。卡尔帕特补充道,"虽然伊斯兰教是奥斯曼帝国的合法性来源,并且尽可能执行伊斯兰法,但是直到19世纪,帝国并未在政治和意识形态上将其自身视为穆斯林共同体"。因此,"穆斯林共同体包含了许多族群和语言不同的群体……早期奥斯曼帝国承认族群分裂"。[3] 具体来说,本文在第三部分已经提到过,有一些族群,如德鲁兹派和叙利亚的阿拉维派由部落组成,又因部落而分裂。

第二个遗产为欧洲殖民主义,它引发了两种相反的社会政治运动。一是,殖民统治者实行分而治之的政策,造成了部落—族群和宗教的分裂。法国殖民主义者在摩洛哥利用少数族群柏柏尔部落,在叙利亚利用阿拉维派和德鲁兹派的部落来制衡主体民族,以此来建立自身的统治。二是,殖民统治者的方法引发了反殖民的民族主义运动。因此,历史上,

---

[1] 米勒特制:奥斯曼帝国实行的宗教宽容政策。内容是:非穆斯林宗教团体或氏族在不损害帝国利益并承担规定的税捐义务的基础上,可以允许保持本民族语言文字,拥有专门的宗教文化和教育机构,享受内部自治权。——译者注

[2] Kemal Karpat, "The Ottoman Ethnic and Confessional Legacy in the Middle East," in Esman and Rabinovich, eds., *Ethnicity*, p. 43.

[3] Karpat, "Ottoman Ethnic and Confessional Legacy," pp. 44, 45.

第五章　非同时的同时性：现代中东古老的部落与强加的民族国家

殖民统治同时动员了两股力量：统一的民族主义和分裂的部落主义。去殖民化的合法性来源于民族主义，而民族主义是民族国家的"舶来观念"。城市和乡村的分裂体现为在城市居民和部落民众之间的冲突，但被殖民统治所掩盖。例如，法国殖民统治下的叙利亚民族主义和分离主义很能说明问题。民族主义的中心是城镇，分离主义的中心是乡村。在叙利亚，菲利普·库里将"一个相对统一的、一体化的政治文化中民族主义运动的产生"描述为"四个城镇的逊尼派上层阶级的聚合"[1]。相比之下，阿拉维派和德鲁兹派政治文化"因部落或氏族"而分裂，而法国的"分而治之"更是火上浇油，进一步加速了分离主义。正是这个原因，"法国人支持某些阿拉维派的领导人"来制衡城市中心的发展。[2] 城市中心的叙利亚民族主义领导人"体现和表达其信仰，并遵守道德行为守则"[3]，虽然叙利亚获得了独立，但并没有将信仰和城市守则转化为一个强大的主权国家。在后殖民时代，叙利亚阿拉维派的部落通过在弱国家结构的基础上建立统治来夺取国家权力。可以肯定的是，在高压政治方面，弱国家无法与强国家相比。在制度上，当国家能为其统治权提供可接受的公民权模式时，国家才能变得强大，从而成为建立规则和行为准则的组织。虽然叙利亚政权还比较稳定，但高压政治下，以恩庇关系为基础的阿拉维派国家结构并不是一个强国家。

中东大多数阿拉伯国家的主权仅仅是名义上的。殖民势力加剧了部落—族群和教派之间的冲突，而这些冲突并未伴随着国家的独立而结束。新建立的民族国家难以提供相应的机制来解决因迅速发展而带来的社会和经济问题。名义上的民族国家尚未遭遇挑战，因此利用前民族的关系网作为解决问题的方法，保留了恩庇关系的框架（参见第170页注2）。庇

1　Philip S. Khoury, *Syria and the French Mandate: The Politics of Arab Nationalism, 1920-1945* (Princeton, 1987), p. 13.

2　Khoury, *Syria and the French Mandate*, p. 515.

3　Khoury, *Syria and the French Mandate*, p. 521.

护者拥有国家权力，如叙利亚的阿拉维派；或者社会权力，如卡萨布兰卡的柏柏尔人或者喀土穆的丁卡人。

在中东国家，如同第三世界的许多国家一样，后殖民时代的冲突不能视为政治权力的斗争，这些冲突本质上是对资源的争夺。"冲突的族裔化"表明部落主义在新外表的掩盖下复活，从而阻碍了当代中东国家形成的进程。

第六章
中亚视域中的部落与国家关系

托马斯·J. 巴菲尔德[1]

因为部落民众从未在中东的政治舞台上消失,所以该地区部落与国家的关系依然是人类学家、历史学家、政治学家争论的焦点。从伊斯兰早期征服开始,所有著名帝国和王朝的名录,同时也是部落征服者的名单,例如塞尔柱人、伽色尼人、马穆鲁克人(相比之下略微逊色一些)、蒙古人、帖木儿人、奥斯曼人、莫卧儿人、齐兹勒巴什人、卡扎尔人。那些规模更大的部落组织地位同样重要,例如,摩洛哥的柏柏尔人、阿拉伯和利比亚沙漠的贝都因部落、扎格罗斯山区的库尔德人、阿富汗的普什图人,或者伊朗的部落联盟(巴赫蒂亚里、沙塞温、卡什卡人等)。它们人口更多,保持着社会和政治凝聚力,反对国家的控制。这些民族的影响力要超过其所占总人口的比例,因此中东各国从未忽视对其疆域内的部落进行压制或安抚。

国家与部落长期共存于同一片土地,部落成为很多仍处于统治地位的王朝的开创者。从事中东研究的学者对这种状况习以为常,但在其他

---

[1] 托马斯·J. 巴菲尔德,波士顿大学人类学系教授、主任,著作有:《阿富汗的阿拉伯部落》(*The Arab tribe of Afghanistan*, University of Texas Press, 1981)和《危险的边疆:游牧帝国和中国》(*The Perilous Frontier: Nomadic Empires and China*, Blackwell, 1989)。

地区却很少见。唯有在中东，部落一直存在。它们不仅存在于边疆地带，而且存在于每个国家的疆域之内。在其他定居文明地区，部落主义除了在一些无足轻重的边远地带有所保留，在其他地区早已消亡。在西欧，公元5世纪罗马分裂之后，强悍的日耳曼、凯尔特和哥特部落侵占了地中海世界，但此后不久即丧失了他们的政治组织和认同。到了1000年，除了苏格兰、爱尔兰的偏远地带或者俄国南部草原边远地区以外，整个欧洲，甚至古罗马的疆界之外，再也看不到部落组织的踪影。[1] 同样，东北亚最为强大的蒙古和满洲部落一旦往南迁徙，越过长城进入中国，就无法继续保留他们的凝聚力。[2] 即便是周边地区处于最强大的王朝时期，情况也是如此。与之相反，从1000年到1500年，伊朗和安纳托利亚受到突厥—蒙古民族多次侵袭，结果在出身于部落的精英领导下，强大的帝国建立起来，而部落在这些国家内部完好无损地保留下来。在该地区的其他地方，位于山区和沙漠的本土部落与其相邻的国家分庭抗礼，保持着独特的认同。

北非社会历史学家伊本·赫勒敦早在14世纪就分析了部落民众与中东定居国家（sedentary states）关系的循环变化。[3] 他认为因为部落具有很强的军事能力和阿萨比亚，所以定居国家中弱小的王朝容易受到部落的袭击，并被部落替代。部落的凝聚力产生于紧密的血缘纽带或者侍从关系，在部落民当中这两种关系最为牢固。战争时期，这样的关系能更好地确保相互间的援助与合作，相比较而言，政治或经济利益的作用要弱一些，只能在激励国家的雇佣军方面发挥作用。尽管如此，由部落发展而来并最终在定居区域成功建立的王朝，在适应了城市文明的同时毫无例外地都会失去他们的凝聚力。这样的王朝通常只有三或四代的生命周期。另外，尽管部落对其邻居不时构成军事威胁，但他们在与国家

1　Marc Bloch, *Feudal Society* (Chicago, 1961) 1: 1–58.

2　Owen Lattimore, *Inner Asian Frontiers of China* (New York, 1941).

3　Ibn Khaldun, *The Muqaddimah,* trans. Frans Rosenthal (Princeton, 1967), pp. 91–122.

的交往中却处于经济上的劣势,原因在于他们要依赖城市所提供的市场,用以交换多余的牲畜,购买粮食,获取农具、武器或其他手工艺品。没有这样的交易市场他们就无法生存。伊本·赫勒敦描写了贝都因人所面临的这种情形:"(贝都因人)需要从城市获得他们生活的必需品,城市里的人也需要从贝都因人那里获得便利和奢侈物品……只要城市要求它们俯首称臣,他们就必须为了自身的利益而积极行动,遵从自身利益的需要。"[1]

有关中东部落的现代文献与这些主题相互呼应,两者的一致程度很高,以至于很多部落组织形式与权力模式直接或间接地与伊本·赫勒敦的设想相吻合。[2] 然而,他的实例主要取自北非和阿拉伯半岛的部落,这些部落在政治上奉行平等主义,除非实行部落之外的统治方式,否则不可能将庞大的社会群体组织起来。虽然这些部落坚决反对外来者,以保持它们的自主地位,但它们很少能建立起大帝国。相反,那些从中亚来到中东的部落却往往在帝国的形成中发挥主要作用。在社会结构与政治组织方面,它们和伊本·赫勒敦所熟悉的部落截然不同。这些新来者给中东带来了一种等级制的领导传统,这种领导方式能够将众多不同的部落群体融合成庞大而强有力的同盟。在超越地方性群体的凝聚力推动下,中东大部分帝国由他们建立。这些帝国的寿命远远超过了那些源自北非和阿拉伯半岛的王朝。根据伊本·赫勒敦的观察,那些源自北非和阿拉伯半岛的王朝每过四代人的时间就会陷入政治衰退,最终被替代,如此循环往复。因此,要了解部落与国家的关系,我们必须首先回答两个相关的问题:部落的类型有哪些? 与之对应的国家又属于哪种类型?

---

1 Ibn Khaldun, *The Muqaddimah*, trans. Frans Rosenthal (Princeton, 1967), p. 122.

2 Ernest Gellner, *Muslim Society* (Cambridge, 1981).

定义与概念

中东的国家分为两大类：大型帝国与较小的地区性国家，两者具有完全不同的动力来源和发展轨迹。帝国是集权式的国家，包括很多民族和地区。帝国可以动用这些资源对付内部和边疆的部落。帝国的朝代延续时间长，而且具有规模庞大的常备军，它的政治结构非常稳定。相反，地区性国家所能依赖的资源非常有限，仅能维持相对弱小的军队，他们的军力甚至不能很好地控制本国的核心地带。地区性国家的政治结构具有内在的不稳定性，时不时就会崩溃。在前伊斯兰时代的晚期，我们今天所讲的中东地区处于分裂状态：西部是罗马帝国，东部是帕提亚—萨珊帝国。在伊斯兰时代早期，阿拉伯人曾在短期内统一了中东大部分地区，但阿拉伯人建立的帝国很快又分裂为很多个独立的地区性国家。从此以后，帝国几乎都集中在伊朗和安纳托利亚高原。这些帝国由源于突厥—蒙古人的王朝统治，到（安纳托利亚的）奥斯曼和（伊朗的）萨法维王朝时期达到最稳定的状态。作为奥斯曼帝国的边缘地带，北非、埃及还有阿拉伯半岛尽管在伊斯兰征服之后曾实现统一，但此后再也没有统一起来。

与国家不同，从理论上看，部落的政治结构以血缘关系的模式来组织社会群体，这样的群体在组织经济生产活动、维持内部政治秩序、保障集体免受外部攻击等方面采取一致行动。在这样的体系中，人与人、群体与群体的关系是由社会空间而非地理疆域所塑造。他们的政治单位和所占有的土地主要是作为社会关系的产物而存在，土地所有权和驱逐外来者的权利基于部落的隶属关系。非部落组织则是另一种情况，即社会群体以共同的居住地、文化上的信仰体系或政治上隶属关系为基础。虽然中东的部落组织一般与游牧的牧民相关，但像柏柏尔人、库尔德人、普什图人这些生活在边缘山区和沙漠地带的定居部落或许具有与游牧部落相当的人口。

然而，我们一旦由对普遍现象的观察进入具体案例的研究，就会发现很难对部落的概念进行准确的界定，本书的其他论文也充分证明了这一点。区分部落与部落联盟尤为重要。部落是建立在宗谱模式之上最大的单位，而部落联盟则是通过将部落合并起来而建立的一个超越部落的政治实体。因为部落体系是分裂性的，它包括了先后被纳入的单位，这些单位的规模更大，而且各单位成条块分割状态，所以人们通常认为部落的每一层次都只是将同样的原则应用到不断扩大的人群之上的结果。[1]但事实并非如此。

从经验上看，通常认为是"事实"（建立在血统原则及婚姻或收养关系上）的血缘关系仅仅指一些规模更小的部落单位：小家庭、大家族和本地宗族。在更高层次上，宗族与部落更多是政治性的联合：虽然侍从或奴隶的后裔不具备正当的谱系关系，但他们依然被纳入部落；不同群体的联合或敌对似乎是违反了他们的宗族原则；不同血缘关系的群体之间进行合作；或是公然改写（或重写）谱系关系。但是，这些反常的情形却正是在部落联盟的层次上表现得最为突出。联盟并不一定是由谱系上相关的部落组成，因为联盟实行的是与上述相反的等级制原则。新的政治秩序是由自上而下的分裂重组而形成，并非由自下而上的联合产生。

部落真正的基础究竟是不是谱系？这个问题引起了历史学家在如何最好地阐释部落发展问题上的激烈争论。[2]从人类学的角度来看，这个问题并没有看上去那么重要。任何部落体系，我们越接近它的底层就会发现它越依赖实际的血缘和姻亲联系。在同样的体系结构中，我们越往上看就会发现体系内部关系的政治化程度越高。因此，争论的焦点应该放在一个更大的问题上：为什么有些部落组织看起来比其他组织更有能力进行大规模的扩张？

查尔斯·林霍尔姆（Charles Lindholm）在一篇比较中东和中亚部落文

---

[1] 作者意指部落体系内不同层次（联盟、部落、氏族等）的单位的组织原则类似。——译者注
[2] 参见本书中理查德·塔珀的论文。

化的重要文章中指出，中亚和中东的文化传统存在结构上的明显差别，中亚突厥—蒙古文化传统是等级结构，而中东本土部落文化传统是一种平等性结构。[1] 尽管他主要研究血缘关系组织的特性，以及它与政治信念的意识形态之间的关系，但其分析对于我们理解部落与国家关系具有重要意义。实际上，我们或许可以将他的分析进一步扩展，来说明中东的部落和国家的关系有两种类型：突厥—蒙古的等级类型和阿拉伯的平等性类型，每一个类型在政治和历史发展方面大相径庭。

我们仔细考察中东中古、近现代的历史轨迹，就会发现突厥—蒙古及阿拉伯的两种交往模式，衍生为两种不同地域、不同部落的政治文化和国家形态：（1）北非和大阿拉伯地区的沙漠地带连同整个中东地区的山区，一般都分为小型的地区国家，居住的人口既有贝都因的游牧部落也有柏柏尔人、库尔德人、普什图人的定居部落，它们都具有长久以来中东本土形成的平等性的宗族结构；（2）伊朗和安纳托利亚高原一般都处于大帝国的控制之下，由突厥—蒙古裔占据。

在中东的部落中，成功地维系大规模的政治组织，将在政治合法性方面面临狭隘文化的限制。由平等的宗族关系组成的部落，其首领通过共识或妥协的方式进行统治，所以只能通过使用分支—对抗（segmentary opposition）的方式才能将对立的部落联合起来，而要使一个大的联盟延续超过一代人的时间非常困难。比如，贝都因部落以地方化的宗族相互区分，对部落之上更大规模的社会组织尤其谨慎，仅限于部落之间的合作。[2] 相反，在突厥—蒙古的部落体系当中，等级的血缘组织在文化上是合理的，当地的家族（lineages）、宗族、部落成为构建政治—军事联盟的

---

[1] Charles Lindholm, "Kinship Structure and Political Authority: The Middle East and Central Asia," *Journal of Comparative History and Society* 28 (1986): 334-355.

[2] 所有最近的对贝都因人的研究都强调在这一层次上维持政治权威的困难之处，参见 Donald Cole, *Nomads of the Nomads* (Arlington Heights, Ill., 1975), pp. 93-94; William Lancaster, *The Rwala Bedouin Today* (Cambridge, 1981), pp. 73-97. 另见 Emanuel Marx, *Bedouin of the Negev* (New York, 1967).

基础。这些联盟由世袭的首领创建，他们的权威几乎不会受到底层的挑战。就像伊朗现有的大部落联盟，如果没有"自上而下"的模式，不可能将几十万人口纳入其中。但是，这种模式并不能解释为什么那些部落联盟能将各种类型的部落黏合起来。[1]

在大帝国内部，如果部落民众由定居的政府官员直接管理，那么他们有可能丧失自主地位，甚至丧失部落身份。对于那些很难被控制在特定土地的部落，帝国经常将其驱逐到陌生的边境地区。即便在边远地区，帝国也能够动员足够的资源对付当地的部落。只要帝国能够组织起远征的军队，在边境上征服部落的战事就会一直进行下去。由于控制边境地区和民族需要耗费大量财力，帝国常常会采用另外一种战略：通过官方任命和经济补偿来收买部落首领，将他们作为间接统治的工具（在这种关系当中，往往很难判定谁在操纵谁）。与欧洲国家或中国的政策相比，这种妥协使得中东的帝国内部在文化和政治上具有较高程度的自主性。在防御时，阿萨比亚的作用比征服时更加有效，因此赋予平等型部落自治地位很少会威胁帝国的安定。但这不适用于帝国中心腐化后出现的无政府时期。

部落在和地区性国家交往时，则情形稍好。这些小国控制的范围有限，而且四邻都是面临类似问题的敌国。由于缺乏有效控制边疆地带的人力和财力，它们总是容易遭到相邻部落和国家的侵犯。事实上，正如伊本·赫勒敦所言，对于这些地区国家来说，新王朝的创建者主要为部落首领，但这些王朝的延续几乎不会超过三代或四代人，然后就会被新的部落征服。[2] 部落袭扰某个地区小国后一般逃到另一个国家，以避免该国的报复。因此，部落一般会对地区小国形成间接威胁。小国在面临侵袭和征服时非常脆弱，伊本·赫勒敦的模型也因此具有解释力，但该模型最多只是很好地分析了平等型部落和地区小国之间的关系。

规模庞大的部落联盟以及发端于部落的大王朝，大都是由从中亚迁

1　参见本书中路易斯·贝克的论文。

2　Ibn Khaldun, *The Muqaddimah*, trans. Frans Rosenthal (Princeton, 1967), pp. 105–108, 136–139.

徙到相邻的伊朗和安纳托利亚高原的突厥—蒙古民族所创建。突厥—蒙古部落联盟在政治上具有等级结构，这种结构通常将几十万人统一到强大的可汗统治之下。有些可汗征服了大帝国，建立起经久不衰的国家。其特点在于，这些帝国的创建者在定居区域的政府（sedentary governments）管理上几乎没有经验，但他们非常愿意接受当地人提出的中央集权管理下的等级模式，原因是这种模式既可以控制拥护它们的部落，又可以从被征服者那里取得税收。尽管来自中亚的部落可能不熟悉伊朗和拜占庭的帝国传统，但各级权威和首领地位的世袭权已经深深地融入它们的文化当中，并且体现在部落联盟的组织形式上。

无论突厥—蒙古民族的组织方式多么成功，但对于北部高原之外的民族却是陌生的。在中东的其他地方存在着一种迥然不同的部落组织模式，即由相对分散宗族以及弱势的首领组成，后者更多是调解者而非专制型领袖。这些部落群体规模相对较小。规模最大的也只有数万人，但这种规模也只是理论上的，几乎没有联合起来过，即便是较短时间的联合也没有。在这种体系中，部落不愿意接受本部落首领以外的权威，所以该体系没有多大的扩张潜力。因此，最成功的大规模社会组织依赖的是部落之外的政治组织形式，这往往由宗教人士创建。这些运动的领袖与临近的城市经济联系紧密，也对附近城市的居民有非常深入的了解。

国家对待以平等原则组织起来的阿拉伯部落的方式，与其应对突厥—蒙古民族的方式完全不同。伊朗和安纳托利亚高原作为中亚民族交往场所，缔造了强大的部落和帝国。北非和阿拉比亚则是平等性的阿拉伯模式盛行的地区，在历史上出现的都是弱小的部落，这些部落面对的是地区小国或者位于帝国的边疆。地理上的差异以及阿拉伯模式在大部分中东地区的持续存在，可能是维持大型部落联盟的成本很高的原因。突厥—蒙古人的联盟需要消耗大量的资源，当资源没有保障时，联盟也就无法存续。这些联盟内部的部落首领希望获得大量奢侈物品作为补助，他们将此再分配给各自部落的支持者。只有通过军事扩张或者作为部落与大国之间的调解者,这个联盟才能为其支持者提供必要的好处。安纳托利亚和伊朗高原上水源较好的地方最能满足这样的条件。相反,阿拉伯的部落模式存在于沙漠边缘或高山地带等资源有限的条件下。这些地方的部落首领只能给他们的亲属及随从提供少许好处,即便是他们最阔气的好客方式,也只不过是在特殊的日子设宴款待百余人。亲属和侍从并不要求从首领那里获得太多的利益,所以阿拉伯模式在管理方面成本较低。此外,这种模式也特别关注当地的利益。这样的特点虽不利于扩张,但却有利于抵御外来者。

平等型的(阿拉伯)部落模式

中东部落民众能够生存下来是该地区生态和经济状况共同作用的产物。定居文明的中心位于主要河谷和绿洲,那里农业灌溉发达。他们的周边是勉强糊口的农民和牧民所居住的沙漠和山区,这些地方是反抗国家统治的中心。这种中心和边缘的对立在整个地区都有(如北非的马赫詹和锡巴或者阿富汗的赫克玛特和亚吉斯坦)。尽管这样,这些明显的差异在地理上分布零散,从未形成像将中国与其北方的部落截然分开的长城那样一条线型的分界线。这也表现为中东族群"马赛克"式的分布模式。[1] 但是,尽管在中心和边缘地带之间存在政治上的差异,中东所有部落民传统上依然与邻近的城市居民保持着密切的经济与文化联系。

阿拉伯的部落组织模式建立在由平等的宗族组成的相互密切联系的群体之上,这些群体被认为发源于共同的祖先。宗族之间处于一种相互

---

[1] Canton Coon, *Caravan: The Story of the Middle East* (New York, 1951), pp. 295–323.

分割、对立的关系,即宗族之间根据相互亲缘关系支持一方,或反对一方。虽然事实有时与此不符,但人类学家和部落民经常引用一句老话形容这种关系:"我的兄弟是我的敌人,我的堂兄弟是我和我兄弟的敌人,整个世界是我、我的兄弟和堂兄弟的敌人。"部落是血缘关系产生效用的最大群体,代表着普通认同和政治领导的外部界限。正常情况下,这些部落一般有几万人,但这个层次上的群体一般不会采取集体行动。即使像人口达到25万的卢瓦拉贝都因人部落这样的特大型部落,政治合作也仅限于在小得多的宗族之间进行。同样,理论上,普什图人详细的谱系能够包括数百万人,但从来没有形成如此大的共同体。虽然在理论上谱系学的部落体系超过了部落的层面,而且我们也可以制作出一张将所有贝都因或者普什图部落与最初的祖先联系起来的图表。但因为这种关系的拓展不具有组织的潜力,所以只具有象征意义。

在实行平等主义的部落体系中,领导关系基本不具有等级制。虽然一些宗族在政治领导上强于另外一些宗族,但每一个宗族都认为自己和其他宗族平等。然而,除了神秘的民间信仰之外,这种结构平等的理想在多大程度上真正存在过,这本身存在争论。因为,处于统治地位的宗族不时会支配与其相邻的宗族。[1] 然而,即使某些宗族能够控制其对手,但强烈的平等意识将这种控制视为压迫(zulm),从而阻止了这种控制的发展,直至最终让将它消解。然而,如果与努尔人无首领、分裂型的组织形式相比,中东的部落首领和他的宗族的确看上去不仅专横,而且似乎统治也是永久的。但(我们下面就会看到)中亚的部落统治者的政治地位要强势得多,其宗族统治的时间要持续数个世纪。与此相比,在阿拉伯式的部落内的宗族之间,地位上的差异似乎很小,而且这种差异仅仅是暂时的。伊本·赫勒敦本人讲述了部落首领的统治周期,权力每

---

[1] E. Peters, "Some Structural Aspects of Feud among the Camel-Raising Bedouin of Cyrenaica," *Africa* 32, no.3 (1967): 261–282. 另见 Talal Asad, "Political Inequality in the Kababish Tribe," in Lan Cunnison and Wendy James, eds., *Studies in Sudanese Ethnography* (New York, 1972).

隔几代人的时间就要转换到别的宗族手中，这是该地区长久以来的一个特点。

在中东，宗族平等的社会结构也造成超部落组织的软弱，一位男性与他叔父的女儿结婚这种做法本身就会加强本地的亲属关系，而牺牲与其他部落群体的联系。即便婚姻关系是在父系之外形成，通婚也一般不超出部落的范围。这种婚姻模式使得宗族具有久远的时间深度，但姻亲或母系的联系范围却非常狭窄。当地人认为这种婚姻能够保持宗族的荣誉和纯洁（男性不与父系之外的女性结婚），并且能够限制财产的散失。这种观念也限制了血缘群体通过互惠的婚姻关系结成联盟的能力，而这种能力在世界上其他地方的部落关系中是一个关键因素。[1]

在以平等原则建立起来的部落组织中，首领是通过显示独特的能力以获得他们在部落中的地位。这主要体现在调解部落内部问题，或者成功组织劫掠活动和发动战争方面。因为总是有潜在的竞争对手伺机取代首领或其继承者，所以首领的地位要通过努力才能获得，并不能由他的后代自动继承。领导权很少由一个宗族长期把持。因为首领在没有获得一致认可的情况下发布命令是受到限制的，部落首领本身没有多少权力。

必须通过建立社会共识才能确证领导力的观念，在贝都因部落首领的调解活动中这一点表现得最为清晰。例如，虽然他们没有惩罚杀人者，或者逼迫受害者亲属接受血债补偿金的权威，但他们必须说服已结下血仇的双方接受某种解决方案。劝说敌对的各方达成妥协往往需要较长的时间，如果能够做到则可以带来声望和更多的追随者。部落首领代表其部落与国家交往，这是因为他们具有影响力，可以代表部落成员调解纠纷。但是他们不能向追随者强加任何东西，这限制了他们谈判的能力。[2]

---

1 Charles Lindholm, "Kinship Structure and Political Authority: The Middle East and Central Asia," *Journal of Comparative History and Society* 28 (1986), pp. 343-350.

2 William Lancaster, *The Rwala Bedouin Today* (Cambridge, 1981), pp. 73-97.

同样，在阿富汗和巴基斯坦的普什图人当中，支尔格大会的重要地位，迫使首领们必须通过营造共识才能获得大家支持他们的决议。正如阿克巴尔·艾哈迈德所言："普什图人的部落社会对地位、头衔以及这两者所暗含的等级差异有着强烈的偏见。这种偏见集中体现在马哈苏德代表部落长老对英国的讲话中，'要么把我们全用加农炮打死，要么让我们18000人全部当官（Nawabs）'。"[1]

在以平等原则组成的部落中，首领在亲属网络之外无法获得其他群体的坚定支持，并按照他的命令行事，所以不论首领过去的成就有多大，他们总是受制于其支持者。因此，即便是有能力的首领也很少能将自己的部落构建为政治单位来扩大自己的影响，要组织其他部落那就更不可能了。例如，在阿拉比亚，部落战争传统上只局限于抢劫骆驼或者强夺当地的绿洲。[2] 在柏柏尔人中，敌对的部落像棋盘一样分布，这便导致地理上邻近的部落首领不可能相互合作。[3]

这种强调通过意见一致而非命令来维持内部秩序的部落组织方式，影响了部落与外部世界的政治联系。除非周边国家力量弱小，否则部落没有能力挑战国家的权威。其部分原因是结构上的问题，部落只有为了短期的劫掠活动才能召集起一支强大的武装力量。然而，当地的部落民接受了中东的地区政治体系结构，并且在这种结构中生存，这一点也是确凿的。它们需要城镇的市场，在那里卖掉牲畜，然后买来制成品。对他们来讲，被排除在这样的中心之外要比可能受到武装袭击更危险。即使部落首领真的征服了本地的国家，这仅仅是创立了另一个发源于部落的国家，而不是一整套新的关系。因此，阿拉伯式的部落并非是其周边国家稳定的主要威胁。与中亚形成鲜明对照的是，中东的部落民并非孤立地生

1　Akbar S. Ahmed, *Pakhtun Economy and Society* (London. 1980), pp. 141-142.

2　Louise Sweet, "Camel Raiding of the North Arabian Bedouin," *American Anthropologist* 67 (1965): 1132-1150.

3　Ernest Gellner, *Saints of the Atlas* (Chicago, 1969).

活在自己的世界里。因为部落和国家不但在贸易上保持经常的往来,而且两者在文化和宗教传统上都比较相似,所以他们的边缘地位仅仅是从政治控制的意义上而言的。

阿萨比亚是这些规模小、结构紧凑的部落所具有的优势,然而这也使部落的集体感缺失,首领不愿屈从其他人领导,从而使得组织部落群体极为困难。就像光扩散时的平方反比法则,部落集体凝聚力的强度在超出地方宗族的范围后就会迅速减弱。首领只有解决了这些内部的分歧才能成为强有力的政治人物。走出这种困境的途径是,以一种部落文化之外的共同原则将多个部落组织起来。正如伊本·赫勒敦所观察到的,传统上,在中东地区这种原则就是伊斯兰:

> 贝都因人只有通过像先知、圣裔,或者一般具有重大意义的宗教事件等具有宗教色彩的手段才能获得王权。其中的原因在于贝都因人还处于野蛮状态。由于贝都因人粗鲁、自傲、野心勃勃、觊觎首领地位,所以在所有民族当中他们相互之间最不愿意相互屈从。他们几乎不会产生相同的抱负。但是由于先知或者圣裔的作用使他们中间有了宗教,这时就产生了某种限制他们的力量。他们不再傲慢,不再相互嫉妒。要联合成为一个社会组织也容易了……阿拉伯的伊斯兰王朝可以说明这一点。宗教法律和法令直接和间接地有利于文明,也强化了宗教人士的领导地位。[1]

早期伊斯兰教的产生和传播与7世纪阿拉伯半岛部落民的向外迁徙有着紧密的联系。为什么在罗马时期曾经处于虚弱和分裂状态的沙漠部落突然之间强大起来,并创建了一个帝国?有关这一问题已经有了很多研究。从部落的角度看,伊斯兰教提供了一种新型的组织和领导方

---

1 Ibn Khaldun, *The Muqaddimah*, trans. Frans Rosenthal (Princeton, 1967), pp. 120–121.

式,尽管其中至少还有部分部落民参与,但其基础已不再依赖部落原则。乌玛作为平等的信徒的共同体,与反对社会等级制的传统相一致。同时,吉哈德作为针对不信者的圣战,为新的分支—对抗模式提供了一种意识形态的基础,即在脆弱的定居区域进行扩张。[1] 在较小规模上,犹如利比亚的赛努西和阿拉比亚的瓦哈比这样的宗教秩序,提供了一种将部落联合起来以便在政治上与外部世界交往的框架。在柏柏尔人中,那些具有战略意义和有争议的土地,往往由部落竞争体系之外的圣裔家族占有。[2]

学者们将伊斯兰教的极端重要性当作是一个既定因素,认为它的影响深远,渗透到中东生活的每一个方面。然而,像很多其他事物一样,伊斯兰教的发展是该地区所特有的。因为在世界上其他地方,包括伊斯兰在内的宗教并非总是在部落民中作为一种组织原则而生根。我们不应该被早期伊斯兰征服的辉煌成就所蒙蔽,而忘却了这些部落的特有本质。在征服运动前后,无论是位于沙漠的阿拉伯部落,还是位于北非和伊朗高原的山区部落,都再也没有在该地区建立起霸权。实现这一目标的是源于突厥—蒙古的部落,这些部落皈依了伊斯兰教。该宗教掩饰了这些部落和中东本土部落之间一直存在的根本性差异。

中亚等级型(突厥—蒙古)部落联盟

相较于中东部落,中亚部落的组织模式具有等级性。这种差异在中亚的社会结构和政治组织上都有所体现。亲属的称谓在兄弟、长幼、贵贱的氏族之间都有明确的区分。这些称谓形成了嵌套式的亲缘群体的结构,

---

1 Bernard Lewis, *The Arabs in History* (New York, 1966).
2 E. E. Evans-Pritchard, *The Sanusi of Cyrenaica* (Oxford, 1949); Ernest Gellner, *Saints of the Atlas* (Chicago, 1969) .

也可称作"锥形氏族"(conical clans)。其中,具有共同血统以及所有与父系相关联的成员,皆按照谱系的发展脉络以等级的顺序加以排列。[1] 然而,因为这些父系宗族和氏族有与异族通婚的习惯,所以与中东实行内婚的部落相比,前者与周边非父系群体的联系要更加紧密。这种重视相互通婚的做法产生了一些联盟模式。这在锥形氏族内部看似僵硬的父系关系之间建立了横向的联系。所以,部落首领的一夫多妻制很普遍,这种婚姻有利于将没有关联的部落融合起来,形成正常交往关系。

虽然本地宗族之间的关系与血缘和姻亲紧密相关,但部落或超部落政治组织的更高层次在本质上的政治性更强,谱系因素的作用这时比较弱。某些部落在消灭敌人或者将其赶到边远地区以后,通过夺取权力而重新建立宗族关系。部落首领通常会为其个人雇佣随从,这些人宣誓专门效忠该首领,并且断绝与其亲属的关系。通过联姻或征服结成的联盟,一般会囊括许多不存在血缘关系的部落。联盟首领有权对其下属发号施令。然而,即便血缘关系因政治目的而被公开摆布,但血亲传统仍然是草原帝国统治王朝获得合法性的共同和有价值的手段。从居于统治地位的宗族中选择首领是中亚部落盛行的文化传统,由此创建了延续时间长久的强大王朝。匈奴帝国奠基者冒顿的直系后代虽然能力有强有弱但统治蒙古草原长达600年,同样成吉思汗的直系子孙也统治了700年。在中东,奥斯曼王朝在土耳其的统治没有中断,达到了600多年。

为了解释中亚部落首领的权力和其政治结构的稳定性,我们必须探究他们的权力根基。显然,突厥—蒙古社会结构中的等级意识,使得人们在文化上自然而然地接受了地位上的差异。因为,在较大的群体当中担任低级工作并不有损个人荣誉。然而,仅关注血亲组织并不能解释大帝国的兴起以及它们对于邻邦的成功支配问题。[2] 中东部落能够组织的

1　Marshall D. Sahlins, *Tribesmen* (Englewood Cliffs, N.J., 1968), pp. 24–27.
2　Charles Lindholm, "Kinship Structure and Political Authority: The Middle East and Central Asia," *Journal of Comparative History and Society* 28 (1986).

政治或军事团体不过数万人（能有效控制的只限于他们自己的领土）。与之相比，中亚的部落联盟能够将居住在广袤土地上的数十万之众聚集起来，并且可以将它们编为军队进行远征。而且，这些联盟在政治上权力集中，比世界上任何其他部落组织的力量更强大、更具稳定性。他们的首领并不仅仅是部落酋长，因为从开始他们就拥有贝都因酋长无法企及的成就，伊本·赫勒敦称之为王权（royal authority）："王权要超过领导权（leadership），领导权为酋长所有；酋长没有权力强迫其他人接受其统治。王权则意味着高高在上，以及通过强制手段实现统治的权力。"[1]

然而，中亚首领王权的发展并非部落社会内部演变的结果。联盟中的绝大多数从事游牧活动，人口稀少，经济状况大致相同。虽然等级制的宗族结构使得部落和宗族内部的地位差异合法化，但这些部落并不能凭借自身的资源就可以支撑起庞大的政治结构。在分裂—对立的情况下，各部落也可以组织自己的游牧经济活动或处理内部政治事务，因此超部落的合作并非当务之急。大规模的部落组织出现之时，正是为了处理与周边定居国家的关系。

正如威廉·艾恩斯（William Irons）所言："在游牧社会，只有通过与国家团体（state societies）的外部联系，等级式的政治制度才得以形成，它从来都不仅仅是游牧社会内部发展的产物。"[2] 我们进一步拓展到非游牧部落，对威廉·艾恩斯的观点做出补充。非游牧部落的规模及其政治组织的复杂程度似乎与两方面有直接关联：与其所对立的定居国家实力，以及它们保持自身独立不受这些国家影响的能力。总体而言，从东非到蒙古草原，我们可以看到一个权力逐渐集中的弧形地带，以及与之相应的部落组织逐渐复杂的四种类型：（1）撒哈拉以南非洲的无首领、相互对立的宗族，在前殖民时代，这里的部落社会几乎没有和国家团体有过交往的经

---

[1] Ibn Khaldun, *The Muqaddimah*, trans. Frans Rosenthal (Princeton, 1967), p. 108.

[2] William Irons, "Political Stratification among Pastoral Nomads," in *Pastoral Production and Society* (Cambridge, 1979), p. 362.

历；（2）北非和阿拉伯半岛具有固定的首领，但缺乏超部落组织的宗族，这里的部落社会面对的是与他们有共生关系的地区性国家；（3）在伊朗或安纳托利亚的大帝国内部存在的超部落联盟，这些联盟具有强有力的首领，后者是将部落与国家联系起来的地区政治网络的一部分，部落或征服国家或被国家征服；（4）统治中国北方或伊朗草原辽阔疆域的集权式的部落国家，他们与周围定居文明是一种掠夺关系。

在中东，部落社会在整个地区呈现马赛克式的分布，他们和周围的定居国家存在密切的经济和文化联系。而中亚部落社会处于相互隔绝的状态，每个部落拥有特定的领土，在领土上处于完全的支配地位，同时以线性的边界与那些在社会和文化上的异族相分割。这些周边邻邦的人口远超过部落社会，在权力上也更加集中，在没有武力威胁的时候它们往往不愿与部落社会进行贸易。为了应对这些强大的定居国家，部落社会必须组建起属于自己的、具有足够实力的国家结构，这样就可以迫使邻邦把它们当作平等的对手看待。

从结构上解决此问题的办法是创建帝国式的联盟，这种联盟的独特之处在于它既可以维持当地的部落社会结构，又可以对军事组织和对外关系进行统一管理。从外部看，帝国式的联盟看起来是一个国家，它有一个权力集中的政府，垄断暴力机构。然而，它在内部不但保留了当地的部落组织，而且给予很高的自主权。虽然帝国式的政府通常由魅力型部落首领取得辉煌的军事征服之后建立，但其延续取决于能否从定居的邻邦获得资源。小部落的单打独斗根本没有可能突破大帝国的防御，或者迫使后者开放边境的市场。但这些部落一旦联合起来就像一个国家，即使与中国最强大的本土王朝交往也可以获得平等地位。无论从政治还是从经济上讲，帝国式联盟（imperial confederacy）是对外交往的产物，而不是草原上社会组织自身进化的结果。[1]

---

1 Thomas J. Barfield, "The Hsiung-nu Imperial Confederacy: Organization and Foreign Policy," *Journal of Asian Studies* 41 (1981): 45–62.

匈奴游牧部落所建立的联盟是首例帝国式联盟，他们在公元前 3 世纪末征服了蒙古所有部落，将它们统一成一个帝国。汉朝统一中国时，匈奴帝国的人口达到了 100 万。此后 300 年间，它由同一个王朝统治，中间没有任何间断。之后，突厥帝国在 6 世纪中叶到 9 世纪中叶与唐朝的交往过程中采纳了匈奴帝国的组织模型（在具体的专有名称上有所不同）。元代之后的蒙古可汗在与明朝的交往中也采用了匈奴的组织模型。[1]

深入探究匈奴政治组织就会发现，众多的部落组织如何被纳入单一的结构当中。根据中国的记载，匈奴的等级制管理体系具有三个层次：帝国政府和御前官僚；由帝国任命的官僚，负责管理境内所有部落；管理当地事务的部落首领。处于这个体系的最高位置的是单于，他是最高统治者。

> 位于单于之下的是左贤王和右贤王、左谷蠡王和右谷蠡王、左右大将、左右大都尉、左右大当户、左右骨都侯……左右贤王和左右谷蠡王权势最大，左右骨都侯帮助单于管理国家。二十四长反过来也选出自己的"十长"、裨小王、相、封都尉、当户、且渠等等。[2]

匈奴有两种官阶体系，功能各不相同。具有具体名称的官阶体系负责对部落领土的行政管理。十位制官阶体系在战时使用，以将草原各地、数量庞大的军队纳入统一的军事指挥结构。二十四长均有"万骑"的名号，他们通常是单于的近亲或匈奴贵族，负责管理帝国的主要区域。因为每个单于都有自己的选择，所以二十四长的职位并非总是世袭的，而且有

---

[1] 实际上，中国与其北部的部落之间的互动模式比这里概要性的叙述所能体现的更为复杂。成吉思汗建立的帝国并非帝国式联盟，而且中国大多数由外族建立的王朝在起源上都是满洲人，而不是蒙古人。参见 Thomas J. Barfield, *The Perilous Frontier: Nomadic Empires and China* (Oxford, 1989)。

[2] Ssu-ma Ch'ien, *Shi Chi* (po-na ed.), chap. 110, pp. 9b–10b; Burton Watson, *Records of the Grand Historian of China* (New York, 1961) 2: 163–164.

人可能在一生担任多个不同官职。这些官职拥有自身的权力和权威，其目的是加强匈奴国家的实力。地方层面存在庞大的部落首领阶层（担任裨小王、相、封都尉、当户等职），他们在官阶中处于二十四长的领导之下。然而，在实践中，每个部落都有各自的领土，所以他们从各自部落中获得支持。

单于及朝臣是匈奴核心部落的首领。核心部落还包括部落普通成员，他们和单于具有双重关系，单于依赖部落普通成员的不断支持。那些被征服或结盟纳入帝国中的地方部落首领，受到具有万骑称号、作为单于代理人的二十四长的控制。地方部落首领据此与帝国行政机构联系起来。从结构上看，该体系最薄弱之处在于被纳入统治的部落首领与帝国统帅的关系。尽管上述部落首领在匈奴帝国的等级制度中具有一席之地，但他的权力源自其部落民的支持。他们在地方具有很大的自主权。到底要授予这些部落首领以何种程度的独立地位，该问题往往使帝国陷入困境。单于在理论上具有绝对权力，但在现实中却受到制约。事实上，与使用武力相比，给予地方部落首领一些他们所不具有的好处，是维持帝国统一更有效的方式。

帝国式联盟的存续依赖其向纳入其中的部落提供奢侈品、开放边境贸易和提供军事保护以免遭外部世界威胁的能力。只有帝国从外部世界获得大量资源时，这样一个复杂的政治体系才能得以维系。单于必须扮演中国朝廷与匈奴各部落间唯一的中介，既是谈判代表又是战争领导者。只有这样他才能够保全自己的国家。中亚部落的对外政策是建立在劫掠的原则上。

匈奴为占据与汉人政府谈判最有利的地位，往往对中国采取蓄意掠夺行为，并塑造出非常残暴的名声。参与劫掠的部落可以直接获得战利品，当中国军队进行报复时，这些游牧民便撤回草原。劫掠过后，游牧民的使者向中国朝廷保证，只要给予其补贴和边境贸易上优惠条件，就可以结束双方的敌对状态。久而久之，这些条约的价值不断增长。这种做法后来发展为朝贡体系。游牧部落以象征性的贡品并采取适当的姿态，要换取巨额的回报。据估计，中国在东汉时期此项花费几乎占政府全年支出的三分之一，约合1.3亿美元。[1] 9世纪初，唐朝同样每年都要赠送回鹘帝国50万匹的丝绸，就是为了与这些游牧部落保持良好关系。[2]

　　这些财富使游牧部落的统治者控制奢侈品的分配体系。游牧帝国还禁止地方部落首领单独与中国建立联系，但会赠予这些部落一些礼品，以换取其对帝国的支持。游牧帝国还通过向一般部落民提供边境贸易的机会，把他们争取过来。中国在原则上反对边境贸易，但这却是任何一个游牧帝国的核心要求，并坚持将之作为与中原王朝所签条约的一部分。如果中国试图通过中断边境贸易或援助以控制、消灭游牧国家，那么后者就会像先前一样采取军事手段，组织游牧部落反抗，并且进行劫掠来弥补中断贸易带来的损失，以此维持游牧帝国的统一。中国经济的崩溃将对草原的帝国秩序造成致命打击，因为无法获取资源，那么草原就不会有国家结构的存在。当中国经济崩溃、陷入混乱时，帝国内的各部落便各行其是。[3]

　　故此，中亚游牧部落与定居邻邦是间接的关系。前者只要能从定居地区的政府中获取想要之物，就不会试图直接统治这些地方。这也使游牧部落对税收、政府管理、农业生产组织等领域一窍不通。[4] 虽然游牧部落意识到国际贸易的价值，但对它们获得的商品如何生产知之甚少。正如城里的孩子认为牛奶产自包装盒，而非奶牛。

　　帝国政府强调为部落提供利益，可以克服部落分裂的压力。尽管伊本·赫勒敦认为，在中东，只有宗教领袖能够将众多部落联合起来，但宗

1　Ying-shih Yu, *Trade and Expansion in Han China* (Berkeley and Los Angeles, 1967), pp. 61–63.

2　V. Minorski, *Hudud al-Alam*, "The Regions of the World": *A Persian Geography A.H. 372–A.D. 982* (London, 1948); Colin Mackerras, *The Uighur Empire* (Columbia, S. C., 1973).

3　Thomas J. Barfield, *The Perilous Frontier: Nomadic Empires and China* (Oxford, 1989), pp. 10–11.

4　John Smith, "Mongol and Nomadic Taxation," *Harvard Journal of Asiatic Studies* 32 (1971).

教在中亚起不了这样的作用。起初，中亚所有的部落都信仰萨满教。萨满教的巫师有时会获得很大的影响力，但他们未能成为国家的统治者。萨满教的信仰体系几乎没有建立组织的潜力。一旦遇到更加高级的宗教体系，中亚的游牧部落很快就会改变信仰，他们在不同时期信奉佛教（蒙古人、瓦剌人）、摩尼教（维吾尔人）、聂斯托利派基督教（克烈人、乃蛮人）、犹太教（哈扎尔人）、伊斯兰教（西部的突厥人、伊朗和俄国南部的蒙古人）。与大多数定居社会的信众不同，他们在部落联盟内部或家庭内部易于实现信仰的包容性和多元化。

对中东历史来讲，这种信仰的灵活性具有两层含义。第一，公元1000年后进入伊朗和安纳托利亚高原的部落在到达这两个地方以前就已经是穆斯林了，他们并不需要借用某种宗教思想或宗教领导方式来建立部落联盟。第二，他们的宗教认同屈从于文化认同。在《古兰经》中，按父系的第一代堂兄妹间的婚姻是理想的。但突厥—蒙古民族皈依伊斯兰教1000年后，他们依然认为这是排外的做法。突厥—蒙古统治者是宗教人士的保护者，他们为了支撑王朝统治很快就接受了伊斯兰思想，但他们几乎没人作为宗教运动的领袖而登上权力宝座。

进入中东

早在前伊斯兰时代，中亚部落就已经开始入侵中东，其开端至少可以追溯到青铜时代。公元前两千纪中叶，伊朗和安纳托利亚到处都是讲印欧语的游牧民族。后来，像阿契美尼德、帕提亚、萨珊这些伊朗西部最重要的王朝都发源于此地。伊朗东部的贵霜（Kushans）、塞族（Sakas）两个王朝亦是如此。因此，尽管突厥—蒙古民族在伊斯兰时代的扩张标志着一个新的文化—语言群体到达中东，但它们也仅是一种非常古老的模式的延续。

中亚部落民众的不断涌入对国家结构以及国家与部落的关系都产生了影响。突厥—蒙古游牧部落不仅给中东带来了帝国式的联盟模式,而且也带来了在中亚成功实施的劫掠政策及其所依赖的军事力量。其中,帝国式联盟的观念最容易转换为国家结构。这种模式能够同时控制具有相对自主地位的部落或省份,这一点类似于伊朗的早期国家。在意识形态上,联盟的等级结构使部落可汗更容易转变为沙(shah)或苏丹。通过征服和劫掠的传统获取资源,其适应性就差一些,而且具有更大的破坏性。这种方式在中亚奏效,主要因为部落民和其周边的定居文明在地理上是分割的,部落民从不负责定居区的行政管理。然而,中东的部落民、农民、城镇居民是相互联系的共生关系。突厥—蒙古部落最初运用强权严重破坏了本地区的经济生活。正因如此,部落民不仅威胁弱小王朝的稳定,而且也威胁政府结构。

公元1000年之后,中东著名的帝国都有中亚的渊源:伽色尼、塞尔柱、花剌子模、马穆鲁克、蒙古、帖木儿、白羊王朝、萨法维、奥斯曼。然而,公元1000—1500年,上述中的首批王朝是由当时从中亚迁徙而来的突厥—蒙古精英所创建。他们刚刚到达中东,在管理和对异域文化价值的理解上几乎没有经验。公元1500年以后建立的王朝中依然有突厥—蒙古精英的身影,但与其先祖相比,他们早已定居该地区并为中东带来了秩序与稳定。除了蒙古人以外,公元1500年前建立起王朝的中亚部落,都是在草原征战中折戟后才进入中东。或许,马穆鲁克(突厥裔的士兵奴隶)是进入中东的中亚部落中最极端的例子,他们起先在埃及推翻了尊主的统治,然后他们又成为大帝国的统治者。[1]

部落精英和被统治者在国家管理、王位继承的习惯、军事组织等观念上存在冲突。这种冲突产生混乱。只有当新的突厥—蒙古统治者适应了当地的经济、政治环境后,情况才有所好转。然而,当这些王朝刚开始

1　Patricia Crone, *Slaves on Horses: The Evolution of the Islamic Polity* (Cambridge, 1980).

掌握定居地区的管理艺术和吸收中东文化价值之时，它很快就被来自中东的另一个新的王朝取代。因此，直到1500年左右，来自中亚的部落入侵和迁徙结束后，中东的突厥—蒙古部落才能建立起强大而持久的王朝，伊朗的萨法维王朝和土耳其的奥斯曼帝国是绝佳的实例。两者都具有突厥—蒙古的起源，但又谙熟定居地区的管理和集权政府的优势。虽然在早期的王朝中，宗教思想处于部落思想的从属地位，但后来这种关系逆转了。萨法维王朝利用什叶派思想，以摆脱突厥—蒙古人强调的部落血统，而奥斯曼人通过恢复哈里发制成为了逊尼派正统思想的捍卫者。

上面描述的关系仅仅出现在中亚接壤的边缘地带的伊朗和土耳其。尽管突厥—蒙古王朝及其部落联盟在政治、军事上获得了成功，但它们没有在中东其他地方生根。即便是在被占领过无数次的伊拉克和叙利亚，也没有任何一个突厥部落成功迁徙此地并长久地居住。埃及的突厥裔马穆鲁克统治者只是通过不断从中亚中心地区引进奴隶新兵，以维持他们的地位。因此，主要由于缺乏案例，研究阿拉比亚、埃及或北非的学者很难明白部落组织所能达到的复杂程度以及这种组织创建强大、持久王朝的潜力。

创建帝国的诸部落

虽然突厥—蒙古部落的首领善于创建部落联盟，但缺乏对定居地区行政制度的认知，而中东本土部落对这些知识非常熟悉。他们必须学习一整套新技巧，而且不得不倚重定居地区的谋臣，以培养统治技巧。在蒙古帝国时期诗人萨迪（Sa'di）的诗歌中，常见的人物就是有些愚钝的、讲突厥语的沙赫及足智多谋的波斯维齐。这些人物和故事凸显了帝国式联盟的思想在适应定居地区管理上的文化困境。中亚的帝国式联盟对贸易和劫掠比对征服更有兴趣。离开草原的游牧部落必须在具有不同价值观的新世界中找到立足之地。作为新来的统治者，他们发现自己和部落随从在利益上存在冲突。只有将部落联盟纳入国家管理之中，慷慨大方的部落可汗才能转变为波斯的沙赫，或者横征暴敛的土耳其苏丹。

在中亚草原上，获得、维系权力的方式不同于伊朗或安纳托利亚。萨迪在一个有关沙赫本性的故事（被认为是伪造的）里，嘲讽了一位维齐关心的问题。这位维齐对沙赫试图通过将所有财物作为礼品赠送给臣民，以此博取美名的做法非常不满：

> 你要是将一份财富分给众人，
> 每户人家只能得到一粒米。
> 为何不从每家拿走大麦粒大小的银子？
> 那样你每天都可以积攒起一份财富。[1]

然而，这种争论并非愚蠢：中亚的部落首领拥有的权力取决于他散发资源的能力，而定居地区的统治者的权力来自他聚敛财富的能力。对于金钱的正确认知是在文化上适应城市定居地区价值的重要标志，而具有草原传统的统治者显然缺少这样的特点。在拉施特（Rashid al-Din）撰写的蒙古可汗窝阔台（Ogodei）的传记中，用整整一个章节来描述这位可汗高兴时所表现出来的似乎是非理性的慷慨。例如，据报告，都城里仓库中的金、银元宝（balish）堆积如山，已无法储存。窝阔台将这些东西分给臣属："他说：'保存这些东西能给我们带来什么好处呢？我们必须不停地守护它。传布告：想要得到金银元宝的人都可以来拿。'于是，都城里的人，不管贵贱、贫富，都赶去争抢财物，每个人满载而归。"[2]

这种财富观源于突厥—蒙古首领更擅长掠夺而不是创造财富。他们虽然谙熟贸易各个环节和劫掠所能带来的利益，令人惊讶的是他们并不

1　Sa'di, *The Gulistan*, trans. by Edward Rehatsek, p. 95.

2　Rashid al-Din, *The Successors of Genghis Khan*, trans. by John Boyle (New York, 1971), p. 82.

知道这些财富如何创造。突厥—蒙古王朝在军事上强大，但管理方面乏善可陈。两者的错位最明显表现在，他们起初都轻视农业和城市生活，这是中亚不平衡发展的结果，因为在中亚政治成功的关键是强取豪夺。例如，当 1038 年塞尔柱人第一次进入呼罗珊征服了尼沙布尔，其首领图格里勒（Toghril）难以制止他的兄弟们洗劫该城。他只能告诉其兄弟们，他们是这块土地的征服者和新统治者，现在他们事实上是在破坏自己的财产。[1]

我们几乎可以从所有刚刚到达中东的中亚部落中举出这样的例子。蒙古人的情况最为严重。[2] 他们征服伊朗 40 年后，在合赞汗（Ghazan Khan）统治时期（1195—1204）才开始认真尝试实行正规的管理。他对所属部落民的要求，显示出蒙古人即便对管理定居地区的最简单的原则也一窍不通。

> 我并不是站在波斯农民（Tazik ra'iyyat）一边。如果对他们洗劫一空具有任何意义的话，这方面没人比我的实力更强。让我们一起掠夺他们吧。但如果你们想将来餐桌上还有谷物和食品，那么我必须严格要求你们。你们必须学会理性思考。要是你们侮辱那些农民，夺其牛和种子，踩坏其庄稼，你们将来还能做什么呢？……我们必须分清听话的农民和与我们为敌的农民。我们怎能不保护那些听话的人，怎能任由他们在我们手中遭受痛苦和折磨？[3]

突厥—蒙古精英和中东普通部落民之间存在诸多差异，而对建立一

1　C. E. Bosworth, "The Political and Dynastic History of the Iranian World (A.D. 1000–1217)," in J. A. Boyle, ed., *The Cambridge History of Iran*, vol. 5, *The Seljuq and Mongol Period* (Cambridge, 1968), pp. 20–21.

2　Joseph Fletcher, "The Mongols: Ecological and Social Perspectives," *Harvard Journal of Asiatic Studies* 46 (1986): 11–50.

3　这段话在下述文献中得到再现：I. P. Petrushevsky, "The Socio-economic Condition of Iran under the Il-khans," in J. A. Boyle, ed., *The Cambridge History of Iran*, vol. 5, *The Seljuq and Mongol Period* (Cambridge, 1968), p. 494。

种合适管理制度的关注首当其冲。在中亚部落体系中，包括土地在内的战利品一般都要分封给战争参与者。然而，任何王朝不可能让这种方式分裂了自己，然后还指望存活下来。因此就出现了这样的困境：既要给予部落支持者以好处，同时又要在部落体系外创建独立的常备军和管理体系。这些王朝采用的策略有：赐给支持者以各种形式的军事采邑（fiefs），将部落兵士派驻帝国边陲使其疲于与外敌交战。当然，这也引发危险，即部分部落可能对其他人效忠（这种情况的确周期性地发生），最终推翻帝国统治。

即使部落联盟能够成功转型为国家行政机构，突厥—蒙古统治者也依然会保留帝国式联盟的框架，将之作为大帝国的模型。类似于草原上的帝国式联盟，中亚部落通过效忠统治者，维持部落认同，但却同时在波斯和突厥帝国中又拥有相当的权威和保持文化认同。前者是接受沙赫或者苏丹的最高权威。奥斯曼人的崛起显示了一个小部落如何演变为大帝国。奥斯曼人首先与其他小部落结成联盟，随后它以帝国式联盟的结构特征为基础创建定居地区的管理机构后，再消灭那些助其崛起的部落。

国家结构内的突厥—蒙古部落联盟

中亚的突厥—蒙古部落迁徙带来的显而易见的后果是建立了王朝的部落。但大多数部落很快发现它们与国家权威是对立的。它们试图保持自主地位，或是通过栖息于国家的边境，利用一国制衡另一国，或是结成联盟应对邻近的国家组织。

这些部落的策略存在问题。因为，这种策略要依赖两国之间存在一块政治上无主、没有一方可以控制的土地才能起作用。呼罗珊—中亚的边疆以及伊朗和安纳托利亚的边疆是两个最重要的突厥—蒙古边疆区域。11世纪，这两个边疆地带都被与塞尔柱人一起到达中东的土库曼人所占据。这些边境地带的政治意义大于其生态价值，所以两者依据相关国家实力的变化，随着时间流逝频繁易主。崛起的帝国征服敌国后，将这些边疆地区收入囊中，抑或两大强国在将原来混乱的边界设立军事要塞。相反，中东本土部落居住在生态上的边境地带山区或沙漠。即便国家在最强盛的时候也很少能深入这些地方，所以它们受政治变化的影响相对较小。

在这两个边境地区，土库曼部落在组织上都是权力分散的。部落结成联盟，王朝国家通常以建立者或者家族名称命名（例如塞尔柱、白羊、奥斯曼、乌兹别克）。土库曼部落独立生存，并且脱离国家控制，因此是突厥—蒙古边境部落中的独特类型。故此，土库曼人更多是政治范畴而非族群标签。跨居于伊朗东北部和中亚边境的土库曼人利用该地政治控制薄弱的特点，劫掠周边定居地区，但却没有形成国家或联盟。19世纪，他们因劫掠奴隶，在中亚市场出售被俘的伊朗人而声名狼藉。沙俄在中亚的扩张首次中断了土库曼人的奴隶贸易，随着1884年沙俄攻占梅尔夫（Merv）土库曼人也被沙俄征服。[1]

安纳托利亚—伊朗边境是更为重要的案例，由于如今此地已不再是部落边境，它已几乎被世人遗忘。自塞尔柱人的时代始，任何国家都无法独占该地，甚至蒙古伊尔汗和帖木儿的入侵，都未使该地丧失自主地位。它是蒙古、帖木儿治下的伊朗，马穆鲁克统治的埃及，塞尔柱和奥斯曼治下的安纳托利亚的边境。土库曼部落形式上处于塞尔柱人控制之下，它们几乎不顾政府的政策，利用伊斯兰的加齐或者圣战者的观念，在中亚劫掠精神的引导下，对周围地区进行抢劫。很多强大王朝的根基都在此地，但却在其他地区建立国家。例如，奥斯曼王朝起初就是土库曼劫掠群体，他们向西迁徙并创建帝国。出自该地的土库曼部落同样是萨法维王朝在

---

[1] William Irons, "Nomadism as Political Adaptation: The Case of the Yomut Turkmen," *American Ethnologist* 1, no. 1 (1974): 635–658; G. C. Napier, "Memorandum on the Condition and External Relations of the Turkmen Tribes of Merv," in *Collection of Journals and Reports from G. C. Napier on Special Duty in Persia 1874* (London, 1876).

伊朗的掌权者。讽刺的是，这两大帝国相互敌对，并从两翼对土库曼部落形成挤压之势。公元1600年后，几乎没有部落能够逃脱被这两大帝国吞并的命运。[1]

相较于边境上的部落而言，帝国内的部落面临着一系列截然不同的问题。遇到困境时，它们不能采取逃之夭夭这样的权宜之计，也不能指望从其他国家得到援助。如果要取得成功，它们必须采用部落联盟这样更加正式的结构，后者具有常设的统帅以便维持联盟的自主地位。时至今日，伊朗的这种部落联盟以一种虚弱形式存在，如巴赫蒂亚里、沙塞温、卡什卡人、卡梅什等等。土耳其的这些部落联盟几乎完全消失，这部分由于安纳托利亚高原几乎没有部落联盟的庇护之地，以便其摆脱政府的控制。这些部落联盟在两方面非常突出：它们的灵活性，以及受到政府打压时在政治上转向的能力。几乎没有部落联盟宣称永久地生活在一个地方。相反，它们在言述自身起源时，总会提到那些使其在当代定居的军事或政治事件。[2]

正如部落王朝采用帝国式联盟的模式创建帝国，部落采用类似组织原则以维持其在伊朗高原和安纳托利亚的大国内的自主地位。中亚的帝国式联盟和国家相似，权力集中，联盟有一位负责对外关系、战争、贸易和维护内部秩序的最高统帅。但从内部看，结成联盟的各部落保留着领导层，各自处理当地事务。起源不同，甚至语言也不尽相同的部落也会被纳入同一联盟，联盟保护它们免遭外部袭击，并代表它们与周边国家谈判。中东的部落联盟与此类似，但规模较小，有权的可汗处理部落与国家

1　H. Inalcik, "The Rise of the Ottoman Empire," in M. A. Cook. Ed., *A History of the Ottoman Empire to 1730* (Cambridge, 1976); Rudi Paul Lindner, *Nomads and Ottomans in Medieval Anatolia* (Bloomington, Ind., 1983).

2　关于这些联盟现在已经有了不少研究成果，例如，Richard L. Tapper, *Pasture and Politics: Economics, Conflict and Ritual among Shahsevan Nomads of Northwestern Iran* (London, 1979); Lois Beck, *The Qashqa'i of Iran* (New Haven, 1986); G. R. Garthwaite, *Khans ans Shahs: A Documentary Analysis of the Bakhtiyari in Iran* (Cambridge, 1983); Fredrik Barth, *Nomads of South Persia: The Basseri Tribe of the Khamseh Confederacy* (London, 1961)。

的关系。

这些部落联盟的统治时间相当长。虽然历史上它们的统治家族频繁陷入血腥争斗之中，但这些家族掌控联盟统治权长达数个世纪。故此，我们发现突厥—蒙古政治文化中存在偏见，即只有联盟建立者的后裔才能拥有联盟的统治权。在这种传统中，只有在新联盟创立之时，才会出现新的统治者。例如，我们在如今伊朗的部落联盟（卡什卡人、巴赫蒂亚里、卡梅什、沙塞温）的首领阶层都可以追溯到每个部落联盟创建之时。然而，大部分联盟是萨法维王朝建立后才出现的（有些只能追溯到19世纪）。在萨法维王朝之前，我们发现许多不同的联盟占据着同一块土地。国家内部反抗可汗统治的起义，或者外部力量对可汗统治的打击，造成了具有新名称的部落联盟的诞生，而非原有联盟的重组。

讽刺的是，在起源于部落的王朝统治时期，部落与国家之间的关系麻烦最多。部落会宣称自己与统治王朝有血缘关系，它们在政治当中扮演积极角色，从而威胁统治的稳定。例如，在王位继承斗争和内战中，统治家族各成员争夺最高权力，这种草原传统被称为血腥的继承制度。然而，部落和氏族在其中扮演着关键角色。[1] 白羊王朝（1350—1500）精英的周期性争斗总是将敌对双方的部落首领牵扯其中，前者争相从帝国内的部落中获取支持。[2] 然而，部落也是常备军的来源，用之进行边境的战争或镇压叛乱。伊朗的塞尔柱王朝和卡扎尔王朝几乎将部落兵作为唯一的兵源。然而，在此情形中，部落首领通常希望得到军事封地或官职作为他们提供帮助的回报。为防止这些部落形成庞大的政治根基，伊尔汗国、萨法维和奥斯曼等王朝往往将部落联盟迁徙至帝国的边境，远离宫廷，以便斩草除根。[3]

---

[1] Joseph Fletcher, "Turco-Mongolian Monarchic Tradition in the Ottoman Empire," in Ihor Sevcenko and Frank Sysyn, eds., *Eucharisterion: Essays Presented to Omeljan Pritsak*, Harvard Ukranian Studies, vols. 3–4, pt. 1 (Cambridge, Mass., 1979–1980), pp. 236–251.

[2] John Woods, *The Aqquyunlu: Clan, Tribe, Confederation* (Minneapolis, 1976).

[3] John Perry, "Forced Migration in Iran during the 17th and 18th Centuries," *Iranian Studies* 8 (1975): 199–215.

联盟首领如果能将本联盟纳入国家的等级体系，这些联盟成为部落与帝国关系的最普遍的形式。尤其是公元1600年后边境部落的实力进入不可逆转的衰落时期，上述情形更加明显。联盟首领寻求政治自主，但他们的独立地位与中央政府实力的变化正好相反。当中央集权统治强势之时，联盟首领的角色依然是部落与国家在政治上的纽带，前者由政府指派并给予补助，前提是控制好辖区人口。特别是在游牧民中，这种间接统治形式比通过常规的官僚机构统治更加有效。然而，当国家有能力瓦解部落领导权并实行直接统治，作为政治单位的部落及部落联盟也就消失了。[1]当国家虚弱之时，联盟首领事实上具有自主权，并成为国家政治生活中重要的政治角色。他们通常作为国家的代理人统治着周边不属于部落的人口。

无论国家盛与衰，联盟首领区别于其他政治行为主体的原因在于，它们是所控制部落的法定权威。在联盟内部，可汗就是政府，无论他被认为是压迫者、强大王朝的代理人，或者好听些被视为反对外部干涉、当地领土和政治统一的守护者。这些统治数十万人的首领符合伊本·赫勒敦对王权（royal authority）的定义：具有迫使服从（如果必要通过武力）的权力、征税权、司法权以及处理对外关系的全部权力。[2]

国家与平等型宗族

在部落社会内部，上述王权诞生于伊朗和安纳托利亚，而非中东其他地区。这不仅是外部压力的产物，更是由部落首领创建和维系大型联盟的能力所决定。突厥—蒙古的联盟模式看似强大，但在伊朗和安纳托利亚之外却很难适用。首先，这种模式需要的经济资源只有在水利灌溉较

1　Lawrence Krader, *Social Organization of the Mongol-Turkic Pastoral Nomads* (The Hague, 1963).
2　Ibn Khaldun, *The Muqaddimah*, trans. Frans Rosenthal (Princeton, 1967), pp. 120–121.

好的高原地区才有，这些地方有充足的草原和山区牧场，可以养活庞大的游牧部落。其次，这与不断迁徙的部落民的政治、经济需求相吻合。对于仅仅熟知突厥—蒙古部落的人来讲，部落主义与草原游牧同义。最后，该地区接受等级制的政治文化。其中，处于统治地位的宗族或氏族垄断政治事务。中东一些重要的部落不符合这些标准。

因此，当国家遇到奉行平等主义宗族结构的中东本土部落时，面临着一种不同类型的阻力。库尔德和普什图等部落与其生活的土地存在久远的历史联系，而且它们还能成功地免受突厥—蒙古王朝和敌对部落联盟在文化和政治霸权上的影响。尽管它们通常缺少正式的政治结构，但它们抵御外部压力的能力极强，这种能力延续至今。

虽然库尔德人或普什图人无法实现统一，但却能在各种威胁下保持自身的自主地位。两者皆有定居和游牧部落构成，都生活在崎岖的山区地带。这些地区对寻求利益的征服者没有多大吸引力，而且也有利于在战争中进行防御。它们都以军事技能和血亲复仇闻名。在缺少正式政治结构的情况下，它们的首领很难成为间接统治的中介，其原因在于：部落首领只能劝说部落民，而无权命令他们。莫卧儿人和后来的英国人发现不可能完全控制印度西北部的边境。[1] 同样，在控制库尔德人方面，伊朗、伊拉克、土耳其并没有比奥斯曼、萨法维或卡扎尔等先辈做得更好。[2] 帝国在应对这种类型的部落时倾向于绕开它们，但在关涉重大利益的地区则要控制这些部落，进行周期性的军事打击以对其进行惩戒。但总体上采取置之不理的政策（直至今日这种做法也被认为是明智之举）。

如前所述，伊本·赫勒敦所描述的部落拒绝政治上的等级制，定居的部落和游牧部落同等重要。在数代人的时段中，部落领导权很少会由同

1　Malcolm Yapp, "Tribes and States in the Khyber, 1838−1842," in Richard L. Tapper, ed., *The Conflict of Tribe and State in Iran and Afghanistan* (London, 1983); Akbar S. Ahmed, *Pakhtun Economy and Society* (London, 1980).

2　Martin M. van Bruinessen, "Agha, Shaikh, and State: On the Social and Political Organization of Kurdistan" (Ph.D. diss., Utrecht University, Netherlands, 1978).

一宗族一直掌控。部落层面之上的政治组织通常是宗教领导的产物。虽然缺乏超部落的军事组织，使此类部落在征服其他民族方面处于明显劣势，但在适当环境当中，这种特性又构成对入侵者的强大防御力量。突厥—蒙古人的联盟在他们周围兴衰更替，但库尔德人和普什图人生存了下来。他们不但使各自的语言和文化免受敌对的突厥—蒙古部落的破坏和影响，而且还在与现代国家抗争中成功维系了自主地位。即使在20世纪末面对超级大国时，库尔德人和普什图人也是超级大国在军事上的潜在障碍。

结　论

人们认为所有信奉伊斯兰教的部落民基本类似，所以有关中东部落—国家关系本质往往产生争论。我在这篇文章中论述了在当今中东仍然存在并具有不同政治组织风格的两种部落文化传统：伊本·赫勒敦描述的平等主义—宗族群体，它们和阿拉伯半岛、北非的地区国家相关联；突厥—蒙古部落联盟，它们与伊朗、安纳托利亚高原的帝国式国家相关联。在很大程度上，部落与国家关系的发展取决于部落的类型与国家的类型。突厥—蒙古部落建立王朝，形成了大型的联盟，它们与邻邦形成一种掠夺关系。阿拉伯半岛的部落与地区国家建立的更多的是一种共生关系，它们和这些国家具有共同的文化背景。地区国家很少面对大型部落联盟，因为如果附近存在部落联盟，也会存在足以吞掉地区国家的帝国。在一定程度上，平等性部落在维持自主地位方面比较成功，并可以保卫自己的领土。突厥—蒙古联盟在草原的高原地带生活，因此对位于沙漠的贝都因人不会构成任何威胁。定居部落如果位于山区，则可以成功抵抗来自部落联盟和帝国的袭击。

第二部分
中东国家个案研究

第七章
19和20世纪伊朗的部落与国家

路易斯·贝克[1]

现在生活在伊朗西南部的卡什卡人是众多操突厥语游牧部落联盟中的一支,该部落在历史上一直与伊朗有着千丝万缕的联系。当我开始研究卡什卡部落时,并没有准备用已有的人类学学术训练来解读卡什卡人的历史或20世纪60到70年代伊朗的政治局势。我发现当时的卡什卡人与其他部落、族群、少数民族一样,正在遭遇困境。[2]

20世纪60到70年代,卡什卡人的生存条件极为恶劣,受到政府官员的多方掣肘。卡什卡人受到秘密警察、军队、宪兵、土地改革的官员、护林员(管理牧场的工作人员)以及其他的政府官员的严密监视和控制。穆罕默德·礼萨·汗在位时,卡什卡人的政治领袖或驱逐出境或遭到清洗,

---

[1] 路易斯·贝克,圣路易斯华盛顿大学人类学副教授,著作有《伊朗的卡什卡人》(*The Qashqa'i of Iran*, Yale University Press, 1986)和《卡什卡部落头人的一年生涯》(*Borzu Beg: A Year in the life of a Qashqa'i Tribal Headman*, University of California Press, 即将出版)。

[2] 阿里·巴努阿齐兹、简·贝斯特、约翰·鲍文、大卫·爱德华兹、基恩·加思韦特和伦纳德·赫尔高特以及参加1987年1月哈佛大学举行的"中东部落与国家形成"会议的成员,特别是西达·斯考切波、艾伯特·胡拉尼、爱德蒙·伯克三世和保罗·德雷舍为本文的撰写提供了宝贵意见。文中关于伊朗西南部和卡什卡部落的信息主要来自我对卡什卡部落的研究(1970—1971、1977以及1979年),这部分研究主要是我在伊朗和伦敦的档案研究和目前正在开展的对流亡海外的卡什卡部落成员的口述历史的研究。

伊朗的宪兵还强制解除了卡什卡部落的武装。国家通过土地改革和牧场国有化的方式，没收并控制了卡什卡牧民的土地。非卡什卡族的农场主和畜牧业投资者侵占了卡什卡人赖以生存的草场和土地。伊朗政府希望强迫卡什卡人从游牧部落转为定居部落，但却禁止他们在原来的土地上定居。军队控制并限制了卡什卡人季节性的游牧迁徙活动，卡什卡人不能按照当地的生态条件和自身的经济需要而随意迁徙。伊朗政府大量进口肉类和奶制品，并给予进口补贴，控制了国家经济，破坏了卡什卡人的经济活动，因为他们需要在伊朗市场上售卖肉类和奶制品以维持生存。生活的压力迫使大多数卡什卡人放弃了传统的游牧生活，过上定居生活，从事低收入的工作或是农业劳作。

而政府自相矛盾的政策对卡什卡人造成了负面影响：一方面，礼萨·汗政府采取一系列措施旨在将伊朗改造成完全波斯化的社会；而另一方面，又试图让外界了解伊朗社会文化的异国情调和独特性，这本身就是相互矛盾的。政策制定很少考虑伊朗民众利益。

像他的父亲礼萨·汗一样，穆罕默德·礼萨·汗旨在通过波斯沙文主义政策（Persian chauvinistic policies）将伊朗境内的异质人口波斯化，以此来实现伊朗的真正统一和现代化。实际上，在20世纪的伊朗，真正将波斯语作为母语的波斯人可以说"几乎微乎其微"。[1] 当时有50%到55%的伊朗人为非波斯人。两位国王都认为部落和少数族群对国家构成威胁，都试图摧毁其政治和军事力量。他们认为，现代化的伊朗出现这样的群体是逆历史潮流而动（anachronisms），必将阻碍伊朗的发展。所以，两任国王都试图消除伊朗的非波斯语言和文化机构。在正规教育体系中，他

---

[1] Nikki R. Keddie, "The Minorities Question in Iran," in Shirin Tahir-Kheli and Shaheen Ayubi, eds., *The Iran-Iraq War: New Weapons, Old Conflicts* (New York, 1983), p. 91. 社会语言学家唐纳德·斯蒂洛（Donald Stilo）认为波斯语作为伊朗的第一语言并不是伊朗的主要语言。一些伊朗的波斯裔学者对这个论断提出异议，并坚持认为绝大多数伊朗人将波斯语作为第一语言使用。但是，并没有可靠的统计数据证明上述问题。1989年伊朗编撰的百科全书中把所有的伊朗居民标记为波斯人。这种标签很容易让人产生困扰，特别是伊朗的非波斯人。

们强制规定使用波斯语教学，禁止将其他语言运用到出版业和广播电视业。政府机构中的大多数官员都是波斯人，他们被委派到伊朗其他非波斯地区工作。当时，波斯人控制了国家的政权和经济。[1]

而一旦这些国家官员认为伊朗不同的部落和少数族群得以安抚，完成了去政治化的任务，他们就开始利用这些部落和民族残存的、碎片化的、异域风情的文化提出一些项目，以此为伊朗的社会精英谋取利益，为中产阶级提供文化消费。只有当这些官员认为伊朗已经走在一条良性"发展"道路上，才会允许伊朗开发所谓"不发达"的元素，推动巴列维政权的公共关系，以及用于其他商业目的。1977年，小巴列维政府认为，安抚和合并的部落政策已经取得成效，从而发起了一个"民间传统节"（Festival of Popular Traditions）的活动，以此来突出展示伊朗的文化以及看似与政治无关的民族多元化主题。政府官员们的活动促进了伊朗"传统"手工艺的发展和商业活动，而且他们还在伊朗城市修建了许多政府主导的手工艺品商店。随着媒体的广泛传播和伊朗道路建设的飞速发展，政府开始鼓励伊朗的中产阶级去亲自体验丰富多彩的伊朗文化，例如，很多城市家庭驾车进入山中在卡什卡人的帐篷中度过一天。[2]（就在几年前，伊朗政府官员还曾发出警告，本国和外国公民去卡什卡人居住地的危险性，他们的解释是该地有"部落动乱"的危险，容易发生盗窃和抢劫。实际上，伊朗政府主要目的是限制卡什卡部落首领的政治活动，预防部落对抗国家，以及逮捕难寻踪迹的卡什卡游击队和逃犯，希望通过限制进入卡什卡领地的方式，达到预期目标。）

正是在这一历史节点上，伊朗政府为那些希望进入部落和少数族群

---

[1] 对伊朗近代国家发展的复杂问题和伊朗民主主义中的波斯特点请参见 Leonard Helfgott, "The Structural Foundations of the National Minority Problem in Revolutionary Iran," *Iranian Studies* 13, nos. 1-4 (1980): 195-214。

[2] 对于这些来自城市的不速之客和非自愿的卡什卡部落主人详情请参见 Lois Beck, "Nomads and Urbanites, Involuntary Hosts and Uninvited Guests," *Middle Eastern Studies* 18, no. 4 (1982): 426-444。

地区进行深入研究的美国人研究人员大开方便之门。我和其他研究人员正是在没有对当时国际局势进行深入了解的情势下进入伊朗的。当时，并不清楚美国在伊朗政府对外政策实施中扮演什么角色，有何影响。

1978—1979 年，伊朗爆发伊斯兰革命，伊朗伊斯兰共和国成立。卡什卡人遭受的多种限制和种种压力突然消失了，他们发现自己可以在新的形势下获得一些期待的权力。但是，他们并没有那么幸运，新政权很快就推出一系列新的限制政策，随后便着手镇压卡什卡部落精英发动的起义。

如果想要深入了解形势的变化给卡什卡部落带来何种革新，以及随时间推移而出现的发展模式，我们需要深入了解卡什卡部落的历史。卡什卡部落与国家政权的第一次接触应该是 20 世纪六七十年代前。一些小出版机构出版的关于卡什卡部落的信息基本都缺乏系统的历史与政治分析架构，个别作品除外。大多数作者塑造的卡什卡部落都是一个在时间和空间上孤立的异域形象，他们没能更深入了解当时宏大历史情境。他们描述卡什卡部落有一个不可能存在的浪漫历史。我在伊朗的所见所闻，促使我开始对卡什卡和其他部落的生活的国家和地域进行历史和政治意义上的探究。

伊朗部落的特点

尽管部落的定义有广泛和狭义之分，且存在很多问题，但我相信这个术语到目前为止仍然实用。[1] 没有其他词语可以替代。其他可以用到的

---

[1] 详情和参考文献请参见 Lois Beck, *The Qashqa'i of Iran* (New Haven, 1986), pp. 5-21; Richard L. Tapper, Introduction to Tapper, ed., *The Conflict of Tribe and State in Iran and Afghanistan* (London, 1983), 和 G. R. Garthwaite, *Khans and Shahs: A Documentary Analysis of the Bakhtiyari in Iran* (Cambridge, 1983)，这些学者讨论的部落概念与我的观点不谋而合。这些学者的观点影响了我的思想发展。

术语，如联盟、协会、政治——利益集团、组织、派系、党派等都太过于笼统，不能充分表达伊朗社会中这个行为主体的复杂性和异质性。

部落的概念最好理解为一个文化范畴，即部落成员可以适用于各种语境和文本，并进行界定。部落是一种观念，一种文化建构，一系列随着客观环境的变化而改变的原则。部落观念有着各种社会、政治以及象征性的表现。这个术语也可以在特定的时间和环境下准确使用。

毫无疑问，部落（tribe）一词是一个英文词汇，专家和其他人群习惯于将它们描述为民众单元、组织形式、结构类型、行为模式和意识形态。有时也会用本土词汇尝试进行翻译。但这些翻译并不准确。比如卡什卡，就有很多波斯词汇用来描述他们的社会、领土以及政治组织（包括"oba""bunku"或者"bailai""tireh""tayefeh"以及"il"）。而讲英语的学者和其他非波斯学者都可以将这些词汇翻译为"部落"。这些术语代表了卡什卡部落中发现的社会政治集团之间的等级结构。有些词汇是可以在地方惯例中相互使用，它们可以根据语境、客观环境、说话者和听众的不同而相互变化。所以，英语中部落这个词汇可能无法充分展示其微妙与模棱两可的深刻含义。

部落这个词汇，无论在英语还是其他语言中，都有不同的用法。部落成员、政府官员和域外分析人士对部落这个词汇所代表的概念、结构和表现形式都持有不同的观点。[1] 通常，本土人士的观点与域外人士的观点并不一致。让许多伊朗城市人恐惧的部落这个词汇，是强盗、小偷、亡命之徒的同义词，而部落成员他们通常害怕丧失自治地位，认为自己的群体是独立自主的，并且忠诚于自己的群体。人们在援引这个概念时都有着不同的目的，因此也按照自己的构想加以践行。所以，我们不应认为域外人士的分析架构能完全成功复制本土的概念；我们也不应期待流行的大众

---

1 Dale Eickelman, *The Middle East: An Anthropological Approach*, 2d ed. (Englewood Cliffs, N.J., 1989), pp. 126–150; Talal Asad, "Political Inequality in the Kababish Tribe," in Ian Cunnison and Wendy James, eds., *Studies in Sudanese Ethnography* (New York, 1972), p. 128.

话语与国家代理人使用的官方术语完全相同。[1] 从城市的角度看，波斯的部落往往意味着游牧民族或是其他超出政府管辖范围的乡村人口。政府通常倾向于使用具体化的部落概念，以方便政府管辖。政府认为部落实际上是拥有固定成员和领土的团体。他们在所谓的权威下制定了一系列部落政策清单，并按此行事。这种态度和由此产生的政策衍生和强化了社会、政治以及疆界。对于部落成员自身来说，有一点是毋庸置疑的，那就是他们对部落的看法比外人更清楚，可能也更准确。他们生活在拥有部落身份的环境中，而这样的身份同其他人相比有着显著的特征，也是区分身份的重要方式。社会科学家面临的问题是如何理解部落对生活在不同背景和环境的人们究竟意味着什么，以及如何辨识那些自称为部落成员的人在政治、社会和象征意义上的模式和过程。

通常我们在谈起相关术语时会认为，用部落的或是部落组织的社会比部落更为准确，因为要区分一个单一组织的界限是十分不易的。例如，许多库尔德人，或是部落性质的组织，或是拥有部族的身份，但是，我们不能说这些库尔德人作为一个部落，甚至是一个部落群存在。只能说，库尔德人的社会存在部落的成分。此外，寻找一个拥有 500 人左右，如伊朗中部的科玛茨部落（Komachi）这样拥有共同点，较小的、局部的部落组织也是很困难的[2]，这就同用一个单独的术语描述像伊朗西北部数以百万计的库尔德人不同种类的组织一样困难。

部落认同既没有排他性也不固定，因为无论是语言、种族、宗教，生活区域还是阶级、居住地、职业以及个性特征可以成为判定部落身份与否的标准。错综复杂和相互重叠的多重身份不可能使部落认同具有明确的界限和实体。例如，究竟以何种身份去认定那些长期生活在城市，但是与

---

[1] Richard L. Tapper, "Ethnicity, Order and Meaning in the Anthropology of Iran and Afghanistan," in Jean-Pierre Digard, ed., *Le fait ethnique en Iran et en Afghanistan* (Paris, 1988), p. 26.

[2] Daniel Bradburd, "Kinship and Contract: The Social Organization of the Komachi of Kerman, Iran" (Ph.D. diss., City University of New York, 1979).

卡什卡有关联的中产阶级、白领以及以游牧为生的卡什卡人呢？

部落认同与族群和国家认同一样，是一种想象认同，这种想象认同是基于当代历史和传统背景下不断修正的概念。这种认同是被建构的，是生活在伊朗的部落民根据不断变化的社会政治条件发明和改造的传统。每个部落群体是由不同种族语言起源的人组成的，而且每个群体都造就了自己的风俗习惯，创造了自己的起源传说。外界的人经常认为这些习俗和传说与创造他们的群体本身一样，都是古老而陈旧的。卡什卡人戴毡帽的独特传统就说明了他们的身份认同是如何塑造和感知的。1941年，卡什卡人的最高领袖纳赛尔·可汗在礼萨·汗退位重新掌握部落权力后，明确了这个象征卡什卡权力和身份的标志。而从那时起，外界就会认为毡帽和他所代表的群体是历史的遗物。

伊朗的部落构成不外乎下列诸因素的交集：即对资源的依赖（包括用于畜牧业和农业的土地、水资源、移民轨迹、贸易路线以及市场），外来力量和压力以及中间代理人（包括部落首领、政府官员、地方精英、国外代理人以及社会科学家在内的外界分析人士）。部落确实是一种将人们组织起来的有效方式，从这个角度看，人们以这种方式组织起来，无论对于组织的领导人还是组织的外部力量来说都能从这个组织受益。伊朗的部落社会既有游牧也有定居的，无论是游牧还是定居的部落民都依靠畜牧业和农业等多种方式生存。狩猎、采集、掠夺、贸易、纺织等专业生产工艺也很重要。地方上部落关系是在自愿原则的基础上，按照族属、婚姻、信任、经济以及政治关系建立起来的。

然而，这些地方纽带并不能够形成一个部落。相反，部落是通过个人和地方群体向地方或在某些情况下较高级别的群体和领袖附属而形成的。实际上，超地域的、较宽泛的部落联系在很大程度上是由如下元素解释的：一是地缘政治和战略环境；二是内部特别是外部对地方资源和劳动力的重视程度；三是外界压力的程度（尤其是国家和政府的干预和影响）；四是群体根据自身利益组织和行动的能力，以及军事技术与水平。当他们中的任一境况发生变化，那么部落群体的特点，领导体系以及身份认同都会发生变化。19世纪和20世纪早期伊朗的部落民经常在游牧活动中使用军事力量，而且被视为是与更为复杂的社会组织、国家和特定市场有联系的自治组织。没有哪一个地方群体是孤立存在的。部落构成的最主要的刺激因素就与这种广泛的联系有关，而部落首领和政府官员是这种联系的主要媒介。对部落成员来说，部落首领是国家权力的代表与象征。但同时对国家来说，他们也是部落政治利益的发言人[1]，往往在部落构成中扮演着重要角色。

一些学者认为部落是一个人人平等的社会单位，而另一些则认为部落更为复杂。部落通常并不是静态的实体，是根据历史境遇和现实形势随势而动的，具有去集权化、权力平等的特征，也有中央集权、不平等以及权力分层的取向。所以，分析人士的任务不仅仅是严格的对部落下定义，还应该在一定条件下发现可能性，这些条件包括在任何特定时间内一个社会是分权还是集权的趋势以及通过时间和特定情况追踪这种转变。而这些可能性涵盖范围包括从分散到集中式的社会（包括平均主义、按等级划分）。有些部落出现这样一种情况，除了地方长老以外领袖机制缺乏连续性；而另一些部落则拥有一群强大且富有的领袖，这些人形成了伊朗的精英阶层并且参与到地方和国家的政治生活中。[2] 部落组织是动态的过程，部落可以创建并得到强化，同样也可以被削弱和抛弃。部落群体当然也可以扩张和收缩。比如，当国家政权可以对部落进行资源限制或者国外势力也有可能派军队打击部落的时候，小的部落群体可以加入更大的部落中去。而大的部落群体则可以分为很多小的群体，以达到国家政权可以无视的程度从而摆脱国家的限制甚至打击。部族间的流动是一种普

1　I. M. Khazanov, *Nomads and the Outside World* (Cambridge, 1984), p. 269.
2　托马斯·巴菲尔德在书中讨论了两种具有不同风格的部落传统文化类型的政治组织：阿拉伯和北非地区的平等血缘关系部落和位于伊朗和安纳托利亚高原地区的突厥—蒙古部落联盟（容易形成帝国）。

遍的模式，是部落形成和解散的一部分。

我认为，国家这个政治实体具有如下特征：领土边界（不一定是安全或明确的划定），政府和官僚机构，对人身的合法控制（特别是政治镇压），榨取资源（尤其是税收），维持秩序能够分派商品和服务（如道路），居民在社会经济地位方面的分层。这个政治实体的统治者有集权的倾向和意图。他们的目的是控制他们声称的领土，征服或是安抚自治群体。在这一点上，伊朗的统治者并不能取得成功；由于普遍存在的继承合法性和继承规则的问题，他们容易受到竞争对手，特别是那些拥有独立军事集团的对手，如部落首领的挑战。

国家的许多定义和模式都不适用于伊朗。伊朗历史上只有少数国家可以声称拥有公认的、合法的权力，或者声称控制了巨大领土的统治者，除非他们本人现在还存在，否则当时的领土成就在现在看来往往是有限的。伊朗的现代国家是在某些术语中被定义的合法的和国际性的实体。我们在讨论伊朗国家时需要区分前现代（前巴列维时期，尽管在巴列维时期所谓的传统和前现代的因素仍然存在）和现代（巴列维和后巴列维时期）国家。伊朗巴列维时期可以与其他的现代国家相比较，而前现代国家，如萨法维王朝、赞德王朝、卡扎尔王朝每一个都有自己的特征，与现代国家完全不同。此外，我们还需要区分国家和民族国家。礼萨·汗在1926年成为国王并建立巴列维专制国家，这是一个建立在现代的、西方军事和官僚体系基础上的国家。国家的集权化带来了政府和社会的重大变革，其中包括民族主义意识形态、经济的发展和控制、现代化、西方化和世俗化。

部落和国家需要相互定义。在1925年之前的任何历史节点上，在伊朗究竟什么是部落，什么是国家取决于当时的政治环境，有时甚至很难确定。[1] 将部落首领也纳入国家的结构中时，会模糊部落与国家政治制度之间的区别，并且使部落和国家的分析变得更加复杂。这种以部落和

---

[1] 赞德王朝时期和也门的例子请参见本书中保罗·德雷舍的文章。

国家特点为特征的复杂政治个案包括位于伊朗东部的喀拉特汗国（Kalat Khanate）和斯瓦特。[1] 包括本书作者在内的一些学者，都使用"部落国家"这个术语。尽管理查德·塔珀在这里的讨论值得注意，但这种用法可能增加理解混乱。国家一词最好指较高层次的政治、经济和社会复杂行为体，并不是部落和部落联盟。

伊朗历史中的部落和国家是在一个系统中相依共存的，它们并没有作为两个独立或对立的体系而发挥作用。[2] 它们代表了一种可互相选择的政治，互相为对方创造和解决政治问题。国家的统治者特别是那些依靠部落为其统治提供军事力量，收入和地区安全的统治者，他们常常认为将一个群体组成一个部落是很有用处的。这些统治者利用并且加强了这种体系和结构，他们只需要付出很少的努力就能获得稳定的秩序和安全。反之，在发生地方竞争和冲突时，部落民往往依赖于国家的干预，他们的部落首领在与国家政权的互动中获得权力、权威和财富。在有些时期，一个弱小的国家会允许并且能够促进强大部落的出现，而强大的部落反过来会帮助确保弱小国家的安全。[3] 在其他时期，强大的部落和强大的国家会共存，或者相互忍让，或者敌对。伊朗历史上的许多国家都是从部落权力和组织发展成为部落王朝的。以下国家就是从部落社会出现，再到出现类似国家的联盟、帝国和国家，如白羊王朝、安纳托利亚和伊朗的帝国、奥斯曼帝国以及伊朗的卡扎尔王朝。[4]

---

1 参见 Nina Swidler, "The Political Structure of a Tribal Federation: The Brahui of Baluchistan" (Ph.D. diss., Columbia University, 1969); "The Development of the Kalat Khanate," in William Irons and Neville Dyson-Hudson, eds., *Perspectives on Nomadism* (Leiden, 1972); Fredrik Barth, *Political Leadership among Swat Pathans*, London School of Economics Monographs on Social Anthropology, no. 19 (London, 1959); Miangul Jahanzeb, *The Last Wali of Swat: An Autobiography as Told to Fredrik Barth* (New York, 1985)。

2 参见 Tapper, Introduction to *Conflict of Tribe and State*。

3 Ernest Gellner, "Tribalism and Social Change in North Africa," in William Lewis, ed., *French-Speaking Africa: The Search for Identity* (New York, 1965), p. 113.

4 参见 John Woods, *The Aqquyunlu: Clan, Confederation, Empire* (Minneapolis, 1976); Rudi Paul Lindner, *Nomads and Ottomans in Medieval Anatolia* (Bloomington, Ind., 1983)。

第七章 19和20世纪伊朗的部落与国家

位于边缘地带和内陆地区的民众需要同时适应和抵抗外部的力量，这些外部力量往往通过结构竞争、社会组织形式和意识形态支配这些地区的民众。这些竞争系统有时采取集权形式、等级制的领导层，并且往往能够反映外部的体系。以生活在扎格罗斯山脉中部和南部的鲁尔人和波斯人为例，部落组织（和游牧）的出现可能是由于游牧群体进入该区域后对当地资源构成威胁，进而对当地的农民造成了巨大的压力而产生的结果。[1] 定居的鲁尔人和波斯人需要一种有效的生存策略。部落是一种权威组织，能够对抗其他权威机构。许多人认为原始和传统的形式往往能够创造，反映甚至映射出更为复杂的系统。这种地方体系往往或者适应，或者挑战，或者疏离主导的政治体系。[2]

伊朗边界的部落民运动和部落组织的创建影响了伊朗政权与国家的结构。无论是国家机构的设定，意识形态还是国家对部落民的统治性质都反映了部落与国家的相互联系，竞争以及潜在的威胁。关于国家对部落民的影响的诸多程式已经写了很多。一个持续存在的辩证过程就是，国家也体现了部落的存在和压力。

艾伯特·胡拉尼在本书中认为，穆斯林世界中存在着两种乡村实体。一种是人们在放牧和耕种的基础上相互联系组成团体，这些人通过共同的活动和合作相互接近，并通过亲属关系（血缘和婚姻）的道德纽带联系在一起。另一种，他称之为部落，部落比一个游牧群落或村庄大，其特点是具有较大的凝聚力。这些更大的群体并不是通过真正的亲属关系联系在一起的，而是通过共同祖先的名字的神话凝结在一起的。他们也许为了牧草和耕种而拥有明确的界限。这两种实体都有荣誉和领袖观念。胡拉尼对城市三个辐射圈的讨论有助于解释出现的不同种类的部落。第一

1　Khazanov, *Nomads and the Outside World*, p. 105.

2　Gerald Sider, "When Parrots Learn to Talk, and Why They Can't: Domination, Deception, and Self-Deception in Indian-White Relations," *Comparative Studies in Society and History* 29, no. 1 (1987): 20-21.

个辐射圈是城市及其附属腹地,是直接管辖区域。第二个辐射圈是城市和政府只能通过中间势力形成控制权的中间地带,这里的部落组织有序、存在持久,首领行事有效。第三个辐射圈是山区、沙漠以及遥远的农业地区。在这些地方,以城市为统治基础的统治者可能发挥一些影响,但是这里的行政管理十分薄弱或者说基本不存在,包含有不同种类的部落实体。这里的"部落制度"(tribalism)是一整套系统的思想、符号和仪式,有时会处于休眠状态,偶尔间歇被激活。处在第三个辐射圈的部落首领偶尔有权威,并没有有效或是永久的权力。

社会科学家经常以族属来定义部落,这里的族属关系通常指的是血缘。族属的概念是许多分类符号体系之一(包括部落),在地方层面上与部落民的联系是十分重要的,但是,仅凭族属联系并不能形成部落或部落政治。因此,以族属或以族属为基础对部落下定义是不充分,不准确的,因为这种定义对族属过于重视而忽视了其他更重要的因素。[1] 而血亲原则也是部落成员理解部落含义的重要方式。这种原则往往赋予人们一种团结感,这种感受在地方层面上是非常重要的,而在乡村和城市的非部落社会中,也非常看重血缘,因为血缘可以用来定义人们之间的关系,组织人们的具体活动。例如,范·布鲁伊辛(Van Bruinessen)指出,非部落库尔德人没有自治的社会组织,已经超越了潜在的血统关系。[2] 如果血统对于伊朗所有的人都很重要,那么不同于非部落民的部落民又是怎样的呢?此外,所有部落政治组织内部与当地或更广泛群体有关系的人不能通过

---

[1] 丽萨·安德森对突尼斯和利比亚国家形成的另一个示范性研究(*The State and Social Transformation in Tunisia and Libya, 1830–1980* [Princeton, 1986])很大程度上认为部落是亲属有序的群体,而其他学者(例如 John Davis, *Libyan Politics: Tribe and Revolution* [Berkeley, 1987])提出的论据表明在这两个地区部落的概念比她提出的更为复杂。她没有解释血缘关系是如何创造部落的,也没有说明部落以外的"亲属"关系,这些问题我已经在本文中做出了讨论。

[2] Martin van Bruinessen, "Kurdish Tribes and the State of Iran: The Case of Simko's Revolt," in Richard Tapper, ed., *The Conflict of Tribe and State in Iran and Afghanistan* (London, 1983), p. 376.

实际甚至是虚构的血缘关系来定义。对于那些较大的部落政治组织来说，没有哪个血缘体系可以足够涵盖所有的成员。如果有人向公众展示他们是被共同的祖先和血缘联系在一起的，那么他们肯定是在发布政治性的声明，并不一定是事实。家谱实际上是组织章程而不是血缘关系图。人们利用家谱和祖先的联系，其目的是为了在特定的政治背景中创建和操作其中的复杂关系，而这种操纵手法和策略不应简单地视为血缘关系。对于伊朗所有的部落民来说，重要的是区分他们的居住地和社会区域（自愿原则基础上加入的成员），血缘群体（基于真实或虚构的血统和婚姻关系定义的）和社会政治或"部落"群体（政治忠诚的基础上加入的成员）。血缘关系的原则仅仅是部落民在形成群体过程中的一种手段，所以不应该优先分析建构。社会科学家需要问为什么部落社会内部和部落社会之间的关系会根据血缘关系而概念化，这个概念化在政治进程和部落结构中有什么样的影响。

伊朗的大多数部落群体尤其是大的部落，他们的成员都普遍缺乏共同血统的概念。例如，在卡什卡人中，血缘仅在一些子部落中作为一个原则被部分利用，甚至在这些子部落中，还有其他与血缘关系相结合的原则，形成了居住地、地域以及政治利益集团。[1]卡什卡人的子部落、部落以及联盟的成员在这三个群体的政治关系中定义了他们之间的联系。

伊朗的领袖通常产生于地方、区域与国家的互动进程中。高层次部落的领袖在与国家或外部势力的接触中获得权力，但他们也需要地方上的支持和忠诚。他们的合法性往往基于他们对自己的政治支持者承认（或者声称承认）的意识形态和价值体系。各种符号体系将各级的部落首领和他们的支持者联系在一起。这些符号体系包括共同的历史观念、谱系（政治章程）、仪式、语言、领土观念、部落观念、部落名称、荣誉情感以及聚居地、移民、居所、服装和表现艺术（音乐和舞蹈）模式等观念。

---

[1] 关于卡什卡分支部落的详情请参见 Lois Beck, *Borzu Beg: A Year in the Life of a Qashqa'i Tribal Headman* (Berkeley, forthcoming)。

这些体系在一些部落群体和联盟中比在其他组织更为发达，原因尚待充分分析。部落民承认、接受以及支持他们的首领，其原因更多的是因为共同的文化信仰而不是简单的威逼利诱。部落首领通常尽量少使用武力解决问题，因为部落民可以不计后果的投票选举，拒绝效忠领袖并且与其他的群体和首领建立联系。关于伊朗部落起源的口述历史和传说往往这样开始的：即一个人或是一群人从一个部落首领逃亡另一个部落首领处，或是离开一个首领形成新的群体。高层次部落首领经常在一个领域，通常是在非部落情境下的发展中发挥着重要的经济功能，同时以此构建权力基础。最成功的部落首领会同时培养与政治追随者的情感联系，从他们接触的政府和地区内获得支持。

从社会、表征（以及经济）层面来看，伊朗较大部落政治组织的高层首领与他们所领导的民众总是有些许不同。据说，这些部落首领通常来自附属群体，这些人都拥有可追溯或虚构的谱系联系。事实上，他们的首领地位往往来自他们独特而显著的身份。许多部落首领的祖先都是外来者，或者叫陌生人。他们为了维护自身的权威和权力有时会保留身份。他们在意识形态上将自己分离出来，以便让他们独特的社会地位、物质特权和政治权威合法化。[1] 他们利用谱系来强调和保持自己的独特性，而且他们的血缘往往都是通过同族结婚延续的。偶尔的族外婚姻所产生的血统很重要，因为它可以扩大部落的政治联系，创建部落内部（在统治阶级和部落其他人之间）特别是外部部落之间的联盟。一个部落精英认为库尔德人的起源和统治俾路支省的俾路支省人都表明了这些过程，在伊朗的其他高等级部落首领的起源都发现了类似的历史和传说。[2]

1　Asad, "Political Inequality," p. 137.

2　参见 Jane Bestor, "The Kurds of Iranian Baluchistan: A Regional Elite" (Master's thesis, McGill University, 1979) 和 *The Kurds of Iranian Baluchistan* (unpublished book manuscript); Garthwaite, *Khans and Shahs*; Martin van Bruinessen, "Agha, Shaikh and State: On the Social and Political Organization of Kurdistan" (Ph.D. diss., Utrecht University, 1978); Brian Spooner, "Baluchistan," *Encyclopaedia Iranica*, vol. 3, fascicle 6 (London, 1988), pp. 598–632；以及 Beck, *Qashqa'i of Iran*。

第七章 19和20世纪伊朗的部落与国家

在伊朗,如果部落首领想要扩大权力或是获得部落边界以外的权力,他们往往需要利用更广泛的种族、伊斯兰教或国家和民族主义的概念。在18世纪和19世纪,巴赫蒂亚里汗(Bakhtiari khans)向伊朗许多的城市居民灌输伊朗什叶派价值观和王权观念。[1] 库尔德领导人超出了当地部落权威的权限,利用伊斯兰教逊尼派机构和意识形态,特别是穆斯林兄弟会团体。在20世纪50年代,卡什卡部落的最重要首领都是国民阵线的积极成员,这是一个以自由、民主和民族主义为目标的伊朗政治团体。

伊朗的部落经常也被认定为族群。族群身份和部落身份一样,包括文化类型、等级的表征系统,它们在不断变化的形势下因政治原因而发生变化。因此,部落成员可能是也可能不是族群成员。人们可能同时形成部落与族群,每一类群体形成的过程也可能单独发生。族群是比部落更广泛更具包容性的结构,可以包括不同的原则、结构和组织。部落通常与族群不同,特别是在其文化界定方面。部落一词通常指的是社会政治组织的某种形式,而族群一词则强调文化意义上的自我意识。一般来说,大且复杂的部落组织,如土库曼、俾路支以及卡什卡,这些通常被认为是族群,而小且分散的部落群体则不被认为是族群或者族群的一部分。当重要部落(即社会政治意义上的)组织和机构在国家压力之下受到破坏或消除时,以前被这些制度影响的人们可能已适应或嵌和了与族群群体有关的其他特征,特别是独特的自觉意识。部落群体有时会被人为地改造成族群,特别是当民众卷入,如果他们继续保有共同的意识形态,那么他们将会越来越被国家所控制。大多数民族学学者乐意承认,族群群体通常出现在国家框架内,但是直到最近,部落社会的许多学者没有考虑到在他们的分析框架内国家存在的相关背景和说明。作为20世纪社会经济变革过程的组成部分,部落身份转化为族群身份的人通常将部落定义为族群关系为基础的部落群体(而不是社会政治实体),他们强调不平等、不对称的阶级关系取代平等主义的族属关系。然而,这两种关系可以同时存

---

1 Garthwaite, *Khans and Shahs*.

在于部落社会。此外，平等的品质假设能在基于血缘关系形成的社会中经常找到，如果真的有也仅仅是在意识形态而非现实中存在。[1]

有证据表明，在伊朗，拥有不同出身、文化遗产、语言以及习俗的人相聚在一起逐渐形成部落，而且，这种文化多样性在完善的部落中一直存在。这个过程发生在伊朗的整个历史进程中，直到20世纪80年代末也一直在进行。部落是拥有历史发展轨迹的社会政治实体，随着时间的推移，其成员经常宣称他们的文化独特性。这种感知的独特性往往被掩盖而服务于政治功能，但是文化的多样性并没有被抹去。群体身份的象征，如仪式、居所、服装和群体成员认为的独特的荣誉观念，往往出现在政治环境之外，服务于政治目的。有时这些象征符号确实成为与众不同之处。例如，自1941年来以来几乎所有的卡什卡男士都戴着有两个襟翼的帽子，许多巴赫蒂亚里男士都穿着手工编织的黑白相间的条纹斗篷。[2] 部落成员可能也相信他们重视荣誉和好客的观念以及族内嫁娶的模式使他们变得独一无二。许多不同类型的人都持有这样的观念并且愿意展示这样的独特性，但是他们之间的差异不能凭经验来确定。若问及贾夫（Jaf）库尔德人或者约穆特（Yomut）土库曼人哪一个待人更为友好，便可以证实这一点。部落群体与现代民族国家一样，是一种想象的共同体。[3]

以下示例能够说明上述的观点。伊朗的沙塞温部落在18世纪10年代中期形成了一个部落联盟，该部落是由土耳其人、库尔德人、阿拉伯人以及其他种族共同组成，尽管该部落对自身起源拥有不同的说法，最后定调于一个编造的起源传说。[4] 即使是小的，主要讲波斯语的巴塞利部落也

---

1 关于伊朗鲁尔人部落的例子可以参见 Jacob Black-Michaud, *Sheep and Land: The Economics of Power in a Tribal Society* (Cambridge, 1986).

2 Jean-Pierre Digard, *Techniques des nomades baxtyari d'Iran* (Cambridge, 1981), p. 213.

3 Benedict Anderson, *Imagined Communities: Reflections on the Origin and Spread of Nationalism* (London, 1983).

4 Tapper, "Ethnicity, Order and Meaning," p. 28; "History and Identity among the Shahsevan," *Iranian Studies* 21, nos. 3–4 (1988): 84–108.

第七章　19和20世纪伊朗的部落与国家

是起源于不同的族群，主要包括本地的波斯游牧民族、中亚的突厥人、阿拉伯半岛上的阿拉伯人、卡什什河的卡什卡人、纳法尔（Nafar）的突厥人以及萨维斯坦（Sarvistan）的昔日村民。该部落主要讲波斯语，是已经解体的卡梅什（或阿拉伯）部落联盟中的成员，很多学者也将其视为伊朗的游牧部落组织的联盟。[1] 据丹尼尔·布拉德伯德（Daniel Bradburd）声称，科玛茨部落人口的36%是"起源于外部"（external origins），该部落拥有约500人，大概在1900年前后出现在伊朗中部的克尔曼省。[2] 布莱恩·斯普纳（Brian Spooner）也说，俾路支是"各种部落起源的综合体"[3]。斯普纳写道："许多部落，虽然现在被当作俾路支人，但拥有完全不同的起源"，它们是从伊朗其他地区、阿富汗、马斯喀特和印度河谷进入俾路支斯坦的。[4] 俾路支这一标识的最初可能仅仅意味着那些不受定居政府管理和控制的游牧民族。[5] 这些游牧民族没有必要具有共同的部落、族群或语言等其他特征。在伊朗其他地方，同样被打上标记的如突厥人、鲁尔人以及库尔德人，他们都是已经被认为是乡村地区住在帐篷里的游牧民族，但是并不意味着他们有其他共同特点。安·兰布顿的评论（引自伊本·霍卡尔[Ibn Hawqal]）认为，俾路支人宣称他们是有阿拉伯起源的库尔德人这并不是那么令人费解的，因为我们认为的部落是拥有不同起源的群体和一种"偶然的聚合体"（fortuitous conglomerations）[6]。

卡什卡部落的成员拥有不同种族的血统：突厥人、鲁尔人、库尔德人、阿拉伯人、腊克人（Laks）、波斯人、俾路支人、吉卜赛人以及其他种族。这些人宣称的不同起源在他们所叙述的卡什卡的历史叙述中都占

198

1　Fredrik Barth, *Nomads of South Persia: The Basseri Tribe of the Khamseh Confederacy* (London, 1961), pp. 52–53.
2　Bradburd, "Kinship and Contract," pp. 147, 221.
3　Spooner, "Baluchistan," p. 607.
4　Spooner, "Baluchistan," p. 623.
5　Spooner, "Baluchistan," p. 607.
6　Ann K. S. Lambton, "Ilat," in *Encyclopedia of Islam*, 2d ed., vol. 3 (Leiden, 1960), p. 1098; Ian Cunnison, *Baggara Arabs: Power and the Lineage in a Sudanese Nomad Tribe* (Oxford, 1966), p. 6.

有重要地位，而且他们都详细说明了自身在这段历史中的独特性。而为了增加他们的复杂性，这些不同的种族都不是单一群体或来自同一个地方。例如，突厥人一词，就包括来自中亚、安纳托利亚、伊朗东北和西北部这些不同地区的多种突厥人。而在某些情况下，有着不同起源的部落成员又通过很多特征强调了他们作为卡什卡人的共同身份，比如标志这一身份的服装，特有的卡什卡的突厥语、音乐、舞蹈等，聚集在最高首领周围。

伊朗的一些有组织的部落族群人口，如土库曼人、俾路支人和一些库尔德人也可以被认定为少数族群。(部落组织的库尔德人是一个更广意义上的库尔德少数族群的一部分。)少数族群是由一个共同的政治意识、民族意识以及实现政治和文化自我表述而团结在一起的群体。[1]

部落的分类

为了便于分析在本章所提出的相关问题，我们可以把20世纪伊朗的部落分为四类。造成伊朗部落在规模、组织、机构以及领导体系方面的巨大差异主要是由部落的地缘政治和战略位置、军事潜力、部落资源、外部势力的利益分配和干预决定的。这些差异并不是由简单的族属原则和谱系系统能够解释的，这又是一个不认同族属(kinship)是部落的主要特征这一观点的理由。下列四种部落类型中前两个部落类型要比后两个部落类型更容易受到伊朗政府和外国势力的关注，它们的结构、组织和意识形态都能够反映出三方的密切联系。

---

[1] 伊朗四分之一的少数族群是由宗教少数派组成的(逊尼派穆斯林、犹太人、亚美尼亚和亚述基督徒、袄教徒、沙巴人以及巴哈伊人)。除了少数逊尼派穆斯林，其他宗教少数族群基本分散在城市和小村落，并没有威胁国家统治。在巴列维王朝时期，一些宗教少数群，除逊尼派穆斯林，已经基本融入伊朗社会，成为波斯人主要构成的一部分，并且从伊朗现代化改革中受益。

1. 位于伊朗国界线上的大型部落。这些部落主要由逊尼派穆斯林和非波斯人组成。他们组成了伊朗较大的族群的一部分，也是伊朗少数族群群体，在横跨伊朗国界线附近也发现类似的部落群体。他们在伊朗与邻国的关系中发挥了重要作用。这些部落群体在不同的历史时期形成了部落联盟，包括库尔德人、俾路支人、土库曼人以及阿拉伯人（伊朗的阿拉伯人主要是什叶派）。

2. 位于伊朗境内由什叶派穆斯林和非波斯人组成的大型部落联盟。这些部落有时是以集权和等级领导制为特征的。他们在伊朗历史上扮演了重要角色，甚至在某些时期，这些部落的领导人成为伊朗国家政治精英中的一员。这些部落包括巴赫蒂亚里、卡什卡、卡梅什以及沙塞温（位于伊朗边界沿岸）。

3. 规模较小的部落主要是由穆斯林和非波斯人组成，既包括"本土部落"也包括迁移部落，既有边界部落也有飞地部落（飞地指在本国境内但是隶属于另一个国家的领土）。它们通常在伊朗历史上扮演着小角色，偶尔与较大的部落和部落联盟联合，这些小部落通常只能发挥区域性的影响力。它们包括伊朗东北部呼罗珊地区，伊朗东南部俾路支省的布瓦尔·艾哈迈德、马马萨尼（Mamassani）和卢里斯坦（Luristan）的鲁尔人、库尔德人（逊尼派）；伊朗东北部呼罗珊地区的俾路支人（逊尼派）；波斯湾沿岸（坦吉斯坦人、达什特斯坦人和达什特人，其中一些是逊尼派）的阿夫沙尔人（Afshars）、哈扎拉人（Hazaras）、布察克茨人（Buchaqchis）、提姆里人（Timuris）；一小撮突厥人和阿拉伯人散居在伊朗各地。

4. 遍布伊朗的小部落群体，部落成员既有什叶派和逊尼派穆斯林，也有非波斯和波斯人。他们组织松散，缺乏制度化的领导体系，所以在伊朗历史上并没有发挥什么作用。

这些群体所使用的标签代表了他们的政治立场；这些群体的固有并不一定代表所有成员的语言、文化认同或者所有或某些人的真实起源。例如在库尔德斯坦东南边境说拉基语（Laki）的鲁尔部落就认为他们是库尔德人的后裔。[1] 因为伊朗及其附近（特别是边界地区）的部落民和非部落民经过几个世纪被迫或自发性运动，不可能以某种方式（例如俾路支或库尔德）保留有相似的起源和文化。其原因：一是频繁地变换部落认同和附属对象；二是语言和文化的变迁。20世纪，来自伊朗东北部的一些人自称库尔德人，从生物、历史和社会层面来看，可能不一定是来自伊朗西北部库尔德斯坦中库尔德人的后裔。在16世纪末、17世纪初，阿拔斯大帝将当时伊朗西北部的库尔德人安置到了伊朗的东北部。但是，到了20世纪时，这里一些自我标榜的库尔德人有可能有其他非库尔德人的起源。另一个例子则是位于伊朗西南部自称白羊部落的一个小部落，目前并不能确定这个部落成员的祖先是否是14至15世纪在安纳托利亚东部和伊朗西北部崛起的伟大的白羊帝国。

换句话说，有些部落的标签是具有欺骗性的，误导了很多社会科学家和其他学者。学者在这些标签的使用中都强调的是种族，但是他们的意义会随着时间的推移而变动，这些标签本身是灵活变化的。[2] 我们不能想当然地认为种族的概念在几个世纪内是一成不变的。有学者认为，我们不能将现代以前使用的一些概念放到现代使用。在16世纪和20世纪末，自称是库尔德人的人的认定标准肯定是不同的。此外，我们还没有完全理解语言、身份以及社会地位变化之间的相互关系。[3]

个别群体经常在不同的情景和语境中使用多个名称，使其问题更加复杂化。在伊朗西南部卡什卡人领地的边界地区，一些小地方的群体会根据情景和对话人的不同而在不同时间使用不同的名字来称呼自己，如

1　Van Bruinessen, "Agha, Shaikh and State," p. 18.
2　Spooner, "Baluchistan," p. 624.
3　Spooner, "Baluchistan," p. 625. 斯普纳试图分析俾路支人的起源以及身份等复杂问题，具体请参见 Brian Spooner, "Who Are the Baluch? A Preliminary Investigation into the Dynamics of an Ethnic Identity from Qajar Iran," in Edmund Bosworth and Carole Hillenbrand, eds., *Qajar Iran: Political, Social and Cultural Change 1800–1925* (Edinburgh, 1983) 和 "Baluchistan"；他指出俾路支人成分复杂，经历了身份形成和变化的连续过程。

库鲁尼人（Kuruni）、库尔德人、克什库利人（Kashkuli）以及卡什卡人。他们认为，他们的祖先是来自伊朗西北部科曼莎（Kermanshah）地区的库鲁尼库尔德人，在18世纪中叶时加入了卡里姆汗·赞德（Karim Khan Zand）的军队，在其建立国家后定居于法尔斯；到了19世纪时从属于正迅速发展的卡什卡部落联盟中的克什库利部落。20世纪60年代，伊朗政府在打击不法分子而对卡什卡人实施严厉惩处时，附近的库鲁尼人宣称他们是库鲁尼身份，而不是卡什卡人。而到了1972年，政府因为干旱为卡什卡人提供低价粮食时，库鲁尼人又迅速表明自己的卡什卡人的身份。

而一些被外界人士所知道的部落名字和标记并不被部落内部人所使用，有时甚至不被承认。例如，20世纪70年代，当国外研究人员在科尔曼省搜索阿夫沙尔部落时，却被告知没有这样的部落，阿法尔只是一个地区的名字。[1]

历史概览

对19世纪和20世纪伊朗部落与国家的历史有必要进行全面考察。到20世纪初，伊朗的边界一直在变动。甚至在1989年，伊朗东部和西部的边界一直不稳定，主要由于当时半自治部落、族群和少数族群群体以及国际形势的变化，特别是"两伊战争"和苏联从阿富汗撤军，都影响了伊朗边境安全。部落群体已经占领伊朗边境达几个世纪之久，原因在于他们处在国家政权的边缘地带，有益于部落的形成与繁荣、部落群体的稳定与持久。边界地区也是避难的好地方。此外，19世纪前，伊朗国家统治者

---

[1] 乔治·斯托博对阿夫沙尔民族认同问题的性质参见 "The Influence of Politics on the Formation and Reduction of 'Ethnic Boundaries' of Tribal Groups: The Cases of Sayad and Afshar in Eastern Iran," in Jean-Pierre Digard, ed., *Le fait ethnique en Iran et en Afghanistan* (Paris, 1988), pp. 131–138.

的边疆政策也规定将部落集体迁移至伊朗边界地区。[1] 所以，伊朗部落与国家边界之间有着密切的关系。

伊朗国家是由发生在不同层面的复杂过程中形成的，政权的构建是由部落和非部落的领袖共同完成的，他们都在国家形成的过程中发挥过重要作用。所有统治过伊朗的王朝，从 1000 年的塞尔柱王朝到 20 世纪 20 年代的巴列维王朝，都起源于部落，萨法维王朝除外。[2] 国家政权统治者本身就是部落首领或是其后代。所有这些王朝，包括萨法维王朝在内，都十分依赖于部落的支持和力量进行统治。直到 1921 年，伊朗靠部落力量维持的国家，同时也被部落力量所破坏。部落在与国家互动过程中，采取了它们的形式、组织以及领导权。

在伊朗历史上，部落是从小型的、组织分散、非集权的群体到零散短暂的部落联盟再到具有集权式、等级制领导体系的大型国家联盟这种线性发展的。[3] 在任何特定的历史时期，伊朗的部落政治一直沿着这条线发展。伊朗历史上的国家则是从缺乏自主权力结构的碎片化政治到带有基本机构的去集权化政治再到依靠官僚机构，常备军以及权力垄断合法化的中央集权制国家的发展过程（韦伯式意义上的现代国家）。[4] 从 1000 年到 20 世纪 20 年代，无论是国家统治的挑战者还是国家政权的建立者都需要部落组织的军事技术和超凡技能（technological prowess）的支持，而国家的统治者为了维护自己的立场，捍卫自己的统治，打击竞争对手需要在部落的支持下征兵、纳税、维护地区安全。部落在伊朗的存在是一个常态，因为他们提供了持续的军事力量。相比之下，国家则不是，而且还会经常在形式和功能上发生改变。在 19 世纪和 20 世纪初，部落联合体

---

1 John Perry, "Forced Migration in Iran during the Seventeenth and Eighteenth Centuries," *Iranian Studies* 8, no. 4 (1975): 199–215.

2 即使是萨法维王朝也有土库曼部落成分。

3 Tapper, *Introduction to Conflict of Tribe and State*, p. 45.

4 Garthwaite, *Khans and Shahs*, p. 15.

(tribal combinations)是伊朗最大且最有效的政治组织。[1] 伊朗国家的统治者常常不得不与部落分享权力。他们向乡村的渗透能力往往取决于与一些地主精英（landed elite）的关系，其中一部分就是部落精英。

19 世纪、20 世纪直到 1979 年以前，伊朗在将部落整合融入国家过程中很少使用伊斯兰教，这和中东其他国家不一样。当然，在萨法维王朝（1501—1722）时期，伊斯兰体系和意识形态确实整合了伊朗社会，包括一些部落组织。从某种意义上来说，20 世纪 80 年代成立的伊朗伊斯兰共和国，对伊朗部落民众的宗教信仰和习俗产生影响并加以规范。其中将部分逊尼派部落民转变为什叶派信仰，但此活动没有详细的文本记录。[2]

在该地区其他地方，特别是阿拉伯半岛和北非地区，部落社会和伊斯兰教正规机构（以及不太正式的机构，通常标识为苏非派，包括宗教教团和圣裔）之间的联系十分密切。[3] 但两个世纪里，在伊朗二者的关系并不密切，库尔德人、俾路支人的一部分和阿拉伯社团除外。俾路支的大多数库尔德人和一些阿拉伯人是逊尼派，而非什叶派穆斯林，三个社团很少通过伊斯兰教机构与什叶派主导的伊朗国家政权建立联系。在 19 世纪、20 世纪直到 1979 年，服务于伊朗城市地区的乌里玛（穆斯林宗教和教法学家）在部落群体没有什么威望，几乎所有的部落群体都是由非波斯人和内陆居民组成的。大多数乌里玛都是什叶派波斯人，其余的大多数是非部落民，什叶派以及阿塞拜疆突厥人。库尔德宗教领袖在一些库尔德地区成为有影响力的政治领袖，但其影响仅限于自己生活的社区。[4] 因为

---

1 Tapper, Introduction to *Conflict of Tribe and State*, p. 49; "The Tribes in Eighteenth- and Nineteenth-Century Iran," in Peter Avery and G. Hambly, eds., *The Afshars, Zands, and Qajars*, vol. 7 of *The Cambridge History of Iran* (Cambridge, forthcoming), p. 36.

2 Reinhold Loeffler, *Islam in Practice: Religious Beliefs in a Persian Village* (Albany, 1988)，论述了伊朗伊斯兰共和国对伊朗西南部部落中什叶派穆斯林村民的影响。

3 Akbar Ahmed and David Hart, eds., *Islam in Tribal Societies: From the Atlas to the Indus* (London, 1984); Lois Beck, "Islam in Tribal Societies," *Reviews in Anthropology* 18, no. 1 (1990): 65–82.

4 Van Bruinessen, "Agha, Shaikh and State."

大多数库尔德宗教领袖是逊尼派，所以他们也没有把库尔德社会与伊朗伊斯兰宗教机构或什叶派联系起来。实际上，他们有时还会使部落社会和国家两极化。伊朗城市的乌里玛经常认为生活在部落地区的什叶派，特别是逊尼派是贫穷无知的或是异教徒或叛教者。在20世纪，至少到1978—1979年伊斯兰革命前，什叶派乌里玛已经成功将波斯湾海岸胡齐斯坦（Khuzistan）地区的一些逊尼派阿拉伯部落群体转变为什叶派。什叶派化（包括皈依，让什叶派信仰和践行的更标准化）和波斯化的过程作为向这些地区渗透的宗教和政治力量是同时开展、齐头并进的。[1]

从18世纪末到礼萨·汗掌权前，卡扎尔王朝（1796—1925）一直统治伊朗，试图在其领土范围内对部落进行有效管理，但是同时又要依靠部落的支持维持统治。[2]在19世纪初期，伊朗有三分之一到一半的人口可能都是部落民。[3]在卡扎尔王朝早期，针对部落的统治政策都基本遵循着前朝统治者的政策，特别是强迫部落迁移到边境地区；但是这些政策往往是无效的，有时甚至会适得其反，而且还会耗用国家资源。

卡扎尔王朝统治者遵循着伊朗国家统治的悠久传统，设定政策让本土人士或任命的部落首领进行间接统治。统治者们承认或重新创制部落

---

1 Rostam Pourzal, "Ethnic Politics and Religious Change among Arab Iranians: A Case Study" (unpublished manuscript, 1981). 他负责了对胡齐斯坦省东南沿海地区阿拉伯人的研究。G. Reza Fazel ("Tribes and State in Iran: From Pahlavi to Islamic Republic," in Haleh Afshar, ed., *Iran: A Revolution in Turmoil* [Albany, 1985], p. 91) 指出了布瓦尔·艾哈迈德宗教领袖的三个重要作用。他们很好地融入了布瓦尔·艾哈迈德的政治制度中，从1963年起，他们同下层的布瓦尔·艾哈迈德宗教领袖一起加入反对国王的运动。

2 卡扎尔时期的部落资料，参见 Lambton, "Ilat"; F. Towfiq, "Ashayer," in *Encyclopaedia Iranica*, vol. 2, fascicle 7 (London, 1987), pp. 707-724; Richard L. Tapper, *The King's Friends: A Social and Political History of the Shahsevan Tribes of Iran* (未出版手稿); "Tribes in Eighteenth- and Nineteenth-Century Iran"; Spooner, "Who Are the Baluch?" 和 "Baluchistan"; Garthwaite, *Khans and Shahs*; Pierre Oberling, "The Qashqa'i Nomads of Fars" (The Hague, 1974); Beck, *Qashqa'i of Iran*。

3 因为数据来源主要是部落和游牧民族，可能不包括定居部落，所以整体数字可能将更高。到20世纪初，这个数字已经下降到人口的四分之一。请参见 Towfiq, "Ashayer," pp. 709-712。

首领的权力，并赋予这些部落首领征税、征兵以及维护自身及周边地区安全的权力和责任。通过拉拢或培育部落首领，并把他们纳入国家代理人的行列中。这些政策对卡扎尔王朝的统治是十分有效的，因为卡扎尔王朝缺乏常备军（伊朗的军队制度直到 1979 年才形成）、强制性的垄断机构和中央集权制的官僚体系。因为缺乏这些独立的国家机构，所以他们依靠间接的统治对已经存在的、新创建的或实力增强的部落进行管理。在卡扎尔王朝统治的大部分时期，国王的权威没有超出过以德黑兰为中心的首都地区，一些省会城市（这里只不过是中心城市的延伸）的首领（主要是王公、部落首领和神职人员）不会忠诚于国王。如果国家的统治者不认可部落首领的行事方式，那么他们就会取代、杀死或调离这些首领，然后再任命新的部落首领。在一个案例中，卡扎尔王朝的一个国王就任命了一位来自设拉子（Shiraz）的，由犹太教徒转为穆斯林的，非部落商人担任总督。他创造了一个部落联盟（卡梅什）以对抗另一个部落联盟（卡什卡）。[1] 一些官员和国外势力很快发现卡梅什总督作为一个部落领袖的地位已经相当于那些祖上掌权好几代的卡什卡部落首领。因为这两个部落总督的统治都是以城市为基础，都是作为国家和外国势力的代理人和中间人统治设拉子和其他城市，这一角色也为人们所认可。稍微的不同是卡什卡的总督与乡村部落有着广泛的联系。

  间接统治的本质实际上是分而治之原则。国家统治者为了维护本就脆弱的边境领土，他们会在部落代理人之间挑拨离间，造成不同代理人的敌对和分歧。这些统治者的意图旨在减少他们的权力和权威从而加强自己的统治。统治者授权部落首领们负责特定的区域和政治事务，而他们每个人都在与其他部落首领争夺领土和部落民众，所以并不太可能互相结成联盟反对国家政权。而部落首领因为缺乏明确的继承原则，所以加剧了部落的不稳定。统治者开始挑拨离间，让部落间相互对抗。部落首领之间竞相争取支持力量，由此产生的部落人口的迁移和归属变化，对部

---

[1] Naser ed-Din Shah in 1861–1862. 参见 Beck, *Qashqa'i of Iran*, pp. 79–83。

落的形成与解散、部落的规模与实力都产生了重要影响。在国家的支持下，那些成功的部落首领的权力逐渐壮大并成为伊朗统治阶层的一部分。

间接统治的过程往往将那些拥有不同起源、语言和文化背景的人团结在了一起，增强并创造了部落政治。卡什卡就是一个特别好的例子。直到卡里姆汗·赞德（1756—1779年在位）和卡扎尔王朝时期，卡什卡才开始出现政治组织，卡什卡颇有名望的亚尼哈尼（Janikhani）家族被赋予统治卡什卡部落的特权。统治者让这个家族负责管理定居和迁移到扎格罗斯山南部地区的人。亚尼哈尼家族成功地将这些人团结在一起，建立自己的部落群体并成为这个部落的领导核心。卡什卡部落以这种方式产生了自己的政治组织。[1] 直到20世纪20年代末，卡什卡部落才开始出现身份认同，而那时已经出现了不同情况。卡扎尔王朝针对部落的其他关键政策就是，在宫廷或省会城市扣押部落首领或是其亲属作为人质，或与部落或其他精英家族通过联姻方式结盟。

卡扎尔王朝的这些政策一直都实行得较好，直到19世纪下半叶，当欧洲列强开始在伊朗获取更大的商业和政治利益后，形势开始发生变化。1860年后，欧洲势力特别是英国和俄罗斯在伊朗（和其他领域）竞争激烈，他们以与卡扎尔王朝统治者相似的方式利用伊朗的部落达到自身的目的。欧洲势力遵循与任免部落首领相类似的策略，如果他们所谓的"请求"得不到贯彻和实施，他们通常会通过奖励或是制裁的方式威胁这些名义上拥有领导权的部落首领。当这一策略实行得不理想时，他们开始尝试削弱部落的军事和政治力量。当时伊朗政府和列强都在争夺部落首领的支持。而部落首领也利用这些外部势力达到他们自己的目的。他们可以利用一个外国势力对付另一个，也可以利用外国势力对抗伊朗政府或其他有竞争关系的部落。即使在同一个统治集团内，相互竞争的部落首领也会支持相互对立的国外势力，以便增强自己的权力、威信和财富。

---

[1] 更多细节参见 Beck, *Qashqa'i of Iran*，卡什卡部落的名字与当地有名望的家族有关，具体发生在卡里姆汗·赞德之前的历史中。

第七章　19和20世纪伊朗的部落与国家

到了19世纪60年代末，作为一个整体（虽然他们从未统一）的伊朗部落群体仍然要比卡扎尔王朝更加强大，而由于外国势力在伊朗不断增强，王朝越来越失去其统治的合法性。然而，国外势力的存在和相互竞争确实在一定程度上有助于维持卡扎尔王朝的继续统治，延迟了灭亡的时间，阻止对国家统治的潜在挑战。外国势力也一直在支持和强化卡扎尔王朝的军队力量。尽管随着19世纪军队力量的进步和外国势力支持的增加，卡扎尔王朝对部落军事力量的依赖逐渐减少，但认为部落仍然是支持或对抗国家的主要力量。所以他们仍然坚持向部落委派指定官员。外国势力也选择拉拢部落首领，因为他们清楚自身权益的维护需要依赖当地的军事支持，而且也是为了防止部落的攻击。此外他们也十分担心部落会结成同盟，损害他们的利益。由于部落之间以及与其他势力的竞争加剧，这些不同的进程或巩固或削弱了现有的部落和联盟，这些竞争过程也创造了与现存部落相对抗的新的部落和联盟。[1]

在1906—1911年立宪革命期间，部落群体特别是巴赫蒂亚里部落成为反对卡扎尔王朝统治的主要力量。在此期间，部落群体和领导人中再次出现不同的联盟，他们或是反对或是支持国外势力，而这种部落内部和部落联盟之间的斗争往往反映了更广泛的冲突。这些部落的权力斗争进一步削弱了卡扎尔王朝的统治，也使国家安全增加了不确定性。在第一次世界大战期间，当伊朗的部落成为国际斗争的棋子时，英国、俄罗斯以及德国都为自己的国家利益而利用部落。从19世纪后期到20世纪20年代，外国势力在伊朗部落群体的代理人和机构比伊朗政府的还要多。[2]

---

1 中东其他地区的外国势力也与部落集团有同样的关系。以法国在叙利亚为例，参见 Norman Lewis, *Nomads and Settlers in Syria and Jordan, 1800-1980* (Cambridge, 1987); Philip S. Khoury, "The Tribal Shaykh, French Tribal Policy, and the Nationalist Movement in Syria between Two World Wars," *Middle Eastern Studies* 18, no. 2 (1982): 180-193。意大利在利比亚的例子请参见 Anderson, *State and Social Transformation*。

2 马丁·范·布鲁伊辛在他的文章中（"The Kurds between Iran and Iraq," *MERIP, Middle East Report* 16, no. 4 [1986]: 26-27) 描述了整个过程。

在礼萨·汗·巴列维（1926—1941年在位）创造现代民族国家形象的过程中，他极力消除权力角逐和政治忠诚，部落群体和归属也是削弱的一个重点。他意识到部落与外国势力相互勾结对卡扎尔王朝统治的危害，也是对他统治的重大威胁，所以一直力图消除这方面的影响。礼萨·汗自身统治的合法性是薄弱的，所以，他希望通过反对部落、加强中央集权来赢得城市力量的支持。礼萨·汗得到了有影响的知识分子的支持，他认为部落（和族群）对现代化伊朗是逆流而动，因此怀有敌意。最初，礼萨·汗依靠部落的军事力量打败其他部落（如用卡什卡军队对抗鲁尔人），但是，他很快就开始建立一种与众不同的军事力量准备粉碎所有的部落。礼萨·汗成功地对伊朗的部落实施了严厉的政策。他杀害、监禁或是流放部落首领；加强军队治理，解除武装团体、强行部落居民定居；通过教育、官僚化、征兵、语言和服饰等广泛的政策使伊朗波斯化。[1] 礼萨·汗的服饰改革最初反映了他的欧洲化政策，所有的伊朗人包括波斯人在内都被迫穿着欧洲服饰。然而，由于波斯官员对伊朗的非波斯人强制执行这些政策，他们把这些政策视为波斯沙文主义。非波斯人看来这是城市波斯人的政策。

实际上，即使部落和少数族群民众认为这些政策是反部落和反民族的，礼萨·汗的一些政策对于一个国家和共同的公民心理的形成过程来说是非常重要的。例如，在礼萨·汗统治时期呼罗珊地区的土库曼部落居民的经济状况并不一定比非部落的波斯北部居民差很多。然而，土库曼人确实在强制执行的波斯化政策下遭受了文化歧视，被迫改变习俗，接受了他者的要求。

礼萨·汗政策的受害者第一次有了一个政治意义上的族群和部落的身份。自19世纪末开始，伊朗民族主义的观念，其中明确的波斯主义开

---

[1] 在这些过程中，礼萨·汗在平息部落叛乱后将一些部落的名字做了改动。在俾路支省，将亚尔·穆罕默德札耶（Yarahmadzai）改为沙阿纳维（Shah Navazi，意为爱抚国王），伊斯梅尔扎伊（Isma'ilzai）成为沙巴赫什（Shah Bakhsh，意为被国王赦免）。

始发展。但直到礼萨·汗在伊朗掌权后,他们在德黑兰之外的非波斯人地区影响并不大。礼萨·汗的政策向他们说明了他们需要捍卫的利益,少数族群意识在族群和部落群体中首次出现。少数族群是企图建立现代民族国家的产物。近代伊朗国家的形成肇始于 20 世纪,在"一战"后才得到显著发展。[1]

1941 年,礼萨·汗在英国和苏联占领伊朗时被迫退位。许多部落不再受到国家强制定居的限制后恢复了游牧生活。一些部落从政治层面被重新组织。礼萨·汗时期处决或流放了伊朗几乎所有的主要部落的最高首领,所以,在某些情况下,他们的儿子、兄弟或是其他男性亲属开始接管或恢复部落领导权。如果他们是被礼萨·汗杀死,或用其他方式迫害的部落领袖或被迫害者的继承人,他们的合法性就会得到加强,他们的努力会容易成功。随着国家的崩溃和礼萨·汗的退位,部落首领或是重新与地方势力联系或是重新获得权力。鉴于国家的软弱,外部势力的承认和任命对许多以前的部落首领来说是重要的,但不是至关重要的。其他的部落已经无法恢复往日的流动性、领导模式和军事力量,因为礼萨·汗的政策已经严重削弱了部落的力量,达到了预期目的。在第二次世界大战期间和 1946 年,德黑兰建立起受苏联影响的政府,外部势力渗透到伊朗的内政中。在 20 世纪早期,国家、部落与外部势力的相互竞争、相互勾结,在相同境遇下出现了类似的结局。

1953 年,在美国中央情报局的操纵下,伊朗首相穆罕默德·摩萨德下台(他领导了伊朗的石油工业国有化),而穆罕默德·礼萨·汗(1941—1979 年在位)在外部势力的支持下掌握伊朗政权,能够巩固权力并且消除部落力量。小巴列维针对前文提到卡什卡部落和整个伊朗的政策是成功的,一部分原因是因为有了他的靠山美国的军事和经济支持。他对伊

---

[1] Nikki Keddie, "Religion, Ethnic Minorities, and the State in Iran: An Overview," in Ali Banuazizi and Myron Weiner, eds., *The State, Religion, and Ethnic Politics: Afghanistan, Iran, and Pakistan* (Syracuse, 1986), p. 158.

朗实行军事和政治的和解、牧场国有化、土地改革、游牧民族定居化（尽管没有其父亲严格和严厉）、经济一体化以及波斯化的政策。学校、出版业和广播只允许使用波斯语，其他语言被禁止。伊朗的这些政策使包括库尔德、土库曼、卡什卡在内的一些部落进一步提高了少数族群意识，部分群体随着部落意识的提高，他们日益意识到需要保护自身利益。所以，在某些情况下，他们组织抵抗巴列维专制统治，抵制"现代化"改革。例如，伊朗与政府作对的俾路支部落就获得了来自伊拉克的支持从而对抗小巴列维政府，这是对小巴列维支持伊拉克库尔德反对伊拉克政府的报复。尽管，伊朗的族群和部落渴望地区自治和文化表达自由，但是趋势表明，他们以及后代将不可避免地以最低社会生活水准，被迫融入波斯化的国家和社会经济生活中去。他们并不欢迎越来越多的波斯官员管理，这些组织并不认为是自己的领土。他们看着自己的资源并没有使自身受益，而是被国王、精英分子以及德黑兰掠夺殆尽。国家和政府利用他们的土地，却忽视了这片土地上的居民，没有为他们提供必要的服务。当时国家确实向许多地区提供了教育，但是，教育使用的语言和模式就是波斯化的。教育的目的是吸引青少年关注部落、民族以外的东西。许多受教育的年轻人选择离开家去外地工作。提高知识水平、扩大外部接触有助于同时提高部落与民族意识。所以，在这些群体中，政治意识最高的人往往是那些接受过正式教育和到处游历的人。

其他部落由于受到小巴列维政策的影响而变得更加衰弱（并没有从礼萨·汗的损害部落的政策中恢复），所以在这一时期内，部落群体很快被吸收进伊朗社会中，但是仍然处在伊朗社会经济的最低水平线上。部分部落还从国王的现代化政策中获得利益，从而更好地融入伊朗社会。[1]

---

[1] 简·贝斯特（Jane Bestor）在1976年对库尔德人进行研究时发现这个地区几乎没有人反对国王。桑甘村（Sangan）的人认为自己处在经济繁荣中，新的收入可以提高自己在乡村的地位，她还记得1978年俾路支部落在扎赫坦（Zahedan）试图阻止什叶派穆斯林推倒国王雕像。（1989年7月20日个人通信）

在 1978—1979 年革命期间，库尔德斯坦以外的少数伊朗部落成员加强部落联系、煽动部落情绪、反对国王。对于非部落的伊朗人和局外人来说，没有一个部落积极参与的革命可能产生令人意想不到的结果，未来趋势也变幻莫测。他们期望部落是革命的积极参与者，特别是在巴列维政权 55 年的压制下，部落敌意滋生。尽管巴列维政权已经平定了伊朗部落的军事力量，但是，部落仍然得到了很多的军事训练，在某些情况下部落的装备比所有其他社会阶层要完善（当然，伊朗的国家武装力量除外）。此外，伊朗人和其他人都清楚，部落民在反对国家统治者和推翻政权方面发挥了重要作用。正如伊朗社会的其他阶层希望改变政府，报复国王一样，伊朗的部落组织也是如此。一些居住在城市的部落成员也参加了游行示威活动，但是除少数例外他们并没有形成部落群体，也没有表达群体利益的需求。他们支持革命反对国王的理由与非部落的伊朗城市人理由相近。例如伊朗的中产阶级、受过正规教育以及居住在城市的部落人和背景相近的人有许多相同的政治目标。即使是最政治化的伊朗少数族群库尔德人，在阐述自己的政治要求时也没有提出专门解决库尔德问题（释放政治犯、尊重公民基本自由）。[1]

为什么伊朗的乡村部落特别是逊尼派穆斯林成为革命的边缘群体，其中一个主要原因就是革命活动是主要在什叶派清真寺和城市市场进行的。实际上，伊朗的许多部落、城市和乡村成员对政治事件始终保持着怀疑的态度，并不想参与。1979 年，设拉子的一位卡什卡部落男子就对我说："如果毛拉和共产党（学生和左派）将这个国王赶下台，那么很快就会有另一个国王取代他，这对我们来说没有任何改变，不会有任何区别。"伊朗的卡什卡人开玩笑说被西方（巴列维家族）和被阿拉伯人（即在伊朗建立起以霍梅尼为首的伊斯兰教神职人员的统治）统治的明显区别只有"一个小点那么大"。

---

[1] Van Bruinessen, "Kurds between Iran and Iraq," p. 20.

在1979年伊朗伊斯兰共和国成立不久，由于霍梅尼巩固掌权、翦除异己，实行歧视性的政策，部落、民族—族群意识在许多地区重新浮现，并日益增强。库尔德人开始明确表达出自己的诉求，但是伊朗伊斯兰共和国当局声称，并没有在《古兰经》中找支持地方自治的依据。（当然也提出了一些不那么神圣的反对理由）对于那些非什叶派伊朗穆斯林（包括俾路支、土库曼以及大多数库尔德人和一部分阿拉伯人）来说，与以什叶派为国教的高度宗教化的伊朗政权发生冲突，将宗教提升到它们认同的主要层面。[1] 在这些地区，尤其是俾路支的逊尼派领袖的重要性和地位日益上升。在新政权成立的第一年，库尔德斯坦地区就发生抵抗运动。此后不久，在1980至1982年之间，俾路支、土库曼以及卡什卡都发生了反对新政权的活动，每个组织都经历了从忽视、歧视到产生敌意和军事冲突的历史过程。[2]

伊朗伊斯兰共和国和巴列维王朝时期的伊朗民族主义，都较好地代表了城市市民、波斯人以及什叶派穆斯林的利益。从礼萨·汗到20世纪80年代末，宗教、种族以及部落意识形态和结构的忠诚和依赖成为国家形成和伊朗民族主义发展的阻碍。伊斯兰共和国最初采取非民族主义立场，民族主义立场不久就在官方层面处于贬损地位，但是伊朗政权则与他的前辈们一样，继续代表城市、波斯以及什叶派穆斯林的利益。事实上，从这个角度看，伊朗1978—1979年的革命只是意味着统治权从城市、波斯以及什叶派穆斯林社会中的一部分转移到了另一部分。1980—1988年的"两伊战争"重新点燃了伊朗民族主义的观念，不仅因为两国的军事对抗

---

[1] 根据范·布鲁伊辛的说法伊朗的库尔德人主要是逊尼派，他们对伊斯兰共和国的态度并不重要（"Kurds between Iran and Iraq," p. 19），逊尼派和什叶派的区别并不是库尔德反对政权的原因（p. 23）。然而对于伊朗伊斯兰共和国当局，特别是针对库尔德人的革命卫队来说，大多数库尔德人是逊尼派而非什叶派的事实确实让他们准备在军事上大败库尔德人，并征服他们的领土。

[2] 对1979—1982年土库曼人活动的简要讨论参见 Haleh Afshar, "An Assessment of Agricultural Development Policies in Iran," in Haleh Afshar, ed., *Iran: A Revolution in Turmoil* (Albany, N.Y., 1985), pp. 75-76。

和大量的人员伤亡，而且还因为它强调了两国主导人口的巨大差异（阿拉伯人与波斯人，逊尼派穆斯林和什叶派穆斯林）。这种语言（波斯语）、族群（波斯文化和身份）以及宗教（什叶派伊斯兰教）的元素已经并继续在伊朗民族主义的形成过程中发挥重要作用。20世纪80年代末，伊朗民族主义在流亡的伊朗人和伊朗侨民中发展最快，其中他们大多数是中产阶级波斯人。

1982—1999年，库尔德斯坦和俾路支斯坦一些地区的部落和族群，反抗伊朗霍梅尼政权最活跃也最有组织。其他地区的公开反对派基本都被扼杀，库尔德人则在伊拉克和土耳其边境受到保护，他们在那里寻求庇护，并且得到了外部的援助和支持。"两伊战争"以及1988年伊朗国家军队在边界附近的驻扎使他们的处境更为复杂。伊朗和伊拉克在冲突中采取笼络对方的库尔德人作为盟友的战术取得了一些成功。[1] 俾路支人也从边境和国际冲突中（苏联占领阿富汗）得到了好处，但也有不利之处。多达180万的阿富汗难民在伊朗寻求庇护，其中许多人与生活在阿富汗边境附近的伊朗人有着部落、语言以及文化联系。伊朗的俾路支人利用当时的形势与流亡在阿富汗和巴基斯坦的俾路支人结成同盟。库尔德人也清楚，边界位置很可能产生派系主义，民众陷入边界国家纷争。

1989年伊朗的国家权力仍处在分散状态。通过革命卫队、革命委员会、真主党以及当地神职人员和他们的支持者，区域和地方性力量仍有着很强的控制力。[2] 而巴列维王朝在国家形成过程中国家对社会施加影响，而在霍梅尼时期则与之相反。在一个"受欢迎的国家重建"过程中，社

---

1 Van Bruinessen, "Kurds between Iran and Iraq," p. 26.
2 请参见一个匿名作家对伊朗村庄的论述 "Current Political Attitudes in an Iranian Village," *Iranian Studies* 16, nos. 1–2 (1983): 3–29，也可以参见 Loeffler, *Islam in Practice, and Erika Friedl, Women of Deh Koh: Lives in an Iranian Village* (Washington, D.C., 1989) 中关于伊斯兰政权对伊朗西南部落村庄的影响。

会影响着国家。[1] 1978—1979年的革命就是对小巴列维集权、官僚国家的反对。[2]

在20世纪80年代，共和国的官员对伊朗部落和游牧民产生了兴趣，并在总理办公室成立了专门机构调查他们的作用。而设立这个机构的公开理由则是评估和纠正巴列维时代对他们造成的伤害。新政权允许并在某些情况下支持相关研究，并出版关于部落和游牧民的书籍、文章和杂志。

在伊斯兰共和国建立的最初10年里，伊朗国内（尤其是左派）和国外（尤其在伊拉克、巴黎和伦敦）的反对力量都期望伊朗的部落组织能为他们提供军事上的支持，以便他们推翻或颠覆伊朗的政权。至少这些反对势力期望得到部落在道德上的支持。但是，除了少数个案外，这种联盟并没有形成。[3] 沙普尔·巴赫齐亚尔（Shapur Bakhtiar）是巴列维王朝的最后一任总理，后流亡法国巴黎，他成为流亡国外的伊朗主要部落群体的代表。但是，在一些情况下，与他交往的人缺少来自伊朗国内部落的支持。而巴赫齐亚尔等人，包括美国国务院和中央情报局的官员，也在寻找他们所认为的伊朗反对党的领袖，但是，这些人似乎并不熟悉自身在部落中的立场和声誉。这就注定了他们参与推翻伊朗政权的任何企图都会以失败而告终。

左翼和其他反政府组织在反对伊朗共和国政权的过程中，很难与伊朗的部落、族群和少数族群群体建立联盟，阿塞拜疆和库尔德斯坦除外。库尔德斯坦的党派之争是一种模式，而且联盟极其不稳定，经常发生变

---

1 Shahrough Akhavi, "State Formation and Consolidation in Twentieth-Century Iran: The Reza Shah Period and the Islamic Republic," in Ali Banuazizi and Myron Weiner, eds., *The State, Religion, and Ethnic Politics: Afghanistan, Iran, and Pakistan* (Syracuse, 1986), pp. 212, 221.

2 Akhavi, "State Formation," p. 212, 也表明伊斯兰共和国的精英主义倾向。

3 有几位前巴赫蒂亚里部落精英在1980年夏天参与了一场未遂政变。1982年伊朗库尔德民主党（KDPI），伊朗主要的库尔德政治组织，加入了1981年由法国的阿伯赫桑·巴尼·萨德尔和穆斯伍德·拉贾维组织的人民圣战组织。1984年库尔德民主党脱离该组织，试图与伊斯兰共和国谈判解决争端。在1979至1983年间，当伊朗军方将库尔德民族党驱赶到两伊边境时，库尔德民主党在库尔德斯坦的"解放区"充当政府组织。

化。除了一些库尔德人、俾路支人以及阿塞拜疆人，有组织的左翼很少是部落和族群、少数民族成员。（操突厥语、非部落的阿塞拜疆人之所以比其他非波斯人更好地整合进入伊朗，是因为他们的地理位置、经济资源以及历史贡献，此外还有少数学者并不将他们作为少数族群。）在部落和少数族群中行动的左翼分子通常是局外人、城市波斯人和女人。1979—1982年，一些圣战组织成员（Feda'iyan-e Khalq）、马克思游击队以及其他较小的左翼团体都试图组织为库尔德斯坦和胡齐斯坦、呼罗珊、土库曼沙漠等地的定居部落重新分配土地。[1] 伊朗的俾路支人受到巴基斯人俾路支左派活动的影响，那里的左派活动比伊朗更为活跃。[2]

伊朗的部落、族群和其他少数民族在1989年并没有团结起来。他们几乎和过去一样没有联系，不同的是，由于现代通信的发展，他们拥有更多的机会了解其他群体，对国家有了更好的理解，也终于确信他们处在这个国家的弱势地位。但是，这些彼此孤立的群体并没有任何共同的目标，除了希望看到政权发生改变或被推翻外，他们不会采取任何共同的行动。[3] 部分原因在于他们居住在不同地点，国际局势的变迁，每个群体对自治程度理解的也不一样。除了库尔德人外，没有其他少数族群要求脱离伊朗。

1987年，一个自称伊朗部落联盟的组织在美国成立，这个小联盟包括六个部落组织，目的是得到当时美国政府安全庇佑和引起媒体的关注。这个组织包括一个俾路支部落、一个来自卢里斯坦的鲁尔部落、一个布瓦尔·艾哈迈德的鲁尔部落、一个卡什卡部落、两个博尔瓦迪（Bolvardi）部落以及一个来自胡齐斯坦的阿拉伯部落。在19和20世纪，这些部落首领

1　Afshar, "Assessment of Agricultural Development Policies," p. 75.

2　Selig Harrison, *In Afghanistan's Shadow: Baluch Nationalism and Soviet Temptations* (New York, 1981).

3　部落和少数族群领袖之间一些短期有限的联盟目的是帮助人们通过非官方渠道和路线离开伊朗。当部落和少数民族成员认为有必要或是被迫离开伊朗时，他们会寻求部落和少数族群领袖的帮助，特别是在边境地区，他们可以秘密地通过不受国家直接控制的领土跨越国境线，离开伊朗。

都在伊朗政治中发挥了重要作用。20世纪80年代中期，他们曾依附于巴黎的伊朗前总理沙普尔·巴赫齐亚尔和他的儿子，以及巴赫蒂亚里部落在部落和国家中任职的主要首领的亲戚。

　　本文中提及的伊朗部落联盟中的两个博尔瓦迪部落成员的身份证明了几个重要观点。博尔瓦迪（也叫阿波瓦迪[Abivardi]）一直并且现在仍然是卡什卡部落联盟中规模较小但很重要的组成部分。不久后，两个博尔瓦迪卡什卡部落的人在巴黎加入巴赫蒂亚里部落，他们认为需要标明自己的身份，因为卡什卡部落亚尼哈尼/沙哈鲁（Janikhani/Shahilu）家族的最高首领也在巴黎。他们自认为与最高首领相竞争。博尔瓦迪卡什卡部落的人开始维护自己的博尔瓦迪（而不是卡什卡）身份，而且很快就宣称自己引领博尔瓦迪部落的独立身份。其他卡什卡部落的人向他们开玩笑说："如果你们是一个部落，那么你们的草场和迁徙路线都在哪里？"这些人所持有的部落观念对比牧场和迁徙路线更广，但是，对他们来说，这句话代表了一系列更宽泛的因素。博尔瓦迪人分散在卡什卡人居住领土和设拉子附近，作为一个群体他们缺乏具体的冬季和夏季的牧场和迁徙路线。博尔瓦迪牧民依赖于卡什卡部落首领行使牧场权力。[1]

　　伊朗部落联盟的七个成员都认为自己是本部落的代表，并能将其他成员团结起来，成为各自组织的盟友，获得支持。他们能够影响引领的发展。他们每个人都把自己的部落视为利益集团、潜在的利益集团，能够从事特定的任务。但是，他们每个人也通过历史、统一和团结的情感与表征符号与自己的部落联系起来。换言之，对于他们来说，部落就是可以从

---

[1] 巴哈曼·阿卜杜哈（Bahman Abdollahi，一个博尔瓦迪或阿波瓦迪部落联盟的成员）在 *The Qashqa'i of Iran* 的一篇书评，中认为我错误地将突厥语中设拉子的阿波瓦迪当成了卡什卡，他说，和书中一样（第185—186页、209页），他们实际上是"来自一个固定的团体，在18世纪纳迪尔·沙统治呼罗珊地区时他们从阿波瓦迪来到法尔斯"（Bahman Abdollahi, Review of The Qashqa'i of Iran, MERIP, Middle East Report 17, no. 5 [1987]: p. 44）。这一历史无论事实与否并不一定意味着阿波瓦迪没有成为卡什卡部落联盟的一部分。事实上，所有的关于卡什卡部落的起源和历史传说都有相似性。

事特定任务的集体，但是部落也是身份的来源、情感上的依赖、献身的对象，是重要的象征符号。我在伊朗部落中观察到的许多特征都在这个当代群体中表现出来。

与本文讨论相关的是，这七个人能够走在一起，部分原因是两个美国人的功劳，他们试图也想像其他外国人一样长期驻留伊朗干涉伊朗的内政。这两名美国人自称为美国自由协会的成员，据说与美国中情局有关联[1]，他们认为，自己似乎对部落首领的能力有清晰的认知，比他们自身还明白（但实际上是错的）。这两个美国人的热情和动力是源于这些部落首领做出的承诺。他们似乎都相信，通过联盟可以做一些事情来改变伊朗现状。1987年形成的这个组织并不是第一次由非伊朗人和外国势力相互勾结企图操纵伊朗部落的个案，也不是第一次有外部势力试图刺激和强化部落身份在情感和行动上重新塑造部落的典型。而这些部落首领都刻意选择忽视一个问题，那就是他们都没有得到部落成员们任何实际的支持。他们不能动员各自部落成员的情况，这是他们美国的赞助商们似乎没有预料的事情。部落联盟在向美国的非部落伊朗人争取利益方面并没有取得成功。

在过去的200年中，伊朗的部落与国家之间通常呈现有五种政治模式。这些模式并没有特定的顺序和序列；两个或两个以上的模式也没有发生周期性关系；也没有进化或发展过程。对于特定的部落和国家来说，这些模式的出现都是临时的。

第一，部落政治满足国家必要的功能，成为国家机器的一部分。他们是国家行政管理的工具。国家统治者依靠部落首领进行地方行政管理和征税。第二，部落政治和国家处在对抗状态。国家的统治者目标是加强中央集权和控制国家，以政治自治和军事手段消除部落的威胁。有些部落凝聚自身力量或者融解那些对部落构成威胁的国家结构，销蚀了国家

---

[1] Hooshang Amirahmadi, "Middle-Class Revolutions in the Third World," in Hooshang Amirahmadi and Manoucher Parvin, eds., *Post-Revolutionary Iran* (Boulder, Colo., 1988), p. 228.

的努力。第三，部落首领有时为反对国家霸权而与国家统治者进行竞争（这种模式的流行始于1000年，一直延续到1796年卡扎尔王朝兴起之后）。第四，由于部落政治的碎片化，因此外来人员很难组织和管理。由于缺乏军事和财政手段、地域遥远和部落流动的频繁，国家统治者无法或不愿对这些部落进行控制和施加影响。部落首领的合法性、权力以及权威主要依靠当地资源。第五，外部势力对伊朗的干涉取代了国家对部落的影响。由于国家力量孱弱和分散，对部落政治的影响甚少，而外国势力则以国家代理人自居，利用部落之间的斗争而争取自身利益的最大化。外国势力的存在阻碍了国家统治者的出现，这可能威胁部落自治。

五种模式中的任一模式，都将国家与部落紧密地结合在了一起，并进行改造。很明显，部落政治会因为国家政治环境的变化而做出应对和变化。他们采取包括小型分散联盟和较大规模的有势力联盟在内的形式。部落的结构能够适应各种不同的形势。作为一种动态结构，他们经常为了生存而做出迅速的改变。

一些学者分析了"异议土地"（the land of dissidence）与"政府土地"和"部落情势"与"政府形势"之间的动荡或极端模式。这些模式虽然有时被认为是文化建构并视为理想化的代表，但是在伊朗，其分析价值有限，因为他们不能充分代表伊朗历史上部落与国家之间关系的复杂性。我所提到的这五种模式也仅仅是泛泛之谈，我所描述的含义是从上下文中总结的。任何特定的部落群体与伊朗国家之间的实际关系，即使在短暂的历史时期内，都表现更加复杂性，远比我分析得深刻。

结　论

许多社会科学家等传统的观点认为，部落是有界限的、自给自足并且自治的，通常是由本土因素形成的独立实体。然而，部落是在多种外部力量的背景下形成和维持的。部落的形成是将人们纳入国家结构的方式，但同时也是一种防止这些民众附属或融入国家的方式。部落结构成为国家统治的组成部分，同时使民众能够抵制国家以某种形式侵犯部落。一个组织松散的、分权化的部落集团是对外部压力的反应，组织复杂和中央集权的部落也同样如此。每个模式都表现出一种自我适应的策略。一个松散的部落组织，结构和组织的分散为其提供了保护，从而很少受到国家代理人的操纵，而一个集权的部落组织，其复杂性能够抵抗住国家的压力或能够从国家的控制中获得利益。[1]

部落民通过成为部落政治体的成员而受到保护，而这与那些缺乏组织和领导制度的农民相比有显著的优势。成为部落成员，人们可以保持政治自治捍卫和扩大他们的经济和领域利益。部落是一种独立的权力集合。部落首领也获得了声望和部落成员的支持。部落民很清楚，获益的部落成员可以和部落首领协商，忠诚并支持部落首领，这在国家形成过程中是重要因素。部落结构经过不同的时间和环境中存在下来，因此在部落形成的不利情况下给部落民提供了一些稳定。因为部落的高度适应性和灵活性，部落机构、组织和意识形态提供了"长期生存价值"（long-term survival system）。[2] 对于这些部落民来说，国家结构、组织和意识形态没有实现这些目的。对于部落民来说永恒和持久的是部落关系和身份，而不是伊朗国家有时要求的附属和忠诚。国家对部落民来说是可有可无的，但是部落却是永恒的。

国家的统治者和部落首领对部落民的统治存在矛盾。国家的特点是从民众中获取财富的体制，但是同时也包含了保护这些被统治者免受其他统治者榨取财富。部落首领是榨取财富的手段，实际上，他们拥有的地

---

[1] 关于松散部落组织请参见 Malcolm Yapp, "Tribes and States in the Khyber, 1838–1842," in Richard Tapper, ed., *The Conflict of Tribe and State in Iran and Afghanistan* (London, 1983), p. 186；以及 Tapper, *Introduction to Conflict of Tribe and State*。

[2] Tapper, "Introduction," p. 75.

位部分原因在于国家将这一特权赠送给他们,但是这同时也限制了国家对部落的榨取。国家给予部落首领获得独立于部落基础之外的财富来源,赋予他们权力管理非部落民(通常是乡村地区农民)的权利。通过巩固部落首领在非部落地区的统治,国家将过度依赖于部落经济,以依靠军事支持的部落首领解放出来。而部落首领并没有损害与支持者的关系,反而对国家构成了更大的威胁。

部落民将部落首领作为必要的(虽然有时不受欢迎)调解人,反对他们认为的非法和剥削的国家统治。部落民很容易将自己部落的首领视为合法的(至少比国家统治者更合法),因为他们有共同的历史和凝聚力以及其他符号系统。但是,部落首领实际上是国家统治的延伸,他们自己比部落民更清楚地看到自己所扮演的调节者的角色及其功能。部落首领在统治部落民为自己的利益服务时,可能会掩盖国家的真实性质,这有时可能比部落民认为的国家更为强大,剥削更沉重。部落民很少直接"看到"国家,他们对国家的感知通常是由他们的首领给予和灌输的。[1] 许多部落首领试图在与国家和部落民的关系中寻求平衡,找到符合三方利益的平衡点,这些结果在历史长时段内有助于解释这些机构和模式的弹性。

从18世纪末到19世纪20年代礼萨·汗巩固权力,从1941年到20世纪50年代中期,虽然卡什卡部落的最高领袖被放逐海外,但是恰恰成功地平衡了部落联盟与国家的矛盾。1979年当萨法维王朝灭亡时,这些被放逐的部落领袖再次抓住机会恢复统治,但是,在新生的伊斯兰国家里,他们成为部落联盟里政治权力斗争的牺牲品。在这些部落首领流亡

---

[1] 根据大卫·布鲁克斯(David Brooks)的观点("The Enemy Within: Limitation on Leadership in the Bakhtiyari," in Richard Tapper, ed., *The Conflict of Tribe and State in Iran and Afghanistan* [London, 1983], p. 360)认为巴赫蒂亚里部落民经历了国家与自己领袖的矛盾。在法国统治下的叙利亚,部落首领在调解部落矛盾时更像是法国的代理人而不是自己部落权力的捍卫者(Khoury, "Tribal Shaykh," p. 186)。政府在苏丹卡巴比什部落居民主要通过部落首领间接任意和冲击部落民的生活,对他们造成影响(Asad, "Political Inequality," p. 142)。当政府能够冲击部落首领的地位时,政府的真实性质在部落民和政治之间不再是模糊的,政府的力量比过去更加强大(Asad, "Political Inequality," pp. 145-146)。

的 25 年内，部落联盟的组成部分和成员都已经发生改变，所以他们恢复执政的企图是无法成功的。1982 年，最重要的部落首领受到霍梅尼革命卫队的军事打击，目前他们或已经死亡或流亡海外。幸存者并没有紧急回归计划。

在国家和部落统治中出现了更多的歧义和困境。将部落首领纳入国际结构模糊了部落和国家政治体系之间的区别（并使部落和国家的分析变得复杂，因此值得进一步关注）。我们是否认为服务于国家利益的部落首领是国家执政机构的一部分，而他们只是"部落"的首领吗？在今天的也门阿拉伯共和国（Yemen Arab Republic）担任政府职务的部落首领是国家机构的一部分，而这些部落首领并不同意将他们的身份认定为"部落"。[1] 很少有学者详细分析过部落首领成为部落联盟首脑、国家统治的挑战者以及国家统治者本身时发生的转变。[2] 伊朗的一些"部落"首领最初是国家任命的，并没有部落背景，被国家派往某地管理领土和民众。作为国家统治工具的卡梅什总督与卡什卡总督是不同的，后者不仅是统治工具而且拥有卡什卡部落的身份。

一个国家可能无法进行统治，而一个非国家的部落却能够履行国家功能。国家统治者往往被迫依靠部落首领管理他们的领土和臣民，因为他们缺乏其他有效的管理手段，但在这样做的同时，国家统治者却容易使部落力量过于强大，可能恰恰使国家变得更容易崩溃（伊朗的许多地区的政权都屈居在部落的压力之下）。一个国家往往以牺牲自己的独立统治权和独立政治机构为代价，依靠部落组织强化自身统治。

通过协助国家的统治，部落首领能够控制国家进入部落，而且有助于防止部落而对抗国家。但是他们也帮助国家的中央命令施加到部落，增

---

1 参见本书德雷舍的论述。
2 John Perry, *Karim Khan Zand: A History of Iran, 1747–1779* (Chicago, 1979) 是一个值得注意的例外。关于部落国家定义文献的混乱与这个问题有关。如卡里姆汗·赞德一个部落首领最终成为国家的统治者，他不再仅仅是一个部落的领袖，同样他的国家也不被认为是部落。

加国家权力;[1] 从而有助于国家控制或消除部落首领和部落本身的权力。为了满足日益扩大的国家力量,部落首领有可能形成具有竞争力的政治联盟或是国家雏形。或者,他们也有可能解散那些对国家形成威胁的国家机构。国家统治者为了应对不断扩大的部落组织所构成的威胁,但是又缺乏控制或击败其所必需的手段,可以允许部落首领拥有更大的自主权,甚至可以呼吁平等主义、自治、部落成员的忠诚以及自己对部落民的间接统治。这个策略当国家统治者自称是部落起源时尤其有效。作为国家代理人的部落首领被迫或是被诱惑,从而进入到可能破坏他们所统治地区的本土基础。例如,20世纪初,巴赫蒂亚里汗成为国家统治者后,就不能成为"部落"的首领。由于多种原因,巴赫蒂亚里部落联盟从未被视为是单一的政治组织或主要政治力量。最有效的部落首领是那些能够真正理解部落与国家之间关系的两难和困境,并且能够平衡双方冲突的首领。

---

1 Ernest Gellner, "Tribal Society and Its Enemies," in Richard Tapper, ed., *The Conflict of Tribe and State in Iran and Afghanistan* (London, 1983), p. 439.

第八章
转变的二元性：沙特部落与国家的形成

约瑟夫·克丝缇娜[1]

沙特国家的发展反映了以内志为中心的传统部落社会与急剧变化的社会之间的碰撞。在应对这些变化时，沙特国家逐步完成了在政府、领土和社会等方面的国家构建。

20世纪早期，沙特社会分裂为许多大的部落群体，这些部落居住在阿拉伯半岛中部和北部地区，过着集体生活。沙特核心区域内志、盖西姆（al-Qasim）[2]和艾赫萨（al-Ahsa'）[3]的大多数居民从事游牧活动。在第一沙特王国（1744—1822）和第二沙特王国（1823—1891）时期，沙特的政治组织形式是酋长制，即部落由酋长统治。1902年，沙特国王伊本·沙特[4]重建了酋长国，部落、城镇居民和城市管理者分享权力，在此基础上来维系

---

[1] 约瑟夫·克丝缇娜，特拉维夫大学中东和非洲历史系讲师，著作有：《为南也门而斗争》（*The Struggle for South Yemen*［Croom Helm, 1984］）和《南也门革命策略》（*South Yemen's Revolutionary Strategy*［Tel Aviv, 1989］）。

[2] 盖西姆：沙特阿拉伯内志高原东北部的绿洲群，属盖西姆埃米尔区。本区为沙特阿拉伯井灌最发达的地区，有许多绿洲，出产椰枣、葡萄、石榴、杏子、桃子和西瓜等。——译者注

[3] 艾赫萨：属于沙特阿拉伯东部省，盛产椰枣。——译者注

[4] 伊本·沙特（约1880—1953）：全名阿卜杜拉·阿齐兹·伊本·沙特，沙特阿拉伯国家的创立者，1932—1953年在位。——译者注

各部分的自治与基于个体的合作联盟，特别是部落领袖之间以及部落领袖与统治者之间的合作。

沙特酋长国时期，部落对国家形成的促进作用主要体现在两个方面。一方面，部落是重要的军事力量，同时也是护送贸易车队的主要力量。部落拥有部队来与敌人战斗和开疆拓土，因而被视为瓦哈比事业的践行者，并且对酋长国的外交关系有很大影响。但是，作为国家的政治领导人和精神领袖，沙特家族的统治者和乌里玛（受过宗教科学教育）仍掌控着国家的最高权力。各部落及其酋长尽管都承担有角色，未被纳入权力结构中，也没有在政府担任职务。另一方面，部落是酋长国的组成部分，也是价值体系的主要来源。游牧民和定居民的忠诚和居住模式受部落界线的影响而被分割，但共有的价值观包括政治分权、最低限度的管理、任人唯亲、社会团结、经济合作和依据部落放牧区域来界定领土等。国家形成的不同阶段都受到了这些价值观的影响。

瓦哈比一神论是酋长国的意识形态，它为政权提供政治合法性。它是民众对抗外部敌人的至高无上的准则（supreme norm），而不是一个临时的政治信条。[1] 部落权力和价值观作用的转变是理解沙特国家形成的关键。

沙特酋长国经历了国家形成的两个辩证阶段，每个阶段又包括变革期和调整后的剧烈变迁，以及对这些变迁的适应。其中一个变革期开始于20世纪10年代晚期，一直持续到20年代。这个时期的特点是领土扩张和整合新征服地区的人口。因此，接下来的几十年的主要任务是加强中央集权和划定领土。另一个变革期是20世纪60年代末至70年代，这一阶段是国家基础设施的建立、完善和社会管理的巩固时期。80年代，沙特的发展特点是对这些调整的适应。沙特国家的形成以变化和调整为中心逐步发展。

---

1 Aziz al-Azmeh, "Wahhabite Polity," in Ian Richardson Netton, ed., *Arabia and the Gulf: From Traditional Society to Modern States* (Tatawa, N.J., 1986), pp. 75–90; C. Moss Helms, *The Cohesion of Saudi Arabia* (London, 1981), pp. 29–75.

第八章　转变的二元性：沙特部落与国家的形成

国家形成的转折点

许多学者认为，现代沙特阿拉伯的国家形成始于 1881 年伊本·沙特的出生或是 1902 年他占领受拉希德家族控制的利雅得。[1] 然而，这些论断并不准确。19 世纪 80 年代第二沙特王国部落派系之间的内战为王国再度覆灭埋下了祸根，最终于 1891 年被拉希德家族占领。[2] 即使后来沙特国家逐步强大，占领了利雅得，但这并非是国家脱离酋长模式的标志。伊本·沙特统治期间处理对外关系日益老练，尤其是与英国达成了和解，这表明他的政治潜力很大。[3] 但是，部落集团和伊本·沙特个性化、非制度化的统治之间的合作是试探性且脆弱的。[4] 由此可见，此时的沙特国家是传统酋长国的翻版。

国家形成的表现是脱离酋长模式和具有更多国家属性。由于艾赫萨和盖西姆地区马匹、骆驼和过境贸易（分别沿着海湾沿海地区和杰贝勒沙马尔［Jabal Shammar］[5] 的南部地区）的增加，当地居民要求政府提升管理水平（1906—1909），同时有利于伊本·沙特能够将领土扩张至艾赫萨（1913 年）。[6] 在应对"一战"期间战略和经济的挑战时，沙特逐步完成了国家的构建。

奥斯曼帝国尤其是英国对该地区的发展起到了决定性的影响。为了

1　参见例如，D. Holden and R. Johns, *The House of Saud* (London, 1981); L. P. Goldrup, "Saudi Arabia, 1902–1932: The Development of a Wahhabi Society" (Ph.D. diss., University of California, Los Angeles, 1971)。

2　M. J. Crawford, "Civil War, Foreign Intervention and the Question of Political Legitimacy: A Nineteenth-Century Sa'udi Qadi's Dilemma," *International Journal of Middle East Studies* 14 (1982): 227–248.

3　Jacob Goldberg, *The Foreign Policy of Saudi Arabia, the Formative Years 1902–1918* (Cambridge, Mass., 1986).

4　Holden and Johns, *House of Saud*, pp. 23–38.

5　杰贝勒沙马尔：沙特阿拉伯西北部山区，西邻汉志地区，东接东部省。沙马尔部族世世代代居住于此。——译者注

6　H. St. John B. Philby, *The Heart of Arabia* (London, 1923), pp. 92–96.

赢得战争，两国争相与地方酋长结盟。奥斯曼帝国与拉希德家族结盟，而英国与科威特的埃米尔穆巴拉克（Mubarak）、伊本·沙特、汉志的谢里夫·侯赛因和阿西尔的伊德里斯（al-Idrisi of 'Asir）结盟。大国的经济援助流入各自的地方盟友手中；由哈希姆家族领导、英国支持的阿拉伯大起义——起义的第一年英国每月的援助资金达125000英镑——的爆发就是英国争取盟友的证据。此外，为了阻止奥斯曼帝国驻扎在汉志和美索不达米亚的军队获得供给，英国直接封锁了红海港口和波斯湾的科威特。[1] 红海的封锁、拉希德家族与奥斯曼帝国的合作几乎封闭了从内志经杰贝勒沙马尔到叙利亚的传统陆路商队线路。但是，与此同时，新的贸易中心和商队路线逐渐兴起，如从科威特到杰贝勒沙马尔的哈伊勒[2]的走私路线。

新形势对沙特酋长国的发展造成了史无前例的挑战。在国家体制尚未成熟而不足以应对这些挑战时，国家极易发生变革。在新形势下，部落集团提升了自治水平，寻求与新的经济受益者结盟，并且沿着新的贸易路线居住。哈希姆王朝因领导了阿拉伯大起义而吸引了许多部落依附。此外，各酋长国的统治者对新贸易中心的争夺日益增加。奥斯曼帝国政策的多样性和英国各地的代理人也对酋长国之间的竞争起到了推波助澜的作用。英国设在开罗的阿拉伯事务局、设在波斯湾的印度事务局以及美索不达米亚的和亚丁湾的事务局各自支持不同的阿拉伯地方统治者。因此，领导阿拉伯大起义的哈希姆家族与科威特、阿西尔以及内志领导人的关系疏远。在这种形势下，沙特不得不应对各个地区的竞争者，还有地区新的主导者带来的挑战。战后，奥斯曼帝国崩溃，由英国主导阿拉伯半岛的局势，制定该地区未来战略和经济游戏规则，将其纳入欧洲全球战略体

---

[1] 参见 Joseph Kostiner, "The Hashimite 'Tribal Confederacy' of the Arab Revolt, 1916–1917," in E. Ingram, ed., *National and International Politics in the Middle East: Essays in Honour of Elie Kedourie* (London, 1986), pp. 126–143。

[2] 哈伊勒：沙特阿拉伯西南部内志地区的绿洲城市，是哈伊勒省的首府。该地居民以农业为主，主要出产谷物、海枣和水果，哈伊勒省出产的小麦更占全国的大部分。——译者注

第八章 转变的二元性：沙特部落与国家的形成

系来促进市场经济的发展。[1]

新的挑战为沙特酋长国开辟了变革的路径。为了克服上述提到的困难，国家采取了两方面策略来应对：一是领土扩张，征服新的商业和战略地区，在军事上战胜其他酋长国；二是团结国家各部落，整合新征服地区以及为战后做准备。这些过程之间的相互作用有时是和谐的，但通常是矛盾和不对称的。由此，国家的形成是一个错综复杂的过程。

扩张与巩固

沙特国家的形成类似于前伊斯兰时代帝国的建立。正如本书提到的艾拉·拉皮杜斯所言，沙特的社会变迁如同酋长国领土扩张的征服运动。酋长国的模式并未被废除，而被应用于国家的征服运动中。因此，在这种情况下，部落权力和部落价值体系的影响空前突出。

部落塑造了领土扩张的动力。第一，部落冲突为沙特介入冲突地区提供了契机，因而成为推进征服运动的催化剂。正是由于沙特控制下的乌太巴部落（'Utayba）、苏贝部落（Subay'）与胡尔马特（Khurma）周边的哈希姆家族之间的冲突，还有沙特控制下的木太儿部落（Mutayr）和拉希德家族领导的沙马尔部落（Shammar）之间的冲突（这两个部落都是海湾阿季曼部落的盟友），沙特才于1918—1919年与科威特、拉希德家族和汉志酋长国展开了斗争。1920年，情况发生了变化。伊本·沙特发现，在哈希姆家族和拉希德家族的领导下逐渐形成了反沙特的联盟，为此他开始构建有序的战争战略和军事占领策略。国家的军队占领了拉希德酋长国（1921年11月）、北部的阿西尔地区（1920—1923）和汉志（1924、1925）。

---

1 参见 Brinton Cooper Busch, *Britain, India and the Arabs 1914–1928* (Berkeley and Los Angeles, 1971), pp. 164–268。

即使在沙特有序的领土扩张下，本地部落之间的战斗往往决定了国家推进征服运动的时机与战略。1920年，木太儿部落与科威特军队在贾赫拉（Jahra）的战争为伊本·沙特的干预提供了机会。艾德部落（al-'Aid clan）在阿西尔的叛乱引发了沙特周期性的报复行动。1924年7月，木太儿部落在汉志塔伊夫镇的惨败使得伊本·沙特在汉志放缓了征服运动，并采用了长期围攻地方城镇的策略。

新征服的省份因部落活动转而成为冲突的场所。沙特部落常常劫掠本地居民，有时也劫掠邻国伊拉克和外约旦。多年来，与伊拉克和科威特毗邻的汉志北部地区、焦夫（al-Jawf）、杰贝勒沙马尔北部以及内志北部地区的部落冲突持续不断，而部落之间的争斗有利于沙特介入并占领这些地区。[1]

在最初整合的过程中，部落价值观起到了举足轻重的作用。整合的一种方式是伊本·沙特或沙特家族的其他成员与不同的游牧家庭和城镇家庭联姻。伊本·沙特的顾问约翰·菲尔比（John Philby）是1917年英国派往沙特的间谍，他发现伊本·沙特利用了瓦哈比赋予的权利，同时与四个女性结婚。通过频繁地离婚与再婚，伊本·沙特及其亲属与许多部落结为盟友。[2] 另一个方式是伊本·沙特为自身及酋长国塑造了良好的形象。亲沙特的军队在与侯赛因军队冲突的初期获得了胜利，加之伊本·沙特发放战利品十分慷慨以及1920年之前征收的赋税较低，沙特因此而拥有了良好的形象。伊本·沙特与侯赛因对待叛乱部落的态度不同，侯赛因态度武断且不留余地，而伊本·沙特通过血缘关系和战利品政策为他赢得了这些部落的支持并顺利与之结为盟友。但是在此过程中，部落结构和行为模式并未发生改变。

---

[1] 关于沙特的占领，参见 Amin al-Rihani, *Ta'rikh Najd wa-Mulhaqatihi* (Beirut, 1928); Muhammad al-Shahari, *Al-Matami' al-Tawwasu'iyya al-Sa'udiyya fil-Yaman* (Beirut, 1979); Sadiq Hasan al-Sudani, *Al-'Ilaqat al-'Iraqiyya al-Sa'udiyya 1920–1931* (Baghdad, 1975)。

[2] Philby, *Heart of Arabia*, pp. 293–294.

第八章 转变的二元性：沙特部落与国家的形成

在巩固政权的过程中，其中一个重要的举措是建立伊赫万（Ikhwan）组织和推动伊赫万运动。1912 年，特别是 1916 年以来，沙特在伊赫万组织基础上建立了农业垦殖区"胡加尔"（hujar）。针对动荡不安的乌太巴部落、哈尔卜部落（Harb）、木太儿部落以及夸坦部落（Qahtan），建立"胡加尔"是为了使其完成特定的任务来巩固国家；对于游牧部落，建立"胡加尔"是为了促使游牧民定居，卖掉骆驼和羊，放弃传统的游牧习性、劫掠及叛乱活动。伊赫万组织打破氏族壁垒，用瓦哈比派教义将各部落结为一体。这些部落更加团结与忠诚，并且引导其他部落改信瓦哈比教义，从而间接对国家予以支持。此外，伊本·沙特利用伊赫万的军事才能，将他们编为常备军来为国家战斗。[1] 虽然一些西方观察家将这一行为看作是伊本·沙特精心策划的对"人的本性的攻击"[2]，但是伊赫万真正的性质更加复杂，也是沙特征服运动中部落价值观的广泛性与部落权力重要性的例证。

伊赫万主要有三个特征：传统的军事威力、狂热的宗教热情和不受制于政府立场。在沙特扩张与巩固的过程中，伊赫万是打败拉希德家族的三大支柱之一。伊赫万是伊本·沙特的儿子费萨尔驻扎于阿西尔（'Asir）军队的一部分，并且是占领汉志、塔伊夫和麦加的主要军事力量。此外，作为先锋、狂热的传教者以及定居生活的推广者，伊赫万成为沙特非军事扩张的核心。

但是，部落走向定居化、宗教复兴和履行军事职责，这样的上层建筑不可避免地对部落下层结构产生了无法预测的影响。因此，伊赫万运动的推进没有统一标准，既不受控制，也不彻底。在运动中表现突出的集团属于木太儿部落、夸坦部落、乌太巴部落和阿季曼部落，他们并没有全部定居，而是继续保持游牧掠夺的习性与部落模式。他们将部落的宗派主

---

[1] 参见 Joseph Kostiner, "On Instruments and Their Designers: The Ikhwan of Najd and the Emergence of the Saudi State," *Middle Eastern Studies* 21, no. 3 (July 1985): 298–323。

[2] 参见 K. Williams, *Ibn Sa'ud the Puritan King of Arabia* (London, 1938), pp. 63–64。

义和无法无天的习性与宗教复兴的狂热结合起来。宗教复兴运动易被接受的特性，如从外在上改变了生活方式和衣着，再加上对暴力的狂热，致使伊赫万具有吸引力，变得十分强大。伊赫万运动超出了伊本·沙特控制的地区，推进到了海湾沿岸、鲁卜哈利沙漠以及外约旦与伊拉克的南部地区。[1]这种不受控制的扩张产生的劫掠活动并未得到伊本·沙特的许可，并且引发了与邻国和新征服地区居民的冲突。进一步来说，沙特对新省份居民的整合是通过强制改宗进行的，而这削弱了这些省份居民对国家的向心力。伊赫万活动也引发了沙特统治精英内部的斗争。伊赫万领导人在传统的权力结构中没有位置，只是依赖于他们高尚的精神目标。伊赫万领导人日益成为压力集团，不受包括乌里玛和沙特家族成员等原有统治集团的限制。伊赫万试图迫使伊本·沙特在全国实行瓦哈比复兴主义的政策，尤其是在教育方面。[2]伊赫万与乌里玛以及城市居民的关系日益紧张，伊本·沙特不得不在农业垦殖区修正他们的宗教教义。1919年，他要求纳季德高级乌里玛颁布一个费特瓦(fatwa)[3]，表明"伊赫万主义"的伊斯兰教不优于普通的瓦哈比实践。因此，伊赫万的权力在首都受到了削弱。[4]

沙特扩张的过程对酋长制带来了新的挑战。一些新征服地区的居民并不忠于沙特：北部的沙马尔部落向伊拉克渗透，汉志难以适应以复兴主义的宗教教义、游牧习性以及简单的政治文化为特征的沙特政权，因为这

1　H. Wahbah, *Arabian Days* (London, 1964), pp. 128–129; H. St. John Philby, *Diary of Political Mission to Central Arabia 1917–1918*, vol. 2, Cairo to Riyad, 13 April 1918, *Philby Papers*, St. Antony's College, Oxford.

2　Arab Bulletin, no. 108, 11 January 1919, report by Philby, British Public Record Office (henceforth BPRO), FO 882/21; H. Dickson (British political agent in Bahrain and later in Kuwait), notes on the Akhwan Movement, 5 March 1920, FO IS/19/15.

3　费特瓦：伊斯兰法学家就某一问题根据《古兰经》、穆罕默德言行审慎考虑而引申出来的处理意见或裁断说明。——译者注

4　Arab Bulletin, no. 108, 11 January 1919, report by Gertrude Bell (British official at Baghdad), 23 August 1920, BPRO, FO 371/5061/E 3798.

第八章 转变的二元性：沙特部落与国家的形成

与生活方式更具商业性的汉志截然不同。伊赫万的劫掠和外约旦、伊拉克、也门部落的反劫掠活动使伊本·沙特卷入了也门伊玛目与统治外约旦和伊拉克的哈希姆家族的纠纷中。此外，哈希姆家族对外约旦和伊拉克统治的背后隐约可见英国的身影，因此沙特需要调节与英国和其他欧洲大国的关系。英国和其他欧洲国家穆斯林的目标是朝觐，所以沙特政府需要完善对朝觐活动的管理。传统统治阶层与日益兴起的压力集团之间的斗争要求沙特建立一个更加稳定的政府。

虽然沙特对新地区的控制代价很高，但是也获得了新的经济机会。1917年，英国开始给予内志补贴。此后，每年补贴的资金总额达5000英镑。20世纪20年代早期，英国的补贴数以万计。但是，随着英国与内志因科威特会议（目的是全面解决此地区的边界划分）而造成的关系恶化以及英国需要削减日益增多的战争费用，英国最终于1924年终止了对内志的补贴，沙特领导人不得不寻找新的收入来源。由于科威特海关向纳季德部落在科威特港口的交易征收税款，伊本·沙特向科威特索要了较大份额，并且利用这笔钱为部落建立了新的贸易线路，同时也刺激了他通过海关攫取收入的胃口。1922年，美国冒险商人，如查尔斯·克兰（Charles Crane）和弗兰克·霍姆斯（Frank Holmes）开始在海湾地区寻找矿产，进一步刺激了伊本·沙特对发展国家经济的兴趣。20世纪20年代中期，沙特每年从朝觐中获得的收入将近10万英镑。

为了应对占领区域带来的机遇与挑战，沙特具有了更多国家属性。这是沙特第一次进行中央集权，此后沙特具有了重要的国家属性，即中央政府高于社会中的其他集团。[1]1917年以来，伊本·沙特的威望迅速上升，一是由于他是首位提出对英外交政策的领导人，随即成为值得信赖的对话者；二是在扩张时期，伊本·沙特被视为伊赫万的领导人和传统精英的保卫者（如乌里玛和商人），同时也是新占领地区民众抵抗伊赫万劫掠活

---

1 Ronald Cohen, Introduction to Ronald Cohen and Elman Service, eds., *Origins of the State* (Philadelphia, 1978), pp. 1–20.

动的保卫者。此前，伊本·沙特和他的祖先一直是酋长。但是，现在作为所有社会集团之间的可信赖的调解者、外交政策的缔造者，伊本·沙特已经不再仅仅是领头羊。1917年，他成为汉志的国王。1927年，他又成为内志的国王。

伊本·沙特为了使其领导更具实质性创建了一整套行政机构。与西方相比，他利用的是城市阶层的流动性，通过各个阶层的斗争将权力集中于政府。沙特官僚大多来自地方领导人，这既是应急手段，也具有较高实用性。面临新占领区域与伊赫万难以驾驭的双重挑战，伊本·沙特必须寻求应对之计。在占领汉志以后，沙特建立了许多政府部门。1931年，沙特建立了由外交、内政和财政大臣组成的汉志大臣会议（majlis al-wukala'）。1953年10月，伊本·沙特去世以前，汉志大臣会议一直是一个统一体。1954年，伊本·沙特的继任者沙特国王[1]将其重新改组为大臣会议（majlis al-wuzara'）。20世纪20年代，伊本·沙特在汉志建立了常备军，雇用了许多叙利亚和埃及的顾问来提供专家意见，使他能够不受地方既得利益者的影响来制定政策。1925年，伊本·沙特又建立了汉志咨议会议，由汉志的显要组成。伊本·沙特的儿子费萨尔主持汉志大臣会议和汉志咨议会议。[2]

沙特加强中央集权的途径主要是增强政府对地方的控制。1920至1921年，由沙特家族成员组成的新的城镇长官网建立，并且逐渐稳定。在占领汉志不到一年后，瓦哈比教义成为全国的法律。皇室与被占领地区显要家庭联姻使得地方显要进入了国家的权力中心。20世纪20年代晚

---

[1] 沙特国王（1902—1969）：全名为沙特·本·阿卜杜勒·阿齐兹。1953年11月继任国王。1964年11月，在许多亲王和大臣的支持下，沙特被王室长老委员会废黜，其弟费萨尔成为第三任国王。1969年逝世于希腊雅典。——译者注

[2] 关于沙特制度的制定，参见 F. Hamza, *Al-Bilad al-'arabiyya al-sa'udiyya* (Riyadh, 1961); 另见 Ghazi Shanneik, "Die Modernisierung des Traditionellen Politischen Systems," in Thomas Koszinowski, ed., *Saudi-Arabien: Ölmacht und Entwicklungs Land* (Hamburg, 1983), pp. 151–176。

第八章　转变的二元性：沙特部落与国家的形成

期，国家建成了电报通讯网。为了方便政府车辆的通行，国家还建立了交通运输网。政府对纳季德部落征收更高的赋税，迫使他们只能在关税也很高的新港口朱拜勒和海湾的胡富夫从事贸易。沙特将家族统治、宗教规范、集权经济和现代技术相结合，目的就在于抑制地方权力。[1]

为了解决新的问题，政府形成了新的领土观念。英国倡导的划定边界线的观念取代了地方盛行的依据部落放牧区域来定界的观念。随着英国对拉希德政权领土的占领，沙特北部与英国统治的外约旦和伊拉克相接壤。于是，为了确保该地区亲英国家的稳定，英国要求划定边界线。在签订 1922 年 5 月的《穆哈迈尔条约》（Muhamara）和 1922 年 12 月的《乌凯尔条约》[2]时，伊本·沙特不得不放弃灵活的、依据部落放牧区域定界的观念，被迫接受划定边界线的观念。1925 年秋，在哈达（Hada）和巴赫拉会议期间，沙特签订了与伊拉克、外约旦划定边界的协议。[3] 一位英国旁观者目睹了乌凯尔会议的过程，生动地描述了会上双方对强加的边界线与部落边界线看法的冲突。英国驻伊拉克最高专员，珀西·考克斯（Percy Cox）认为，伊本·沙特的"部落边界观念"十分幼稚。在纳季德部落统治者哭诉的背景下，考克斯用一支铅笔"很认真地画了一条边界线"[4]。

1924 年 12 月，沙特占领麦加后，伊本·沙特放弃了以往的征服与扩张政策，寻求维护地区和平。为了使英国、荷兰以及其他阿拉伯和穆斯林国家的政府信服，到沙特朝觐是安全的，政府实施了许多国际合作的措施。20 世纪 30 年代，沙特签署了一系列边界划定条约，与邻国关系逐步制度化，与此同时大多数周边国家对沙特国家予以承认。沙特在与其他

1　Kostiner, "On Instruments."

2　《乌凯尔条约》：1922 年沙特与英国签订的划定沙特内志东北边界的条约。该条约将沙特政权原来控制的内志部分地区划给了伊拉克和科威特。同时，条约还规定成立两个缓冲区，一个在伊拉克和内志之间，一个在内志和科威特之间，这两个缓冲区后来在 1942 年改称"中立区"。——译者注

3　R. O. Collins, ed., *An Arabian Diary: Sir Gilbert Falkinham Clayton* (Berkeley and Los Angeles, 1969).

4　转引自 H. R. P. Dickson, *Kuwait and Her Neighbours* (London, 1968), pp. 273。

国家和平共处的基础上划定了国家的边界，确立了新的领土范围。基于地区和平和强有力的政府，伊本·沙特和他的助手们希求在汉志城市精英的推动下将国家塑造为朝觐和贸易的中心。[1]

这些变化促使国家形成与部落权力和价值观之间的互动更加复杂。沙特建立的新政体打破了部落与中央政府之间的平衡。沙特形成了新的内部机制和外交政策，取代了过去曾经兴盛的酋长制度。部落集团尤其是伊赫万组织是旧政体向新政体转变过程中积极的推动者。

因此，在占领汉志之前，曾有报告表明，伊本·沙特限制纳季德部落在科威特市场贸易，将纳季德部落引导至他全力发展的艾赫萨港口贸易，并增加了已经很繁重的赋税。[2] 据其他报告，伊本·沙特要求（正如科威特会议期间表明的那样）伊拉克和外约旦之间建立一个领土走廊，不仅是为了将对手哈希姆王国分裂为两个部分，而且也是为了在动荡的北部部落地区获得领土优势，这样使他能够吞并，至少是控制北部部落的游牧区域，镇压他们的反抗。[3]

纳季德部落是沙特部落酋长国的核心，新政体却将包括他们在内的部落排除在国家机器之外。因此，虽然伊赫万的领导人，木太儿部落的酋长费萨尔·达维什（Faysal al-Dawish）和乌太巴部落的酋长苏尔坦·伊本·胡麦德（Sultan Ibn Humayd）在占领汉志的过程中发挥了突出作用，却没有在新的行政管理中受到重用。此外，中央集权政策直接威胁了部落自治。由于通讯、运输和政府机器的改善，部落作为领土的领主和商队路线管理者的地位将会受到限制。政府已经使用了经济手段来压制他们，如增加赋税、强加贸易中心以及禁止劫掠其他国家。伊本·沙特与英国、汉志显要和外国顾问的联系日益增多，这些都证明国家的统治者，一个曾

---

[1] Political Agent in Kuwait to Resident, Bushire, 1 July 1929, BPRO, FO 371/13737/E 4330.

[2] Political Agent in Kuwait to Resident, Bushire, 7 July 1923, BPRO, CO 727/5/40377; Political Agent in Kuwait to Resident, Bushire, 12 July 1923, CO 727/5/40377.

[3] Ramadi to Air Staff Intelligence, 9 January 1925, BPRO, AIR 23/3.

第八章　转变的二元性：沙特部落与国家的形成

经遵循部落国家准则和瓦哈比教义的人，脱离了过去转而追随外国行为的准则。[1]

因此，伊赫万对伊本·沙特的反对立场不应被解释为像很多人认为的那样仅仅是由于宗教狂热。伊赫万表达了纳季德部落的要求，主张国家是一个内部部落自治、自由劫掠、保护贸易权的酋长国。伊赫万的长官费萨尔·伊本·希比莱恩（Faysal Ibn Shiblayn）在与英国官员的会见中，很清楚地表示伊本·沙特对"部落自治的限制已经到了前所未有的程度"[2]。因此，沙特形成了两大对立集团和竞争体系：中央集权的沙特政府和伊赫万部落集团。1927—1929 年，伊赫万公开挑战伊本·沙特制定的新准则，双方争相寻求纳季德部落成员的支持；1929—1930 年，伊本·沙特成功粉碎了伊赫万的叛乱。

在 20 世纪 30 年代，部落叛乱的规模并不大。"自由汉志党"（Hijazi Liberation Party）妄图推翻沙特对汉志的统治。在"自由汉志党"的鼓动下，比利部落（Billi）于 1932 年在汉志北部发动叛乱，阿西尔部落进行效仿并于 1933 年发动叛乱。但是，沙特使用高压手段征收高额赋税，地区长官的专制以及政府考虑不周也是部落发动叛乱的原因。阿西尔部落的叛乱引发了 1934 年沙特与也门的战争，即便如此，政府很轻易就粉碎了叛乱，并且赢得了与也门战争的胜利。[3]

沙特对中央集权、经济发展和地区和平的重视并未产生一个新的、深入人心的价值体系。实际上，沙特政权是世袭政体[4]，是家族纽带和任人唯亲占主导地位的个人统治，并不能起到社会渗透和制度化的作用。这

1　Political Agent in Kuwait to Resident, Bushire, 1 July 1929, BPRO, FO 371/13737/E 4330; Kostiner, "On Instruments."

2　Political Agent in Kuwait to Resident, Bushire, 1 July 1929, BPRO, FO 371/13737/E 4330，包括对伊赫万领导人费萨尔·伊本·希比莱恩的采访。

3　"Tentative Outline of the Historical Background of the War between Ibn Sa'ud and the Imam Yahya, 1933–1934," Sir Andrew Ryan Papers, Box 6/7, St. Antony's College, Oxford University.

4　Max Weber, *The Theory of Social and Economic Organization*, edited with an introduction by Talcott Parsons (Cambridge, Mass., 1984), pp. 346–352.

样的政体是对伊斯兰帝国经典模式的模仿。新政体的变化表现在最高权力、宗教法律和经济方面，但是社会没有改变，仍旧由传统部落组成。在阿拉伯大起义之后，侯赛因王国的政体也是如此[1]，这为伊本·沙特提供了范例。伊本·沙特和他的助手没有为更实质性的社会变革做好准备，他们的精力都消耗在持续不断的内部斗争和外部竞争中，没有精力去关注社会变革。经济危机的长期性也是其中一个原因。在占领汉志后，国家收入来源于朝觐活动和汉志贸易商缴纳的赋税，从每年10万英镑增长到400—500万英镑。[2]20世纪30年代早期的世界经济危机严重打击了沙特经济，每年朝觐的平均人数从10万人跌落至3万—4万人，收入下降了60%—70%。政府对新建基础设施的一些外国公司负有严重的债务。与常理相反，1938年，在艾赫萨发现的具有商业价值的石油并未直接彻底地修复国家经济。在战争期间及战后，石油产量一直很低（1946年每天164000桶），利润也很少，因此伊本·沙特十分渴望获得美国的财政援助。随后几年，石油产量增加了5倍。在沙特与阿美石油公司签订的合约中，政府占有份额逐渐增多，1950年沙特的利润达到5670万美元，1951年达到11000万美元。但是，在国家管理效率低下的情况下，阿美石油公司帮助政府获得武器，并且帮助其于1946年修建连接红海与内陆的铁路。[3]1958年，当费萨尔着手经济改革时，政府欠纽约银行的债务达9200万美元，欠其他外国贷款人的债务达4000万美元。此外，沙特国内债务还有12000万里亚尔。[4]

　　虽然部落权力受到了限制，但部落价值观仍在沙特王国中盛行。部

1　Kostiner, "Hashimite 'Tribal Confederacy.'"

2　Ryan to Henderson, 4 March 1931, British India Office Records (henceforth BIOR), L/P&S/12/2073, PZ 2449.

3　Holden and Johns, *House of Saud,* pp. 123-175；另见 M. Abir, "The Consolidating of the Ruling Class and the New Elites in Saudi Arabia," *Middle Eastern Studies* 23, no. 2 (April 1987).

4　Faysal's Financial Reforms, March 1958—January 1960, 28 January 1960, United States National Archives (henceforth NA).

第八章　转变的二元性：沙特部落与国家的形成

落价值观适用于世袭政权，因而旧的社会结构没有发生变化。在沙特国家构建的过程中，双重性一直存在。20世纪20年代，中央集权和部落体系争相成为价值体系。之后的35年，政府的中央集权和发展政策占主导地位，但内在实质仍是部落体制。

这种外在表现为现代国家但内在实质仍为部落体制的"胶囊型"模式体现在国家形成的许多方面。在政府决策方面，官僚式的程序和制度之后隐约可见非正式的部落行为。沙特有许多类似大臣的办公室、汉志的部分显要组成的咨询委员会以及地方长官体系。然而，有报告表明，国家的实权是世袭的，如酋长一样的统治者的权力源于自身，并且将实权谨慎地赋予菲尔比所称的秘密委员会（privy council）的一些贴身顾问。秘密委员会主要包括汉志显要，并于20世纪30年代不再发挥作用。这些大臣们没有集体责任心，也没有像内阁一样集体行动，他们对国王个人负责。秘密委员会的成员由国王挑选，有伊本·沙特的儿子、顾问、地方长官及其他人，具体包括叙利亚顾问优素福·亚森（Yusuf Yasin）和福阿德·哈姆扎（Fuad Hamza）、菲尔比、费萨尔亲王（Faysal）和沙特国王（Sa'ud）以及财政部长阿卜杜拉·苏莱曼（'Abdullah Sulayman）。[1]这个机构基于酋长模式将实权人物非正式地聚集在一起。每周会见乌里玛的行为是酋长制的典型特征，这种宗教行为完善了这个机构的设置。[2]但是，国家的决定都是随意做出的，大多是伊本·沙特的个人意愿。

1954年，大臣会议每月召开一次，通过简单多数的投票原则做出决定，没有为主席留出决策的空间，由此政府机关拥有更大的权力，目的是取代早期世袭制。沙特国王主持大臣会议，但他总是忽视或者反对内阁的建议。内阁成为沙特国王反对者尤其是其弟费萨尔的堡垒。[3]

1　Notes on Saudi Arabia for Dr. Hugh Scott, 29 August 1944. Philby Papers Box 16/5.
2　Abir, "Consolidating of the Ruling Class."
3　Background and Implications of the Conflict within the Saudi Ruling Family, 1 April 1958, Intelligence Report No. 7692, NA.

由于缺乏制度化，沙特国家的建立在很大程度上依赖于国王的领导。在伊本·沙特（直到 1953 年）和沙特国王（直到 1964 年）执政期间，沙特国家实力还很薄弱。伊本·沙特极具魅力，但在击败伊赫万之后，他开始厌战，与之前伙伴的战斗也令他感到沮丧，逐渐对国家事务失去了兴趣。20 世纪 30 年代中期，伊本·沙特的志气才有所恢复，但是在接下来的十年他并未完全掌控国家事务。在执政的最后十年，他被疾病所困扰，体质下降。然而，如果没有伊本·沙特的推动，他的助手们不会如此努力地建设国家。伊本·沙特的儿子沙特国王极其浪费，经济决策十分草率，外交政策在亲纳赛尔主义和亲美之间举棋不定，种种迹象表明他治国乏术。

　　在经济管理方面，外在表现为现代国家但内在实质仍为部落体制的"胶囊型"模式更加突出。1933 年，沙特引入了预算机制，但只对政府开支进行预算。政府的首要任务是勘探自然资源（石油、水和黄金）。由于 20 世纪 30 年代的经济危机和 40 年代国家缺乏王室领导，公众资金和私人钱包没有真正的区别。阿卜杜拉·苏莱曼更像是酋长国中统治家族的私人代理，而不是一个国家的大臣。苏莱曼尽力满足王室需求，先向某一处借款，再向另一处借款偿还之前的借款，而且难以制止数以百万的沙特银里亚尔的走私活动。1932 年，为了使沙特货币标准化和制定平衡的预算，苏莱曼建立了沙特阿拉伯货币管理局。但是，沙特国王在宫殿和奢侈品上滥用开支，与亚里士多德·奥纳西斯（Aristotle Onassis）关于购买油轮船队的商业协议[1]最终失败，这些都在一定程度上延续了酋长制时期的行为。[2]

1　1954 年 1 月 20 日，沙特阿拉伯王国与希腊船王奥纳西斯签订了《吉达协定》，主要内容包括：成立"沙特阿拉伯油船海运有限公司"；拥有一支总吨位为 55 万吨的油船队；拥有沙特阿拉伯油田开采的石油的运输垄断权。《吉达协定》的签订震惊了全球，致命地打击了世界上最大的石油公司阿美石油公司。美国向沙特国王施加压力，扬言将对沙特进行海上封锁，并实行食品禁运等贸易制裁，而且还要断绝一切援助。面对巨大的压力，年轻的沙特国王便单方面撕毁了《吉达协定》。——译者注

2　Holden and Johns, *House of Saud*, pp. 179-197.

第八章　转变的二元性：沙特部落与国家的形成

"胶囊型"模式也体现在地区合并上。1932年8月，伊本·沙特宣称，统一的沙特阿拉伯王国建立，王位继承者是其子沙特，保持瓦哈比法律规范的约束力，但是这些社会整合的行为与酋长制时期十分相似。除此之外，地区差异盛行。汉志是国家税收的主要来源，也是国家新的神经中枢。沙特的外国顾问西方商人在汉志勘探矿产资源，富有的地方贸易商在这里规划王国经济的未来，希望他们的想法能够传到秘密委员会成员的耳中。与汉志相比，内志是旧的国家中心，那里的居民感到自身地位日益下降。纳季德部落为国家的军事服务，不可否认这是一个有效的整合方式，但他们因没有获得更大报酬而感到失望。阿西尔没有占据任何重要位置，艾赫萨和盖西姆只有富有的贸易商，如库赛比家族（al-Qusaybi family）或阿卜杜拉·苏莱曼，他们与汉志大贸易商平起平坐。20世纪30年代，英国报告强调了这些地区居民的离心力和特殊性，而经济危机更恶化了这一形势。[1]

20世纪40年代，汉志新的分离主义组织不断涌现，特别是1946年的"汉志抵抗组织"（Association of Hajazi Defense）。沙马尔部落的谢赫因指责沙特歧视他们而被放逐至伊拉克。[2] 因此，沙特国家整合的水平并未达到基本的服从，社会仍旧以地区部落为界而四分五裂。

"胶囊型"模式也体现在地区管理上。沙特家族分支及其精心挑选的官员垄断地区管理权，他们提高赋税，控制地方部落。地区管理仍旧使用酋长制时期的策略，重视维持部落的忠诚，而不是将部落权力引导至新的基于组织而建立的国家之上。伊本·沙特（和他之后的沙特国王）实行收买部落的补贴制度，这个制度避免了部落干预国家事务，并且确保了他们的满意度和勉强向政府表示忠诚。此外，直到1954年，官方的税收政策仍旧是一种确保外围部落顺从的手段。地方长官在特定的季节向各部落

1　Joseph Kostiner, "The Making of Saudi Arabia" (manuscript in progress), chap. 3.
2　参见 Johannes Reissner, "Die Innenpolitik," in Koszinowski, ed., Saudi-Arabian, pp. 83–120。

派遣税吏，根据宗教法原则收集税款，以实物集体支付。[1]

纳季德部落是唯一的例外，他们偶尔履行传统的军事职责，如镇压叛乱、参加沙特与也门的战争（1933—1934）。沙特建立了白军（国防军），有16000名正式军人和32000名后备军人，还建立了主要由纳季德部落成员组成的国民警卫队，这些军队的建立旨在遏制动乱。[2]

社会快速变迁的影响

20世纪60年代晚期和20世纪70年代，费萨尔国王统治时期是国家发生剧烈变革的另一个重要阶段。正如20世纪20年代的那次变革一样，20世纪60年代沙特重构政体，目的也是为了应对国内外战略和经济新形势的挑战。此后沙特具有了更多的国家属性，并创建了部落与国家互动的新模式。

在沙特国王统治时期，这种"胶囊型"模式在应对国内外新形势时毫无作用。沙特决策过程的任意性和无计划性无法应对激进阿拉伯民族主义的颠覆活动和苏联与美国在中东对峙的影响，政府也未能阻止地区激进的趋势。最明显的例证是发生在1953年和1956年阿美石油公司仓库的大罢工。沙特国王在处理地区事务上含糊不清，优柔寡断。1957年晚期，沙特国王在访问华盛顿期间出乎意料地放弃了对埃及总统纳赛尔一向友好的态度。纳赛尔是阿拉伯激进主义的领导人，而沙特国王接受了艾森豪威尔主义，成为亲西方反激进主义阵营的领导人。1958年，沙特国王甚至被指控教唆他人刺杀纳赛尔总统。同时，沙特国王任意分配部落首领的津贴（目的是平息内部的反对）、从奥纳西斯手中购买油船队徒劳

---

1 The Eastern Reaches of al-Hasa Province, 31 January 1950, 886 2553/1-3150, NA; Muhammad al-Mana, Arabia Unified (London, 1980), p. 177.

2 Abir, "Consolidating of the Ruling Class."

第八章 转变的二元性：沙特部落与国家的形成

无果、肆意投资建设清真寺以及在国内事务上轻率的决策方式都引起了民众的不满。

石油工人的罢工、部落忠诚的不确定性以及王子之间关于如何处理这些问题产生的争斗既暴露了国家决策的弱点，也彰显了社会政治一体化的异常。"胶囊型"国家的特点是各集团之间表面的相互妥协，但在20世纪50年代，这不足以维持国家的稳定与建立合作。此外，虽然石油收入与日俱增，但是国家预算仍有赤字，文盲和医疗问题日益严重，公共建设难以满足需求。世袭的、太过简单的管理显然是远远不够的。

费萨尔国王（1964—1975年在位）的改革主要集中在两个方面。第一，官僚机构和制度建设。他采纳了1960年联合国专家、1963年福特基金会和1964年专家团提出的建议，利用越来越多的石油收入（1970年为10亿美元，1980年为800亿美元）[1]推进现代化和提升公共管理。[2] 第二，技术现代化。阿卜杜拉·本·阿齐兹·库赛比（'Abd al-'Aziz al-Qusaybi）是一位前任大臣，也是改革的推动者之一。正如他所言，"如果我们希望摆脱现在的落后，那么不可避免地需要借鉴西方文明的某些方面，包括技术、物理和社会科学、管理程序和科学规划的准则"[3]。沙特在通讯、交通、医疗和教育等方面建立了现代化的基础设施，加强了王国各地区之间的联系，提升了民众的生活水平。

但是，费萨尔和他的助手们并没有在社会文化方面进行改革，而是继续维持甚至促进伊斯兰教在社会中的作用，他们也没有正视新的社会分化、重新定居以及区际移民等现象。在费萨尔看来，"社会的复兴"依赖于新型教育制度的建立[4]，因此，他采纳了官僚主义的观点，将"社会的复

1　Holden and Johns, *House of Saud*, pp. 255–357.

2　Abd ulrahman M. Al-Sadhan, "The Modernisation of the Saudi Bureaucracy," in Willard A. Beling, ed., *King Faisal and the Modernisation of Saudi Arabia* (London, 1980), pp. 75–89.

3　Ghazi Algosaibi, *Arabian Essays* (London, 1982), p. 13.

4　Extracts from Faysal's speech at Ta'if on 5 September 1963, in Gerald De-Gaury, *Faisal* (London, 1965), pp. 169–176 (appendix).

兴"归因于国家在社会中的"因果作用"[1]，即通过扩大政府的作用来推动社会变迁，并使之成形。用韦伯的术语来说，费萨尔力图使沙特世袭政体惯例化。

秘密委员会成员的非正式决策虽然延续着，但只处理一般政策。政府机关监督不断扩大的官僚机构，并且执行政策。高级顾问包括费萨尔的心腹拉什迪·法伦（Rashad Far'un）、卡迈勒·阿德汗姆（Kamal Adham）和奥马尔·萨卡夫（'Umar Saqqaf）；伊本·沙特的兄弟；高级技术专家如扎基·亚马尼（Zaki al-Yamani）和阿卜杜拉·本·阿齐兹·库赛比（后来成为了大臣）；宗教高级官员阿卜杜拉·本·阿齐兹·伊本·巴兹（'Abd al-'Aziz Ibn Baz）；其他高级乌里玛。费萨尔建立了一个由15人组成的大臣级会议，其继任者将此机构扩大至25人。国王和王储主持会议，以此来确保规划、工业、电力、市政和乡村事务等各部门各司其职，协调发展。各部门都配有技术专家，这些专家的任用不以忠诚度作为标准，而是依据能力挑选，这在一定程度上确保了决策的科学化。

1968年中央计划厅的成立使得沙特实现了有序投资，这标志着政府权力的扩张已经进入到公共活动领域。虽然地方长官的任命与职责仍由国王直接决定（国王从王室家族和高级技术专家中挑选），但是政府的公务员已达40万人，他们对各省份形成了自身特定的态度。在中央集权方面，国家主权达到了新的高度。标准工时、医疗服务、最低工资法等福利体系在全国得到了应用。政府扩大权力机构，自此逐步实现自治。1970年，由专门部门监管的司法体系建立，该部门包括一个由20人组成的机构，它结合了沙里亚法和西方法律准则。[2] 人才的培训是国家的首要任务。成千上万的学生，包括女性开始上学；好几万名学生在国内或者西方高校

---

1 Lisa Anderson, *The State and Social Transformation in Tunisia and Libya, 1830-1980* (Princeton, 1986), pp. 270-279.

2 Holden and Johns, *House of Saud*, pp. 255-357; Helen Lackner, *A House Built on Sand* (London, 1978), pp. 60-69.

就读。居民区建立了卫生院和医院。伴随着行政的改革，经济也进行了改革。除了石油工业，政府鼓励石化工业的发展和投资。反过来，这些工业与基础设施的项目共同促进了商业的发展，如酒店、保险、航空、餐饮和建筑。

民众的整合是改革的另一个领域。经过费萨尔改革，王国从红海到波斯湾的主要城市通过空运相连。国家管理的重点是民众的整合，提高民众对就业培训、医疗服务和福利体系的依赖度。在现实意义上，社会不再是四分五裂，民众更加团结统一。

基于传统部落认同之上的地区团结明显有所松动。通过现代通信技术，部落与其他地区的联系更加紧密，部落的独立性下降而依赖性增强。新的地区部落认同没有出现，而地区排他认同受到削弱。[1]

与20世纪20年代的变革不同，这个时期的改革不但涉及政治领域和权力结构，而且涉及经济和社会方面。20世纪70年代中期，政府主导着公共生活的各个领域。民众的经济条件有所好转，逐渐由谋求生计走向富裕，许多人喜欢舒适而非奢侈的生活。20世纪80年代，沙特社会只有35%的人处于勉强糊口的生活水平。城市化进程的加快促使人口从乡村和游牧地区移居城市，这些城市成为十分富裕的商业和工业中心。国家中心地区的城镇人口增加了数倍（例如吉达，20世纪50年代为6万人，20世纪80年代达到100万人）。[2] 康纳德·科尔（Donald Cole）指出，"世纪之交，游牧民的比例占绝对多数，而此时游牧民所占比例下降至25%"。有报告显示，游牧民所占比例可能低至10%。[3] 生活习惯和生活方式也随之改变。民众的职业观念发生转变，更加倾向于从事商业和白领工作，而不是体力劳动

---

[1] Soraya Altorki and Donald P. Cole, *Arabian Oasis City: The Transformation of 'Unayzah* (Austin, Tex., 1989), pp. 119–207，对市场经济的影响进行了长期讨论。

[2] Shirley Kay, "Social Change in Modern Saudi Arabia," in T. Niblock, ed., *State, Society, and Economy in Saudi Arabia* (London, 1982), pp. 171–185.

[3] Donald P. Cole, "Bedouin and Social Change in Saudi Arabia," *Journal of Asian and African Studies* 16 (1981): 128–149; P. A. Kluck, "The Society and Its Environment," in *Saudi Arabia: A Country Study* (Washington, D.C., 1984), pp. 57–132.

或者贸易。民众建设了新住所，消费主义逐渐增长。沙特由一个平等的社会发展为一个以新技术和收入差别来划分为不同阶层的社会。王室家族成员既享有王室津贴，又从事商业，他们与高级乌里玛以及一些平民家庭的贸易商共同构成了一个庞大的上层；在政府工作和在私人企业工作的专业人员和技术专家形成了一个正在兴起的中产阶级；无技术的城市工人、游牧民、无土地的乡村人口和将近200万的外国劳工则处于社会底层。

20世纪70年代下半叶，沙特社会发生了很大的变化，主要体现在现代化的到来、身体负担的减轻、教育免费以及医疗保障制度的建立。与此同时，这些变化也给社会带来了许多严重的问题。国家行政管理的不断扩大能够推动社会变迁，但是并不能控制其局限性。也就是说，国家机关没有对正在经历社会变迁的不同人群给予同等发展的机会和待遇，也没有提供参与政治的渠道、没有建立政党或代表机构来表达各阶层的政治意图。此外，国家机关既没有提供相适应的文化价值观，也没有提供一种新的意识形态来弥补由这些变化带来的错位以保持方向感。这些问题共同点是一种更新了的关于社会解体的意识。社会解体在消除了传统部落间和地区间的差异的同时，也带来了包括社会分化、生活方式和意识形态不同的新问题。因此，挥霍无度的上级阶层与由雄心勃勃的技术专家和官员组成的新兴阶层的关系日益紧张，这与其他中东国家的社会情况大同小异。沙特中产阶层人数占劳动力总人数的8%，日益成为潜在的反对力量。[1]作为对促进商业的回报，中产阶层有合法的权利收取佣金，他们拥有奢华的生活和挥霍性消费。传统价值观的瓦解加剧了意识形态的迷失。200多万外国劳工投身大型建设项目，他们是社会的新元素。公众已经意识到了这些新的差异，加剧了国家发生冲突的可能性。[2]

---

1 N. Safran and M. Heller, *The New Middle Class and Regime Stability in Saudi Arabia*, Harvard Middle East Papers, no. 3 (Cambridge, Mass., 1985).

2 M. Abir, *Saudi Arabia in the Oil Era* (Boulder, Colo., 1987), pp. 139-148；参见 D. Horowitz 在他的 Ethnic Groups in Conflict (Berkeley and Los Angeles, 1985), pp. 141-184 中对群体比较的讨论。

第八章 转变的二元性：沙特部落与国家的形成

现代化对正在定居的游牧部落和新定居的部落民众的负面影响尤为突出。部落的生态完整性和政治自治遭到破坏；实际上，由于定居化，部落早已走向瓦解。政府开办的农业示范区（在索罕盆地、哈尔杰和贾布尔堡）主要集中在北部的沙马尔部落和南部的穆拉。20 世纪 50 年代和 60 年代，在这些地区遭受严重的干旱之后开始试点，这项活动很难成功。由于缺乏足够的水资源和技术装备，这些较大部落在适应定居生活时处境艰难（每个示范区都有 1000 多个家庭），有些部落蔑视农业，从而阻碍了部落的全面定居化。

然而，这些活动产生了更加复杂的定居化现象，即废除了部落对放牧地区的独占权。1968 年颁布的一部法律规定向部落成员分配小块土地。在政府技术和资金的支持下，部落内部出现了小地主集团。数以万计的劳工因为受雇于阿美石油公司而定居下来。[1] 其他部落成员的收入来源包括国民警卫队的抚恤金、政府便捷贷款和在新兴城市临时工作的薪资，即便如此，部落成员仍旧保持着游牧的生活方式。他们能够如此受益于现代化提供的便利，如卡车、青年教育以及城市就业机会的增多。城市对定居生活具有吸引力，同时也是游牧民生活费用的来源，因此部落成员往往混合两种生活方式。雪莉·凯（Shirley Kay）发现，这个过程是一种"半定居"的形式。贝多因人在城市做了一段时间的无技术劳工，拥有收入和一辆卡车后又回归游牧生活，但是最终还是被完全定居化。[2]

部落居住模式的改变对部落成员与社会各阶层的混合的影响体现在政治和社会文化方面。一方面，部落酋长是中央政府和部落各成员之间的调解者，他们依靠大土地主的身份逐渐进入上层社会。另一方面，许多普通的部落成员构成了社会的底层，这些人缺乏技术、教育和收入，一

---

[1] Ugo Fabietti, "Sedentarization as a Means of Detribalisation: Some Policies of the Saudi Government towards the Nomads," in T. Niblock, ed., *State, Society, and Economy in Saudi Arabia* (London, 1982), pp. 186–197; A. H. Said, "Saudi Arabia: The Transition from a Tribal Society to a Nation" (Ph. D. diss., University of Illinois, 1982).

[2] Kay, "Social Change."

般住在大城市郊区的棚屋内或者保持一种游牧或农耕的生活方式。传统生活与现代生活有着很大差异，其中很多人不满并逐渐远离新的西方化生活。

在社会快速变迁和走向富裕的过程中，部落价值观和部落元素仍起着重要作用。但是，部落并不要求回归旧的酋长制，大部分定居人口支持国家及其新制度。富有的、集权的、官僚化的政体是不可逆转的，并且已经被社会广泛接受。很多研究都提到游牧民和定居的部落民众对已经改善的医疗和教育设施的利用。[1]

国家行政管理虽未导致社会差距，但也未能解决这个问题。然而，部落价值观在一定程度上起到了缩小社会差距的作用。部落价值观的作用是为处于社会变迁中的民众提供一种熟悉感和延续感，主要体现在两个方面。在行政管理和政治生活方面，部落价值观对民众陌生的官僚机构和缺乏政党的体制起到了补充作用。国家的统治阶层，尤其是王室家族的王子或高级官员与原有部落中可信赖分子以及其他合作者建立起了联系网。这些联系为高层领导人提供了政治支持。反过来，他们将高层领导人视为恩人，不用经过陌生的官僚渠道就能够满足他们的需要。这种恩庇关系利用了部落合作和寻求政治支持的惯例。最终这个网络形成了一大批被庇护者，他们依赖于王室家族。正如阿齐兹·阿泽姆（Aziz al-Azmeh）所言，"其他氏族从属于沙特政权，不再是游牧的生活方式，他们被纳入沙特财富的再分配体系中，津贴和公民特权代替了掠夺品，如外国商人合法的赞助费，一定程度上与勒索保护费相类似。因此，部落制度处于支配地位，不再是临时合作或是多余的社会结构"[2]。

部落机构也是非官方讨论的重要场所。部落会议由埃米尔和部落长

---

1 Cole, "Bedouin and Social Change"; Taha al-Farra, "The Effects of Detribalizing the Bedouins on the Internal Cohesion of an Emerging State: The Kingdom of Saudi Arabia" (Ph.D. diss., University of Pittsburgh, 1973), pp. 204–208.

2 Al-Azmeh, "Wahhabite Polity."

第八章　转变的二元性：沙特部落与国家的形成

老组成，他们裁决民众日常问题，为庇护团体请愿以及讨论决策。

表面上看，部落价值体系限制和取代了国家体系；实际上，作为民众熟悉的、可适应的体制，部落价值体系是对国家体系的补充。部落价值体系并未取代国家行政管理，而是对其进行了修正，使民众更易接受。因此，在国家机构的权力扩张中，部落价值体系起到了至关重要的作用，尤其对于那些高层领导来说。部落价值体系的重要性体现在对沙特"政府"与"国家"的区分上。在部落价值观中，民众认为"国家"是冰冷的并对其表示厌恶，但对国家的领导者"政府"表示同情，因为"政府"这个术语包含了恩庇关系，将王室家族与政府其他成员联系了起来。

部落价值观有助于认同的形成和人们适应国家的新政体。第一，城镇形成了恩庇网络和其他联系网[1]，新的居民之间出现了部落联盟。这不仅实现了行政管理的目标，而且通过消除分歧、削弱社会差距对个体的影响缓解了民众因社会差距而带来的不安情绪。部落价值观为以族裔或职业为基础建立的集团重构了一个熟悉的、被承认的、"类部落"的认同。这些集团又受政府官员或王子的领导，由此增强了他们对国家的支持与认同。王室家族形成了 2 万人的联盟，不仅代表着 20 世纪 30 年代显要家族的利益，同时也代表着有共同利益以及与王室通婚的盟友的利益。[2]

部落价值观形成了涵盖不同集团的部落精神，认同于传统、朴素、保守主义和宗教。有趣的是，虽然在 20 世纪 20 年代和 30 年代，部落价值观与瓦哈比教义在定居化和停止劫掠方面相互矛盾，但是，沙特王国地区关系的改善却终止了劫掠活动，推动了定居化。因此，部落价值观和瓦哈比教义的差异逐渐减少，部落成员的后代能够很好地协调两种价值观；结合两种熟悉的、共同的价值观立场也有助于完善变革的粗糙性。部落价值观代表着传统的发展方向。

---

1 Abir, *Saudi Arabia in the Oil Era*, p. 73.
2 Gary Samore, "Royal Family Politics in Saudi Arabia" (Ph.D. diss., Harvard University, 1985); 另见 Waddah Sharara, *Al-Ahl wal-Ghanima* (Beirut, 1981), pp. 171-207。

部落价值观有时也有消极作用，主要体现在集团规范与国家现代化的不协调。由于对缺水的恐惧、农耕的失败以及定居化中艰难处境的深刻印象使得他们的被剥夺感、贫困感和受虐感十分强烈。[1] 阿卜杜拉·本·拉赫曼·穆尼夫（'Abd al-Rahman al-Munif）在一部寓言小说中提到，随着艾赫萨石油工业发展的同时也带来了民众对政府的怨恨。他将石油工业描述为沙特社会苦难的来源。小说名为《盐城》（Cities of Salt），其实意指石油城市，石油工业没有深深地扎根于沙特社会，因此可能面临崩溃。[2] 穆尼夫在其1984年出版的小说中因20世纪70年代出现的混乱也表达了对国家的怨恨，特别是这本书强调了当时流行的看法，一旦平等主义且无分层的社会出现等级之分，那么领导人就会变为压迫者，与民众的关系就会越来越远。

20世纪70年代，在麦地那大学的研究中，这样的态度颇受底层部落成员的支持。基于以下两点原因，民众把王室家族视为破坏者和落后者。一是快速发展时期意识形态的迷失和社会的掠夺。他们的领袖是朱海曼（Juhayman），伊本·胡麦德的外甥，后者也是20世纪20年代伊赫万乌太巴部落的杰出首领。二是穆斯林民众复兴主义情绪的高涨，这种情绪是经埃及、也门和巴基斯坦的劳工传至沙特阿拉伯的。1979年11月20日，沙特在麦加大清真寺抓捕了试图刺杀王室领导人并推翻其统治的百名部落成员。[3] 虽然这种尝试是徒劳的（占领清真寺的几周后，叛乱就被粉碎），但是部落成员对变革带来的影响进行的反抗值得关注。

沙特领导人的主要反击策略是强调自身的部落与宗教背景，将部落成员视作社会共同的建设者来调整部落价值观。哈立德国王（1975—1982年在位）和法赫德国王（1982—2005年在位）为此付出了很大努力。正如

1　Motoko Katakura, *Bedouin Village* (Tokyo, 1977), p. 26.

2　'Abd al-Rahman al-Munif, *Mudun at-Milh* (Dammam, 1982).

3　James Buchan, "The Return of the Ikhwan 1979," in Holden and Johns, *House of Saud*, pp. 511–526.

20世纪20年代的领土扩张一样，快速的现代化为国家构建带来了前所未有的挑战。除了清真寺事件，1979—1980年，什叶派在艾赫萨的暴动和《戴维营协议》签订后沙美关系的紧张都证明了国家构建的脆弱性。自20世纪70年代晚期起，政府开始寻找新型的国家构建机制来适应现代化发展的速度。在乡村和外围地区的发展方面，政府的重点是阿西尔的农业计划、汉志和阿萨的石油化工工厂项目（尤其是延布和朱拜勒项目）和盖西姆建立贸易中心的计划。[1] 第三个五年计划（1980—1985）为提高乡村生活标准做了特别安排。政府放缓了城市化的速度，增强了游牧民和乡村人口的信心。法赫德国王常常赞扬受部落价值观支配的乡村稳定及其居民正直，并且认为繁华的城市往往是堕落与不稳定的。[2] 沙特领导人希望扶持乡村居民，从而使全国民众具有令人信服的共同特征。

1982年以来，沙特经济因石油大幅减产而萧条。政府把重点放在综合性的国家建设项目上，以此削弱经济萧条带来的负面影响，并且鼓励私人企业资助公共项目来弥补政府资助的减少。在这种情况下，中产阶层商人在王国的作用与地位有所提高。[3] 通过维持食物的高补贴、免费教育、医疗服务以及王子与底层不断的交流，政府对底层、游牧民、乡村人口和城郊部落集团的整合程度也有了明显提高。[4] 为了促进社会团结和寻求支持，政府广泛削减预算，这也是公共开支合理化的一种方式。综上所述，纵观20世纪的沙特，部落社会和价值观对国家形成的影响十分复杂。在沙特领土扩张时期，部落因其拥有军事和政治权力而成为国家构建的主要推动力。但它不但没能在国家维系一种松散结构的酋长制，同时还受到了以中央集权和发展为目标的政权的挑战。新政府的影响主

1　*Financial Times Supplement*, 5 May 1981.
2　参见 Al-Mustaqbal (Beirut), 31 March 1984; Al-Sharq al-Awsat (London), 29 March 1984。
3　*Wall Street Journal*, 20 December 1983.
4　*Al-Sharq al-Awsat*, 29 March 1984; *Al-Riyadh* (Riyadh), 14 September 1983; 另见 "Planning Minister Hisham Nazir's Outline for the Current Five Year Plan," Saudi Press Agency, 5 December 1983, published by Foreign Broadcast Information Service, 7 December 1983。

要体现在政治和军事两个方面。在新的国家制度和官僚机构建立后，部落行为模式和价值观依然盛行。实际上，两者是相互依存的。部落价值观在反对力量运动的背后隐约可见，但同时也帮助政府完善了国家政策。沙特国家在确立领土、政权、社会结构和集体认同等方面都处处留有部落价值观的印记。

第九章

伊玛目与部落：上也门的历史书写与演绎

保罗·德雷舍[1]

亚历山大·帕塞林·登特列夫称，"近几十年来，国家理念经受了严苛的批判"，"历史学家倾向于将国家视为相对现代的现象；而一些政治学家出于不同的原因反对国家的概念，认为它无用且过时"。[2]当然还有其他人（古典学家，可能还有法学家）认为国家非常古老；但当前国家概念的回归在一定程度上源于之前弃如敝屣的政治学家。他们认为国家是具有广泛适用性的概念。国家再度成为多个学科关注的领域。但是，如何定义国家，以及国家有哪些特质？令人惊讶的是，不同学科的看法并不一致。我们必须关注这些概念，阐明使用上述概念的原因。[3]

许多学科对国家都有高论，但考古学家对国家形成（state formation）概念进行了深入解读。他们通过诸如聚落形态或剩余产品的地理分布等

---

[1] 保罗·德雷舍，牛津大学圣约翰学院研究员、社会人类学讲师，主要成果有：《也门部落、政府和历史》(*Tribes, Government and History in Yemen*, Oxford University Press, 1989)。

[2] Alexandre Passerin d'Entrèves, "The State," in Philip P. Weiner, ed., *Dictionary of the History of Ideas* (New York, 1973), 4: 312.

[3] Richard Tapper, ed., *Introduction to the Conflict of Tribe and State in Iran and Afghanistan* (London, 1983), pp. 10–11.

外在条件论证特定国家的存在，而不是来自法学家或历史学家给出的定义。[1] 部落的定义也类似。多数考古学家认为，部落居于采猎群体（bands）和酋邦之间，其复杂程度在国家和帝国中达到顶点。社会无法、也不需要对部落进行界定。但"国家"一词的魅力却在于，它处于国家内在与外在标准的交集之中。[2] 登特列夫对这一晦暗的交集进行论述。只有在某些特定情况下，这一交集被约化为西方传统，并由此衍生出对于国家组成要素的不同认知。部落是缺乏特定内涵的词汇，指我们的传统缺失的古代前国家或非国家的秩序。

考古学家并不在意，是否所有国家由酋邦演化而来，这些酋邦是否源自部落，或者这一演化进程是否放之四海皆准。但他们对部落的概念却易于演变为"公众社会学"（folk sociology）。后者在当代中东民众和西方作家中广为传播。例如，马歇尔·萨林斯、艾尔曼·瑟维斯和莱斯利·怀特（Leslie White）为代表的人类学自诩为"文化进化论"（cultural evolution）。帕特里夏·克劳恩在其对中东部落与国家的研究中就运用了上述理论。[3] 不幸的是，这些人类学家倾向于将"公众社会学"和考古学家的概念混为一谈，将历史等同于进化，进而引发了当今之争论。部落被视为较国家更简单，先于国家产生，也没有国家重要。换言之，部落在进化的阶梯中居于下层。

类似于其他大部分中东地区，也门不存在线性的演化。如果部落以某种演化为国家，那么国家也常常塑造部落。在许多情况下，部落与国家长期共存。亨利·亚当斯（Henry Adams）对鳍甲鱼（pteraspis）困惑不已，

---

[1] 以考古学视角探讨国家起源的相关著作有：H. Wright, "Recent Research on the Origins of the State," *Annual Review of Anthropology* 6 (1977): 379-397, "The Evolution of Civilizations," in David J. Meltzer, Don D. Fowler and Jeremy A. Sabloff, eds., *American Anthropology Past and Future* (Washington, D. C., 1986). 有价值的考古学文化演进观点著作有：R. L. Carneiro, "Cross-currents in the Theory of State Formation," *American Ethnologist* 14, no. 4 (1987): 756-770。

[2] 内在标准主要指复杂性、话语权（say）和法律主权。

[3] Patricia Crone, "The Tribe and the State," in J. A. Hall, ed., *States in History* (Oxford, 1986).

第九章　伊玛目与部落：上也门的历史书写与演绎

因他无法在进化中找寻其起源。[1] 我们在大部分社会演化中也存在类似的困惑。

循环论尤其是伊本·赫勒敦的循环理论是另一种理论尝试。然而，正如一位学者所言："伊本·赫勒敦可能是一位'悲观主义者'或'宿命论者'，但他的悲观主义以道德与宗教为基础，而不是社会学。"[2] 这种理论总是寻找终极原因（王权是群体情感的目标或重点，定居文化是文明的尽头），而不是如当代社会学寻找直接原因（efficient causes）。没有哲学和神学前提下，循环理论仅是对事件的经验概括。特别是，对于存在完整时间周期的地区，即在整个历史过程中存在两个高峰（意味着一次循环）。对于不同因果论的选择忽略了内外因之别，这也是其他理论与我们的不同之处。

欧内斯特·盖尔纳试图通过宗教类型和城镇与乡村关系，解答北非地区历史循环的原因。他的观点适用也门的案例，将在本文中提及。但在此要说明，我不认为他欧内斯特·盖尔纳的观点具有普遍的适用性：盖尔纳自己也认为，也门宰德派在某些方面不符合他的论点。[3] 然而，他对民族主义的研究与现代历史十分契合。在现代意识形态中，部落与国家形成的问题具有其意义。通过大量的历史案例，相似的理论观念推动了公众社会学进化论（folk sociology of evolution）的繁荣。

部落与伊玛目

上也门的部落具有领地和实体，大致分布于萨那以北干旱的高原。

1　典故出自亨利·亚当斯的《亨利·亚当斯的教育》。——译者注
2　H. A. R. Gibb, *Studies in the Civilization of Islam* (London, 1962), p. 174.
3　Ernest Gellner, "Flux and Reflux in the Faith of Men," in Ernest Gellner, *Muslim Society: Essays* (Cambridge, 1981), p. 82.

大部分部落民为农民，居住在以泥土或石头建造的村落中。[1] 简单地将部落等同于游牧民并不合适。[2] 部落无法以迁徙的方式脱离国家[3]，统治下也门的国家（苏莱赫王朝［Sulayhids］、拉苏勒王朝［Rasulids］和奥斯曼帝国）不时显示出部落民有多么不堪一击。[4] 西部山区是国家的最易守难攻之地，与高原地区相比，此地的部落主义更微弱和不易察觉，也具有不同的组织形式。西部崎岖的山区上梯田鳞次栉比，遍布肥沃的耕地。下也门即如今也门共和国的南部山区，农业仍然发达，地主与农民是社会关系的主旋律。除了从干旱的北部迁徙而来的部落外，下也门事实上不存在部落。

北部的乡村聚落以部落和其分支组织起来，这些聚落具有明确的领土，彼此存在清晰的边界。部落的界限是随意的，并不是生产或交换的界限。这一界限具有政治功能[5]，同时显示部落的内部问题是第一位的。尽管当今与前伊斯兰时代相比，北也门具有相似的地理和生态环境，但村庄社会却以不同方式进行组织。

北方人种植的蜀黍、大麦和小麦并非村庄财产，而属于特定家族或个人。如果部落民无法维持生计，迁往西部和南部，那么将失去部落身份。村庄中的成功人士（通过与某种形式的国家建立关系）也会迁出。因此，

---

1 作者其他关于部落的著作有：Paul K. Dresch, "The Position of Shaykhs among the Northern Tribes of Yemen," Man 19, no. 1 (1984): 31–49; "Tribal Relations and Political History in Upper Yemen," in B. R. Pridham, ed., *Contemporary Yemen* (London, 1984); "The Significance of the Course Events Take in Segmentary Systems," *American Ethnologist* 13, no. 2 (1986): 309–324。本文力图尽量少地重复之前的观点。本文涉及的许多问题参见 Paul K. Dresch, *Tribes, Government and History in Yemen* (Oxford, 1989)。部落与伊玛目国家关系概览，参见 R. B. Serjeant, "The Interplay between Tribal Affinities and Religious (Zaydi) Authority in the Yemen," *al-Abhath* (Beirut) 30 (1982), special issue, "State and Society in the Arab World," ed. Fuad Khuri, pp. 11–50。

2 Crone, "Tribe and the State."

3 Gellner, "Flux and Reflux," p. 20.

4 这里指下也门的国家力量十分强大，在国家面前部落民不堪一击。——译者注

5 Gellner, "Flux and Reflux," pp. 30, 33, 37.

北方部落中土地占有和财富的平等性，在一定程度上源于平等秩序之外的人往往迁出，不再属于这一体系。其中，显赫的谢赫是例外。他们的财富来自西部、南部甚至全国，在那里拥有肥沃的土地。在过去的千年中，谢赫在北部的影响有消有长，但部落的界限并未随着他们的消长而变化。[1] 这与亚洲东部伊斯兰世界存在差异。[2]

部落之间、部落内的分支之间，以及分支内的村庄之间存在道德上的平等文化。[3] 不论人口、财富和领地有何差异，一个部落形式上与其他任何部落都是平等的，没有部落处于从属地位。争端往往以平衡（balance [mizan]）为原则[4]解决。不论在部落世系结构上的亲疏，个人的冲突亦是如此。然而，部落有时并非人类学家所困惑的那种组织，即从经验上讲，部落不是稳定的社会单位，也不是任何意义上的合法实体。部落民与所属部落的关系并非天然形成，也非约定俗称。个体与集体诉求有时矛盾。

如果有人遭受委屈，但却并未获得所属部落的支持，那么他可能离开所属部落而流亡邻近的部落。他的亲友应当将他劝回，向他道歉。然而，有时他将永久成为新部落的一员。在北非部分地区，人们通过宰牛的仪式以示融入新部落。[5] 在相互隔绝的空间中，并不存在所有部落成员都认可的道德规范。部落民更改部落归属（暂时或永久），具有特殊性和多元性，并不具有统一的行事规范。某人因在部落或分支中受到委屈或行差踏错，而投奔另一个部落。但另一个人在面临相同窘境时可以具有相反的选择。

在当前环境下，部落主义具有的一大特征就是，由道德规范的互动以及由此衍生的保护机制。在冲突中，部落并非不加辨别地站到某人一边。部落民不断被从新的部落中劝回，回归原有部落体系，并在一定时间内获

---

1 Dresch, "Position of Shaykhs," pp. 31–49.
2 Tapper, Introduction to *Conflict of Tribe and State*.
3 Dresch, "Significance of the Course," pp. 309–324.
4 维持相关部落的实力平衡与平等是解决争端的重要原则。——译者注
5 Gellner, "Flux and Reflux," p. 72.

得庇护，从而免于部落内敌对者的迫害。"塔哈贾巴"（tahajjaba）通常用来形容部落的这一行为。[1] 该词的词根与"面纱"或"护身符"等词相似，指在敌视中获得庇护。部落通过临时性的庇护避免部落民受到伤害。这一庇护观念在民族志中十分普遍，并且与荣誉的话语直接相关。荣誉事关集体认同和个人平等。

部落划分之所以重要，主要源于敏感性。这种敏感来自敌对和荣誉的关注，以及通过道德规范区分部落。通常，人们使用"平衡—对抗"（balanced opposition）[2] 理论对此进行解读。[3] 传统认为，也门有两大部落集团——哈希德（Hashid）和巴基尔（Bakil），他们的先祖是兄弟。哈希德有 7 个主要部落，巴基尔则有 14 个。这一部落体系不需要通过其他意象进行划分。几个部落名称和粗浅的观念足以维持部落体系的永久传承。一些部落组织十分古老，哈希德、巴基尔以及囊括前两者的哈姆丹（Hamdan）是也门规模最大的部落组织，它们事实上起源于前伊斯兰时代。但直到 10 世纪初，在哈桑·哈姆达尼（al-Hasan al-Hamdani）的著述中才有详细的记载。

我们在获得大量资助研究部落和部落概念的同时，也发现也门的宰德派具有类似国家的传统。第一任伊玛目诞生于 896 年，1962 年最后一任伊玛目被推翻。这一传统引人注目，十分简洁。不论环境如何，伊玛目以先知后裔的身份取得领导权，并"劝善戒恶"。正义即一切。尽管伊玛目

---

1 即对部落民的保护行为。——译者注
2 "平衡—对抗"理论最先由英国著名人类学家普理查德提出，指为了维持部落组织的相互平衡和独立，各部落组织之间始终处于敌对的状态。——译者注
3 我在别处探讨过，在也门案例中，这层意义最好依附于平衡—对抗派的措辞中（Dresch, "Position of Shaykhs," pp. 31-49; "Significance of the Course," pp. 309-324）。就目前的目的而言，足以指出这一短语并不意味着权力的平衡，也不是核心关键的亲属关系。依据现有的人类学文献，我们可以假设"部落是一个为了政治整合依赖于血统的社会。血统产生超越财产权生产分配层级的群体"（Crone, "Tribe and the State," p. 51）。在也门案例中，共同祖先的语言当然很重要（体现共同的荣辱观），但没有具体的血统传承。事实上，很少有农村阿拉伯社会像非洲模式一样拥有详细的谱系。许多学术讨论耽于一种假说——中东部落以伟大的伍麦叶王朝的共同血统为框架组织，其本身是形成中的国家产物。

第九章 伊玛目与部落：上也门的历史书写与演绎

是先知后裔，但人类在真主面前的平等性和统一性才是伊斯兰教的中心。

在伊斯兰教法中，平等的概念——如阿德勒（'adl）和因萨夫（insaf）——与部落的利益平衡是一致的。而抽象层面的团结则与部落分立存在矛盾。坏人无法通过临时避难寻求庇护。相反，义人可以获得伊玛目的庇护。事实上，部落与伊玛目在话语上的对抗，通常转向类似主权的问题。例如，伊玛目艾哈迈德·伊本·苏莱曼（Ahmad b. Sulayman）在1140年对一名得到部落庇护的人施以惩罚（hadd），引发了部落的敌意。但是这位伊玛目声称："即便我们想赦免他，但惩罚（权）来自真主。"[1] 尽管在时间中，伊玛目总是修正相关政策以适应地方现实，但伊玛目一直都不承认部落自治和庇护的有效性。有些人认为，宰德派类似于国家。

伊玛目必须是赛义德，即先知后裔。但从一开始（900年）赛义德及其支持者就生活在部落中，依靠部落支持。至少从1150年始（可能更早），部落的支持明确地通过希吉拉（hijra）的形式实现，即在上也门，赛义德和宗教学者生活在飞地，并由部落提供保护。盖尔纳视为与城市生活相关联的文学传统[2]，在这些遍布部落社会的小的飞地上实现复兴。因此，北非地区存在的国家的领地与异见者的领域之间的区分，在也门历史上也不时存在。

先不论上述飞地以及部落由此承担的责任，文人在效忠正直的伊玛目上具有共识。互相区隔的部落有时在地方层面接受这种共识，或者大规模统一于对异教徒宣布吉哈德的伊玛目周围。两种世界观相互重合，经常发生转换。只有在书写的历史中，部落才会屈从于伊玛目。这是因为，中世纪以来的历史都不是部落民撰写的。因此，有必要回到宰德派的历史起点，从两种文献的共同记载中探寻。

哈姆达尼以部落的话语记载哈希德和巴基尔集团（撰写于930—940

---

[1] Yahya b. al-Husayn, *Ghayat al-Amani fi Akhbar al-Qutr al-Yamani*, 2 vols., ed. Sa'id 'Abd al-Fattah (Cairo, 1968), p. 298.

[2] Gellner, "Flux and Reflux."

年）是为了称颂当时的部落"领主"，并且通过武士精神和谱系学的观念进行书写。[1] 在1000年前的文献中，现代民族志中的部落平等观念已可见端倪。荣誉一词使用频繁，而且全是比较级和最高级。但人们实际上不能据此将人进行排序，这在很大程度上是因为历史已经逝去。例如，一些人被称为"哈姆达尼时代的领主"，但由于没有记述具体的时代，因此无法进行排序。更典型的是，在十卷本的《伊克里尔》（Iklil）[2]中以谱系学方法进行编撰，但是并未记述不同人在谱系上的关系，因此人很难直接判断哪些人的祖先同辈。该书只是记载了在战争期间同时代的英雄人物。

我将在后文中阐释上述现象如何在近年来发生变化。这里继续探讨哈姆达尼的著述。部落反对等级制最初是通过回避时间观念实现的。不然的话，阿克赫巴尔（akhbar）即部落传统的叙事将按照时间来述说。也门过去的某些事件与更为广阔的外部世界存在联系，因此可以追溯其具体的年代。《伊克里尔》的内容没有提供具体时间。宰德派的文献与此形成鲜明对比。

宰德派伊玛目国家始建于哈姆达尼书生活的时代。当时，第一任伊玛目哈迪·哈克（al-Hadi ila l-Haqq，卒于911年）的传记确立的历史编纂传统延续至今。如同人们所认识的那样，无论是在大部头的纪传体文学（sira, tarjama）还是在断代史、编年史中，时间观念都极其重要。编年史无论是为王朝、传统或地方所编撰，主要是政治史。这些文本都强调共同经验，以及善与恶在时间上的统一。这与部落阿克赫巴尔在内容上的相互割裂，以及部落谱系在时间上的断裂恰恰相反。

想要具备时间循环或时代好坏（或类似国家形成这样的过程性问题）的观念，就要参考共同的标准和概念化的中心。伊斯兰年代学提供了这

---

[1] 主要来源是阿拉伯半岛的地形学（Al-Hasan al-Hamdani, Sifat Jazirat al-'Arab [1968]）以及名为《农克里尔》的十卷本著作，其中四卷存世。第十卷（Al-Hasan al-Hamdani, Al-Iklil min Akhbar al-Yaman wa-Insan Himyar, vol. 10, ed. Muhibb al-Din al-Khatib [Cairo, 1948]）探讨了哈姆丹的部落。血统和也门部落实际组织的关系仍悬而未决。

[2] 哈姆达尼文集中直接记载北也门的文献。

些要素，但这却不属于部落传统。事实上，类似《伊克里尔》的部落文献很快就消亡了。无论如何，部落只重视碎片化的英雄传统，却没有共同的故事。贯穿于循环论或进化论的时间线索，并非独立于我们资料（data）而存在，本质上源于资料尤其是准国家的相关资料。我们不可避免接受片面的观点，这些观点是从更加复杂的现实中抽象而来。我们通过识别关历史残存信息来认识部落。然而，已知的历史并非历史事实本身。伊玛目评判他人或自省的道德框架并未考虑周遭不断变化的环境，虽然史家对这一环境本身有所记载。坦率地说，虽然时代有好坏之分（国家和部落的历史皆如此），但却不存在进步或退步的理论，在本土理论中也没有时间周期的观念。

我们借助周期理论解读变化的客观环境，这就需要研究许多次循环（epicycles）。例如，第一任伊玛目夺取萨那并将势力向南拓展到扎马尔（Dhamar），但其晚年控制的范围又局限于也门最北部的萨达（Saʻda）。他的直系继承人的影响力各不相同。有的据说拥有八万军队，有的则逃离萨达，因性命之忧而受到部落保护。[1] 一些中世纪的伊玛目是强势人物，阿卜杜拉·伊本·哈姆扎（ʻAbdullah b. Hamza，卒于 1217 年）就十分典型。这些伊玛目在也门全国各地攻击宰德派之外的宗教运动，并建立堡垒巩固权力，俨然以国家自居。与此相反，其他许多伊玛目流亡于不同部落，除了他们的一些学术著作外，没有任何痕迹传世。依据外界的标准，伊玛目国家每年甚至每月又在兴亡之间变换。

作为准国家实体的伊玛目国及其对手

如果粗略接受外界的标准，在宰德派伊玛目于 9 世纪末到达也门之

---

[1] Muhammad Zabara, *Aʼimmat al-Yaman bi-l-Qurn al-Rabiʻ ʻAshar*, 3 vols. (Cairo, 1956), 1: 61, 67.

前,伊斯兰时代的也门已存在国家。雅法尔王朝(Yu'firid dawla)以萨那和希巴姆(Shibam)为中心,就是明例。860年左右,该王朝脱离宗主阿拔斯王朝。强大的部落家族也建立了类似国家的实体。哈姆丹部落的"领主"不向任何人效忠,为了当下的利益也不忠于外界任何不相关的理念。毫无疑问,其中的一些领主是强权人物,并向部落征税。[1] 在后来很长的时间里,这些名字在历史中反复出现。从9世纪到12世纪末,巴基尔部落的杜阿姆(Al al-Du'am)一直是君主(muluk)或苏丹。[2] 在中世纪,我们也发现由部落首领建立的重要的国家或王朝。例如,12世纪的巴尼·哈提姆(Bani Hatim)和巴尼·祖莱(Bani Zuray')。这些地方性王朝都是苏丹国,借助强大军事实力掌握政权。他们声称得到下也门的伊斯玛仪派、也门西部的法蒂玛运动以及更加遥远的外部国家的承认。[3]

巴尼·哈提姆王朝(1099—1174)非常特别。该王朝以萨那为中心,拥有大规模的军队,某些时期甚至控制上也门全境,将伊玛目赶到萨达,并为部落贵族分封采邑。然而,在这种情况下,该王朝背弃了所属的部落。在也门的另一端,以亚丁(Aden)为中心的祖莱人(Zuray'ids)也如此。事实上,这两个王朝都来自奈季兰(Najran)的伊斯玛仪部落(如今仅分布在沙特)中的一支——亚姆(Yam)。然而,亚姆似乎仍居留原地,并未享有其同宗对其他部落的统治。这不同于伊本·赫勒敦所处的世界,

---

[1] D. T. Gochenour, "The Penetration of Zaydi Islam into Early Medieval Yemen" (Ph.D. diss., Harvard University, 1984), p. 106 and passim.

[2] Yahya b. al-Husayn, *Ghayat al-Amani*, p. 316; Zabara, *A'immat al-Yaman*, 1: 108.

[3] 不应过分强调也门与伊斯兰世界运动的广泛联系。宰德派最初应该设有哈里发。法蒂玛王朝在也门活动时也如此(参见 S. Jiva, "The Initial Destination of the Fatimid Caliphate: The Yemen or the Maghrib?" *Bulletin of the British Society for Middle Eastern Studies* 13, no. 1 [1986]: 15-26)。甚至同一个虔敬运动内的冲突也会在别处被提到,例如宰德派伊玛目曼苏尔·阿卜杜拉·伊本·哈姆扎(al-Mansur 'Abdullah b. Hamzah)试图镇压穆塔里菲派(Mutarrifis,宰德派的一个地方分支)时,双方都向巴格达的阿拔斯王朝上书(Zabara, *A'immat al-Yaman*, 1: 136)。阿拔斯王朝肯对宰德派给予多少道德支持尚不清楚。

第九章 伊玛目与部落：上也门的历史书写与演绎

也与后来北部阿拉伯诸王朝存在差异。[1]

巴尼·哈提姆王朝还最先向伊斯玛仪派效忠，统治北也门的大部分地区。1137 年，艾哈迈德·伊本·苏莱曼自称伊玛目。他是近一个世纪以来第一位真正的伊玛目。巴尼·哈提姆王朝与伊玛目艾哈迈德在也门进行了十余年的争夺，最终击败了后者。巴尼·哈提姆王朝最终承认了艾哈迈德的宗主地位，但后来却违背誓言。这段历史说明，政治版图的异变并非源于国家的形成或国家机器的发展，而是源于对国家的重新定义。

除却国家形成的具体史实，中世纪也门在国家形成上与中东大部分地区并无二致，从中可以看出伊斯兰教诞生后出现了普遍的合法性观念。从这个意义上讲，在伊斯兰教诞生后甚至之前，根本就不存在所谓的国家。[2] 这些理论已经说明问题。否则，在考古学家的话语中，上述国家形成的案例至少属于次国家的形成。[3] 在中东地区，政治实体（polity）的特定概念，以及书写、铸币、宇宙观都是后来出现的文化现象。故此，合法性没有地理范围的限制：11 世纪的伊玛目阿卜·法塔赫·戴拉米（Abu Fath al-Daylami）在波斯北部宣教"da'wa"（传统真主的律法），但在七年之后才在也门立足。[4] 国家不能急于求成，但可以先宣布建立，后来再完善。

---

1 欲知阿拉伯半岛北部小国家构建的经典解读，参见 H. Rosenfeld, "The Social Composition of the Military in the Process of State Formation in the Arabian Desert," parts 1 and 2, *Journal of the Royal Anthropological Institute* 95, nos. 1, 2 (1965): 75–86, 174–194。

2 这里的"国家"是西方语境下的"国家"。——译者注

3 总体来说，初级国家构建发生于前国家单元相互作用中；次级国家构建发生在现存国家的相互作用中；高级国家构建可能发生于国家之间的空隙中，如商路等。一旦人们离开初级国家构建的世界，由于情况的多样化，这种分类很快变得不再实用。我倾向于在此用次级国家构建来解释所有非初级国家范畴。在讨论中，为了弄清楚在讨论国家时人们反对的是什么，亨利·赖特（Henry Wright）认为那些分类毫无价值，否则也门的政治构建可能被称为四级国家！当然，伊斯兰世界与古代苏美尔原始城邦（Crone, "Tribe and the State"）差异太大，不应放在一起比较。

4 Zabara, *A'immat al-Yaman*, 1: 90.

在 11 至 16 世纪，下也门成为一些王朝[1]的发祥地。它们兴起过程中没有部落背景，发展也不依赖于部落力量。其中一些王朝袭击北方部落，有时还对伊玛目国进行劫掠。例如，1268 年，拉苏勒王朝以 500 骑兵和 3000 步兵进犯萨达。1285 年，该王朝把北方大部授予先知后裔哈姆兹·谢里夫（Hamzi Sharif）作为采邑。后者有望成为接触的伊玛目。部落民原本可能反对拉苏勒王朝的统治，然而却在也门的边境加入了拉苏勒王朝军队。[2] 1360 年左右，拉苏勒王朝内部分裂后，从也门北方撤出。该王朝统治时期，领土因各种原因不断变迁，但国家形成却变化甚微。

宰德派体现了上也门的类似国家的传统。该派的主张逐渐取代其他地区——通常是下也门国家——的话语。宰德派借助宣教实现这一目标，而不是通过宰德派并不擅长的征服或建立具体、永久的强制性制度。[3] 伊玛目动员某些部落成员针对其他成员"惩恶扬善"，抵制某些部落的陋习，打击诸如伊斯玛仪派等敌对力量的"宣教"和敌对的伊玛目。宰德派的上述活动是目的而不是手段，它体现了类似国家的一面。

然而，这里仍存在问题。如果不理会外界的定义，类似于本文这样以本土的观念解读部落（qabila），在讨论国家形成时没有太多疑惑。因为在讨论国家形成时，部落总是遭到忽视。然而，将宣教或伊玛目视为国家行为本身存在误解。宰德派的这一现象尽管吸引历史学家或阿拉伯文化专家的关注，但在他们眼中这并不属于王朝（dawla），至少在初始阶段不是。[4] 即便诸如拉苏勒这样的王朝也非西方意义上的国家，更非苏丹国、哈里发国和君主国（mulk）。我们讨论的不是外界对于国家标准的认识，以及也门在多大程度上符合这些标准。而认识历史上也门国家的内在特

1　苏莱赫、阿尤布、拉苏勒、塔希尔（Tahirids）。
2　Zabara, *A'immat al-Yaman*, 1: 188, 201, 226.［这里意指，拉苏勒王朝将也门北部分封给伊玛目哈姆兹·谢里夫后，部落力量服从伊玛目的统治，间接地服从了拉苏勒王朝。］
3　Gochenour, "Penetration of Zaydi Islam," chap. 5.
4　Gochenour, "Penetration of Zaydi Islam," pp. 70, 84.

第九章　伊玛目与部落：上也门的历史书写与演绎

性对于认识这一问题具有重要意义。[1]

国家（state）的词源可以直接追溯到拉丁语的"status"，这对于比较研究而言过于粗浅，无所裨益。当然，使用早已被遗弃的西方中世纪政治术语讨论相关问题容易犯错。[2] 国家一词在欧洲的出现，伴随着世俗统治和教会的兴衰。正是如此，在西方传统中国家的本质是法律，国家由法律缔造，国家本身是法律的来源。这与伊斯兰世界存在本质区别，在伊斯兰文献中绝对不会出现类似"皇帝以为是者，亦有法律效力"（quod principi placuit legis habet vigorem）的思想。[3] 权力与权利以不同的方式结合起来。

中世纪欧洲的经验和论争催生了新的道德观念，进而形塑了社会边界和具有过去和未来观念的松散共同体。欧洲的领土和历史的联系由法律实践所确立，具有独特性。此外，我们这部分文化遗产指引我们通过历史演变探寻国家。我们都试图不断地从古代美索不达米亚、中世纪的欧洲、亚洲或中东伊斯兰世界中寻找政治发展（复杂性、权力和秩序的逐渐强化）的统一路径，就如同上述集体道德观念放之四海皆准。

1　必须声明一点，我并不是反对使用国家一词；毕竟，马基雅维利本人以国家描述奥斯曼帝国，他认为奥斯曼帝国是国家最典型之例证，权力和荣誉取决于君主，军队的影响大于人民（The Prince, trans. George Bull [Harmondsworth, Eng., 1961], pp. 45–46, 113）。然而，我关心的是其内涵包括了什么。我认为，至少，这个词被赋予的内涵过于武断了。

2　H. C. Dowdall, "The Word 'State'," Law Quarterly Review 39, no. 153 (1923): 98–125.

3　国家一词的历史是一个广泛的主题，最有用的讨论似乎仍然是像 O. 吉尔克著，F. W. 梅特兰译的《中世纪政治理论》（O. Gierke, Political Theories of the Middle Ages, trans. F. W. Maitland, Cambridge, 1900）。然而，即使是最实证的方法，国家和法律的联系也至关重要。例如，霍尔（Hall）在世界历史上各国的一般概论中认为，伊斯兰世界和中世纪基督教欧洲在宗教定义的单一道德空间内构成了独立的竞争性统治（J. A. Hall, "States and Economic Development: Reflections on Adam Smith," in J. A. Hall, ed., States in History [Oxford, 1986], pp. 159–163）。伊斯兰国家是短暂的（霍尔描述为碎裂的循环）而基督教的国家则不然（坚固的循环）。霍尔留下了无法解释的差异。伊斯兰环境中显著缺乏的实证法制度并不是强弱的问题，而是自我定义的连续性，这是霍尔图表脉络的主要来源。一系列朝代构成一个单一国家、一个具有单一历史的有界实体、一个可能随后累积的单一故事。相比之下，大多数伊斯兰王朝，遵循所谓的不变法律，并不存在道德问题。

在19世纪之前,阿拉伯政治词典中不存在我们的一些关键观念。[1] 乌玛可能类似于作为基督教共同体的中世纪教会,但乌玛没有教皇。相较而言,各种苏丹国和王国(尤其是逊尼派的王国)可能与中世纪的一些国家类似,后者是"教会的警察"[2]。但两者的重要区别在于,乌玛缺乏统一的政治继承模式,也没有类似于谁是填补帝国权力真空的罗马人的论争。在乌玛和个人之间没有具有法律或道德地位的天然的中介。

在大部分伊斯兰历史中,政治身份的构建与任何具有边界的社会群体没有关联性。无论是逊尼派还是什叶派、伊斯兰的东方还是西方,统治者很少以特定社会群体命名。在西方有安茹公爵(duke of Anjou)类似的头衔,在伊斯兰世界更多地使用"宗教的荣光"('izz al-Din)、"王朝之剑"(sayf al-dawla)、"穆斯林的伊玛目"(imam al-muslimin)等头衔。[3] 类似于伊斯兰早期的统治者,也门的伊玛目使用"信士的长官"(amir al-mu'minin)的称号,后者对伊玛目的统治没有内在的限制。

因此,中东和西方在概念上的错位所产生的第一个问题就是,我们尝试探讨的是哪种类型共同体的形成或消亡?我们讨论的是哪种国家?抑或只是在探讨王朝?当然,在整个伊斯兰时代,也门具有强烈的文化共同体意识。这在历史文献的标题中有所体现。也门某些城镇拥有各自的历史,也门也拥有类似于伊玛目国或王朝的历史,例如,下也门的阿尤布王朝(Ayyubids)和拉苏勒王朝的历史。然而,在权力形式和社会身份之间没有必然联系。从特定社会群体角度看,它们的权力有兴衰(伊玛目的得势与失势);但从掌权者角度看,国家不同地区因看似无关紧要的原因归

---

1   A. Ayalon, *Language and Change in the Arab Middle East* (New York, 1987), pp. 81–82.

2   J. N. Figgis, *Studies of Political Thought from Gerson to Grotius 1414–1625*, 2d ed. (Cambridge, 1916), p. 4.

3   指定的地域性似乎来自其他地方,例如来自哈里发。例如,安达卢西亚君主派系与神圣罗马帝国的统治者之间有相似之处。探究这一问题会让我们走得更加深入,但是如同马恩(Maine)讨论过的,欧洲经验的独特部分是从法兰克国王(rex francorum)向法兰西国王(rex francie)的过渡。对于基督教世界与伊斯兰世界的部分比较,参见 Gibb, *Studies in the Civilization of Islam*, pp. 36–38, 以及 Gellner, "Flux and Reflux," pp. 42–44, 54–55。

第九章　伊玛目与部落：上也门的历史书写与演绎

顺或叛乱。国家的形成看似是偶然的事件，它由自发和断裂的历史演变而来。也门地方传统逐渐丧失的正是对内部发展的记叙。而这是历史学家和法学家的议题，同时也与考古学家或政治学家的研究模型吻合。

第二个问题是，先不论不同学科对于国家形成的争论，这些学者如何认识国家形成的显著特征？如果也门政治变迁的复杂性如史书中那样频繁地波动，那么在单独论述国家形成时，一些学者只选取了也门政治变迁图谱中兴盛的部分。[1] 这就好像在复杂的变迁中，只讲述发展的部分，我们民族的历史构建何尝不是如此。权力和财富的积累似乎是社会本身的自然发展。积累和发展有时确实是一回事。

在许多情况下，国家形成被视为积累的结果，亦需要应对如同经济增长带来的复杂问题。[2] 尽管当局者无法看清贸易和贡赋发展的意义，但贸易和贡赋既是问题也是答案。这种复杂性可以被洞察。在也门的案例中，我怀疑通过描述产品剩余的积累探讨国家形成的有效性，并不能通过"积累"（program）与"产出"（output）的差距来分析上述复杂性。因此，当情

---

[1] 克劳恩（Crone, "Tribe and the State," p. 66）已经注意到初级国家构建理论化的选择性实质。某种程度上，对中级国家的讨论也有相同的特点。比如，卡内罗曾大胆断言，"文化演进的现实不再是问题"（Carneiro, "Cross-currents," p. 756），而如果比较设定在我们与新石器时代早期，那么他所说的有可能成立。短时段的比较则没有这么简单。在最近的一部论文集中，他指出："它们不是简单的历史。它们并没有呈现所有数据，仅仅是经过仔细筛选和精心安排的数据，带有一个明确目的：得出一个确定的模式。我们称之为演进的范式，是一种朝着某种确定方向的有序前进。"（Carneiro, "Cross-currents," p. 769）历史学家也会得出范式，但是卡内罗将法兰克国家看作"演进定向性的强迫性历史证据"，还说："谁会将罗马的崩溃称为进步？"（Carneiro, "Cross-currents," p. 757）坦率地说，不同的故事出现取决于人们将罗马和法兰克等同视之还是一分为二。人们在历史中所站的角度也非常重要——是波伊提乌（Boethius）还是查理大帝（Charlemagne）？将历史同化为演进，虽能更好理解现代也门民族主义者，但无益于理解 19 世纪前后的宰德派。

[2] 并不是所有模式皆如此，方法探讨见 Henry Wright, "Recent Research on the Origin of the State," *Annual Review of Anthropology* 6 (1977): 379–397, 或 Carneiro, "Crosscurrents," pp. 756–770. 但我特别想到的是人类学的传统，例如弗里德曼所写的缅甸部落、酋邦以及临近小国的简练模式（J. Friedman, "Tribes, States and Transformations," in M. Bloch, ed., *Marxist Analyses and Social Anthropology*, ASA Studies, no. 2 [London, 1975]）。

况改变时，我们需要的预测反而是错误的。[1]

某些学者认为，在考古学[2]中，典型的国家形成就是指权力和贡赋集中于国家。换言之，我区分的国家的内外标准在这一问题上是一致的。在古代的中美洲和古代近东，神庙和粮仓是国家的中心。不管是否愿意，人们为神劳作，并通过向想象的中心提供贡赋来体现他们的价值。苏美尔和玛雅的神庙，以及摩亨佐·达罗（Mohenjo Daro）的谷仓都体现了这一观念。中国无疑也体现了宗教与财富的统一性。在某种程度上，波利尼西亚的酋长也许亦如此。然而，天课却并非如此，伊斯兰国家（如果我们承认它的存在）这一蜂巢的繁荣也非源于对蜂王的供养。

宰德派是典型的案例，我们将比较波利尼西亚的酋长与伊玛目。前者大腹便便；后者清瘦，学识和骑术出众。宰德派的伊玛目不能将天课用于自身，他负责天课的收支，但不需要移交神庙或政府。神学并不关注天课的流向。讨论如何花费财富是法律讨论的问题，但这些财富也只能花费到传统领域。

我认为，在宰德派国家的兴衰中，生产基础不会发生显著的变化，许多地方的管理和组织机构也没有根本改变。然而，天课的分配突然依据个人的好恶和欺诈，而不是地方的需求。在不同时期，我们并不清楚有多少财富从一地运往其他地区；但清楚的是，大量的财富迅速地产生和消失。我们将在后文中论及，哪些因素塑造了强权伊玛目？考古学家用特殊化和等级化的组织机构来界定国家，也门的这些组织的消长如同贡赋方式一样迅速变迁。[3]宰德派的国家存在正负两种状态，两者的转换一定程度上与虔信相关。

虽然这种说法（即对当代精神的虔信）多少有些玄妙。师生的联系、作者与读者的联系、饱学之士与虔信者的联系成为宰德派传统的构成要素。正如法国理论家所言，这些联系并非铭刻于交流实践之中，而是内

---

[1] E. W. Ardener, "The New Anthropology and Its Critics," *Man* 6, no. 3 (1971): 449–467, esp. p. 456.
[2] 更准确地说是公众考古学（folk archaeology），考古学家的考古始于对神庙城市（Tempelstadt）的发掘。
[3] Wright, "Recent Research," p. 383.

化为宰德派（Zaydi madhhab）的文献。特别是，在《塔拉吉姆》（Tarajim）中详细地介绍了宗教学者之间的联系和师承。无论当时也门人的读写能力多么有限，这些文献也会产生重要影响。

也门的文献与北非存在区别。自从"马拉布危机"（maraboutic crisis）[1]以来，马格里布的许多著作都强调伊斯兰秩序的碎片化。这些书中认为，圣徒（marabtin）或圣裔的精神、道德和政治在很大程度上是独立的。也门宰德派的历次希吉拉看似相互孤立和独立，但历次希吉拉由等级化的知识传承相联系，并且被纳入部落庇护的网络之中。

这种碎片化的现象出现时，类似国家的政治形式得以延续，反之亦然。J. N. 菲吉斯（J. N. Figgis）认为，中世纪的欧洲国家"可能是梦想，或者甚至是一个预言，而不是实际存在"[2]。当伊玛目失败或遭到篡权者的镇压时，宰德派的历史在大部分情况下也是如此。然而，宗教理想比国家的现实更具普遍性，理想通过希吉拉这种组织化的教育方式不断重现。在中世纪政治动荡且濒临幻灭的伊玛目国家[3]，却通过宗教学者的著述和相互交往成为也门各地的认同观念。这些学者的信仰比任何国家机器更稳定，他们的学识也能弥合断裂的认同。盖尔纳论及部落领导权的博弈现象[4]，在类似国家组织中也存在类似现象。

因此，当16世纪末土耳其人入侵也门北部，并推行暴政和征收沉苛重税时，人们并未哀叹孤立无援，反而开始坚韧的反抗土耳其人，或者转向神秘主义寻求慰藉。许多人正是如此，这一时期也发生了宰德派与苏非派的大辩论。[5]人们也在尽可能地寻找公正、精干的领导人，人们将赋

---

1 马拉布为"圣徒"之意，马拉布主义是马格里布地区的一种宗教思潮，主要强调对于宗教圣人的崇拜。马拉布危机主要指17世纪摩洛哥的国家危机，在一定程度上催生了延续至今的阿拉维王朝。——译者注

2 J. N. Figgis, *Studies of Political Thought*, p. 13.

3 事实上，确实有几次灭亡了。

4 Gellner, "Flux and Reflux," p. 24.

5 Zabara, *A'immat al-Yaman*, 1: 408; *Nubdha, Kitab al-Nubdhat al-Mushira ila Jumal min 'Uyun al-Sira fi Akhbar... al-Mansur bi-llah al-Qasim b. Muhammad*, photoreproduction of the manuscript (San'a', n.d.), pp. 79–399.

税交于他时可以不惧多少。他也能小规模地将部落成员统合,有机会建立游击队。他能通过个人的威望以及成功的机遇,说服军官、法官和行政人员为其效力。

卡赛姆王朝、国家形成与部落首领

我们已经论述了在大多数时期联盟[1]的迅速形成和转变。16世纪土耳其人的侵略以及17世纪宰德派的反抗,给也门模糊的局势以明确的方向。当时,伊玛目卡赛姆(Qasimi imams)[2]从北方部落召集军队,赶走侵略者,征服下也门,疆土一度远至哈德拉毛(Hadramawt)。这也揭示了中东地区的共同现象,即国家形成需要对外扩张。与部落关系密切的国家,故步自封必将迅速招致崩溃;如若对外作战尤其是对部落盛行的干旱地区接壤的富庶地区作战,国家则会实现繁荣。伊斯兰教的传播,以及瓦哈比主义的扩张就是范例。在也门国家形成中,虽然穆塔瓦基勒·伊斯玛仪(al-Mutawakkil Isma'il, 1644—1676)将首都迁往萨那以南的达兰(Dawran),进而脱离了北方部落的领地,但仍在宰德派的要求下率领部落向南扩张。

王朝的创立者人卡赛姆(al-Qasim)的使命就是抗击土耳其人,但他却在生前未能见证击败土耳其人。这也说明了国家形成的某些重要问题。卡赛姆类似于许多伊玛目,最开始不断逃亡[3],晚年却十分富有。[4]卡赛姆以慷慨而闻名,但并不代表他会对任何信徒解囊相助,他只是对追随者慷慨。他敛财和施舍财富的速度惊人。

合法性理论对伊玛目合法性的解释缺乏一致性。宰德派诞生以来,

---

1 这里指伊玛目与部落的联盟。——译者注
2 卡赛姆·本·穆罕默德(al-Qasim b. Muhammad)的后裔,卒于1620年。
3 编年史家认为,有人赠予卡赛姆两支火铳和三磅火药,这成为他的人生拐点。
4 Nubdha, *Kitab al-Nubdhat*, pp. 96, 336.

第九章 伊玛目与部落：上也门的历史书写与演绎

通过信众的喝彩，伊玛目获得公众的认可。卡赛姆时期的历史学家对相关内容进行辑录，开篇就是真主对易卜拉欣的许诺：

> "我使你成为众人之上的伊玛目（置你于他们之前）……"，并且（真主）以后不会将伊玛目之位授予任何不公正之人……（先知家族中）无论谁获得启示即为伊玛目的正确人选，作为我们的伊玛目，平安降于他们，这在他们的书上说过……平安降于哈迪·伊拉·哈克·叶海亚·伊本·侯赛因（Al-Hadi ila l-Haqq Yahya b. al-Husayn），说……服从伊玛目，不违背他的话，这才是为真主事业而战的虔诚之人。[1]

伊玛目由谁继承，并不是伊玛目国家通过确立继承原则或行政制度而实现。实际上，在宰德派的教义中，不存在相关的继承原则和行政制度。从这一点看，伊玛目国家在许多情况下被称为国家，倒不如称为"逆国家"（antistate）的政治形态。上述宗教启示塑造了宰德派的宗教叙事，并通过遵从强势和虔诚的伊玛目，最终实现真主的法度。

事实不尽如此。正如伊本·赫勒敦所说，没有阿萨比亚支持的宣教不会成功。例如，1686年，阿里·沙米（'Ali Al Shami）宣称是伊玛目。但传记作家记载到，他的宣教"没有得到支持"[2]。团结精神不只是存在于部落。某一部落通过团结精神反对另一部落，每个部落分支都有团结精神。这种精神优势体现在部落名称、宗教人物、部落谢赫。但是它们的共同点在于，在特定环境下具有强烈的感染力。当伊玛目领导部落起义、抵御外辱时，部落和宗教动员几乎没有区别。类似于卡赛姆王朝时期，当伊玛目在圣战的旗号进攻下也门的富庶区域[3]，圣战者将获得土地和

---

1 Nubdha, *Kitab al-Nubdhat,* pp. 202ff.
2 Zabara, *Nashr al-'Arf li-Nubala' al-Yaman ba'd al-alf ila 1357 hijriyya,* vol. 2 (Cairo, 1958), p. 211.
3 下也门的附属区域主要为沙斐仪派；北部高原的部落主要是宰德派。

财富。

也门部落的领地不适农耕。一些部落[1]在边境地区尝试耕作。包括下也门在内的整个国家遭受旱灾和洪涝灾害。幸运的是，17、18世纪的伊玛目能够从下也门获得农业税，并且在好的年景中从港口获得咖啡贸易的税收。这使卡赛姆王朝的繁荣成为可能。卡赛姆王朝和莫卧儿王朝进行马匹贸易。[2]

与之前的政权不同，编年史家将卡赛姆的统治称为"王朝"。卡赛姆建立的国家获得了承认。卡赛姆王朝可能借鉴了之前的奥斯曼帝国。卡赛姆王朝供养奴隶士兵[3]，有非常烦琐的宫廷制度，这些都是由出身奴隶的大臣管理。随着王朝的繁荣，总督、大臣、法官和行政官员的等级增加。但是，卡赛姆王朝赖以建立的军队仍来自部落，该王朝一直依赖部落的支持。M. S. 尼布尔（M. S. Niebuhr）敏锐地揭示了卡赛姆王朝的双重特征。他发现他所处的那个时代（18世纪中叶），卡赛姆王朝军队的两位主要统帅，一是王室垂青的奴隶贵族（slave prince），另一位是部落谢赫。[4] 与此相应，1710年左右的民族志第一次记载了直到如今仍然活跃的部落大家族，当时国家强盛但权力分散。谢赫在各派争夺伊玛目之位上扮演平衡者的角色，他们的支持使许多伊玛目获得成功。

这些谢赫实力的壮大与他们在也门西部和南部获得的土地密不可分。许多考古学家和人类学家将谢赫的这些领地视为酋邦，即准国家形成的

---

[1] 18、19世纪的贾巴尔·巴拉特部落（Jabal Barat）即是如此。该部落因劫掠恶名在外。

[2] R. B. Serjeant, "The Post-Medieval and Modern History of San 'a' and the Yemen," in R. B. Serjeant and R. Lewcock, eds., *San 'a': An Arabian Islamic City* (London, 1983).

[3] 即马穆鲁克。——译者注

[4] M. S. Niebuhr, *Travels through Arabia and Other Countries of the East*, trans. by Robert Heron, Edinburgh, 1792; repr. Beirut, Librairie du Liban, 2: 80. 该书提到伊玛目军队的将军马斯（al-Mas）和艾哈迈德·哈默尔（Ahmad al-Hamer）。前者是一位奴隶王公，后者是哈希德部落集团的主要谢赫，曾指挥"哈希德对阵巴基尔的雇佣兵"（2: 81）。尼布尔也讨论过这两人的生平细节（Niebuhr, 1: 247, 340–341, 368; 2: 51–52, 62, 78, 82, 89）。奴隶王公的生平参见 H. al-'Amri, *The Yemen in the 18th and 19th Centuries: A Political and Intellectual History*, London, 1985, p. 23。

案例。这种酋邦本质上仍属于贡赋结构，榨取农业生产的剩余。某些自封的公国（principalities）亦是如此，最重要的当属圣裔统治下的考凯班（Kawkaban）。也门北部的焦夫则是另外一些公国的中心。但是，其中任何公国都不具有一般意义上的王权。

某些部落首领有权有势。其中一些人占有也门大片领土。[1] 在宰德派的历史中，人们有时将这些部落首领与阿拉伯人的苏丹相提并论。[2] 然而，他们最大的愿望是各自为政。建立统一与合法政权的政治观念由来已久，但却仅限于知识阶层。从外部视角看，这些政治实体可能只是酋邦；从内部视角看则可能是微型的国家（至少是王朝）。赛义德为获取更广泛的权威，可能去角逐伊玛目之位。其他部落首领通过支持赛义德获得更大的权力。

通过与成功的伊玛目结盟，即便实力弱小的谢赫也将强大起来。他们其中的某些家族世袭罔替。例如，18世纪早期，阿尔哈卜（Arhab）的巴伊特·拉德曼（Bayt Radman）家族已出现，该家族延续至今。1724年，阿里·拉德曼（'Ali Radman）协同著名的宗教学者伊本·埃米尔（Ibn al-Amir）调解两位伊玛目的矛盾。[3] 他通过支持其中一位伊玛目，"积累了巨额财富（amwal，几乎都是土地）。他去世之前，将这些土地分给子嗣，留下一部分（可能是作为家族瓦克夫［waqf］）以备不时之需"。[4] 1782年，阿里·拉德曼的继承人穆罕默德·萨利赫（Muhammad Salih）为伊玛目与部落的交战而战死。[5] 一个世纪后，一位土耳其将领写信息请伊玛目，"将巴尼·阿里（Bani 'Ali）从拉德曼的封地上驱逐[6]，但是尽管真主禁止，让

---

1 哈希德的艾哈迈尔（al-Ahmar）家族和巴基尔的沙伊夫（al-Shayif）家族是很好的例子。
2 Zabara, *Nashr al-'Arf*, 2: 336.
3 Zabara, *Nashr al-'Arf*, 2: 507.
4 Zabara, *Nashr al-'Arf*, 2: 273.
5 Zabara, *Nashr al-'Arf li-Nubala' al-Yaman ba'd al-alf ila 1357 hijriyya*, vol. 1, photoreprint (San'a', 1941), p. 198.
6 巴尼·阿里属于阿尔哈卜部落中拉德曼分支。

外部的基督徒军队进入也门又有何不可?"[1] 最终,也门西部的土地财富依然如故。[2] 事实上,土耳其人认为巴尼·阿里家族反对伊玛目,但两年后(1896年)后者却站在伊玛目这一边进攻阿尔哈卜的土耳其军队。[3] 在土耳其军队撤离后,以及20世纪60年代的也门内战中,巴尼·阿里家族在也门发挥着重要作用。这种例子不胜枚举,但政治实体[4]究竟是部落还是国家?抑或两者都是?

答案通常在知识的传统中。对研究者而言,这些政治实体是社会的一部分,但在某种程度上与国家类似。例如,"哈迪(Al-Hadi)是尼姆部落(Nihm)的努埃马特分支(al-Nu'aymat)的谢赫。该部落在巴基尔部落联盟中十分显赫。哈迪经常拜访加居住在加拉斯(al-Gharas)的伊玛目马赫迪·艾哈迈德(al-Mahdi Ahmad,1676—1681)和穆塔瓦基勒·卡赛姆(al-Mutawakkil al-Qasim,1716—1727)……娶了伊玛目的女儿。故此,哈迪及其子嗣都服从于穆塔瓦基勒,该家族为此可以迁徙"[5]。哈迪之子阿里·尼米('Ali al-Nihmi)负责萨那一处宫殿的供给,该家族似乎成了萨那人。哈迪之孙艾哈迈德·阿里(Ahmad 'Ali),是当时良善之风标。他好善行、守教规、好学甚笃、扶危济困、诚实守信、信仰虔诚。[6] 如果谢赫没有得到学者的溢美,则可能被责难为恶人、暴君或恶魔之仆。历史上,学者也不断以"愚昧无知"形容部落。但是,部落首领是王朝统治的基础。

卡赛姆家族在合法性上受到部落力量的钳制。该王朝在也门南北方之间陷入两难。因为北方部落盛行,国家在军事上依赖于此;南方为农业区域,不仅北方依赖于它,而且它也是国家的重要财富来源:

1　Zabara, A'immat al-Yaman, 1 (pt. 2): 160.
2　土耳其未能击败巴尼·阿里。——译者注
3　Zabara, A'immat al-Yaman, 1 (pt. 2): 201.
4　主要指这些相对独立的部落或酋邦。——译者注
5　Zabara, Nashr al-'Arf, 1: 194.
6　Zabara, Nashr al-'Arf, 2: 7.

> 君主与那些靠掠夺、劫掠、勒索为生的军队为伍，处置其他人[1]的财富；国君必须慷慨，否则士兵不会追随他。你可以随意支配不属于你的财富……赠送其他人的东西不仅不会损害，甚至会巩固你在国家的地位。赠送属于自己的东西才能称为损己。但是，没有什么能像慷慨那样损人害己：在慷慨行为的实践中，你逐渐无能，变得贫穷、受人歧视，或者你未能摆脱这种困境而变得贪婪、愤懑。[2]

随着征服的成功，这些问题不可避免成为现实。战争之地（dar al-harb 或 dar al-fisq）的不义之人，进入伊斯兰之地（dar al-islam）[3]，用马基雅维利的话来说，这些人不再是外邦人。

穆塔瓦基勒·伊斯玛仪在整个也门建立秩序，他不断向下也门征税以收买部落，但却招致学者的批评。[4]马赫迪·阿巴斯（al-Mahdi al-'Abbas，1748—1775）赢得了学者和萨那人的好评；[5]但他统治的其他地区却发生了声势浩大的反抗。巴拉特部落（Barat）则为了得到南方的土地，或者从这些土地中得到应有的报偿而不断起兵叛乱。那些反对政权的伊玛目在部落中寻求庇护，并与不满现状的部落联合，部落体系在动荡中得以存续。

伊斯兰教以及受其影响下生活方式具有多样性，但这并不能很好地解释相关问题[6]，也不能化解社会内部的争论。伊玛目及支持者通常生活在部落当中，但他们时常斥责与部落民为落伍的穆斯林，部落习俗被斥为

---

1 这里主要指南也门。——译者注
2 Machiavelli, *The Prince*, p. 94.
3 传统伊斯兰法将世界分为三部分：穆斯林构成的"伊斯兰之地"；以非穆斯林为主但与穆斯林统治者缔结契约的"契约之地"；非穆斯林统治的"战争之地"。——译者注
4 Serjeant, "Post-Medieval and Modern History," pp. 80–82.
5 Al-'Amri, *Yemen in the 18th and 19th Centuries*, pp. 3–7.
6 Gellner, "Flux and Reflux."

"塔乌特"(taghut)。该词的含义很难准确表述，但通常指邪恶的行为。[1]宗教学者通过上述行为来确立自己的地位，但也存在一定限度。他们并不认为城市具有特别的道德价值。但当伊玛目统治萨那时，宗教学者和城市同样蔑视部落。这些"严肃的学者"也可能离开城市，联合部落反对城市的伊玛目[2]，但这种反对也仅限于教义和教理方面。

我们不应该忽视宰德派自身发生的变化。在中世纪，宰德派无论从之前还是之后的标准看都十分激进。但在大多数时候，宰德派在部落中倡导理性和学术的宗教信仰。尽管部落成员大多不识字，但他们的脾性与这种信仰契合。在大部分历史中，也门南部和西部充斥着圣徒、圣墓和巫术。北方部落之所以遭到责难，并非因缺乏正规和系统的宗教信仰，而是源于阻断道路、不服从伊玛目和否认女性继承权。[3]这种责难也随着伊玛目率领部落进行征服而传播到其他地方。部落也因此受到宗教学者的鄙夷。

例如，饱学之士阿里·卡卡巴尼('Ali al-Kawkabani)试图联合部落反对当时的伊玛目。1750年，他与马赫迪·阿巴斯争论之后，由萨那迁往巴拉特。他达到部落地区后，创作了流传甚广的诗歌：

> 告诉住在沙漠和村庄的人们，
> 以及在骄阳似火的正午或在星夜动身的人，
> 在真主的土地上旅行的人，
> 穿越一望无际的荒野和人迹罕至、寒冷刺骨的沙漠，
> 在广袤的蒂哈马(Tihama)的每一寸土地上，
> 从亚丁向阿比扬(Abyan)不断延伸：
> 当骑士向高原和低地进发时，

---

1 Serjeant, "Interplay," pp. 30, 44–45; Dresch, "Tribal Relations," p. 161.
2 Gellner, "Flux and Reflux."
3 Dresch, "Tribal Relations," pp. 163–164.

第九章　伊玛目与部落：上也门的历史书写与演绎

责备那些对此充耳不闻的人，

穆斯塔法（先知）的宗教在我们的时代已经死去，

没有人为其哀悼或赎罪。

我向你挑战，

穆罕默德宗教中的恶魔是否等同于现在所犯下的罪？

在他的房子里是否像你（伊玛目）一样，

堆满与罗马和波斯的国王类似的绫罗绸缎？

哈拉吉（al-Hallaj）是否有产自印度的布料，

是否像花园的花朵那样五彩斑斓？

用金银财宝、绸缎绫罗堆积起来的宝藏，

看起来像生活本身吗？

觉醒吧，觉醒，当心这个地方，

那里隐藏着来自人类的东西……

先知什么都没有……除了他的床，

他的卧榻除草席外别无他物。[1]

通过对比生活奢靡的伊玛目与节俭正直的先知，毫无疑问相较当时的统治者，"在真主的土地旅行的人"和贫穷的贝都因人与先知更具有共同点。这种主张和部落的诉求相契合。这些观念关注平等与正义，恰好迎合了部落民的不满，即国家给予他们的供给少于他们的预期。事实上，平等和正义的说辞对所有人都有用，对所有人都有触动。[2]

在现实中，部落与类似国家的行为体在文化上没有明显区别。地方的圣裔必须像谙熟伊斯兰规范一样了解部落的正义观念，只有如此他才能支持他的部落对付其他人。如果有人以"塔乌特"来贬低部落利益，部落则将冒犯者视为不信伊斯兰教的暴君。对于宗教学者的归属也缺乏明

---

[1] Zabara, *Nashr al-'Arf*, 2: 242–243.
[2] Gellner, "Flux and Reflux," pp. 44–45; Crone, "Tribe and the State," p. 76.

确的分类。许多宗教人士仍然依附于部落，获得部落的保护，他们的地位也由部落界定。部落成员自认为穆斯林。

因此，部落与国家并非不同的事物或实体。由于研究者个人的界定，历史上的部落被严重边缘化，夸大了部落与国家的区别。人们很容易忘却，学者们撰写的历史由部落民与其他人所创造。然而，某一部落或分支的历史并不能取代城镇的历史。尽管没有文献明确记载，但整个伊玛目时期仍然符合哈姆达尼的记叙，即政治或社会单位通过比较进行定义，并随着时间的流逝以特定方式变迁。

某一部落分支遭到其他分支的拒斥或忽视，该部落可能因此发生变化。但这种变化并非物理层面。该分支的领地和地理位置保持不变，但部落 A 和部落 B 的边界发生变化。原来在该部落分支的一侧，现变为另一侧。部落也可以同样的方式背弃哈希德部落联盟，投入巴基尔部落联盟的怀抱，反之亦然。这一显现在哈姆达尼的著述中得到证实。其中多次提及一个部落加入另一个部落，这一现象在 10 个世纪以来地名的变化中窥见端倪。10 个世纪以来，征服不再是更替也门高原部落组织名称的手段。成员可以从一个部落逃往其他部落，但部落组织却按照惯例更名。当部落民迁往或统治下也门时，部落领地并不随此相应变化。因此，尽管部落成员是历史事件（histoire événementielle）的参与者，但部落本身却不是。

伟人们熙来攘往，造就丰功伟业，人们或承受苦难或功成名就[1]，但集体认同却来自看似最单个部落最微不足道的故事。也门只有阿克赫巴尔，即单独的故事。不同的故事并不连续和统一，也体现了部落与部落在观念上的平等。正由于此，这些故事才凸显其重要性。人们之间的不平等反而与部落之外的历史密切相关，如王朝史。这使部落认同成为"独立的世界"。然而，线性的历史导致了这一现象，这种历史观念本身与西方国家那样独立"法人"的历史不同。例如，卡赛姆政权作为一个王朝或国

---

1 Dresch, "Tribal Relations," p. 160.

家，很少得到正式评价。每位伊玛目通常以他们前后的伊玛目头衔获得评价。[1] 但是对这样的国家没有进行深刻的评价。

卡赛姆王朝的贡赋、税收和救济层级十分复杂，但仍旧常依赖于分散化的采邑，而采邑则是由伊玛目的亲属、赛义德或谢赫控制。伊玛目是上述权贵凝聚力的源头。人们对伊玛目的敬畏类似于马基雅维利所谓的"君主德行"（virtu）。[2] 但是，在卡赛姆王朝有限的统治范围内，其统治模式与具有具体领土范围的国家（lo stato）[3] 显然不同。后者可能依赖个人、议会或主权机构。在该王朝，统治者与领地的关系类似于中世纪欧洲君主与领地的关系。实际上，也门的这种关系更脆弱。统治者可能因外敌入侵或内部叛乱而造废黜[4]，而且宰德派与其他派别处于敌对关系，可能会出现内外交困的现象。

19世纪，卡赛姆王朝崩溃，这源于王朝内部的严重冲突。一些人还认为，该王朝的衰落与瓦哈比派向北扩张致使卡赛姆王朝失去在红海的港口有关。也门人将卡赛姆王朝覆灭后也门的混乱局面称为"腐朽时期"（ayyam al-fasad）。人们将这种失序归咎于部落，而不是赛义德，虽然后者在选择伊玛目问题上难以达成一致。随着王朝的式微，部落逐渐壮大，部落与国家似乎是相互替代，国家让位于部落。其中应该注意的是，部落侵入非部落地区。事实上，也门有数次因干旱、饥荒和蝗灾而引发的大迁徙。因此，认为部落侵袭非部落地区的观点站不住脚。北方部落民与非部落地区的联系长达两个多世纪。国家衰落并未导致部落民与非部落民的界限的消失，而是引发了整个国家治理体系的崩溃。

"腐朽时期"结束于1872年奥斯曼帝国第二次占领也门。当时，奥斯

---

[1] 尽管王朝的崩溃令人哀伤。

[2] *Nashr al-'Arf*, 1: 496-497.

[3] "lo stato"为马基雅维利在《君主论》中反复提及的一个概念，有"领土"、"被统治者"、君主控制的"国家机构"、"君主的地位"等不同意涵。作者在这里强调伊玛目的权威有限。——译者注

[4] Machiavelli, *The Prince*, p. 103 and passim.

曼人将伊玛目赶回也门北部的部落地区。19世纪末，伊玛目哈米德·丁（Hamid al-Din）开启了新王朝，并领导部落反对土耳其入侵者，围攻萨那。这些部落间也争执不断。双方于1911年签订的停战协定承认伊玛目叶海亚对萨那以北地区的控制。1918年，土耳其人无奈放弃也门；伊玛目率领部落武装向也门西部和南部进军，以填补权力真空。20世纪20年代和30年代初，叶海亚征服了现代也门北部所有地区，达到了卡赛姆王朝在300年前的部分版图。但他所处的时代不同于卡赛姆王朝。

哈米德·丁王朝最后几任伊玛目（1918—1962）的宫廷制度十分简单，他们尽可能以个人意志统治国家，并通过囚禁部落人质的办法在农村建立稳定的秩序。然而，随着时代的发展，民族国家的观念也日益萦绕于也门思想家的脑海中。这种观念内化为关注特定的社会群体（也门"人民"），同时对于其他同类型政治实体的评判（"进步"或"落后"）。与其他国家进行比较比较和现代性的观念在也门也流行开来。知识分子思考效仿阿拉伯或世界其他国家，普通民众也首次受此影响。这为也门引入了完全不同于旧秩序的新的时间观念。形式上看，一些人开始认为伊玛目国家在前民族主义时代不可能出现，也是一种时空错位。1962年革命推翻了最后一位伊玛目。而取代他的并非另外一位伊玛目竞逐者，而是共和国。

上述属于也门人划分的"前现代"历史时期。我们应当停下来重新思考。我们该如何叙说这段历史？伊玛目国家依照自己的法度进行管理，这与民族国家或文艺复兴时期的欧洲国家并不相同。在考古学和政治学中，"国家"作为学术词汇在使用上也存在困难。从政治学角度看，国家似乎是宰德派的伴生物。然而，事实却是，伊玛目国家并不只是为我们在偶然间创造一个国家而做的准备，其本身就是类似国家的政治实体。它是对部落主义的重要补充，尽管我们也知道在现实中无法割裂两者的联系。尽管部落首领在某些时候比伊玛目更强大，但我们并不认为部落是微型的国家。

在此语境下，本文之所以承认伊玛目国家是类似国家的政治实体，在于前者产生于自身构建的统一的政治历史中。无论统治者为何人，农民的历史一直不被书写：与其他人相比，农民是"没有历史的人"[1]。部落民属于另外的范畴，他们不只是拿着武器的农民。在阿拉伯语境下，我们认识的部落（qaba'il 或 qubul）是相互对抗，没有共同历史的社会单位。在一些学者的编年史中也会提及部落成员，但部落只有卷帙浩繁却碎片化的阿克赫巴尔。

艾拉·拉皮杜斯指出，从部落的角度来看，中东的历史不可能存在统一的叙述方式。这确是真知灼见，因为部落在许多地区并不像一些作者试图展现的那样重要。更重要的是，在我们的观念中，部落与统一的叙事、与我们期望的国家相悖。不同的理论模式对相同事件有其各自的解释方式。但学者呈现的却是事件的连续性，国家形成就是典型的案例。如同人类社会，我们的文献在研究之前就已影响了我们的观点。要充分理解研究对象就需要接近历史和民族志中的细节，以便从本土视角揭示如何形成这些观点。我们提出的问题最好仔细拆解。

现代民族国家

我曾经强调过，国家概念用于前现代的上也门存在的问题。在研究者眼中，也门本土的特殊性并不重要。当阿拉伯也门共和国真正成为国家时，情况有所不同。它短暂而辉煌的历史便可用特定的国家观念书写。因此，我们通过勾勒 1962 年革命以及伊玛目国家终结以来的历史，进而开始思考也门的现代史。[2]

---

[1] Eric R. Wolf, *Europe and the People without History* (Berkeley and Los Angeles, 1982).

[2] 因为也门最近的政治历史和现代国家机器的发展已经得到了很好的讨论，我就不再赘述。参见 J. E. Peterson, *Yemen: The Search for a Modern State* (London, 1982) 和 B. R. Pridham, ed., *Contemporary Yemen: Politics and Historical Background* (London, 1984)。

末代伊玛目遭遇军事政变，被逐出萨那，其中一些参与政变的军人具有部落背景。此后，王党（由沙特阿拉伯支持）和共和派（由埃及纳赛尔支持，政治上长期疲弱）的内战接踵而至。从1962年到1967年，内战虽在也门人之间进行，但却是利雅得和开罗的代理人战争。部落深入参与内战，交战双方巨额的财富支出主要由部落首领控制。他们像卡赛姆王朝时的部落首领那样集结部队。

尽管这些大家族不为人熟知，但它们在20世纪初反对奥斯曼帝国的统治中发挥了重要作用。"此后，它们的影响力开始下降，在伊玛目叶海亚（1918—1948）时期，他们的影响力进一步弱化。然而，在此后的内战中共和派和王党都试图拉拢这些大家族，使它们重返也门的政治舞台。这便导致这些谢赫在交战双方都获得了重要的政治职务，从而得到了政治权力和部落权力的双重加持。"[1]

在内战结束的和解进程（1969—1970）中，内战双方中的重要谢赫（以及一些不属于部落的政治人物）入选第一届国民大会和咨询会议。在末代伊玛目治下，也门的政治体系发展缓慢。但在战后建立的共和体制下，诞生了既具有政府职位又具有部落地位的新的政治群体。1970年以来，这一群体的影响力出现了消长。

在内战后最初几年，政府谢赫地位显赫。其中，最重要的当属哈希德部落的阿卜杜拉·艾哈迈尔（'Abdullah al-Ahmar），他既是部落首领又是咨询会议的议长。易卜拉欣·哈姆迪（Ibrahim al-Hamdi）任北也门总统期间（1974—1977）解散了咨询会议，免除了多数谢赫的政府职务。然而，部落仍具有其影响力，对政府的影响并未完全消失。在内战后国家的政治话语中仍具有部落因素。以部落为基础的认同也未消失。

20世纪70年代末哈姆迪遭暗杀；之后命运多舛的艾哈迈德·加什米（Ahmad al-Ghashmi）也遭暗杀。那时北也门的国家元首看起来就像弗雷

---

[1] Zayd b. 'Ali al-Wazir, *Muhawala li-Fahm al-Mushkilat al-Yamaniyya* (Beirut, 1971), pp. 150–151.

泽（Frazer）所写的奈米（Nemi）的祭司。[1] 北也门的阿里·阿卜杜拉·萨利赫（'Ali 'Abdullah Salih）就任总统后，也饱受南也门和沙特冲突的困扰。也门部落存在政治诉求。从传统的国际政治视角看，它效忠于不同的政治力量并更换效忠对象，这使也门的政治局势变得十分复杂。我在其他论著中对此已有涉及。[2] 内部政治分裂和外部敌对势力的干涉，使北也门不时爆发小规模的冲突。直到1982年，阿里·阿卜杜拉打败下也门的游击队，局势才得以稳定。

从1975年到1982年，部落在军事上和政治上具有影响力。当时，部落民类似于其他也门人，受益于劳务输出带来的侨汇收入。但现在，这种繁荣已不复存在。也门东部地区发现石油，对也门的发展计划具有重大影响。此时，邻国之间的冲突暂时平息。与之前五六年相比，1982年以来北方的部落也沉寂许多。然而，部落主义并没有消失。

几年前，我曾断言，就如同在共和国之前那样，部落首领、部落主义已不在政治讨论的范围内。[3] 如今依然如此，许多国家都将部落完全视为社会的落后因素。但令人惊讶的是，总统在接受采访时声称，也门是部落国家。[4] 另一方面，哈希德部落的谢赫阿卜杜拉承认也门的民主特征，并声称他将在重组的咨询委员会里任职。[5] 这表明他认为此事颇为可行。但问题还没有结束。我们必须思考，北也门的当前政治是否超越了表象，进而产生了实质的变化？相关问题在前文已有论述。经验性的叙述无法为我们答疑解惑。

通常认为，国家形成的过程伴随着部落与国家的冲突。从也门的案例中可以发现，部落首领获得政府职位，并成为国家的一部分；当部落首领不满时，他们暗地里将控制的国家部门部落化（还未进行理论阐释），

1　典故出自弗雷泽的《金枝》。——译者注
2　Dresch, "Tribal Relations," pp. 167–170.
3　Dresch, "Tribal Relations," p. 172.
4　*Al-Majalla*, no. 347, 1–7 October 1986, pp. 15–18.
5　*Al-'Arab*, 7 December 1987.

国家的力量退缩至军事和官僚领域；当军人政治抬头时，军人暗地里将部落军队云国家化；官僚升职无望，也开始有自己的打算，国家力量进一步萎缩。为了避免研究的缺陷，我们必须认识到，国家是一项制度也是一种观念。如同其他的历史时期那样，人们的观念可能不断转变，也可能同时拥有多种观念。本文已呈现了一些相关内容。

现代的观念具有独特性：中心是意识形态的转变[1]，而"人民"则是这种转变的主体。人民由政治实践所塑造，但人民本身是自然存在的。在雅各宾模式中，国家通常等同于人民，国家事实上成为人民的代言人。人民具有单一的历史，其中通常具有与过去的黑暗时代决裂的印记。这种决裂源于革命。所有所谓的"人民之子"称号体现的不仅是人民具有共同的过去，而且还指面对共同的现实与命运。

当然，这一观点受到媒体的启发，但却全部来自初中教育。早在中央政府对地方实施严密控制之前，中学在农村地区转变观念。[2] 欧内斯特·盖尔纳早就指出，"民族主义成为政治忠诚的自然形式"的条件之一便是，"每个人都是参与者"[3]；或者在伊斯兰世界中，"每个人都是自己的阿里姆"[4]。新生的受教育者的一系列认同激发了民族主义情感，也助长了原教旨主义的宗教情绪。两者在当代也门都有显现，都持新兴和普遍的社会时空观（view of social time and space）。

这种转变是"一战"后中东地区确立的广泛的民族国家体系的要求。不管将来采取何种形式，但在当时必须建立国家。现代体系不允许政治地图上存在真空。对于民族国家的新情感始见于1900年左右的编年史文献之中。在那之前，文献中对于也门事务的记载具有排外的特点。对于正义对抗邪恶的记叙，并不考虑当地体系之外的任何观念。1896年，

1　Ernest Gellner, *Thought and Change* (London, 1964).

2　Dale F. Eickelman, "Ibadism and the Sectarian Perspective," in B. R. Pridham, ed., *Oman: Economic, Social and Strategic Developments* (London, 1987).

3　Gellner, *Thought and Change*, p. 160.

4　Gellner, "Flux and Reflux," p. 43.

也门突然进入国外媒体的视野。当年国外媒体先是报道了美国的滑坡和法国儿童因病致死事件。接着,伊玛目递交给奥斯曼政府的信件不仅引用也门文献,而且在土耳其的报纸上刊发。土耳其报纸的这一行为也影响了也门的编年史家。[1] 也门的国家或知识分子进入了精神分析学家所谓的"镜像阶段"(mirror stage)。认同在一定程度上通过对透镜两端事物的相互比较得以建立。这种认同也开始对世界民族主义不断进行模仿和回应。

在过去的 20 年,随着国外旅行、媒体、现代交通工具的发展,人们更加关注世界体系以及本国在世界体系之中的地位。如同利比亚、摩洛哥和阿曼[2],其他中东国家开始重新评价部落的重要特质:多元性和特殊性。这一进程的重要方面就是,人民拥有单一的历史和国家命运。正如戴尔·F. 艾凯尔曼所言,摩洛哥"过去的观念经历了重大变迁,传统多元性的一些因素迅速消亡。取而代之的多元观念则是,自觉地融入体系当中……对整个社会而言,由'书籍'中的历史观念所构建的认同体系,日益冲击关于过去的社会共同观念"[3]。E. L. 彼得斯对于利比亚的评论虽针对宗教机构,但实际上面对着同样的问题,即面临统一的历史和社会观念的挑战。他指出:"特殊主义(particularism)更强调不同人群中的差异。这一更广泛的观念体系的发展并不排斥特殊主义,而是将之降为次要地位。"[4] 但问题在于如何实现,如何将这些地方性和特殊性纳入整个民族(national)或超民族的范畴,并且使之不相互抵触。然而,问题是:世界上的民族(nation)以及民族内部的部落之间不可避免存在联系。"部落与国家构建"

---

1 'Abd al-Wasi'i, *Ta'rikh al-Yaman* (Cairo, 1928), pp. 163, 221–225.
2 E. L. Peters, "From Particularism to Universalism in the Religion of the Cyrenaica Bedouin," *British Society for Middle East Studies Bulletin* 3, no. 1 (1976): 5–14; Dale F. Eickelman, "Time in a Complex Society," *Ethnology* 16 (1977): 39–55; Eickelman, "Ibadism and the Sectarian Perspective."
3 Eickelman, "Time in a Complex Society," p. 53.
4 Peters, "From Particularism to Universalism," p. 13.

首次成为真实而普遍的问题。

各国在法律上平等。但在发展或落后的语境下，各国又争相要给自己排序。据此，所有国家被视为具有相同的发展路径。在这方面[1]，一些人的著述总是与特定的地方观念不谋而合。即从世界范围看，中东国家具有一定的共同特征。据此观点，国家似乎是至关重要的必需品，也是效仿的中心。国家的整体概念无法回避，对于关注国家的人而言，否认国家的正当性就意味着倒退。

新问题取代旧问题。前文涉及的时间问题，在现代语境中也变得重要。在传统部落模式中，个体之间或群体[2]之间的地位无法进行度量，它们在形式上平等，没有相应的标准公平地对它们进行排序。相反，在民族主义者的话语中，个体或群体的地位被纳入发展或落后的语境中进行评判。他们构建的并非旧秩序下的平等，更强调必须为平等或某一派别的优先地位而斗争。

1982年以来，北也门政府构建从地方、地区委员会到全国人民大会（General Popular Congress）的全国性政治参与体系，试图借此将地方的特殊主义纳入其中，赋予其从属地位。这一政策迄今为止获得了成功。一般而言，国家尝试应对的上述问题[3]与前革命时代有所不同，但在现代世界却十分典型。

编年史家和传记作家构建了经验的统一，但却并非以部落文化的形式。想象的共同体没有边界，具体的历史事件与个人仅存在暂时的联系。[4]他们认为，运势的变化是偶然的，是来自真主的旨意。相比之下，人民的边界从一开始就存在。经验的统一是先定的。[5]运势的变化直接源于人的

---

[1] 例如，我刚引用的彼得斯对利比亚的评论和艾凯尔曼对摩洛哥的关注。
[2] 这里主要指部落或部落分支。——译者注
[3] 即现代国家构建的统一观点和叙事与传统的部落观念的关系问题，也是统一性与特殊性的问题。——译者注
[4] 正如我们所说的，必须构建经验的统一。
[5] 相应地，现在必须有意识地阐述多元主义。

行为。同时，设定诸如"封建者""反动派"的新标签进行评判。[1]可能如同国家本身一样，国家的全部要素被贴上了"落后"或"先进"标签，或者在民族发展的语境下被视为"不利因素"或"有利条件"。在这一观念中，不是特指哪个部落，而是最后出现在概念图景中的部落主义以及部落与国家形成的问题。

因此，最后的总结十分困难。我们大多数人已放弃了进化的观念[2]，以便不去将我们的文化与其他文化一较高下。但是，这种观念却为其他人所秉持。在第三世界尤其是中东地区，19世纪的人类学是最普遍的知识传播。《杂志》(Al-Majalla)对也门总统的采访中，采访者的提问在此值得一提：

> "也门在多大程度上成功地从部落主义的阶段(marhala al-qabaliyya)转变到国家阶段？也门可以从（几个）部落变成一个部落吗？"（总统坚定地回答）："国家是部落的一部分，我们也门人民是部落的集合。我们的城镇和农村都是部落。所有官方和民间的机构都是由部落（或部落成员）组成。"

事实上，在这里的语境下，也门大部分地区并不属于真的部落。但是，也门总统的回答促使采访者或编辑将采访中的一小段作为标题，即"是的，我们都是部落成员"。[3]

我就部落与国家关系提出的问题，也是也门人所思考的问题。也门人可以用完全不同于伊玛目时代的视角审视他们的历史。确实，近年来，也门新史学的蓬勃发展引人瞩目。如今，也门人也存在概念上将部落与国家区分的趋向，对两个概念进行对比，进而将部落与国家纳入统一的进化路径中进行排序，就好像一个阶段将会走向另一个阶段。这一观念将迎合某些政治计划。国家构建的观念在现代思潮中极具吸引力，它对中东人的

---

1 如今，这些词汇也被宗教人士运用。
2 该观念在一定程度上存在于哈姆达尼的部落模式中。
3 *Al-Majalla*, no. 347, 1–7 October 1986.

影响不亚于我们。这种吸引力在前现代并不存在。中东人的分析并不以本地区独特的部落和国家的历史为基础[1]，而是取决于现代性。在他们看来，部落与国家的关系成为问题，他们的历史也不会由此书写。

在真实的世界，国家与民族国家都是道德和统计意义上的规范（norm）。在这个世界上，哪里能为部落碎片化的话语留下一席之地？这样的问题最好留给阿拉伯的《利维坦》或《公民社会》的作者。然而，在这一语境下，部落不仅是简单的事物、群体或者力量，毫无疑问还是可以重新加工的思想体系的一部分。部落主义通常将人们的差异叙说为服从伊玛目宣称的单一法律。但国家的繁荣将会以某种方式遮蔽这种差异。如果这种差异并不是通过自愿的方式获得包容，那么就会以派系的方式出现。阿拉伯语中派系（tawa'if）一词十分古老，但上述的派系却是新的。这些派系不反对通常意义上的组织，而反对的是现代所孕育的单一制国家。部落反而并不重要。

帕特里夏·克劳恩认为，部落和国家并不是前后相继的发展阶段，而是回应安全问题的不同选择。尽管两者通常不能凭经验区分，但上述观念具有一定现实性。那些希望中东部落平等主义观念能够缓慢"向民主过渡"的人可能会失望。然而，认为部落和现代国家都具有"平等主义，都鼓励群众参与"的看法可能掩盖了目前的主要问题，即什么人参与。[2] 当然，当部落之间对抗时，有时大批部落民参与其中。部落具有韦伯所谓的"理性国家"（rational state）具有的"平等性"，以及适用于每名成员的主权法。然而，部落体制具有个人主义倾向，后者无限延伸。相比之下，民族国家以绝对观念的统一为前提。人民以一系列个体构成，部落从来和不可能以这种方式建构一个群体；君主制要彻底废除部落，以便强化国家与人民的单一认同。君主面临的问题即便马基雅维利和伊本·赫勒敦也无法进行解答。

---

[1] 如同他们认为，经验的连续性和变化是关键。
[2] Crone, "Tribe and the State," pp. 64, 77.

第十章
部落与国家：利比亚的异常个案

丽萨·安德森[1]

现代中东的大多数国家在践行国家政治权威时会得到政府和民众的认可。对族属意识形态（kinship ideologies）和血统宗谱（genealogies）的忠诚可能会超越、屈服或忽视国家层面的政府机构，或者仅服务于地方国家机构，特别是国家渗透较为薄弱的领域，但是部落忠诚通常并不被认为具备替代官僚制国家的正当性，后者通常是解决政治冲突和经济分配的机制和途径。

但上述普适观点并不适用于伊德里斯国王和穆阿迈尔·卡扎菲（Mu'ammar al-Qaddafi）治理下的利比亚，前者统治时间是1951年到1969年，后者是通过1969年的军事政变上台的。这些政权的外交政策路径、经济发展取向以及社会和文化政策都与众不同，显著特点是其政治合法性和政治忠诚并不依赖于国家机构和意识形态。昔日的历史事件表明：19世纪和20世纪本土民众和殖民者对利比亚国家构建所付出的努力都付之东流。由于没有国家机构的侵蚀，部落关系不仅保持强大的力量，而

---

[1] 丽萨·安德森，哥伦比亚大学中东研究所执行主任、政治科学副教授，主要成果有：《突尼斯和利比亚的国家和社会革新，1830—1980》（*The State and Social Transformation in Tunisia and Libya, 1830-1980*, Princeton University Press, 1986）。

且继续成为利比亚国家经济分配和冲突解决的真正挑战。在君主制时期，部落的重要性在不同的语汇中得到阐释，即强调族属关系的凝聚力和排他性，卡扎菲革命政权也拥护部落平等参与的普遍原则，反对经济层面的特殊化倾向。但是二者都求助于部落的话语和现状，以赢得后者的政治支持，维护政权的权威。

对国家的叛逆、对部落意识形态的依赖是利比亚民众普遍存在的文化心理，但是鉴于该国特殊的经济地位也允许将这种情绪融入内外政策之中。雅克·鲁马尼（Jacques Roumani）对20世纪利比亚的政治和社会生活进行了精细的观察，他说："丰富的石油资源和人口的稀少使得（利比亚）可以避免社会结构的分化，处理现代社会所面临的复杂性。"[1] 利比亚人想要避免的现代性（modernity），是他们近代历史变迁的遗产；他们能够并且试图尝试的一切也是它们当代经济发展的产物。

定 义

在考察利比亚之前，有必要花一点时间对相关专业术语加以解释。正如本书的诸多作者指出的，"部落"和国家的定义模棱两可，这一点是无可置疑的。大多数学者都关心纠正（或者至少考察）首倡者存在的疑惑。对于人类学家来说，"什么是部落"是一个耳熟能详的问题。"什么是国家"却是一个并不熟悉，但也不迫切的问题。在本文中，两个专有名词可以在理查德·塔珀所谓的倾向（tendencies）或情景（situations）中进行理解。[2] 也就是说，部落和国家并不是相互排斥的分析类型，而是在过去或现在任何社会任何时刻某些特征的总结。

---

[1] Jacques Roumani, "From Repulic to Jamahiriya: Libya's Search for Political Community," *Middle East Journal*, 37, no.2, Spring 1983, p. 164.

[2] 参见本书理查德·塔珀的文章。

第十章 部落与国家：利比亚的异常个案

从以下普遍认为的观点说起似乎颇有益处，即所有社会都有一套机制，通过这套机制均衡分配社会财富，控制冲突。这些调节机制在社会生活的其他方面也有体现，如族属关系，在这里经济分配和冲突控制的问题都是在血统和谱系所描述的权利和义务基础上得以解决。与此相比，汲取、分配和调控等机制也体现在一个结构上被细分，并被特别指定的机构，这样一个机构就是国家。国家的存在意味着社会组织的其他方面也可以进行细分，这些也体现在依赖于个人的契约关系，以及劳工部门和社会阶层的复杂性。如果一个社会没有上述特征，那么指定一个经济分配和冲突控制的专门机构则既不可能也没必要。

当然，在部落和国家倾向或情境具有多样性，部落和国家所体现的特点也是它们基本原理的外在表现。就部落在分配和控制冲突方面表现出的不同结构，例如酋长的地位和职位，或者说国家依赖于统治者的族属关系去任命行政人员，这是一种主导倾向，并不是个案或特殊现象，或者缺乏部落或国家属性，这些都可以认为是社会的特征。

尽管部落和国家并不是绝对意义上的相互排斥，但自从19世纪以来，西方社会和政治理论已经认为部落和国家的联系相当密切。"二战"后的西方发展理论继承了19世纪的进步思想，认为现代国家是在以牺牲部落为代价的基础上出现并发展起来的。尽管卡尔·马克思、马克斯·韦伯、埃米尔·涂尔干及其诸多追随者都质疑这种进化的结果，但很少有人驳斥这种现实。资本主义、劳动力的分工、工业化、官僚统治以及社会分化似乎都对原始共产主义的平等主义、传统权威的实质公正以及机械团结的安全构成挑战。

因此，人们似乎普遍接受：从长远来看，一旦资本主义和理性——合法的官僚机构被解除束缚，部落和国家会临时并且不太融洽地共存。实际上，如果将二者理解为分配资源和规制冲突的机制，共存会带来人浮于事。本文所论述的是：20世纪的历史瞬间，更准确地说是20世纪的利比亚个案。利比亚的反常个案对那些简单解释现代世界变化的做法提出挑战,这也证明,国家的胜利有其必然性,但也不会毫无征兆地来临。我通过对欧洲历史的再三考察发现,国家战胜并选择政治权威是一件很不容易且费力的事情。与此相反,欧洲历史充满了帝国神圣的遗产,城镇、公国和社团都被威斯特伐利亚条约所认可的政治权威给击败了。这被马克斯·韦伯称为"强制的政治联盟,即行政人员在既定的边界领域成功地垄断了使用军队的合法性"[1]。

在威斯特伐利亚条约签署的三个世纪后,以国家为基本单元的国际体系的法理基础变得较为复杂,并传播到世界各地。随着第一次世界大战后国际联盟的建立,更有甚者是第二次世界大战后联合国的成立,国家被国际社会认定为代表政治权威的唯一合法体现。当时,不到一个世纪里,欧洲影响使得世界的诸多地区不再屈服于形成中的政治权威,这与欧洲国家的类型截然不同。然而,参与国际体系也意味着采纳了国家这种形式。领土边界是由欧洲国家划定的,或者继承了欧洲帝国的疆域设计。招募军队,应该牢记的是,现代常备军是国家功能细化、等级管理、官僚机构以及客观机制的典型体现。国家所宣布或有时执行的雄心勃勃的发展项目,增加了生产量,改进了基础设施,发展了经济,改善了生活质量,极大地改变了全球的社会性质。这些项目都是在代表居民的国家名义上进行的,这既增强了国家作为现代、进步和财富的象征,但也使得国家成为灰心、失望与愤怒等痛苦元素的核心。

国家形成与经济发展不可避免地对旧的制度体系造成破坏,但很少会对有希望的新生力量平稳有效地提供商品和服务,这也是国家不能够向早期发展理论家所期望的那样,很容易且彻底地扎实根基。新生力量与民众由于被有着无数的意识形态选择的国家发展规划者所抛弃、忽视与忽略,而感到愤怒和失望。与19世纪的美国的震教徒(Shakers)和英国

---

1 Max Weber, *The Theory of Social and Economic Organization* (Nork York, 1977), p. 154. 关于欧洲国家形成参见 Charles Tilly, ed., *The Formatiion of National States in Western Europe* (Princeton, 1975);关于中东国家形成参见 Lisa Anderson, "The State in the Middle East and North Africa," *Comparative Politics*, October 1987.

的卢德派（Luddites）一样，我们已经看到 20 世纪"正义运动"（movements of righteous）所遭受的挫折。不仅如此，中东和其他地区努力在族属亲缘的基础上复兴并维持对意识形态的忠诚，以应对国家的挑战。

如果确切地说，利比亚的故事值得提及，但这个故事绝不是独特的或者与众不同的。利比亚在这一共同主题上提供了一个变量，因为国家政治精英本身，也就是政府发展的规划者在国家组织和意识形态上表现得自相矛盾。如果没有其他政治财富，除了国际社会认同的制裁，这些政权诉诸族属关系的统治风格，对掌控的政治机构极度不信任。这也是笔者为什么以及如何写作本文的原因。

利比亚遭遇现代国家

与中东地区所有民众一样，或者说一些理由的话，利比亚人认为自己在 20 世纪受到了不公正的待遇。这个现在被称为利比亚的地区是失败的奥斯曼帝国在北非最后一个省份而步入 20 世纪的。[1] 自从 19 世纪中期以来，这里一直是奥斯曼帝国统治者孜孜以求的改革区域，尽管这里不是一个模范省份，但也不是停滞不前的落后地区。实际上，19 世纪末期，这里曾经经历了一段相对和平繁荣的时期。不论是利比亚西部或的黎波里塔尼亚，还是东部昔兰尼加的赛努西宗教社团，奥斯曼帝国的国家管理都想达成如下目标，即制定法律和构建秩序，增加这些省份的公共服务，如教育。利比亚人参与奥斯曼地方政府管理，并向地方行政管理当局提供诸多管理人员。与此同时，由于 19 世纪 80 年代英法占领突尼斯和埃及造成的紧张政治氛围，以及利比亚成为跨撒哈拉贸易的最后通道而显示地缘政治地位上升，商人发现自己生意兴隆。地方贸易增加，游牧民开始被

---

[1] 本观点主要依据 Lisa Anderson, *The State and Social Transformation in Tunisia and Libya, 1830–1980* (Princeton, 1986).

定居农业代替。部落网络被经济利益和政治意识形态所全部或部分取而代之。

1908年的青年土耳其革命对利比亚的震动，与帝国其他地区一样很大。利比亚的政治精英作为新政权的支持者和反对者为政治官僚利益而卷入政治漩涡。这件事情尘埃未定，另一件事情便更在省份中产生震撼：那就是1911年意大利对奥斯曼帝国宣战并入侵北非。在被迫求和一年后，奥斯曼人没有承认意大利对利比亚的主权地位，而是让这里的居民"自治"。实际上，直到第一次世界大战结束之日，奥斯曼在利比亚的影响一直存在。到那时，意大利人、奥斯曼人和利比亚省份领袖之间的博弈已经严重削弱了地方行政管理和经济力量。

第一次世界大战的后果是：利比亚领土上的地方精英努力寻求建立独立国家，包括短命的的黎波里共和国和赛努西政府。赛努西教团在伊德里斯的领导下，在埃及找到了英国这个保护者，后者赞同意大利和伊德里斯进行协商谈判。然而，到1922年，罗马的法西斯新政府决定放弃谈判，对利比亚采取军事行动。在这次被称为20世纪最残忍的殖民战争中，意大利步步受阻，较为艰难地占领了利比亚。但在随后的20年间，遇到了猛烈的抵抗。意大利进行了疯狂的报复，整个村庄被铲平，水井被投入毒药，平民遭受炮轰，抓获的抵抗战士被当场绞死。

到20世纪30年代中期，意大利已经稳妥地在利比亚立足。利比亚人由于遭受饥馑、战争和移民，人口减少了一半。最为重大的损失是：整个教育精英、企业家和商业阶层精英的大量流失。沿海定居农业和国内贸易遭受破坏，许多利比亚人在意大利人农场找不到工作，重归游牧生活。奥斯曼帝国政府所修建的经济和社会基础设施遭受破坏：英法控制下的利比亚，作为第一次世界大战在北非的战场，经受了毁灭性的打击。

战争期间，英国向1922年流亡埃及的伊德里斯许诺，如果他带领手下加入盟军作战，昔兰尼加不会让意大利控制。这一承诺在战后利比亚未来命运中起着决定性作用。刚刚成立的联合国在委任统治国家上面难以达成一致,因此利比亚在 1951 年实现独立,伊德里斯担任国王。当时,利比亚是世界上最贫穷的国家:百万民众人均收入约 50 美元,成年男性的文盲率约 20%。

君主制

在 20 世纪前半期的大多数时间里,利比亚发现自己被迫依赖于族属关系。社会凝聚力的其他基础,如经济利益和政治意识形态,仅仅依赖于 19 世纪末短暂出现的市场经济和国家结构,但也面临着遭破坏的局面。世纪之交,许多利比亚人将自己的命运交给新型商业和行政网络,他们看着财产和家庭被摧毁,幸存者得出的结论是:他们仅能依靠的联系就是族属关系。因此,利比亚独立后实行的联邦制度仅仅是一个国际体系的需求与国内人口思想取向之间的妥协,前者是相对国家而言,后者怀疑官僚行政机构和商业贸易的可靠性。由于利比亚政府机构复杂、运行昂贵,通过向英美出租军事基地换取财政经费,这就给地方政治家留下了充足的行动空间,国家也呈现出统一的局面。

很明显,国家需要维护文职官僚机构有序运转。例如,如果是仅仅充任一个为外国经济利益服务的传声筒,如石油公司要求更复杂的行政机构,部落结构的政府是难以维持下去的。但是在 20 世纪 50 年代的利比亚,行政机构中缺乏那些技术娴熟、经验丰富或者自信满满的行政人员。许多行为体对利比亚国家构建的早期努力和实验都没有维持多长时间,包括奥斯曼帝国、赛努西教团、的黎波里共和国,甚至意大利人。这样以下情形就不足为奇了:缺乏国家构建的雄心,族属意识形态存在于政府或非政府的运行中。在正式场合,族属的重要性在宪法中有所体现,宪法指出:"利比亚联合王国的主权在国民。按照真主的意志,民众将之委托给穆罕默德·伊德里斯·赛努西国王，及其男性继承人和后裔，世世代代，永不停息。"[1] 当然，以下命题需要进一步深入讨论，即能否非正式地拒绝一个国家的客观标准。利比亚独立后不久禁止政党存在，政治成为家族、部落、街区利益竞逐的舞台，亲属和宗族关系为竞争提供了组织结构。正如露丝·福斯特（Ruth First）所描述的那样："国王内部的秘密会议及其同等级别的权威体系在宪法中没有相应规定，但是法院政府有来自部落权贵信任的顾问和亲信，再加上明智而审慎地挑选那些忠诚于君主制的城镇居民，他们与这个系统的代理人合谋共事，管理着政治体系。"[2] 因此，招募官员不依赖于意识形态忠诚或者行政能力，君主制政权将权力交给地方有势力的家族。名门望族通过联姻巩固自己的地位，许多杰出人物能够占据高官显职并不是因为有资格，而是因为娶得好。世界银行1960年的报告指出，经济发展的障碍为，"任命政府职位的态度主要不是看才华和美德，而是建立在个人友谊或者家族联系的基础之上"[3]。

哈桑·萨拉赫丁·塞勒姆（Hasan Salaheddin Salem）在研究利比亚君主制政治精英方面至今仍无人超越，他指出部落和家族成为进入政治精英领域的重要媒介。二者在君主制政权时期是重要的工具，"部落背景成为1952至1969年间政治领袖不可分割的一部分"，许多利比亚人认为，"在此期间，许多家族控制了国家，并决定着民众的命运"。实际上，持此观点的就有伊德里斯王朝的继承者、利比亚国家领袖穆阿迈尔·卡扎菲，"在'社会主义联盟'运动如火如荼时期……卡扎菲强调结束家族统治，以及家族在利比亚政治的影响"。[4]

---

1 引自 Majid Khadduri, *Modern Libya: A Study in Political Development* (Baltimore, 1963), p. 189, 已被推翻的伊拉克君主制政权的宪法中也有相似的条款。

2 Ruth First, *Libya: The Elusive Revolution* (Baltimore), 1974, p. 78.

3 International Bank for Reconstruction and Development, *The Economic Development of Libya* (Baltimore, 1960), p. 10.

4 Salaheddin Hassan Salem, "The Genesis of Political Leadership in Libya, 1952–1969" (Ph.D.diss., George Washington University, 1973), pp. 190–192.

第十章　部落与国家：利比亚的异常个案

家族和部落之间的关系较为复杂，因为依赖家族可能向国家妥协。尽管二者都反映了族属关系的重要性，严格地说，部落作为分配资源和控制冲突的标准，会与如税收和福利机构、警察机构、法院等正式国家机构产生竞争关系。附属于小型家族网络不一定与附属国家自相矛盾，在某种特定历史情境下甚至会对这些机构产生补充。家族关系可能在从独自依赖族属关系到参与商业和行政中更复杂的商业网络和政治生活中，代表一种概念性的桥梁和社会保险政策。[1] 在19世纪末和20世纪50年代的利比亚，一些精英家族出现了，这代表着意识形态层面平等的部落组织的淡化，以及向市场和以官僚为基础的恩庇主义（clientelism）作为分配规则的过渡与转变。无论家族政治仅仅理解为部落组织的扩展还是疏离，依赖族属在原则上与官僚机构和市场是不一致的。因此，作为国家妥协的产物，可以将部落理解为一种过渡形态。利比亚部落拥有非同寻常的财富在向国家转变中起到了关键作用，使得转变可能经历较长的时期。

到1960年，上述矛盾导致了政治危机。国王被迫向各行政部门首脑签署信件，抱怨："事情已经发展到高潮，报告中提及两种振聋发聩的问题，即所谓负责任的国家机关人员公开或秘密地行贿受贿的不端行为和裙带关系。两种（恶行）将破坏国家的生存，以及在国内外的良好声誉，秘密或公开挥霍着国家的财富。"[2] 当然，当从非亲属标准判断是非曲直（如公正平等、才能卓越等与行政官僚国家有联系的美德）时，裙带关系是唯一的恶。因此，国王尽管承认国家和部落倾向之间的自相矛盾，也认为裙带关系是一种恶。

1959年利比亚发现了巨额石油储量，资源分配成为困扰王国的一个重要的问题。石油公司的勘探活动已经给利比亚带了巨额经济收入。不

1　甚至对于伊本·赫勒敦来说，居住在城市的统治者阿萨比亚的弱化首先反映在他们对远房亲戚的忽视。许多关于恩庇主义的文献强调了使用族属的语汇，产生了具有族属关系的承担义务教父或教母，参见 Steffen W. Schmidt et al., eds., *Friends, Followers, and Factions: A Reader in Political Clientelism* (Berkeley and Los Angeles), 1977。

2　国王信件全文参见 Khadduri, *Modern Libya*, p. 299。

到 20 年，人均收入就会达到 1500 美元。君主制政权没有能力解决"对不当行为振聋发聩（deafening）的报道"，也没有能力将石油收入平等地分配给国家或部落，最终导致政权衰败与崩溃。然而，国家和部落的平衡很可能具有内在的不稳定性，国际政治的现实表明，政权生存不能仅仅依赖部落支持，而需要建立或维护官僚组织。从本质上来说，官僚机构是国家机构，可以向个人负责。官员不是部落成员而是国家公民。在公民客观平等基础上构建和培养政治合法性与政府政策会销蚀部落的社会地位。然而，这种国家机构会遭受大多数民众的不信任，包括国王。继任政权会利用日益增长的石油收入对部落义务和国家命令加以再解释，强调民族主义和平等主义二者意识形态之间的相互契合。

革 命

保守的君主制政权既想赢得社会传统因素的支持，又想推进政治经济发展，因而将会遭遇困境。那些削弱传统政治组织的社会基础并不是与众不同，这在现代世界的大多数君主制国家都司空见惯，这些国家或者存在或者被推翻。也许，更为意想不到的是，随后宣称的革命政权也面临着此类矛盾。

利比亚君主制政权从来没有机会解决部落与国家的双重矛盾。1969 年 9 月，君主制政权被穆阿迈尔·卡扎菲领导的军事政变所推翻。军官们将君主制政权推翻后，他们没有安置一个民选政府治理国家，而是自己统治国家，这反映了利比亚这些类似地区，军队代表了国家的原生态，是等级阶层的唯一代表。卡扎菲刚开始并没有轻视这些军事组织的迹象。他欣赏军事权力，并不认同军事等级权威，表现在革命后解散军队，要求"武装民众"的行为。然而，很明显卡扎菲刚开始对部落的态度是模棱两可的。他在早期曾表明，作为政治组织的原则之一，反对部落主义，但也

第十章　部落与国家：利比亚的异常个案

为自己出生在一个神圣的，尽管不高贵或富裕的卡达法部落而感到骄傲。

新政权几乎从一开始就尝试着废除部落组织。总体来说，与卡扎菲一起发动政变的革命指挥委员会的其他成员，对部落都没有特殊的信仰与忠诚。他们都不是出身于高贵的或者有声望的部落，他们认为部落支持旧政权，后者是一种反对革命事业的保守政治。因此，革命政权颁布法令废除部落立法机构，重新划定昔日按照部落区域设定的地方行政边界，将各种部落分割到不同行政区划。20世纪70年代初，奥马尔·法萨利（Omar El Fathaly）和蒙特·帕尔默（Monte Palmer）曾经在利比亚乡村地区进行田野调查。按照他们的说法，"紧随着这种结构重组的是，解除所有地方官员的职务，如总督、市长和代理市长，他们大多数是部落谢赫，或者其亲戚；取而代之的是地方行政官员，其价值观和社会出身与革命指挥委员会成员基本一致，那就是接受过教育，没有声望的部落，与旧政权的精英结构没有关系"[1]。

然而，尽管革命政权在早期极力清除对部落联盟的政治依赖，取而代之以意识形态的忠诚，但是部落关系仍然具有极其重要的地位。实际上，卡扎菲在掌权的十年里，随着政治反对派的增强，他自己也日益依赖于自己的族系。他让堂兄负责自己的个人安全，两个兄弟，也是他的堂兄，一个在他从事敏感的外交任务中担任保镖，另一个在国内情报部门担任要职。第三个堂兄负责核心区域的武装力量，这些区域包括石油码头和有争议的锡德拉湾。

这样卡扎菲可以利用自己的优越天然条件让他们富裕起来。到20世纪70年代末，利比亚年人均收入达到8000美元。甚至随后在石油过剩与油价暴跌的几十年，石油收入也可以满足这区区300万民众。与抗议国王裙带主义形成对比的是，1985年秋天，卡扎菲也明显对亲属行为进行批评。《民众国》（*Jamahiriyya*）上发表的未署名文章指出："穆阿迈尔不仅仅

---

[1] Omar I.El Fathaly and Monte Palmer, *Political Development and Social Change in Libya* (Lexington, Mass.), 1980, p. 58.

属于卡达法部落,而是属于所有革命人士的儿子、父亲、堂兄和叔父。"[1]本文明显出自卡扎菲的手笔。

上述不协调与自相矛盾的情愫在卡扎菲自己的作品中也有体现。在20世纪70年代,他出版了三本小册子,名叫《绿皮书》(*The Green Book*)。在书中,卡扎菲阐释了他的世界第三理论(或者说是国际理论),以别于共产主义和资本主义。按照《民众国》的理论基础,利比亚被认为是一个由利比亚人自己统治的国家。在《绿皮书》第一卷的"民主问题的解决之道"中,并没有包括太多部落与国家的讨论,尽管他提出的直接参与型民主触动许多读者,让人联想起部落实践。实际上,雅克·鲁马尼(Jacques Roumani)将革命描述为:"国家生活中内陆地区文化的再伸张。"正如她所说:"这种方式从政治层面拒绝了中央权威和国家机构,赞同通过斡旋或取得共识的方式直接参与社会事务。"[2]

很明显,《绿皮书》的第二卷在经济层面提及了部落关系。在此,卡扎菲提出一种前商业或自给自足为基础的"原始共产主义"(primitive communism)。这里引用他的话就是:[3]

> 理想的统治方式是:生产者就是消费者。挣工资的工人就是一种奴隶,无论如何增加其工资也是如此。挣工资的工人是雇用他的主人的奴隶……
>
> 最终解决之道是废除工资制度,将人类工资的束缚中解放出来,回归自然法则,这将最终界定在阶级出现、政府形成和人制定法律之前的人际关系……

---

[1] National Front for the Salvation of Libya, *Newsletter*, no.44, December 1985;关于卡扎菲权力的更多细节,参见 Lisa Anderson, "Libya's Qaddafi: Still in Command?" *Current History*, 86, no.517, February 1987,本引文出于此。

[2] Jacques Roumani, "From Repulic to Jamahiriya: Libya's Search for Political Community," p. 164.

[3] 卡扎菲的《绿皮书》有无数的版本,翻译的内容略有差异,也没有出版日期。因为书内容较少,版本各异,因此,页数也就没必要注明。

> 自然法会产生自然社会主义（natural socialism），那是建立在生产的经济因素之间平等一致基础之上的，会带来个人消费等同于自然生产。但是人对人的剥削，以及某些人拥有的财富大大多于他自己的需要，这些都与自然法背道而驰，也是人类社会产生贪污腐败和扭曲生活的开始。
>
> 土地不是个人财产，但是每个人都有权使用，通过工作、农耕或放牧从中受益。

卡扎菲的自然经济观点与他的自然社会组织并行不悖。他在《绿皮书》第三卷"世界第三理论（Third Universal Theory）的社会基础"中指出：

> 对于个人来说，家庭比国家更为重要……人类事实上是个人与家庭，不是国家。国家与人类没有关系，它是人造的经济和政治体系，有时是一种军事体系……
>
> 部落是一个由人类繁衍所形成的家庭。由此可以得出，一个部落就是一个大家庭。同理，国家就是一个通过人类繁衍所形成的部落。那么，国家就是一个大部落……
>
> 由于部落是一个大家庭，它可以像家庭那样为成员提供同样的物质收益和社会利益，因为部落是中等家庭。我们需要强调的是，个人有时候可能做出不光彩的行为，那他不敢在家庭面前露脸。但是由于家庭规模较小，他可以规避监督，不像部落受到其所有成员的监督。鉴于此，部落为其成员构成了一种行为模式，并构建成一种社会教育，这比学校教育更为人道。

在卡扎菲看来，部落唯一明显的不利之处似乎就是："部落主义破坏了民族主义（nationalism），因为对部落忠诚削弱了对国家忠诚。"与此相比，国家仅有一个优点：它可能是民族主义在政治层面的表达。实际上，正如我在其他文章所解释的那样[1]，意大利民族主义和君主制政权的腐败在利比亚的实验可能是唯一最佳的个案。卡扎菲指出：

> 民族国家是与自然社会组织相和谐的唯一政治形式。除非民族国家，或者至少是其政治结构，附属于另一种强大的民族主义，否则其持续存在则受到诸如部落、族属和家庭等社会结构的影响。

卡扎菲的说法可能非常正确，从部落社会招募公务员与寻求合法性的标准，会给国家带来破坏。如果是这样，他自己可能为利比亚行政机构的弱化、军队的无能为力以及公民的不满承担部分责任。

卡扎菲希望通过民族主义和平等主义超越部落与国家的悖论。民族的政治形式就是国家，他将国家构建成为一个大部落、大家庭。同样的，在他看来，公民地位的平等也是一种自然法和自然社会主义意义上的平等主义。从长远来说，附属于部落价值观，敌视国家，对国际政治经济提出要求等说法，并不比君主制政权更为稳定，后者在谴责或者拥护裙带关系之间犹豫不定。卡扎菲之所以能够执掌政权，某种程度上在于它俘获了民众的感情，通过民族主义和平等主义的标识，获得了民众意识形态层面的可接受性。再者，石油收入为民族主义和平等主义的践行带来了实实在在的物质利益。实际上，这些保守立场既不反动也不会付出太大代价。

然而，尽管卡扎菲的意识形态既不停滞不前，也不反动落后，但鉴于石油收入的下降，这将会使得利比亚人对未来充满担心。维持部落与国家之间的微妙平衡会消耗政权的能量。目前所有人都拥有革命的热情，这实际上与意识形态议程关系较少。如果21世纪利比亚石油枯竭，革命很难推进政治和经济发展，民众较高生活水平也难以维持。

1　Anderson, *State and Social Transformation*, p. 267.

第十章　部落与国家：利比亚的异常个案

部落与国家

我们现在看到了一个独立的利比亚政权如何以不同的方式使得部落和国家变得混乱，以及这种融合可能影响利比亚的未来，因为这并不预示着对传统民族国家的形成与发展有所益处。这里提出的最后一个问题是：为什么利比亚如此反对国家以及部落生活的政治意识形态的销蚀和影响？为什么发展理论所假定的架构在这里却行不通呢？

问题的第一部分已经有了阐释：君主制和革命政权在招募公务员和评判统治成效时都严重依赖于部落实践和意识形态，因为这就是他们及其同胞最值得信任的东西。他们非同寻常地强调部落关系，对20世纪利比亚曾经混乱的国家结构详加阐述并充满敌意，其结果导致了对国家的失望和不信任。

如果利比亚在20世纪不可持续的国家形成经验非常罕见，虽然并非独一无二。当生活被简单化归到政府调节石油收入的实际政策中，那么是什么让利比亚政权进入长期渴望的黄金岁月？雅克·德拉克罗瓦（Jacques Delacroix）提出一个非常有用的概念性观点，以此可以理解石油的影响。他认为，由于国内政治资源的缺乏，国家的功能被分配到各个层面。精英和民众的关系通常与复杂的劳动分工、社会分细化、国家结构等级化密切相关。他认为其后果是：

> 社会团结的其他组织都不得不被激活。由于其他因素缺席，可选择的组织都是传统组织。融入世界经济体系的时间越近，传统社会组织的数量就越多。因此，分配型国家统治一个近期构建的社会，将会面对部落、族群与宗教的最大挑战。[1]

---

[1] Jacques Delacroix, "The Distributive State in the World System," *Studies in Comparative International Development* 15, no.3, Fall 1980, p. 11.

传统组织比生疏社会（mere familiarity）具有更多的优势，无论后者多么重要。当然，就利比亚个案来说，在 20 世纪后半期强调族属关系并不是由于近期要融入世界经济，后者不是唯一因素，或者说不是重要因素。这可能足以说明为什么传统或保守的君主制政权依赖于族属关系，但是卡扎菲努力将激进的革命话语与部落的辉煌混搭在一起，表明利比亚个案还有更多的内容。利比亚忠诚于族属意识形态的结果是拒绝国家，拒绝接受社会和政治组织的标准与规则。

正如鲁马尼指出，这种拒绝"接受现代世界的复杂性"是由石油收入买单的。从部落情势到国际体系中的国家的转变由于石油收入而中止了，而且中止的时间很长。毫无疑问，利比亚最终会被迫与国家形态握手言和，只是到那时如今拒绝国家形态所付出的昂贵代价才会显现。

结　语

伊斯兰历史上的部落与国家

艾伯特·胡拉尼

本书探讨的主题广泛，提出了一些复杂关联的问题。因此，这或许有助于破解和重新审视这些问题，以及从全书中得出相应的答案。

本书提出四个问题：什么是穆斯林世界的部落？什么是穆斯林世界的国家？部落在国家的形成、维系和破灭中扮演何种角色？伊斯兰教在上述过程中发挥何种作用？换言之，伊斯兰教扮演的角色是否源于其特性？世界上的非穆斯林地区可能也经历了类似过程，但却不具有上述宗教特性。

首先，部落是什么？这一概念用于指称两种实体，两者互不相同。这里存在一种所谓的"乡村社会的自然组合"（natural phenomenon of rural society），无论是游牧或是农耕社会中规模或大或小的长期合作群体，如游牧群或村庄。原因在于，游牧民迁徙、农民犁地和收获、土地重新分配以及防御中，需要一定形式的合作。这些群体通过相互亲近和合作，以及公共的起源和通婚等血缘关系联合起来。血缘纽带源于，群体之间相互隔绝、维持家庭占有土地的需要，以及个人与共同利益群体建立联系的需要。血缘关系将日常生活和共同利益转变为热忱和有效的道德纽带。

然而，某些时期和地区存在比村庄和游牧群规模更大的社会单位

(larger unit)[1]。一般将之称为"部落"或部落分支(fraction)。部落具有一些特征,部落拥有一定程度的凝聚力。这种凝聚力无形,某些时候似乎已消失。但却总是存在,并在一定环境中凸显。这些大的群体并非真正以血缘关系聚合。在文盲社会中,很少有人能够将祖先追溯三四代以上,很少人可以将社会关系拓展到日常接触的人群之外。然而,部落也存在类似于血缘关系的现象,即共同起源的神话和部落名称。一个部落一般是具有共同祖先的后代。共同的部落名称唤起的并非已知并获得承认的关系结构,而是一种可能具有也可能不具有事实基础的神话。甚至这种神话并不存在。路易斯·贝克指出,卡什卡部落没有共同祖先的观念;伊朗另一个部落卡梅什部落是更好的案例,它由五个族源不同的群体构成,近期才联合起来。部落还具有其他特点,多少都有清晰的游牧或农耕领地。保罗·德雷舍指出,他所研究的也门部落具有界碑并划界。如同较小的群体,这一层面的群体同样具有共同的荣誉感和领导权的观念。处于领导地位的家族并不具有强大和独占的权力,但其权威总体上获得承认,在发生冲突和困难时得到拥护。在这种家族和其分支中,血缘关系可能十分强大。

这些部落的名称十分古老。在马格里布,一些部落称为桑哈加、泽纳塔、马斯穆达。保罗·德雷舍指出,也门部落中,哈希德和巴基尔的名称已存在数百年。在18世纪的苏丹,两大相互争夺土地的部落声称它们分别来自伍麦叶和阿拔斯。20世纪以来,在巴勒斯坦乡村,村庄之间冲突被视为卡伊斯部落和也门部落的冲突。

这些部落维持其名称和起源神话的原因可以通过分类解答。在前现代穆斯林世界的国家中,城市尤其是首都对地方的辐射具有三个层面。第一,城市及依附于它的地区,即行政和税收直接控制的地区。这些地区存在通常的土地所有权现象。即城市贵族拥有耕地,并获得城市的法律

---

[1] 即下文中所指的部落。——译者注

结　语　伊斯兰历史上的部落与国家

和政府的确认。第二，中间地区（intermediate area），城市和政府对之实现控制并非通过官方途径，而是通过政府承认的中间权力。这些掮客[1]与统治者的关系模糊且易变。掮客努力增加和守护自己的权力，普通人甚至都反对国家统治者。在这种情况下，统治者必须限制掮客的权力。第三，外层即山区、沙漠和边远的农业区。在这一地区，统治者借助自身的威望，政府提供政治承认抑或否认，提供补助金等对该地区施加一定影响。但大体上，政府无权征税、城市的法律无法实施、城市统治者对该地区不具有所有权。

我们审视上述三个层面发现，本文所涉及的部落在第一个层面，即城市和依附于城市的乡村不一定存在。当然也有例外。在规模较小的城市和处于沙漠边缘的城市，部落文化和组织可能居于主导地位。这在 A. 德·布舍曼（A. de Boucheman）对叙利亚沙漠边缘的小镇苏克纳（Sukhna）的研究中有所体现。[2] 此外，部落主义的出现也源于城镇的衰落，抑或城镇秩序之外社会生活的剧烈变动。路易斯·玛西侬（Louis Massignon）曾绘制巴黎地图，用以说明阿尔及利亚移民如何迁徙到巴黎不同街区。同时指出，他们心仪的迁徙地是，与他们具有联系或者具有部落认同的同乡处。[3] 福阿德·库里在《从乡村到郊区》（*From Village to Suburb*）中指出，在 1975 年黎巴嫩内战之前，在贝鲁特的山地村民几乎以部落的形式组织，他们认同于马龙派、什叶派等宗教派别。1975 年黎巴嫩秩序崩溃后，上述宗派凝聚力外化为部落的功能和特性。[4]

在第二层面即中间地区，存在组织化和持久的部落，也具有有效的部

---

[1] 掮客即居间人，国家通过他们对社会实现间接统治。掮客的权力就是前述的中间权力。部落首领就是一种掮客。——译者注

[2] A. de Boucheman, *Une petite cité caravanière: Suhné*, Documents d'études orientales de l'Institut Franais de Damas, vol. 6 (Damascus, 1939).

[3] Louis Massignon, "Cartes de répartition des kabyles dans la région parisienne," in *Opera Minora* (Beirut, 1963), 3: 569–574 and plates.

[4] Fuad Khuri, *From Village to Suburb: Order and Change in Greater Beirut* (Chicago, 1974).

落首领。此类部落有：路易斯·贝克书中的卡什卡人、基恩·加思韦特著作中的巴赫蒂亚里、塔拉勒·阿萨德研究的卡巴比什人。[1] 普遍认为，在这些地区，政府在部落及首领的产生、维系中发挥重要作用。其原因在于，掮客的权威只有借助政府才能实现。第三个层面具有完全不同的部落实体。保罗·德雷舍指出，也门的部落主义是一种语言、一套观念体系，还是象征和习俗。尽管部落主义只在一定时间存在，但在需要时可以重新燃起。此外，当矛盾化解和关键利益得以保全之时，也门的部落首领不再具有持久和有效的权力。这与上述掮客有所不同。

其次，国家是什么？看起来是乏善可陈的问题。但这却是事关伊斯兰历史上国家产生方式的重要问题。简言之，国家就是具有合法性的实体，即权威获得承认，并拥有独占权力。本书对这样的实体与权威进行了广泛探讨，并指出不加分别对国家进行概念化是危险的。推至极端，国家具有合法的权威，但却无有效和强制性的权力。也门的宰德派伊玛目，阿曼（'Uman）和马格里布的伊巴迪派（Ibadi）的伊玛目便是明例。根据伊巴迪派教法，伊玛目不应该拥有常备军。原因在于，如果伊玛目德行沦丧，他便不是合法的伊玛目，不能要求信众服从。第二类国家类似于中世纪的欧洲，君主权力有限。他们的权威并非深植于城市，其官僚机构规模小、对剩余农产品征税受限，强制性权力有限。君主权力的维系依赖政治手腕和宗教声望。19世纪之前的摩洛哥、15世纪安纳托利亚东部的土库曼王朝（Turcoman）、19世纪改革之前的卡扎尔王朝都是这种类型的国家。第三种类型是，具有官僚体制和高度组织的君主制国家。这种国家在首都和一系列城市中拥有根基，同时具有复杂的官僚制度、职业军队，能够以土地和贸易的税收支撑国家。典型的国家有：奥斯曼帝国、阿尤布王朝之前的埃及、哈夫斯王朝以来的突尼斯等。对于部落与国家形

---

[1] Lois Beck, *The Qashqa'i of Iran* (New Haven, 1986); G. R. Garthwaite, *Khans and Shahs* (Cambridge, 1983), and "The Bakhtiyari Ilkhani: An Illusion of Unity," *International Journal of Middle East Studies* 8 (1977): 145–160; Talal Asad, *The Kababish Arabs* (New York, 1970).

成的探讨更多关注于伊斯兰世界的边缘地区，而涉及第三种类型的国家并不多见。伊斯兰历史上似乎不存在第四种类型的国家，即具有权威具有特定和明确的领土载体，以及国家控制的公民社会中具有强烈的传统认同。

我们探讨的第三个问题是，部落在国家形成和国家生活中扮演的角色，但"部落"一词十分模糊。因此，我们可以将此问题分解为不同的问题。首先，征服者建立国家依赖的军队是否来自农民特别是游牧民？答案是肯定的，原因显而易见。农民和游牧民生活困苦，谙熟骑射和使用武器。在现代医学出现之前，农牧民比城镇居民健康状态更好。城镇居民承受瘟疫和疾病，在数月之间便可导致大部分人死亡。乡村反而能够提供多余的人力编入行伍，或是补充城市人口。

军队由游牧民和山区农民构成，在很大程度上并非军队的充分条件。这里必须引入第二个问题。部落民加入军队是否为阿萨比亚所驱使？换言之，凝聚力是否代表权力？伊斯兰历史上的一些小国既是如此。当军队来自单一部落，征服绿洲的小城镇，军队运转类似部落并拥有阿萨比亚。阿拉伯半岛许多小公国以这种方式形成，但并非全部都是如此。沙特国家的形成更加复杂，它是小的贸易城镇统治者和宗教改革者联盟的产物。这些宗教人士将其权力和他们认为的至善生活，强加于他们周围还处于蒙昧时代（Jahiliyya）的游牧民。然而，除某些例外情况，大的国家并非部落征服的结果；而是源于新的阿萨比亚作用下不同群体的联合。它们围绕宗教圣人或宗族关系进行联合。15、16 世纪的摩洛哥、安纳托利亚和伊朗就属于这种形式。艾拉·拉皮杜斯的观点或许是正确的，即绝大多数的大国由军阀、军事首领精英集团建立。他们将乡村的优势集于一身，并创造了新的凝聚力，即游牧民追随领袖以夺取政权。

征服运动的阿萨比亚事实上一定程度上将阿萨比亚纳入其中。伊斯兰的首次征服似乎就是如此。哈里发和麦加、麦地那精英创建了军队，其中部落忠诚在军队凝聚力中依然存在。阿卜杜·阿齐兹（'Abd al-'Azizi）

创建的沙特第二王国和失败的阿拉伯国家或哈希姆叛乱[1]亦属此类。社会历史学家或人类学家对后者进行研究。T. E. 劳伦斯（T. E. Lawrence）的《七智柱》（*Seven Pillars of Wisdom*）具有不够客观等缺陷，但却生动描绘了阿拉伯人在部落因素之外建立征服的军队，为之注入新的凝聚力，并在这种模式之下征服一系列城镇直至首都大马士革。

即便部落团结助推国家的诞生，但有助于国家的维系吗？一些王朝努力维系阿萨比亚以掌控权力。早期的哈里发国、沙特、约旦哈希姆王朝在一定程度上确实如此。但如同福阿德·库里所言，如果国家建立后，阿萨比亚和家族的血缘观念依然强烈，这种凝聚力已成为权力和财富分配的主要机制。总体看，伊本·赫勒敦对第一代[2]凝聚力的分析正确无疑。这种凝聚力推动部落夺取权力，但最终走向解体。统治者有时采取行动瓦解阿萨比亚。统治者脱离曾支持其上台的集团。这本身说明，大的伊斯兰国家创立者既不需要学习伊本·赫勒敦，也不需要借鉴马基雅维利。尽管两者都关注于如何统治。

大多数王朝建立后都努力创建新的凝聚力，如家族、奴隶军人和禁卫军、官僚的凝聚力。官僚来自前朝，他们在伊斯兰国家一直存在。受教育的精英掌管文书，可以为任何统治者效劳。琼·奥宾（Jean Aubin）的文章论述了萨法维王朝招募伊斯法罕和其他城市的精英服务朝廷。[3]部落构成的公国出现时已形成禁卫军或奴隶军队。阿拉比亚中部地区的近代历史对此有所体现。在伊本·拉希德（Ibn Rashid）王朝在哈伊勒地区建立统治，前者试图建立一支王室军队。卢瓦拉的努里·沙兰（Nuri Shaʻlan）从奥斯曼军队、奴隶和其他对其个人效忠的民众中招募军队。在王朝与城市人口中构建利益联盟是国家得以维系的重要方面。这里存在悖论，即

---

1 即哈希姆家族于 1916 年领导的阿拉伯大起义。——译者注
2 即建国的第一代政治精英。——译者注
3 Jean Aubin, "Etudes safavides. I Shah Ismaʻil et les notables de l'Iraq persan," *Journal of the Economic and Social History of the Orient* 2 (1959): 37–81.

统治者利用来自乡村和沙漠的士兵创建王朝，统治者为了维持统治却转向与城市人口结盟。

部落在国家的解体中扮演何种角色？在伊斯兰历史上，具有良好官僚体制和国家组织的国家延续数个世纪的案例有很多：精英集团更替往复，但基本的控制结构依然延续。例如，从阿尤布王朝到18世纪末的埃及即是如此。但是，在其他案例中，国家持续变弱，并最终被取而代之。其中国家衰亡的表征之一即国家控制的领土衰减，部落蚕食城市的腹地。巴尼·希拉勒（Bani Hilal）部落向马格里布的迁徙是最著名的案例。伊本·赫勒敦对此描写到，阿拉伯人摧毁了他们遇到的一切。近年来，对巴尼·希拉勒部落迁徙的研究有很多。雅克·贝克尔（Jacques Berque）、迈克尔·布雷特（Michael Brett）及其他学者指出，巴尼·希拉勒部落迁徙以及其破坏行为在很大程度上是一个神话。但却是强烈的神话，体现了市民的某种观念，即市民瞧不上征服他们的贝都因世界。[1]

最后一个问题即在部落社会建立国家进程中伊斯兰教的角色。伊斯兰历史已存续14个世纪，覆盖了从摩洛哥到中亚地区。必然存在下述案例：伊斯兰教为征服提供动力，也为夺取权力的联盟提供统一力量，例如，第一任哈里发、马格里布的穆瓦希德、摩洛哥的谢里夫、伊朗的萨法维、19世纪苏丹的马赫迪。然而，在上述运动中，需要通过细致的分析社会统一中的宗教力量与其他力量的区别，将后者简单等同于具有宗教热情的运动是危险的。总的来看，伊斯兰教在第一阶段（王朝初创）和第二阶段（王朝维系）的重要性并不相同。正如伊本·赫勒敦所言，当王朝希望巩固自身和加强与城市利益集团的联盟时，宗教便显得重要。在国家范围内，宗教创造道德纽带以取代血缘关系，伊斯兰君主的形象取代过去

1　Jacques Berque, "Du nouveau sur les Bani Hilal?" *Studia Islamica* 35 (1972): 99–111; Michael Brett, "Ibn Khaldun and the Arabisation of North Africa," *Maghrib Review* 41 (1979): 9–16, and "The Fatimid Revolution (861–973) and Its Aftermath in North Africa," in *The Cambridge History of Africa* (Cambridge, 1978), 2: 631–636.

部落首领的形象。宗教法即沙里亚变得重要，不仅成为权威合法性的来源，而且也成为城市生活的本质因素，即保证市民拥有共有的行为取向，排斥城市生活、传统和文明之外的行为取向。王朝要想存续，必须利用宗教象征，推行沙里亚，赋予宗教解释和管理人员以荣誉。

然而，伊斯兰观念与血缘象征的融合源于古代人类社会其他观念和形象，即君权神授，君主负有维持世界秩序和人类社会秩序和谐的责任。艾拉·拉皮杜斯揭示了统治者一旦掌权就去适应帝国形式，在很大程度上就是萨珊和拜占庭。伊斯兰形式和帝国形式的二元性在上述奥斯曼苏丹的自诩中可见。就如同在其他许多方面，奥斯曼帝国就是伊斯兰历史的顶峰。奥斯曼统治者是帕迪沙（padishah）即世界的统治者，也是苏丹、沙里亚的掌管者和伊斯兰教的维护者。他从宗教和世俗两方面寻求合法性。

然而，无论奥斯曼苏丹还是其他统治者都不可能完全控制宗教信仰。伊斯兰教也被用于反对统治者和暴政，但这主要发生在城市。当危机或反叛运动爆发时，城市中便出现"伟大言说"从伊斯兰历史上降临的呼声。总体来看，部落反叛和反抗并未使用伊斯兰教的象征话语。尽管存在伊斯兰教尤其是苏非派为部落反对定居政府提供渠道的案例，但总体上城市及其统治者有能力利用伊斯兰教的话语来反对部落。对于城市统治者以及具有城市集体观念的宗教人士而言，部落民是一墙之隔的威胁。愚昧或宗教无知可能退却，但总是回潮。保罗·德雷舍指出，统治者和城市精英如今维系和控制社会力量，民族主义意识形态受此影响正在取代宗教意识形态，抑或给予宗教意识形态以支持。

中东术语词汇表

下面提及的诸多词语都是根据它们在文中的具体用法进行定义的，由于它们与中东主要语言（阿拉伯语、波斯语、土耳其语）都略有不同，以下使用的仅是拼写形式（spellings），也包括与中东部落、国家和宗教相关的某些语汇。

'adl　阿德勒，公平的；公正

akhbar　阿克赫巴尔，即部落传统中自我传承的故事

Alawi 或 Alawite　阿拉维派，什叶派分支，主要分布在叙利亚西北地区

amir（复数是 umara'）　埃米尔（复数是乌马拉），世俗统治者；诸侯；部落首领

'asabiyya　集体精神或凝聚力

'ashira　部落

ashraf　声称自己是先知的后裔

'asl　后裔

aulad　父系世系群

ayyam al-fasad　贪腐；堕落

badu　贝都因人或者以饲养骆驼为生的牧民

baraka　超自然的保佑

bled el-makhzen　摩洛哥国家管理的区域

bled es-siba　摩洛哥不受国家控制的部落地区

dawla　国家；王朝

fatwa　合法意见

ghazi　加齐，圣战武士

gobek　父系世系群

hadd　按照法律程序进行的惩罚

hajj　朝觐

hamula　血缘群体

haqq　合法权利

hayba　尊重；尊严

hijra　迁徙

hokumat　阿富汗国家管理的区域

hukuma　政府

ilkhani　伊朗部落联盟的准首领

imam　伊玛目，祈祷领礼人；精神领袖

insaf　平等

'ird　荣誉

jahiliyya　前伊斯兰时代的蒙昧时代

jihad　吉哈德；圣战

jirga　支尔格大会；部落联盟

khayma　帐篷

khuwwa　保护费

madhhab　教法学派

majlis　与部落谢赫的公开协商

majlis al-shura　协商议会

majlis al-wukala'　代表委员会

majlis al-wuzara'　部长委员会

mamluk　马穆鲁克，奴隶士兵

marabtin　圣徒；贤者

marabtin-bil-baraka　附属于小部落的卑微圣徒

mawali　代理人；皈依伊斯兰教的非阿拉伯人

mizan　平衡

mulk　主权；王室权威

pir　皮尔，苏非圣人

qabila（复数是 qaba'il）　部落

qaum　阿富汗的亲属关系用语

ra'iyyat　波斯农民

sayyid　赛义德，先知后裔

shari'a　伊斯兰教的真主启示法律

shaykh　谢赫，部落首领

Shi'i　什叶派；穆斯林主要派别

shirk　多神教；偶像崇拜

sira　传记作品

Sufi　苏非派；穆斯林神秘主义

Sunni　逊尼派；伊斯兰教最大的分支或教派

taghut　魔鬼的行为

ta'ifa（复数是 tawa'if）派系

tariqa（复数是 turuq）宗教（苏非）社团

tayfa　地方部落分支

'ulama'　乌里玛

umma　乌玛，宗教社团

uymaq　伊朗的游牧组织

waqf　宗教财产

wolus　政治共同体

yaghistan　阿富汗的部落宗教

zakat　则卡提，救济物

zulm　专制；暴政

参考书目

Abir, Mordechai. "The Consolidating of the Ruling Class and the New Elites in Saudi Arabia." *Middle Eastern Studies* 23, no. 2 (April 1987).

———. *Saudi Arabia in the Oil Era.* Boulder, Colo., 1987.

Abu-Lughod, Lila. *Veiled Sentiments: Honor and Poetry in a Bedouin Society.* Berkeley and Los Angeles. 1986.

Abun-Nasr, J. *A History of the Maghrib.* Cambridge, 1971.

Afshar, Haleh. "An Assessment of Agricultural Development Policies in Iran." In Haleh Afshar, ed., *Iran: A Revolution in Turmoil.* Albany, N.Y., 1985.

Ahmed, Akbar S. *Pakhtun Economy and Society.* London. 1980.

———. *Religion and Politics in Muslim Society.* Cambridge, 1983.

Ahmed, Akbar S., and David M. Hart, eds. *Islam in Tribal Societies: From the Atlas to the Indus.* London. 1984.

Akhavi, Shahrough. "State Formation and Consolidation In Twentieth-Century Iran: The Reza Shah Period and the Islamic Republic." In Ali Banuazizi and Myron Weiner, eds., *The State, Religion, and Ethnic Politics: Afghanistan, Iran, and Pakistan.* Syracuse, N.Y., 1986.

Algar, Hamid. *Religion and State in Iran.* Berkeley and Los Angeles, 1969.

———. *Studies in Eighteenth Century Islamic History.* Edited by T. Naff and R. Owen. Carbondale, Ill., 1977.

Algosaibi, Chazi. *Arabian Essays.* London, 1982.

Altorki, Soraya, and Donald P. Cole. *Arabian Oasis City: The Transformation of 'Unayzah.* Austin, Tex., 1989.

Amirahmadi, Hooshang. "Middle-Class Revolutions in the Third World." In Hooshang Amirahmadi and Manoucher Parvin, eds., *Post-Revolutionary Iran.* Boulder, Colo., 1988.

al-'Amri, H. *The Yemen in the 18th and 19th Centuries: A Political and Intellectual*

History. London, 1985.

Anderson, Benedict. *Imagined Communities; Reflections on the Origin and Spread of Nationtalism.* London, 1983.

Anderson, Lisa. "Libya's Qaddafi: Still in Command?" *Current History* 86, no.517 (February 1987).

——. *The State and Social Transformation In Tunisia and Libya, 1830–1980.* Princeton, 1986.

——. "The State in the Middle East and North Africa." *Comparative Politics,* October 1987.

Andreski, S. *Military Organisation and Society.* London, 1968.

Ardener, E. W. "The New Anthropology and Its Critics." *Man* 6, no. 3 (1971).

Arjomand, Said Amir. "Religion, Political Action and Legitimate Domination in Shi'ite Iran." *European Journal of Sociology* 20 (1979).

——. "Religious Extremism (Ghuluww), Sufism and Sunnism in Safavld Iran: 1501–1722." *Journal of Asian History* 15 (1981).

Asad, Talal. "Equality in Nomadic Systems? Notes towards the Dissolution of an Anthropological Category." In Centre Nationale de la Recherche Scientifique, *Pastoral Production and Society.* Paris, 1979.

——. *The Kababish Arabs.* New York, 1970.

——. "Market Model, Class Structure and Consent: A Reconsideration of Swat Political Organization." *Man* 7, no.1 (1972).

——. "Political Inequality in the Kababish Tribe." In Ian Cunnison and Wendy James, eds., *Studies in Sudan Ethnography.* New York, 1972.

Aubin, Jean. "Etudes safavides. I Shah Isma'il et les notables de l'Iraq persan." *Journal of the Economic and Social History of the Orient* 2 (1959).

Ayalon, A. *Language and Change in the Arab Middle East.* New York, 1987.

al-Azmeh, Aziz. "Wahhabite Polity." In Ian Richard Netton, ed., *Arabia and the Gulf: From Traditional Society to Modern States.* Totowa, N.J., 1986.

Bailey, F. G. *Stratagems and Spoils: A Social Anthropology of Politics.* Oxford, 1969.

Banuazizi, Ali, and Myron Weiner, eds. *State, Religion, and Ethnic Politics: Afghanistan, Iran, and Pakistan.* Syracuse, N.Y., 1986.

Barfield, Thomas. *The Arab Tribes of Afghanistan.* Austin, Tex., 1981.

——. "The Hsiung-nu Imperial Confederacy: Organization and Foreign Policy." *Journal of Asian Studies* 41 (1981).

———. *The Perilous Frontier Nomadic Empires and China.* Oxford, 1989.

Barth, Fredrik. "Nomadism in the Mountain and Plateau Areas of South West Asia." In *The Problems of the Arid Zone: Proceedings of the Paris Symposium.* Paris, 1962.

———. *Nomads of South Persia: The Basseri Tribe of the Khamseh Confederacy.* London, 1961.

———. *Political Leadership among Swat Pathans.* London, 1959.

Basilov, V. N. "Honour Groups in Traditional Turkmenian Society." In A. S. Ahmed and D. M. Hart, eds., *Islam and Tribal Societies.* London, 1984.

Batata, Hanna. "Iraq's Underground Shi'a Movements: Characteristics, Causes and Prospects." *Middle East Journal* 35, no. 4 (1981).

———. *The Old Social Classes and the Revolutionary Movements of Iraq.* Princeton, 1978.

———. "Some Observations on the Social Roots of Syria's Ruling, Military Group and the Causes of Its Dominance." *Middle East Journal* 35, no. 3 (1981).

Bausani, Alessandro. "Religion under the Mongols." In J. A. Boyle, ed., *The Cambridge History of Iran.* Vol 5, *Tht Seljuq and Mongol Period.* Cambridge, 1968.

Beck, Lois. "Islam in Tribal Societies." *Reviews in Anthropology* 18, no. 1 (Spring 1990).

———. "Nomads and Urbanites, Invited Hosts and Uninvited Guests." *Iranian Studies* 18, no. 4 (1982).

———. *The Qashqa'i of Iran.* New Haven, 1986.

Ben-Dor, Gabriel. "Ethnopolitics and the Middle Eastern State." In Milton J. Esman and Itamar Rabinovich, eds., *Ethnicity, Pluralism, and the State in the Middle East.* Ithaca, 1988.

———. *State, and Conflict in the Middle East.* Boulder, Colo., 1983.

Berque. Jacques. "Du nouveau sur les Bani Hilal?" *Studia Islamica* 35 (1972).

Birge. J. K. *The Bektashi Order of Dervishes.* London, 1937.

Black-Michaud, Jacob. *Cohesive Force: Feud in the Mediterranean and the Middle East.* Oxford, 1975.

———. *Sheep and Land: The Economics of Power in a Tribal Society.* Cambridge, 1986.

Bloch, Ernst. *Subjekt Objekt: Erlaeuterungen zu Hegel.* 2d ed. Frankfurt-am-Main, 1972.

Bloch, Marc. *Feudal Society.* Chicago, 1961.

Bloch, Maurice, ed. *Marxist Analysis and Social Anthropology.* London, 1975.

Bosworth, C. E. "The Political and Dynastic History of the Iranian World (A.D. 1000–1217)." In J. A. Boyle, ed., *The Cambridge History of Iran.* Vol. 5. *The Seljuq and Mongol Period.* Cambridge, 1968.

de Boucheman, A. *Une petite cité caravanière: Suhné.* Documents d'études orientales de l'Institut Français de Damas, vol 6. Damascus, 1939.

Boyer, P. *L'évolution de l'Algirie Mediane.* Paris, 1960.

———. *La vie quotidienne à Alger.* Paris, 1964.

Bradburd, Daniel. "Kinship and Contract: The Social Organization of the Komachi of Kerman, Iran." Ph.D. diss., City University of New York, 1979.

Brett, Michael. "The Fatamid Revolution (861–973) and Its Aftermath in North Africa." In J. D. Fage, ed., *The Cambridge History of Africa.* Vol. 2. Cambridge, 1978.

———. "Ibn Khaldun and the Arabisation of North Africa." *Maghrib Review* 41 (1979).

Breuilly, John. *Nationalism and the State.* Manchester, 1982.

Brooks, David. "The Enemy Within: Limitations on Leadership in ihe Bakhtiyari." In Richard L. Tapper, ed., *The Conflict of Tribe and State in Iran and Afghanistan.* London, 1983.

Brunschvig, R. *La Berberie Orientale sous les Hafsides.* 2 vols. Paris, 1940, 1947.

Buchan, James. "The Return of the Ikhwan 1979." In D. Holden and R. Johns, *The House of Saud.* London, 1981.

Bull, Hedley. *The Anarchical Society: A Study of Order in World Politics.* New York, 1977.

Bull, Hedley, and Adam Watson, eds. *The Expansion of International Society.* Oxford, 1988.

Burnham, P. "Spatial Mobility and Political Centralization in Pastoral Societies." In Centre Nationale de la Recherche Scientifique, *Pastoral Production and Society.* Paris, 1979.

Busch, Brinton Cooper. *Britain, India, and the Arabs 1914–1928.* Berkeley and Los Angeles, 1971.

Centre Nationale de la Recherche Scientifique. *Pastoral Production and Society.* Paris, 1979.

Carneiro, R. L. "Cross-currents in the Theory of State Formation." *American Ethnologist* 14, no. 4 (1987).

Caton, Steven C. "Power, Persuasion and Language." *International Journal of Middle East Studies* 19 (1987).

Chelhod, J. *Introduction à la sociologie de l'Islam.* Paris, 1958.

Cohen, Ronald, and Elman R. Service, eds. *The Origins of the State.* Philadelphia, 1978.

Cole, Donald P. "Bedouin and Social Change in Saudi Arabia." *Journal of Asian and African Studies* 16 (1981).

———. *Nomads of the Nomads.* Arlington Heights, Ill., 1975.

Collins R. O., ed. *An Arabian Diary: Sir Gilbert Falkinham Clayton.* Berkeley and Los Angeles, 1969.

Combs-Schilling, M. Elaine. "Family and Friend in a Moroccan Boom Town." *American Ethnologist* 12 (1985).

Coon, Carlton. Caravan: *The Story of the Middle East*. New York, 1951.

Cornell, V. J. "The Logic of Analogy and the Role of the Sufi Shaykh." *International Journal of Middle East Studies* 15 (1983).

Crawford, M. J. "Civil War, Foreign Intervention and the Question of Political Legitimacy: A Nineteenth Century Sa'udi Qadi's Dilemma." *International Journal of Middle East Studies* 14 (1982).

Crone, Patricia. *Slaves on Horses: The Evolution of the Islamic Polity*. Cambridge, 1980.

———. "The Tribe and the State." In J. A. Hall, ed., *States in History*. Oxford, 1986.

Crone, Patricia, and Martin Hinds. *God's Caliph*. Cambridge, 1987.

Cunnison, Ian. *Baggara Arabs: Power and the Lineage in a Sudanese Nomad Tribe*. Oxford, 1966.

"Current Political Attitudes in an Iranian Village." *Iranian Studies* 16, no. 1–2 (1983).

Davis, John. *Libyan Politics: Tribe and Revolution, Society and Culture In the Modern Middle East*. London, 1987.

Delacroix, Jacques. "The Distributive State in the World System." *Studies in Comparative International Development* 15, no. 3 (Fall 1980).

Dennett, D. C. *Conversion and the Poll Tax in Early Islam*. Cambridge, Mass, 1950.

Dickson, H. R. P. *Kuwait and Her Neighbours*. London, 1968.

Digard, Jean-Pierre. "Histoire et anthropologie des sociétés nomades: Le cas d'une tribu d'Iran." *Annales: Economies, sociétés, civilisations* 28, no. 6 (1973).

———. "On the Bakhtiari: Comments on 'Tribes, Confederaion and the State.'" In Richard Tapper, ed., *The Conflict of Tribe and State in Iran and Afghanistan*. New York, 1983.

———. *Techniques des nomads baxtyari d'Iran*. Cambridge, 1981.

Dowdall, H. C. "The Word 'State.'" *Law Quarterly Review* 39, no. 153 (1923).

Drague, J. *Esquisse d'histoire religieuse du Maroc*. Paris, 1951.

Dresch, Paul K. "The Position on Shaykhs among the Northern Tribes of Yemen." *Man* 19, no. 1 (1984).

———. "Segmentation: Its Root in Arabia and Its Flowering Elsewhere." *Cultural Anthropology* 3 (1988).

———. "The Significance of the Course Events Take in Segmentary Systems." *American Ethnologist* 13, no. 2 (1986).

———. "Tribal Relations and Political History in Upper Yemen" In B. R. Pridham, ed.,

Contemporary Yemen. London, 1984.

——. *Tribes. Government and History in Yemen*. Oxford, 1989.

Dunn, Ross. *Resistance in the Desert*. Madison. Wisc., 1977.

Eickelman, Dale F. "Ibadism and the Sectarian Perspective." In B. R. Pridham, ed., *Oman: Economic, Social and Strategic Developments*. London, 1987.

——. *The Middle East: An Anthropological Approach*. 2d ed. Englewood Cliffs. N.J., 1988.

——. *Moroccan Islam*. Austin. Tex., 1976.

——. "Time in a Complex Society." *Ethnology* 16 (1977).

El Fathaly, Omar I., and Monte Palmer. *Political Development and Social Change in Libya*. Lexington, Mass., 1980.

Engels, Friedrich. *The Origin of the Family, Private Property and the State*. 1884. New York, 1942.

d'Entrèves, Alexandre Passerin. *The Notion of the State: An Introduction to Political Theory*. Oxford, 1967.

——. "The State." In Philip P. Weiner, ed., *Dictionary of the History of Ideas*. Vol. 4. New York, 1973.

Esman, Milton J., and Itamar Rabinovich, eds. *Ethnicity. Pluralism, and the State in the Middle East*. Ithaca, 1988.

Evans. Peter B., Dietrich Rueschemeyer, and Theda Skocpol, eds. *Bringing the State Back In*. New York, 1965.

Evans-Pritchard, E. E. *The Nuer*. Oxford, 1940.

——. *The Sanusi of Cyrenaica*. Oxford, 1949.

Fabietti, U. "Sedentarization as a Means of Detribalisation: Some Policies of the Saudi Government towards the Nomads." In T. Niblock, ed., *States, Society and Economy in Saudi Arabia*. London, 1982.

al-Farra, Taha. "The Effects of Detribalizing the Bedouins on the Internal Cohesion of an Emerging State: The Kingdom of Saudi Arabia." Ph. D. diss., University of Pittsburgh, 1973.

Fazel, G. Reza. "Tribes and State in Iran: From Pahlavi to Islamic Republic." In Haleh Afshar, ed., *Iran: A Revolution in Turmoil*. Albany, N.Y., 1985.

Figgis, J. N. *Studies of Political Thought from Gerson to Grotius 1414–1625*. 2d ed. Cambridge, 1916.

First. Ruth. *Libya: The Elusive Revolution*. Baltimore, Md., 1974.

Firth, R. "The Skeptical Anthropologist? Social Anthropology and Marxist Views on

Society." In Maurice Bloch, ed., *Marxist Analysis and Social Anthropology.* London, 1975.

Fletcher, Joseph. "The Mongols: Ecological and Social Perspectives." *Harvard Journal of Asiatic Studies* 46 (1986).

———. "Turco-Mongolian Monarchic Tradition in the Ottoman Empire." In Ihor Sevcenko and Frank Sysyn, eds., *Eucharisterion: Essays Presented to Omeljan Pritsak.* Harvard Ukranian Studies, vols. 3–4, part 1. Cambridge, Mass., 1979–1980.

Fried, M. H. *The Evolution of Political Society.* New York, 1967.

———. *The Notion of Tribe.* Menlo Park. Calif., 1975.

———. "The State, the Chicken, and the Egg; or, What Came First?" In R. Cohen and E. Service, eds., *Origins of the State.* Philadelphia, 1978.

Friedman, J. "Tribes, States and Transformations." In Maurice Bloch, ed., *Marxist Analyses and Social Anthropology.* London, 1975.

Friedl, Erika. *Women of Deh Koh: Lives in an Iranian Village.* Washington, D. C., 1989.

Gallissot, R. *L'Algérie pre-coloniale: Classes sociales en systeme precapitaliste.* Paris, 1968.

Garthwaite, G. R. "The Bakhtiyari Ilkhani: An Illusion of Unity." *International Journal of Middle East Studies* 8 (1977).

———. "Khans and Kings: The Dialectics of Power in Bakhtiyari History." In M. E. Bonine and N. R. Keddie, eds., *Modern Iran: The Dialectics of Continuity and Change.* Albany, N. Y., 1981.

———. *Khans and Shahs: A Documentary Analysis of the Bakhtiyari in Iran.* Cambridge, 1983.

———. "Pastoral Nomadism and Tribal Power." *Iranian Studies* 11 (1978).

Geertz, Clifford. "Centers, Kings, and Charisma: Reflections on the Symbolics of Power." In Clifford Geertz, *Local Knowledge: Further Essays in Interpretive Anthropology.* New York, 1983.

———. "Common Sense as a Cultural System." In Clifford Geertz, *Local Knowledge: Further Essays in Interpretive Anthropology.* New York, 1983.

———. *Islam Observed.* New Haven. 1968.

Geertz, Clifford, Hildred Geertz, and Lawrence Rosen. *Meaning and Order in Moroccan Society.* Cambridge, 1979.

Gellner, Ernest. *Cause and Meaning in the Social Sciences.* London, 1973.

———. "Cohesion and Identity: The Maghreb from Ibn Khaldun to Emile Durkhcim." In Ernest Gellner, *Muslim Society: Essays.* Cambridge, 1981.

———. "Flux and Reflux in the Faith of Men." In Ernest Geliner, *Muslim Society: Essays*. Cambridge, 1981.

———. *Muslim Society: Essays*. Cambridge, 1981.

———. "Notes Towards a Theory of Ideology." In Ernest Gellner, *Spectacles and Predicaments*. Cambridge, 1979.

———. *Saints of the Atlas*. Chicago, 1969.

———. *Thought and Change*. London, 1964.

———. "Tribal Society and Its Enemies." In Richard L. Tapper, ed., *The Conflict of Tribe and State in Iran and Afghanistan*. London, 1983.

———. "Tribalism and Social Change in North Africa." In William Lewis, ed., *French-Speaking Africa: The Search jor Identity*. New York, 1965.

Gellner, Ernest, and Charles Micaud, eds. *Arabs and Berbers: From Tribe to Nation in North Africa*. London, 1972.

Gibb, H. A. R. "Constitutional Organization." In M. Khadduri and H. Liebesney. eds., *Law in the Middle East*. Washington, D. C., 1955.

———. *Studies in the Civilization of Islam*. London, 1962.

Gibb, H. A. R., and H. Bowen. *Islamic Society and the West*. 2 vols. Oxford, 1950, 1954.

Giddens, Anthony. *The Nation-State and Violence*. Berkeley and Los Angeles, 1987.

Gierke, O. *Political Theories of the Middle Ages*. Translated by F. W. Maitland. Cambridge, 1900.

Glassen, E. "Schah Isma'il: Ein mahdi der Anatolischen Turkmenen?" *Der Islam* 41 (1965).

Gochenour, D. T. "The Penetration of Zaydi Islam into Early Medieval Yemen." Ph. D. diss., Harvard University, 1984.

Godelier, M. "The Concept of the 'Tribe': A Crisis Involving Merely a Concept or the Empirical Foundations of Anthropology?" In Jack Goody, ed., *Perspectives in Marxist Anthropology*. Translated by R. Brain. Cambridge Studies in Social Anthropology, vol. 18. Cambridge, 1973.

———. *The Making of Great Men*. Translated by R. Swyer. Cambridge, 1986.

Goldberg, Jacob. *The Foreign Policy of Saudi Arabia, the Formative Years 1902–1918*. Cambridge, Mass., 1986.

Goldrup, L. P. "Saudi Arabia. 1902–1932: The Development of a Wahhabi Society." Ph. D. diss., University of California, Los Angeles, 1971.

Grabar, Oleg. *The Formation of Islamic Art*. New Haven, 1973.

Griswold. William J. *The Great Analolian Rebellion. 1000–1020/1591–1611*. Berlin, 1983.

Grousset, René. *The Empire of the Steppes.* New Brunswick, N. J., 1970.

Hall, J. A. "States and Economic Development: Reflections on Adam Smith." In J. A. Hall. ed., *States in History.* Oxford, 1986.

al-Hamdani, Al-Hasan. *Al-Iklil min Akhbar al-Yaman wa-Insan Himyar.* Vol.10. Edited by Muhibb al-Din al-Khatib. Cairo, 1948.

Hamza, F. *Al-Bilad al-'Arabiyya al-Sa'udiyya.* Riyadh, 1961.

Harrison, Selig. *In Afghanistan's Shadow: Baluch Nationalism and Soviet Temptations.* New York, 1981.

Helfgott, Leonard. "The Structural Foundations of the National Minority Problem in Revolutionary Iran." *Iranian Studies* 13 (1980).

——. "Tribalism as a Socioeconomic Formation in Iranian History." *Iranian Studies* 10 (1977).

——. "Tribe and Uymaq in Iran: A Reply." *Iranian Studies* 16 (1983).

Helm, June, ed. *Essays on the Problem of Tribe.* Seattle, 1968.

Helms, C. Moss. *The Cohesion of Saudi Arabia.* London, 1981.

Hinsley, F. H. *Sovereignty.* 2d ed. Cambridge, 1986.

——. *Nationalism and the International system.* London, 1973.

Hodgson, Marshall G. S. *The Venture of Islam.* Vol.1, *The Classical Age of Islam.* Chicago, 1974.

Holden, D., and R. Johns. *The House of Saud.* London, 1981.

Hopkins, J. F. P. "The Almohade Hierarchy." *Bulletin of the School of Oriental and African Studies* 16 (1954).

Hopkins, K. *Conquerors and Slaves.* Cambridge, 1978.

Horowitz, D. *Ethnic Groups in Conflict.* Berkeley and Los Angeles, 1985.

Hourani, Albert. "The Ottoman Background of the Modern Middle East." In Albert Hourani, *The Emergence of the Modern Middle East.* London, 1981.

Hudson, Michael C. *Arab Politics. The Search for Legitimacy.* New Haven, 1977.

Hymes, D. *Foundations in Sociolinguistics.* Philadelphia, 1974.

Iba Khaldun. Le *Voyage d'Occident et d'Orient.* Translated into French by Abdesseiain Cheddadi. Paris, 1980.

——. *The Muqaddimah.* Translated by F. Rosenthal. 3 vols. Princeton, 1958.

——. *The Muqaddimah.* Edited and abridged by N. Dawood. Translated by F. Rosenthal. Princeton, 1967.

Idris, H. R. *La Berberie Orientale sous les Zirides.* Paris, 1962.

Inalcik, H. *The Ottoman Empire: The Classical Age*. New York, 1973.

——. "The Rise of the Ottoman Empire." In M. A. Cook, ed., *A History of the Ottoman Empire to 1730*. Cambridge, 1976.

International Bank for Reconstruction and Development. *The Economic Development of Libya*. Baltimore, 1960.

Irons, William. "Nomadism as a Political Adaptation: The Case of the Yomut Turkmen." *American Ethnologist* 1: 1 (1974).

——. "Political Stratification among Pastoral Nomads." In Centre Nationale de la Recherche Scientifique, *Pastoral Production and Society*. Paris, 1979.

——. *The Yomut Turkmen*. Ann Arbor, Mich., 1975.

Jenkins, R. J. "The Evolution of Religious Brotherhoods in North and Northwest Africa." In J. R. Willis, ed., *Studies in West African Islamic History*. London, 1979.

Jiva, S. "The Initial Destination of the Fatimid Caliphate: The Yemen or the Maghrib?" *British Society for Middle Eastern Studies Bulletin* 13, no. 1 (1986).

Johnson, Allen W., and Timothy Earle. *The Evolution of Human Societies*. Stanford, Calif., 1987.

Karpat, Kemal. "The Ottoman Ethnic and Confessional legacy in the Middle East." In Milton J. Esman and Itamar Rabinovich, eds., *Ethnicity, Pluralism, and the State in the Middle East*. Ithaca, 1988.

Katakura, Mokoto. *Bedouin Village*. Tokyo, 1977.

Kay, Shirley. "Social Change in Modern Saudi Arabia." In T. Niblock, ed., *State, Society and Economy in Saudi Arabia*. London, 1982.

Keddie, Nikki R. "The Minorities Question in Iran." In Shirin Tahir-Kheli and Shaheen Ayubi, eds., *The Iran-Iraq War: New Weapons, Old Conflicts*. New York, 1983.

——. "Religion, Ethnic Minorities, and the State in Iran: An Overview." In Ali Banuazizi and Myron Weiner, eds., *The State, Religion, and Ethnic Politics: Afghanistan, Iran, and Pakistan*. Syracuse, N.Y., 1986.

——. *Roots of Revolution: An Interpretive History of Modern Iran*. New Haven, 1981.

Khadduri, Majid. *Modern Libya: A Study in Political Development*. Baltimore, 1963.

Khazanov, A. M. *Nomads and the Outside World*. Translated by Julia Crookenden, Cambridge, 1984.

Khoury, Philip S. "Islamic Revival and the Crisis of the Secular State in the Arab World." In I. Ibrahim, ed., *Arab Resources: The Transformation of Society*. London, 1983.

——. *Syria and the French Mandate: The Politics of Arab Nationalism. 1920–1945*.

Princeton, 1987.

———. "The Tribal Shaykh, French Tribal Policy, and the Nationalist Movement in Syria between Two World Wars." *Middle Eastern Studies* 18, no. 2 (1982).

Khuri, Fuad. *From Village to Suburb: Order and Change in Greater Beirut.* Chicago, 1974.

Kluck, P. A. "The Society and Its Environment." In *Saudi Arabia: A Country Study.* Washington, D. C., 1984.

Kostiner, Joseph. "The Hashemite 'Tribal Confederacy' of the Arab Revolt, 1916–1917." In E. Ingram, ed., *National and International Politics in the Middle East: Essays in Honour of Elie Kedourie.* London, 1986.

———. "On Instruments and Their Designers: The Ikhwan of Najd and the Emergence of the Saudi State." *Middle Eastern Studies* 21, no. 3 (July 1985).

Koszinowski, Thomas, ed. *Saudi-Arabien: Ölmachl und Entwicklungsland.* Hamburg. 1983.

Krader, Lawrence. *Formation of the State.* Englewood Cliffs, N. J., 1968.

———. "The Origin of the State among the Nomads of Asia." In Centre Nalionale de la Recherche Scientifique, *Pastoral Production and Society.* Paris, 1979.

———. *Peoples of Central Asia.* Bloomington, Ind., 1963.

———. *Social Organization of the Mongol-Turkic Pastoral Nomads.* The Hague, 1963.

Krasner, Stephen. "Approaches to the State Alternative: Conceptions and Historical Dynamics." *World Politics* (December 1984).

Lackner, Helen. *A House Built on Sand.* London, 1978.

Lambton, A. K. S. "Ilat." In *The Encyclopedia of Islam.* Vol. 3. 2nd ed. Leiden, 1960.

———. *Islamic Society in Persia.* London, 1954.

———. "Quis Custodiet Custodes: Some Reflection on the Persian Theory of Government." *Studia Islamicia* 5 (1956).

Lancaster, William. *The Rwala Bedouin Today.* Cambridge, 1981.

Lapidus, Ira M. "The Arab Conquests and the Formation of Islamic Society." In C. H. A. Juyboll, ed., *Studies on the First Century of Islamic History.* Carbondale, Ill., 1982.

———. *A History of Islamic Societies.* Cambridge, 1988.

———. "The Separation of State and Religion in Early Islamic Society." *International Journal of Middle East Studies* 6 (1975).

Laroui, A. *The History of the Maghrib.* Princeton, 1977.

Lattimore, Owen. *Inner Asian Frontiers of China.* New York, 1941.

Leach, E. R. *Political Systems of Highland Burma.* London, 1954.

Le Tourneau, R. "Sur la disparition de la doctrine Almohade." *Studia Islamica* 23 (1970).

Lewicki, T. "The Ibadites in Arabia and Africa." *Journal of World History* 13 (1971).

———. "La répartition géographique des groupements ibadites dans l'Afrique du Nord au moyen-age." *Rocznik Orientalistyczny* 21 (1957).

Lewis, Bernard. *The Arabs in History.* New York, 1966.

Lewis, Norman. *Nomads and Settlers in Syria and Jordan, 1800–1980.* Cambridge, 1987.

Lindholm, Charles. "Kinship Structure and Political Authority: The Middle East and Central Asia." *Comparative Studies in Society and History* 28 (1986).

Lindner, Rudi Paul. *Nomads and Ottomans in Medieval Anatolia.* Bloomington, Ind., 1983.

———. "What Was a Nomad Tribe?" *Comparative Studies in Society and History* 24 (1982).

Lockhart, L. "The Persian Army and the Safavi." *Der Islam* 34 (1959).

Loeffler, R. "Tribal Order and the State: The Political Organization of Boir Ahmad." *Iranian Studies* 11 (1978).

McChesney, R. D. "Comment on 'The Oajar Uymaq in the Safavld Period.'" *Iranian Studies* 14 (1981).

McGovern, William M. *The Early Empires of Central Asia.* Chapel Hill, N. C., 1939.

Machiavelli, N. *The Prince.* Translated by George Bull. Harmondsworth, Eng., 1961.

Mackerras, Colin. *The Uighur Empire.* Columbia, S.C., 1973.

Mahdi, Muhsin S. *Ibn Khaldun's Philosophy of History.* Chicago, 1957.

al-Mana, Muhammad. *Arabia Unified.* London, 1980.

Marx. Emanuel. *Bedouin of the Negev.* New York, 1967.

———. "The Tribe as a Unit of Subsistence." *American Anthropologist* 79 (1977).

Marx, Karl. *Pre-Capitalist Economic Formations.* Ed. E. J. Hobsbawm. New York, 1965.

Marx, Karl, and Friedrich Engles. *German Ideology.* 1846. New York, 1970.

———. Über *Religion.* East Berlin, 1958.

Massignon, L. "Cartes de répartition des kabyles dans la région parisienne." In *Opera minora.* Vol. 3. Beirut, 1963.

Mazzaoui, M. *The Origin of the Safawids.* Weisbaden, 1972.

Meeker, Michael. *Literature and Violence in North Africa.* Cambridge, 1979.

———. "Meaning and Society in the Near East: Examples from the Black Sea Turks and the Lavantine Arabs." *International Journal of Middle East Studies* 7 (1976).

Migdal, Joel S. "A Model of State-Society Relations." In Howard Wiarda. ed., *New Directions in Comparative Politics.* Boulder. Colo., 1985.

———. *Strong Societies and Weak States.* Princeton, 1988.

Minorski, V. *Hudud al-Alam, The Regions of the World: A Persian Geography A.H. 372–A.D. 982.* London, 1948.

Montagne, Robert. *The Berbers.* Translated by J. D. Seddon. London, 1972.

al-Munif, 'Abd al-Rahman. *Mudun al-Milh.* Dammam, 1982.

Nagel, Joane. "The Ethnic Revolution: The Emergence of Ethnic Nationalism in Modern States." *Sociology and Social Research* 68. no. 4 (1983–1984).

Nakash, Yitzhak. "Fiscal and Monetary Systems in the Mahdist Sudan, 1881–1898." *International Journal of Middle East Studies* 20 (August 1988).

Napier, G. C. "Memorandum on the Condition and External Relations of the Turkomen Tribes of Merv." In *Collection of Journals and Reports from G. C. Napier on Special Duty in Persia 1874.* London, 1876.

Niblock, T., ed. *State, Society, and Economy in Saudi Arabia.* London, 1982.

Niebuhr, M. C. *Travels through Arabia and Other Countries of the East.* Translated by Robert Heron. Edinburgh, 1792. Repr. Beirut, Librairie du Liban.

Nikitine, Basils. "Les afshars d'Urumiyeh." *Journal Asiatique* 214 (1929).

Norris, H. T. *The Tuaregs: Their Islamic Legacy and Its Diffusion in the Sahel.* Warminster, 1975.

Nubdha. *Kitab al-Nubdhal al-Mushira ila Jumal min 'Uyun al-Sira fi Akhbar ... al-Mansur bi-Ilah al-Qasim b. Muhammad.* Photoreproduction of manuscript. San'a', n.d.

Pareto, Vilifredo. *The Mind and Society.* New York, 1963.

Peristiany, J. G., ed. *Mediterranean Family Structures.* Cambridge, 1976.

Perry, John. "Forced Migration in Iran during the 17th and 18th Centuries." *Iranian Studies* 8 (1975).

———. *Karim Khan Zand: A History of Iran, 1747–1779.* Chicago. 1979.

Peters. E. L. "Aspects of Affinity in a Lebanese Maronite Village." In J. G. Peristiany, ed., *Mediterranean Family Structures.* Cambridge, 1976.

———. "From Particularism to Universalism in the Religion of the Cyrenaica Bedouin." *British Society for Middle East Studies Bulletin* 3, no. 1 (1976).

———. "The Proliferation of Segments in the Lineage of the Bedouin of Cyrenaica." *Journal of the Royal Anthropological Institute* 40.

———. "Some Structural Aspects of Feud among the Camel-raising Bedouin of Cyrenaica." *Africa* 32. no. 3 (1967).

Peterson, J. E. *Yemen: The Search for a Modern State.* London, 1982.

Petrushevsky, I. P. "The Socio-economic Condition of Iran under the Ilkhans." In J. A.

Boyle, ed., *The Cambridge History of Iran.* Vol. 5. *The Seljuq and Mongol Period.* Cambridge, 1968.

Philby, H. St. John. *The Heart of Arabia.* London, 1923.

Pipes, Daniel. *Slave Soldiers and Islam.* New Haven, 1981.

Piscatori, James P. *Islam in a World of Nation-States.* Cambridge, 1986.

Planhol. X. de. *Les fondements géographiques de l'histoire d'Islam.* Paris, 1968.

Pridham, B. R., ed. *Contemporary Yemen: Politics and Historical Background.* London, 1984.

al-Qurdawi, Yusuf. *Al-Hulul al-Mustawrada wa Kaif Janat 'ala ummatina.* 2 vols. Vol. 1, *Hatmiyyat al-Hall al-Islami.* Beirut, 1960.

Rahman, F. *Islam.* Chicago, 1979.

Rasheed, Madawi Al. "The Political System of a North Arabian Chiefdom." Ph. D. diss., Cambridge University, 1988.

Rakhid al-Din. *The Successors of Genghis Khan.* Translated by John Boyle. New York, 1971.

Reid, James J. "Comments on 'Tribalism as a Socioeconomic Formation in Iranian History.'" *Iranian Studies* 12 (1978).

——. "The Oajar Uymaq in the Safavid Period, 1500–1722." *Iranian Studies* 11 (1978).

——. "Rebellion and Social Change in Astarabad." *International Journal* of Middle East Studies 13 (1981).

——. *Tribalism in Society in Islamic Iran 1500–1629.* Malibu, Calif., 1983.

Rex, John, and David Mason, eds. *Theories of Race and Ethnic Relations.* Cambridge, 1988.

al-Rihani, Amin. *Ta'rikh Najd wa-Mulhaqatihi.* Beirut, 1928.

Robinson, Maxime. *Mohammed.* Translated by Anne Carter. New York, 1971.

Rosen. Lawrence. *Bargaining for Reality: The Construction of Social Relations in a Muslim Community.* Chicago, 1984.

Rosenfeld, H. "The Social Composition of the Military in the Process of State Formation in the Arabian Desert." Parts 1 and 2. *Journal of the Royal Anthropological Institute* 95, nos. 1, 2 (1965).

Roumani, Jacques. "From Republic to Jamahiriya: Libya's Search for Political Community." *Middle East Journal* 37, no. 2 (spring 1983).

Ryckmans, J. *L'institution monarchique en Arabie meridionale avant l'Islam.* Louvain, 1951.

al-Sadhan. Abd Ulrahman M. "The Modernisation of the Saudi Bureaucracy." In Willard A. Beling, ed., *King Faisal and the Modernisation of Saudi Arabia*. London, 1980.

Safran. N., and M. Heller. *The New Middle Class and Regime Stability in Saudi Arabia*. Harvard Middle East Studies, no. 3. Cambridge, Mass., 1985.

Sahlins, Marshall D. *Tribesmen*. Englewood Cliffs, N.J., 1968.

Said, A. H. "Saudi Arabia: The Transition from a Tribal Society to a Nation." Ph. D. diss., University of Illnois, 1982.

Salamé, Ghassan. Intruduction to Ghassan Salamé, ed., *The Foundations of the Arab State*. London, 1987.

———. *Al-Mujtama' wa al-Dawla fi al-Mashriq al-'Arabi*. Beirut, 1987.

Salamé, Ghassan. Elbaki Hermassi, and Khaldun al-Naqib. *Al-Mujtama' wa al-Dawla fi al-Wadan al-'Arabi*. Edited and coordinated by S. E. Ibrahim. Beirut, 1988.

Salem, Salaheddin Hassan. "The Genesis of Political Leadership in Libya, 1952–1969." Ph. D. diss., George Washington University, 1973.

Salzman, P. C. "Does Complementary Opposition Exist?" *American Anthropologist* 80 (1978).

———. "Ideology and Change in Tribal Society." *Man*. n.s., 13 (1978).

———. "Tribal Chiefs as Middlemen: The Politics of Encapsulation In the Middle East." *Anthropological Quarterly* 2 (1979).

Samore, Gary. "Royal Family Politics in Politics in Saudi Arabia." Ph. D. diss., Harvard University, 1985.

Savory, R. M. *Iran under the Safavids*. Cambridge, 1980.

———. "Principal Offices of the Safavid State." *Bulletin of the School of Oriental and African Studies* (1960).

Schmidt, Steffen W., Laura Guasti. Carl H. Landé, and James C. Scott, eds. *Friends, Followers, and Factions: A Reader in Political Clientelism*. Berkeley and Los Angeles, 1977.

Schneider, David. *A Critique of the Study of Kinship*. Ann Arbor, 1984.

Seale, Patrick. *Asad: The Struggle for the Middle East*. Berkeley and Los Angeles, 1989.

Serjeant, R. B. "The Interplay between Tribal Affinities and Religious (Zaydi) Authority in the Yemen." *Al-Abhath* (Beirut) 30 (1982).

———. "The Post-medieval and Modern History of San'a' and the Yemen." In R. B. Serjeant and Ronald Lewcock, eds., *San'a': An Arabian Islamic City*. London, 1983.

Seton-Watson, Hugh. *Nations and States: An Enquiry into the Origins of Nations and the Politics of Nationalism*. London, 1977.

Service, Elman R. *Origins of the State and Civilizations.* New York, 1975.

Shaban, M. A. *Islamic History.* Vol. 1. Cambridge, 1971.

al-Shahari, Muhammad. *Al-Matami' Tawwasu'iyya al-Sa'udiyya fil-Yaman.* Beirut, 1979.

Sharabi, Hisham. *Neopatriarchy: A Theory of Distorted Change in Arab Society.* Oxford, 1988.

Sharara, Waddah. *Al-Ahl wal-Ghanima.* Beirut, 1981.

Sider, Gerald. "When Parrots Learn to Talk, and Why They Can't: Domination, Deception, and Self-Deception in Indian-White Relations." *Comparative Studies in Society and History* 29, no. 1 (1987).

Skocpol, Theda. *States and Social Revolutions.* Cambridge, 1979.

Smith, Anthony D. *The Ethnic Origins of Nations.* Oxford, 1986.

Smith, John M., Jr. "Mongol and Nomadic Taxation." *Harvard Journal of Asian Studies* (1971).

———. "Turanian Nomadism and Iranian Politics." *Iranian Studies* 11 (1978).

Snyder, Louis. "Nationalism and the Flawed Concept of Ethnicity." *Canadian Review of Studies in Nationalism* 10, no. 2 (1983).

Sourdel, D. *Le vizirat 'abbaside.* 2 vols. Damascus, 1959–1960.

Spittler, Gert. *Herrschaft über Bauern: Die Ausbreitung staatlicher Herrschaft und einer islamisch-urbanen Kultur in Gabir/Niger.* Frankfurt-am-Main, 1978.

Spooner, Brian. "Baluchistan." In *Encyclopaedia Iranica.* Vol. 3. Fascile 6. London, 1988.

Sprengling, R. "From Persian to Arabic." *American Journal of Semitic Languages and Literatures* 56 (1939).

Stewart, Charles C. *Islam and Social Order in Mauritania.* Oxford, 1973.

al-Sudani, Sadiq Hasan. *Al-'Ilaqat al-'Iraqiyya al-Sa'udiyya 1920 –31.* Baghdad, 1975.

Sweet, Louise. "Camel Raiding of the North Arabian Bedouin." *American Anthropologist* 67 (1965).

Tapper, Richard. "Ethnicity, Order and Meaning in the Anthropology of Iran and Afghanistan." In Jean-Pierre Digard, ed., *Le fait ethnique en Iran et en Afghanistan.* Paris, 1988.

———. Introduction to Richard Tapper, ed., *The Conflict of Tribe and State* in Iran and Afghanistan. London, 1983.

———. "On the Bakhtiari: Comments on 'Tribes, Confederation and the State.'" In Richard Tapper, *The Conflict of Tribe and State in Iran and Afghanistan.* London, 1983.

———. "The Organization of Nomadic Communities in Pastoral Societies of the Middle East." In Centre Nationale de la Recherche Scientifique, *Pastoral Production and Society.* Paris,

1979.

———. *Pasture and Politics: Economics, Conflict and Ritual among Shahsevan Nomads of Northwestern Iran.* London, 1979.

———. "Raiding, Reaction and Rivalry." *Bulletin of the School of Oriental* and African Studies 48 (1986).

———. "Shahsevan in Safavid Persia." *Bulletin of the School of Oriental and African Studies* 37 (1974).

Tapper, Richard, ed. *The Conflict of Tribe and State in Iran and Afghanistan.* London, 1983.

Terrasse, H. *Histoire de la Maroc.* 2 vols. Casablanca, 1954.

Terray, E. *Marxism and "Primitive" Societies.* New York, 1972.

Tibi, Bassam. *Arab Nationalism: A Critical Inquiry.* New York, 1981.

———. The Crisis of Modem Islam: *A Pre-industrial Culture in the Scientific-Technological Age.* Translated by Judith von Sivers. Salt Lake City, 1988.

———. "Islam and Arab Nationalism." In Barbara Stowasser, ed., *The Islamic Impulse.* London, 1987.

———. *Konfliktregion Naher Osten. Regionale Eigendynamik und Grossmachtinteressen.* Munich, 1989.

———. "Structural and Ideological Change in the Arab Subsystem since the Six Day War." In Y. Lukacs and A. Battah, eds., *The Arab lsraeli Conflict.* Boulder, Colo., 1988.

Tilly, Charles, ed. *The Formation of National States in Western Europe.* Princeton, 1975.

Valensi, Lucette. *Venise et la Sublime Porte: La naissance du despote.* Paris, 1987.

van Bruinessen, Martin M. "Agha, Shaikh and State: On the Social and Political Organization of Kurdistan." Ph. D. diss., Utrecht University, Netherlands, 1978.

———. "The Kurds between Iran and Iraq." *MERIP, Middle East Report* 16, no. 4 (1986).

Vatin. J. C. "L'Algérie en 1830." *Revue Algerienne* 7 (1970).

Voll, John. *Islam: Continuity and Change in the Modem World.* Boulder, Colo., 1982.

Vološinov, V. N. *Marxism and the Philosophy of language.* 1929. Cambridge, Mass., 1973.

Wahbah, H. *Arabian Days.* London, 1964.

Wallerstein, Immanuel. *The Politics of the World Economy: The States, the Movements and the Civilizations.* Cambridge, 1984.

al-Wasi'i, 'Abd al-wasi'. *Ta'rikh al-Yamen.* Cairo, 1928.

Waterbury, John. "An Effort to Put Patrons and Clients in Their Place." In Ernest Gellner and John Waterbury, eds., *Patrons and Clients.* London, 1977.

Watson, Burton. *Records of the Grand Historian of China*. Vol. 2. New York, 1961.

Watt, W Montgomery. "The Decline of the Almohads." *History of Religions* 4 (1964).

——. *Islamic Political Thought*. Edinburgh, 1968.

——. *Muhammad at Mecca*. Oxford, 1953.

——. *Muhammad at Medina*. Oxford, 1977.

al-Wazir, Zayd b. 'Ali. *Muhawala li-Fahm al-Mushkilat al-Yamaniyya*. Beirut, 1971.

Weber, Max. *The Theory of Social and Economic Organization*. Edited and with an introduction by Talcott Parsons. Cambridge, Mass., 1984.

Welch, S. C. *A King's Book of Kings*. London, 1972.

——. *Persian Painting: Five Royal Safavid Manuscripts of the Sixteenth Century*. New York, 1976.

Wilkinson, John. *The Imamate Tradition of Oman*. Cambridge, 1988.

Williams, K. *Ibn Sa'ud the Puritan King of Arabia*. London, 1938.

Wilson, Mary C. *King Abdullah, Britain and the Making of Jordan*. Cambridge, 1987.

Wolf, Eric R. *Europe and the People without History*. Berkeley and Los Angeles, 1982.

——. "The Social Organization of Mecca and the Origins of Islam." *Southwestern Journal of Anthropology* 7 (1951).

Woods, John. *The Aqquyunlu: Clan, Tribe, Confederation*. Minneapolis, 1976.

Wright, H. "The Evolution of Civilizations." In David J. Metzler, Don D. Fowler, and Jeremy A. Sabloff, eds., *American Archaeology, Past and Future*. Washington, D.C., 1986.

——. "Recent Research on the Origin of the State." *Annual Review of Anthropology* 6 (1977).

Yanya b. ai-Husayn. *Ghayat al-Amani fi Akhbar al-Qutr al-Yamani*. 2 vols. Edited by Sa'id 'Abd al-Fattah. Cairo, 1968.

Yapp, Malcolm. "Tribes and States in the Khyber, 1838–1842." In Richard L. Tapper, ed., *The Conflict of Tribe and State in Iran and Afghanistan*. London, 1983.

Yu, Ying-shih. *Trade and Expansion in Han China*. Berkeley and Los Angeles, 1967.

Zabara, Muhammad. *A'immat al-Yaman*. 3 vols. Cairo, 1956.

——. *Nashr al-'Arf li-Nubala' al-Yaman ba'd al-Alf ila 1357 hijriyya*. Vol. 1. Ta'izz, 1952.

——. *Nashr al-'Arf li-Nubala' al-Yaman ba'd al-Alf ila 1357 hijriyya*. Vol. 1. Photoreprint, San'a', 1941.

——. *Nashr al-'Arf li-Nubala' al-Yaman ba'd al-Alf ila 1357 hijriyya*. Vol. 2. Cairo, 1958.

索　引

（索引的页码为原书页码，即本书的边码）

A

'Abbas, Shah　阿拔斯大帝　42, 200

'Abbasids　阿拔斯王朝　31, 34–35, 36, 37, 259, 304

'Abdullah, Shaykh　谢赫阿卜杜拉　277

'Abdullah b. Hamza　阿卜杜拉·伊本·哈姆扎　259

Abraham　亚伯拉罕　266

Achaemenids　阿契美尼德王朝　171

Adams, Henry　亨利·亚当斯　253

Aden　亚丁　259

Adham, Kamal　卡迈勒·阿德汗姆　241

'Adl　公平正义　313

Administrators: imperial　帝国的行政人员　34–35, 39, 41, 42; in Libya　利比亚的　292, 297; Saudi　沙特阿拉伯的　233, 236, 240–242, 243; tribal　部落的　34–35; in tribal states　部落国家的　69, 109, 172–174; 参见 Bureaucracy　官僚机构

Afghanistan　阿富汗　3, 4–5, 63, 153, 162, 201, 210–211

Africa: East　东非　62, 63（参见 Sudan　苏丹）; ethnicity in　非洲族群　131; IslamIzation in　伊斯兰化　136; Saharan　撒哈拉　43, 110; sub-Saharan　撒哈拉以南　10, 43, 166; West　西非　136; 参见 North Africa　北非

Afshars　阿夫沙尔人　199, 201

Aghlabids　阿格拉布王朝　31

Agriculture　农业　193, 305; in Iran　伊朗的　190, 192; in Libya　利比亚的　292; in Saudi Arabia　沙特阿拉伯的　230–231, 244, 247–248; segmentary-lineage model　分支—世系模式　111–112; in Yemen　也门的　254, 267; 参见 pastoralism　游牧主义

Ahansal　阿汗索　119, 120

Ahmad b. Sulayman, Imam　伊玛目艾哈迈德·伊本·苏莱曼　256, 259–260

al-Ahmar, 'Abdullah　阿卜杜拉·艾哈迈尔　276

Al-Ahmar family　艾哈迈尔家族　268

Ahmed, Akbar S.　阿克巴尔·S.艾哈迈德　90, 96–99, 162

al-Ahsa　艾赫萨　226, 228, 235, 236, 239, 247

al-'Aid　艾德　230

Akhbar 阿克赫巴尔 258, 272, 274, 313

'Alawis/Alawites: of Morocco 摩洛哥的阿拉维派 31, 36, 39, 41; of Syria 叙利亚的 17, 129, 138, 139–140, 142, 148, 149, 313

Algeria 阿尔及利亚的 31, 40, 116

Algerians, in Paris 阿尔及利亚人，在巴黎 305

Algiers 阿尔及尔 40, 116

'Ali, Ahmad 艾哈迈德·阿里 269

'Ali 'Abdullah Salih 阿里·阿卜杜拉·萨利赫 276

'Alim 阿里姆 27

Almohads 穆瓦希德王朝 29–40, 309

Almoravids 穆拉比德王朝 29, 31, 34

Amir/Umara 埃米尔（单数）/乌马拉（复数） 226–227, 245, 313

Anatolia 安纳托利亚 63, 170–171, 306; confederations in 同盟 157, 159–160, 166, 176–177, 200; Ottoman Empire in 奥斯曼帝国 39, 115, 116, 155, 176; religiopolitical leaders in 宗教政治领袖 32, 33, 39, 307; Sufism in 苏非主义 32, 33, 39, 43; warrior chiefdoms in 武士酋邦 33; 参见 Turkish/Anatolian plateau 土耳其/安纳托利亚平原

Ancestors 祖先；参见 Descent 血统

Andalusians 安达卢西亚语 35

Anderson, Lisa 丽萨·安德森 3–4, 14, 17, 288–301

Andreski, S. S. 安德烈斯基 109

Ansar 安萨尔，辅士 30

Anthropologists: cultural 文化意义上的人类学家 91, 133, 253; on religion 宗教相关的 133; theories of tribe and state formation 部落和国家形成理论 3, 69–70, 74–104, 253, 280; 以及 tribe concept 部落概念 48–62; 参见

Archaeologists 考古学家

Aqquyunlu 白羊王朝 32, 60, 171, 177, 200

Arabia 阿拉伯亚 10, 28; Bedouins of 贝都因人的 153; conquest movements in 征服运动 12, 29–30, 39, 44, 229–239, 307; egalitarian tribal system in 平等主义的部落体系 154–155, 159, 160–164, 180; Ibn Khaldun on 伊本·赫勒敦 154–155; pre-Islamic 前伊斯兰时代 133; Islamic State formation in 伊斯兰国家形成 39, 133–135, 136; military forces in 军队 308; regional states in 地区国家 12, 155, 157, 159, 166, 180; tribe concept in 部落观念 274; 参见 Saudi Arabia 沙特阿拉伯

Arabian American Oil Company(ARAMCO) 阿拉伯美国石油公司 236–237, 240, 244

Arabian Peninsula 阿拉伯半岛 2, 226, 307; Britain in 英国 229; Chiefdoms in 酋邦 9; 以及 Islam 伊斯兰教 163–164, 202; 参见 Arabia 阿拉伯亚

Arabic Language 阿拉伯语 142

Arabism 阿拉伯民族主义 142–143, 144, 146, 240

Arabs: in 'Abbasid empire 阿拔斯王朝的阿拉伯人 35; in Basserl 巴塞利 197; Berbers 柏柏尔人 41; conquestsby 被征服 29–30, 31; Engels on 恩格斯 130; 以及 ethnicity 族群 131, 138, 142; Hashimite 哈希姆家族 228–229, 232, 235, 308; homogeneity among 同质民族 144; Ibn Khaldun on 伊本·赫勒敦 124; in Iran 伊朗 38, 198, 199, 202; Kababish 卡巴比什人 82; medieval migrations of 中世纪的移民 26; nationalism of 民族主义 142–143, 144, 146, 240; 以及 nation-state formation 民族国家形成 127, 128–129; in Safavid Iran 伊朗萨法维

索 引

王朝 38; Sufism among 苏非主义 43; in tribal states 部落国家 69; 以及 tribe concept 部落观念 52–53, 61, 62; 参见 Arabian Peninsula 阿拉伯半岛

ARAMCO 阿美石油公司 236–237, 240, 244

Archaeologists 考古学家 252–253, 263, 264

Ardabil 阿尔达比勒 32

Arhab 阿尔哈卜 268

Armies; 参见 Military forces 军队

'Asabiyya (group solidarity) 阿萨比亚（集体精神）28–11, 304, 313; common descent as basis for 共同血统为基础 5, 65, 86–87, 154; in egalitarian tribal system 平等主义的部落体系 158, 163; Ibn Khaldun on 伊本·赫勒敦的观点 10–11, 28–29, 86–88, 89, 123, 154, 163, 266, 308; 以及 Machiavelli 马基雅维利 123; 以及 nation-state formation 民族国家形成 129, 154, 307–308; religious basis for 宗教基础 29–31, 65; in Saudi Arabia 沙特阿拉伯 231, 307, 308; war basis for 以阿萨比亚为目的的战争 34, 38, 123, 154, 266–267, 307–308; Yemeni imamate and 也门伊玛教 266–267

al-Asad, Hafiz 哈菲兹·阿萨德 139

Asad, Talal 塔拉勒·阿萨德 82–83, 84, 85, 103, 305

'Ashira 部落 313

Ashraf 阿什拉夫，先知穆罕默德 138, 264, 313

Asia: Asia Minor 亚洲：小亚细亚 32; Great Wall in 长城 160; tribes of 部落 154, 166, 167–169, 255; 参见 Inner Asia 内亚

'Asir 阿西尔 228, 229, 230, 231, 236, 239

'Asl 后裔 313

Atlas region 阿特拉斯地区 31, 110, 118–119

Aubin, Jean 琼·奥宾 308

Aulad 父系世系群 313

Authority: agriculturalists and 权威：农学家 111–112; chiefdom 酋邦 51; in egalitarian tribal system 平等主义部落体系 163; hierarchical 等级结构 159, 165–166; Ibn Khaldun on 伊本·赫勒敦 29, 86, 87, 163, 165, 178; Marxist model on 马克思主义模式 82–83, 85; monotheism signifying 代表一神教的 135; religiocommunal 宗教公共生活 37; religiopolitical 宗教政治的 43–44, 120, 135, 163; royal 王室的 29, 87, 163, 165–166, 178; state 国家 2–3, 25, 35–44, 51, 70, 288, 290–91, 306 (参见 Resistance, to state authority 抵抗，国家权威); tribal 部落 65–66; 参见 Leadership; Legitimacy; Resistance; Sovereignty 领导能力；合法性；抵抗；主权

Awlad Fadlallah 奥拉德·法德拉拉 82–83

Ayyam al-fasad 贪腐、堕落 273, 313

Ayyubids 阿尤布 40, 260, 262, 306, 309

Azerbaijan 阿塞拜疆 211

Azeri 阿塞拜疆人 202, 211–212

al-azmeh, Aziz 阿齐兹·阿泽姆 245

B

Babas 圣人 33

Badu 贝都因人或者以饲养骆驼为生的牧民 313

Baghdadis 巴格达的 35

Bahra conference 巴赫拉会议 234

Bakhtiar, Shapur 沙普尔·巴赫齐亚尔 211, 212

Bakhtin, M. M. M. M. 巴赫金 80, 83

Bakhtiyari 巴赫蒂亚里人 60, 176, 199, 212;

367

during constitutional revolution 宪政革命期间 205; Digard on 迪加尔 81–82; Garthwaite on 加思韦特 53, 101, 305; khans of 可汗 81–82, 101, 196, 218; symbols of 表征 197

Bakil 巴基尔 256, 257, 259, 268, 304

Balkans 巴尔干 33, 39, 115

Baluch 俾路支人 52, 63; of Afghanistan 阿富汗的 210–211; of Iran 伊朗的 195, 197–198, 199, 202, 207–208, 210–211, 212; of Pakistan 巴基斯坦的 211, 212

Baluchistan 俾路支斯坦 58, 195, 198, 199, 210

Bangladesh 孟加拉国 98

Bani 'Ali 巴尼·阿里 268

Bani Hatim 巴尼·哈提姆 259–260

Bani Hilal 巴尼·希拉勒 309

Bani Zuray' 巴尼·祖莱 259

Banuazizi, Ali 阿里·巴努阿齐兹 2–3

Baraka（来自真主的、能强化人生理和心理的）祝福 41, 118, 313

Barat 巴拉特 268, 269, 270

Barbarians, in Europe 欧洲的野蛮人 123

Barfield, Thomas J. 托马斯·J.巴菲尔德 10, 12, 153–180

Barth, Fredrik 弗雷德里克·巴特 8, 53–60

Basseri 巴塞利人 58, 59–60, 63, 82, 197

Batatu, Hanna 汉纳·巴塔图 139, 140

Beck, Lois 路易斯·贝克 3, 17, 82, 103, 185–218; on Pahlavis 巴列维 14, 185–186, 191, 201, 206–211, 216–217; on Qashqa'i 卡什卡人 53, 84, 101–103, 185–218, 304, 305

Bedouins 贝都因人 153, 180; 'Abbasids and 阿拔斯王朝 35; *asabiyya* of 阿萨比亚 28–29, 86–88, 154, 163; in egalitarian model 平等主义模式 157, 161, 162, 163; and honor 荣誉 91; Ruwala 卢瓦拉 161; Sanusiyya

and 赛努西亚 120; state opposed by 对抗国家 153

Ben-Dor, Gabriel 加布里埃尔·本-多尔 7

Berbers 柏柏尔人 30–32, 156; in egalitarian model 平等主义模式 157, 162, 164; as ethnies 作为族群 139; French and 法国 148; in Marinid-Wattasid era 马林王朝—瓦塔斯德王朝时期 31, 41; in military forces 军事力量 35; of Morocco 摩洛哥的 31, 41, 139, 148, 149, 153; patron-client relations of 恩庇关系 149; tribe concept and 部落概念 52

Berque, Jacques 雅克·贝克尔 309

Billi 比利部落 236

Bled el-makhzen（摩洛哥）国家控制区域 66, 313

Bled es-siba（摩洛哥）不受国家控制的部落地区 66, 313

Bloch, Ernst 恩斯特·布洛赫 130

Bodin, Jean 让·博丹 145

Boir Ahmad 布瓦尔·艾哈迈德人 60, 199

Bolvardi 博尔瓦迪 212–213

Borders 边境 15; Iran state 伊朗国家边境 201, 210–211; Saudi state 沙特国家边境 234; state 国家边境 50, 291; Turco-Mongolian 突厥—蒙古边境 175–176; Yemeni tribal 也门部落 272, 304

Bradburd, Daniel 丹尼尔·布拉德伯德 197

Brett, Michael 迈克尔·布雷特 309

Britain: in India 英国：在印度 179; and Iran 英国和伊朗 204–206, 207; in Iraq 英国在伊拉克 14, 232, 234; and Libya 英国和利比亚 293, 294; and Saudi Arabia 英国和沙特阿拉伯 227–229, 232, 233, 234, 235, 239; in Transjordan 英国在外约旦 14, 232, 234

Bronze Age 青铜时代 170

索引

Buchaqchis 布察克茨人 199

Bureaucracy: 'asabiyya of 政府机构的阿萨比亚 308; Libya and 利比亚 290, 294, 295, 296; *mamluk* system of 马穆鲁克体系的 115; Saudi 沙特 233, 240–242, 243, 245

Burke, Kenneth 肯尼斯·伯克 86

Burma 缅甸 69

Byzantines 拜占庭人 25, 30, 35, 36, 39, 159, 310

C

Caliphs 哈里发 19, 34–35, 36, 37, 172

Camel-herding 养殖骆驼 62, 63

Camp David Accords 戴维营协议 247

Capitalism 资本主义 290, 298

Casablanca 卡萨布兰卡 142, 149

Caton, Steven C. 史蒂文·C.卡顿 9–10, 74–104

Cattle-herding 牧牛 62, 63

Charismatic leadership: Ibn Khaldun's model and 魅力型领袖：伊本·赫勒敦的模式 89–90, 96, 97–99; imperial 帝国式的 41; religiopolitical 宗教政治型 25, 29, 89–90, 97–99, 118–119; and sign use 记号使用 75, 90, 97–99, 103

Chiefdoms/Chieftaincies 酋邦/酋长地位 19, 27, 28; concept of 概念 8–10, 50, 68, 156; expansion of 扩张 10–12, 28–34, 229–239; instability of 不稳定 10, 11, 33; Saudi 沙特 226–239, 245; within states 国中之国 13, 38–44; states formed from 国家形成 10, 11–12, 16–17, 28–38, 226–239; and tribe concept 部落概念 50, 53, 63; warrior 武士 29, 33–34, 38; Yemen and 也门 267–268; 参见 Confederations 联盟

Chiefs: in Algeria 首领：阿尔及利亚 40; in Ibn Khaldun's model 伊本·赫勒敦模式 87, 89–90; role of 角色 9, 29; in segmentary-lineage model 分支—世系模式 110–111, 116; succession of 继承 111; warrior 武士 29, 33, 38

China 中国 154, 160, 166, 167–169

Chinggis Khan 成吉思汗 165

Christianity 基督教 25

CIA 美国中央情报局 207, 211, 213

Cities: attitudes toward tribes in 城市：对部落的态度 188, 202–203; chiefdoms/confederations in 酋邦/联盟 8, 11, 29–30; garrison 卫戍部队 29–30; in Iran 伊朗的 117, 202–204, 210, 212; Islamic culture in 伊斯兰文化 7, 136, 202–203, 309, 310; Marx and Engels on 马克思和恩格斯对此的观点 77–78, 79; and nation-state formation 民族国家形成 129, 130, 142, 148; in Saudi Arabia 沙特阿拉伯 227, 232, 242–243, 248; three spheres of radiation from 三个辐射圈 193, 304–306; tribal economic connections with 部落经济与城市的联系 154, 163; and tribe concept 和部落概念 139–140; and Yemeni literate tradition 也门识字传统 257, 270

Cities of Salt (al-Munif) 《盐城》 247

Citizenship, nation-state 公民身份，民族—国家 127, 132

Class: conflict 阶级：斗争 78, 79, 81, 243; Libya and 利比亚 301; Marxism on 马克思关于阶级斗争 78, 79, 81, 82; patron-client relations based on 以阶级为基础的恩庇关系 18; Saudi social 沙特社会 243, 244–245, 248; 参见 Political elites 政治精英

369

Clientelism 恩庇主义；参见 Patron-client relations 恩庇关系

Coalitions 联盟 19; chiefdom/confederation formation by 形成联盟 19, 33–34, 65, 68; state formation by 形成国家 19, 31–34, 35, 41, 65, 122; 参见 Chiefdoms/Chieftaincies; Confederations 酋邦/酋长地位；邦联

Coercion 强制、威压 3, 18, 87–88, 148, 306; 参见 Military forces 军事力量

Cohen, Ronald 罗纳德·科亨 6

Cole, Donald 康纳德·科尔 243

Colonization, European 欧洲殖民化 12, 13, 14, 120, 127, 145, 147, 148

Commitatis 军人团体 29

Communication: modern systems of 交通：现代体系的 17, 131–132, 136, 212, 233; sign use in 记号使用 75, 80, 81, 85, 90, 104

Communism 共产主义 76, 298

Confederations 联盟 64–70, 99–103; in Anatolia 安纳托利亚 157, 159–160, 166, 176–177, 200; concept of 构想 5, 6, 8–10, 68, 156; empires as 帝国 167–175, 176–177; in empires 在帝国 175–178; in Iran 在伊朗 53, 101, 153–160, 166, 176–177, 185, 197–205, 212, 217, 218; nesting in 嵌套 110; organization of 组织 167–168; as term 术语 68; Turco-Mongolian 突厥—蒙古 155, 157–160, 164–179, 180; 参见 Chiefdoms/Chieftaincies; State formation 酋邦/酋长地位；国家形成

Conflict: class 冲突：阶级 78, 79, 81, 243; egalitarian tribes and 平等型部落和冲突 160, 179; factional 派系冲突 65, 70, 211–212, 281; feuds and 世仇 92–95, 97, 109, 118; Marxism and 马克思主义和冲突 78, 79, 81; patronage and 庇护人 125–126; Saudi social 沙特社会冲突 243–244; Saudi state-tribe 沙特国家部落 230, 235–236; segmentary-lineage model and, 分支—世系模式和冲突 92–95, 97, 109, 110, 111, 118, 125–126; Turco-Mongolian state-tribe 突厥—蒙古国家部落的冲突 171–172; Yemeni tribe-state 也门部落国家 269–271; 参见 Resistance; War 抵抗；战争

Conical clans 锥形氏族 164–165

Conquest movements 征服运动 10, 12, 28–38, 39, 44, 307; Saudi 沙特的 12, 229–239, 307; Yemeni 也门的 269

Consensus, tribal 部落共识 103, 162–163

Constantine 康斯坦丁 40

Constitution: Islam and 宪法：伊斯兰教 122–123; Libyan 利比亚 294; Constitutional revolution, in Iran (1906–1911) 伊朗（1906—1911年）立宪革命 205

Cooperation 政治合作 161, 303; 参见 Egalitarianism 平等主义

Copts 科普特人 35

Covering, in Yemeni tribes 也门部落的庇护 255–256

Cox, Percy 珀西·考克斯 234

Crane, Charles 查尔斯·克兰 232

Crimea 克里米亚 34

Crone, Patricia 帕特里夏·克劳恩 58, 60–64, 253, 281

Cultural anthropology 文化人类学 91, 133, 253

Cultural discrimination: in Iran 伊朗文化歧视 206; in Saudi Arabia 沙特阿拉伯 239; 参见 Persianization 波斯化

Cultural homogeneity, vs. Social homogeneity 文化同质对比社会同质 143–144

Cultural-linguistic groups, tribes as 作为文化语言

团体的部落 50

"Cultural units," tribes as 作为"文化单元"的部落 61

Cultural values 文化价值观；参见 Ideology; Religion; Values 意识形态；宗教；价值观

Currency, Saudi 沙特货币 238

Cyclical theory 循环理论 70; of Ibn Khaldun 伊本·赫勒敦 68, 69, 88, 129–136, 154–161, 253; Yemen and 也门和循环理论 253, 258–259

Cyrenaica 昔兰尼加 116, 120, 292, 293

D

Darbar 达尔巴尔 60

Darqawa 达尔卡瓦 40

Dashtis 达什特人 199

Dashtistanis 达什特斯坦人 199

Da'wa 号召 260, 261

al-dawish, Faysal 费萨尔·达维什 235

Dawla 王朝 246, 259, 261, 267, 272, 273, 313

Dawran 达兰 265

al-Daylami, Abu Fath 阿布·法塔赫·戴拉米 260

de Boucheman A., A. 德·布舍曼 305

Decolonization 非殖民化 145

Delacroix, Jacques 雅克·德拉克罗瓦 301

Democracy 民主 68, 70, 277, 281, 298；参见 Egalitarianism 平等主义

d'Entrèves, Alexandre Passerin 亚历山大·帕塞林·登特列夫 18, 252

Descent: 'asabiyya based on 血缘：以阿萨比亚为基础 5, 65, 86–87, 154; and egalitarian tribal model 平等型部落模式 161; and ethnicity 族群 142; hierarchical organization and 等级组织 164; in Iran 伊朗 194, 195, 198, 304; in Saudi Arabia 沙特阿拉伯 246; segmentary-lineage model and 分支—世系模式和血缘 91, 110; vs. state loyalty 对比国家忠诚 288; in states 国家 68; in tribal states 部落国家 69; in tribe concept 部落概念 50–53, 60, 62, 63, 156–157, 193–194, 303, 304; in Yemen 也门 257, 258

Determinism 决定论 75–76

Development 发展；参见 Modernization 现代化

Devolution 权力的下移 67

Dialectical process: of state building 辩证过程：国家构建 17, 227; state-tribe relations 国家部落关系 193; in Yemeni imamate 也门伊玛目 257

Digard, Jean-Pierre 让-皮埃尔·迪加尔 81–82

Dinka 丁卡人 61, 139, 140, 149

Discourses (Machiavelli) 《李维史论》(马基雅维利) 125

Discrimination, cultural 歧视，文化 206, 239

Dresch, Paul 保罗·德雷舍 6, 12–13, 15, 252–281, 306; and dialectical process 辩证过程 17, 257; on nationalism 民族主义 253–254, 277–278, 279, 310; and territory 领土 272, 304

Dress, in Iran 服饰，伊朗 206

Druzes 德鲁兹人 142, 148

Al al-Du'am 杜阿姆 259

Durkheim, Emile 埃米尔·涂尔干 4, 52, 93, 290

Durrani 杜兰尼 53, 69

Dutch, and Saudi Arabia 荷兰，沙特阿拉伯 234

E

Earle, Timothy 蒂莫西·厄尔 8

371

Ecological conditions: Inner Asian and Middle Eastern differences in 生态环境：内亚和中东的区别 10, 160; Marxist studies and 马克思主义研究 81; Saudi tribal 沙特部落 244; segmentary-lineage model and 分支—世系模式 112, 120; of tribes 部落的 5, 305; Yemeni tribal 也门部落 254; 参见 Cities; Rural groups; Territory 城市；乡村组织；领土

Economics 经济形态; and confederation 结盟 65, 159-160, 166, 173-174, 177, 178, 185; in Iran 伊朗 185-186, 190, 206, 208, 216; Libya and 利比亚 289-301; Marxist 马克思主义者 75-79, 83-84, 85; Middle Eastern 中东 160; in Saudi Arabia 沙特阿拉伯 228, 232-244, 248; tribal leadership and 部落领袖地位 65; tribe-state relations in 部落—国家关系 7, 8, 9, 56, 112, 154, 163, 185; world 世界 128, 132, 136, 236, 301; in Yemen 也门 276; 参见 Modernization; Oil; Revenues; Trade 现代化；石油；收入；贸易

Education: in Iran 教育：伊朗 186, 208; in Saudi Arabia 沙特阿拉伯 241, 242; and state concept 国家概念 277-278; 参见 Literacy 识字率

Egalitarianism 平等主义 69-70; and democracy 民主 281; Iranian tribal 伊朗部落 196-197; in Libya 利比亚 295, 296, 298, 300; Marxist model and 马克思主义者模式 84; Saudi tribal 沙特部落 243, 247; and state-tribe relations 与国家部落关系 68, 155-164, 178-179, 180; of tribalism 部落主义的 64; tribal model of 部落模式的 6, 16-64, 64-65, 157; in Yemen 也门 254-255, 256, 257, 271, 277

Egypt 埃及 2, 40, 155, 306, 309; Ayyubid 阿尤布 40, 306, 309; confederacies 结盟 12; Coptic 科普特的 35; Fatimid 法蒂玛王朝 35; and Libya 利比亚 293; *mamluk* 马穆鲁克 40, 172, 176; in Ottoman Empire 奥斯曼帝国 39, 115, 155; and Saudi Arabia 和沙特阿拉伯 240, 275; and Yemen 也门 275

Eickelman, Dale F. 戴尔·F.艾凯尔曼 6, 52, 278

Eisenhower Doctrine 艾森豪威尔主义 240

El Fathaly, Omar 奥马尔·法萨利 297

Elites 精英; 参见 Leadership; Political elites 领袖地位；政治精英

Empires 帝国 2, 155; chiefdoms forming 酋长地位形成 10, 11-12, 28-38; as confederacies 联盟 167-175, 176-177; confederations in 帝国内的联盟 175-178; conquest movements forming 征服运动形成帝国 28-38; European 欧洲 12, 13; Inner Asian 内亚 154, 155, 157, 158, 159, 167, 171, 172-175; nation-states following 民族国家接之帝国 127; style of 帝国类型 35-36, 310; tribes creating 部落形成帝国 153, 155, 172-175; tribe-state relations in 帝国内的部落—国家关系 12-14, 25, 27-28, 34-35, 38-44, 127, 158, 159, 168-170, 175-178; 参见 Ottomans; Safavids 奥斯曼帝国；萨法维王朝

Engels, Friedrich 弗里德里希·恩格斯 75-78, 81, 130

Esman, Milton 米尔顿·伊斯曼 138-139, 141-142

Ethnicity: in Iran 族群：在伊朗 139, 186, 196, 200-213; mosaic distribution in 马赛克分布 160; and nation-state formation 民族国家形成 131, 134, 137-143, 147-148, 149

Europe: colonization from 欧洲：殖民化 12, 13, 14, 120, 127, 145, 147, 148; and ethnicity 族群 137–138; and Iran 和伊朗 204–206; and Libya 利比亚 293; Machiavelli and 马基雅维利 123–125; and Saudi Arabia 沙特阿拉伯 229, 232; sovereignty concept in 欧洲的主权观念 132; states of 欧洲国家 2, 15–16, 132, 142–146, 261–262, 264, 290, 291, 306; tribes in 欧洲部落 153–154; 参见 Britain; Italy; Russia; Soviet Union 英国；意大利；沙俄；苏联

Europeanization, in Iran 伊朗欧洲化 206

Evans-Pritchard, E. E. E. E. 埃文斯-普理查德 50–51, 63, 90–94

Evliadi 埃瓦里亚迪 43

Evolution: of chiefdoms 演化：首领权威 8, 253; and devolution 下移 67; folk sociology of 公众社会学 253, 254; Marx and Engels and 马克思和恩格斯 75, 76; state-tribe relation in 国家部落关系 3, 11–12, 50, 61–62, 63–64, 67, 70, 253, 290

Expansion 扩张；参见 State formation; Territory 国家形成；领土

Extortion, revenues through 抢夺，收入方式 169–170, 171, 173–174, 216

F

Face-to-face interactions 面对面互动 103

Factionalism 派系主义 65, 70, 211–212, 281

Fadlallah 法德拉拉 82–83, 103

Fahd, King 法赫德，国王 247, 248

Family: in confederation 家庭：处于联盟内部 101; in Libya 利比亚的 295, 299; Marx and Engels on 马克思和恩格斯在家庭的观点 75, 76; 参见 Kinship; Marriage; Patrimonialism 血缘关系；婚姻；世袭主义

Fars 法尔斯 200

Far'un, Rashad 拉什迪·法伦 241

Fatimids 法蒂玛人 29, 31, 34, 35, 259

Fatwa 费特瓦 232, 313

Faysal, King 费萨尔国王 231, 237, 240–241, 242

Feda'iyan-e Khalq 圣战组织成员 212

Fertile Crescent 肥沃新月地带 39, 43

Festival of Popular Traditions 民间传统节日 186

Feuds, segmentary-lineage model of 世仇，分支—世系模式 92–95, 97, 109, 118

Fez Jadid 非斯新城贾迪德 41

Figgis, J. N. J. N. 菲吉斯 264

First, Ruth 露丝·福斯特 294

Ford Foundation 福特基金会 240–241

Foreign involvement: in Iran 外国势力卷入：伊朗 187, 204–206, 207, 211, 212, 213–214; in Saudi Arabia 沙特阿拉伯 227–229, 232, 233, 234, 235, 236–237; 参见 Colonization, European; Europe; United States; War 殖民化，欧洲的；欧洲；美国；战争

France 法国 14, 123, 148, 293

Fried, Morton 莫顿·福瑞德 62

From Village to Suburb (Khuri) 《从乡村到郊区》（库里） 305

Functionalism 功能主义 74, 90–99

Fundamentalist Islam 伊斯兰教原教旨主义 10, 96, 98, 117, 126, 277–278; neo- 伊斯兰教新原教旨主义 137

G

Gadmiwa 加德米瓦 31

Garthwaite, Gene R. R.基恩·加思韦特 53, 82, 100–101, 102, 305

Geertz, Clifford 克利福德·格尔茨 8

Gellner, Ernest 欧内斯特·盖尔纳 9, 67; and Ibn Khaldun 伊本·赫勒敦 69, 74, 90, 94, 95–96, 103, 115, 116, 121; on nationalism 关于民族主义 253–254, 277; and segmentary-lineage model 分支—世系模式 93, 94–96, 99, 103, 109–126; and slave elites 奴隶精英 11–12, 111–115, 121, 122, 123–124; and sociobiology 生物社会学 62; and Yemeni case 也门个案 253–254, 257, 265

Genealogies 谱系学;参见 Descent 血统

Germanic precapitalist formation 日耳曼式前资本主义的经济结构 78

German Ideology (Marx and Engels) 《德意志意识形态》(马克思和恩格斯) 75

Germany 德国 205–206

al-Gharas 加拉斯 268

al-Ghashmi, Ahmad 艾哈迈德·加什米 276

Ghazan Khan 合赞汗 174

Ghazi 加齐 35, 176, 313

Ghaznavids 伽色尼王朝 153, 171

Gibb, H. A. R. H. A. R.吉布 11, 29

Gibbon, Edward 爱德华·吉本 123

Giddens, Anthony 安东尼·吉登斯 144–145, 146

Gleichzeitigkeit vom Ungleichzeitigen 非同时的同时性 128

Gluckman, Max 马克斯·格拉克曼 92

Gobek 父系世群 313

Golden Horde 金帐汗国 34

Government: confederations within empires 政府:帝国内的部落联盟 178; imperial confederation 帝国式联盟 172–174; in Iran 伊朗 16, 185–187, 188, 200–201; in Libya 利比亚 292, 294–297; Saudi 沙特 232–236, 237–238, 240–242, 243, 244, 245–248; and tribalism 部落主义 66, 67–68; and tribal leadership 部落首领地位 305–306; of tribal polity 部落政治组织 84; in Yemen 也门 275–277, 279;参见 Bureaucracy; Leadership; Political elites 官僚机构;领袖地位;政治精英

Great Britain 大英帝国;参见 Britain 英国

Green Book (Qaddafi) 《绿皮书》(卡扎菲) 298–299

Gumsa-gumlao system 贡萨—贡老体系 69

Gypsies 吉卜赛人 198

H

Hada' conference 哈达会议 234

Hadd (按照法律程序进行的)惩罚 256, 313

Haddadin 哈达丁 138

Al-Hadi 哈迪(部落谢赫) 268–269

al-Hadi ila l-Haqq 哈迪·哈克(宰德派伊玛目) 258

Hadramawt 哈德拉毛 265

Hafsids 哈夫斯德王朝 31, 40, 306

Ha'il 哈伊勒 116, 308

Hajj 朝觐 112, 117, 232, 234, 236, 313

Hal mustawrad 外来的解决方式 128

Hamdan 哈姆丹 259

al-Hamdani, al-Hasan 哈桑·哈姆达尼 256, 257–258, 271–272

al-Hamdi, Ibrahim 易卜拉欣·哈姆迪 276

Hamid al-Din 哈米德·丁 273

Hammadids 哈马迪德王朝 31

Hamula 血缘群体 314

Hamza, Fuad 福阿德·哈姆扎 237

Hamzi Sharif 哈姆兹·谢里夫 260
Hanbalis 罕百里学派 37
Han dynasty 汉朝 167, 169
Haqq 权力 256, 314
Haram 麦加圣地 30
Harb 哈尔卜 230
Hargha 哈尔加 31
Hashid 哈希德 256, 257, 268, 276, 277, 304
Hashimites 哈希姆家族 228–229, 232, 235, 308
Hat, Qashqa'i 卡什卡人的帽子 103, 189, 197
Hayba 尊重、尊严 272, 314
Hazaras 哈扎拉人 199
Helfgott, Leonard 伦纳德·赫尔高特 57–58
Hellenism 希腊文化 36
Herding 集体放牧 62, 63, 193
Hierarchical leadership 部落领导层级 84, 196–197; Bakhtiyari 巴赫蒂亚里人 81; egalitarian tribes and 平等主义部落 162; Inner Asian tribal 内亚部落 155, 157–158, 159, 164–170; Libyan military 利比亚军队 297; Yemen and 也门 257–258
High Atlas 阿特拉斯高地 110, 118–119
Hijaz 汉志 228–239, 247
Hijras 希吉拉 257, 264, 265, 314
Hinduism 种姓制度 114
Hintata 辛塔塔 31
Hisham, Caliph 哈里发希沙姆 11
Historians 历史学家 3, 48–49, 55, 57–64
History 历史 130, 136; Iran tribe and state 伊朗部落和国家 201–215; Yemen and 也门 253, 261–262, 272, 274, 281; 参见 Cyclical theory 循环理论
Hodgson, Marshall 马歇尔·霍奇森 135
Hokumat 赫克玛特（国家管理的区域）66, 314

Holmes, Frank 弗兰克·霍姆斯 232
Holy men 圣人 27; '*asabiyya* and 阿萨比亚 307; in empires 帝国 32, 37; Ibn Khaldun on 伊本·赫勒敦 88–90, 95–96, 97–98, 124; mediation by 调停 9, 29, 95, 97–99; segmentary-lineage model and 分支—世系模式 95–96, 97–98, 112, 117–120, 124; Sufi 苏非派 27, 38, 44, 97, 314; in warrior chiefdoms 军人首领 33
Honor 荣誉 91–92, 97, 255–56, 257, 304
Hosain Qoli Khan Ilkhani 侯赛因·库里·可汗·伊尔汗尼 100–101
Hospitality 好客 197
Hourani, Albert 艾伯特·胡拉尼 5, 132, 193, 303–310
Hsiung-nu 匈奴 165, 167–170
Hudson, Michael 迈克尔·哈德森 136, 144
Huffaz 宗教学生 31
Hujar 胡加尔 230–231
Hukuma 政府 246, 314
Humanity: Ibn Khaldun on 人性: 伊本·赫勒敦 85–86, 89; Marx on 马克思关于人性的评论 75–76
Hume David 大卫·休谟 96
Hunayn 侯乃尼 133
Huns 匈奴 58, 59
Husayn, Saddam 萨达姆·侯赛因 140
Husayn, Sharif 谢里夫·侯赛因 228, 230, 236
Hydraulic thesis 治水社会理论 74

I

Ibadi 伊巴迪 306
Ibn al-Amir 伊本·埃米尔 268
Ibn Baz, 'Abd al-'Aziz 阿卜杜拉·本·阿齐

兹·伊本·巴兹 241
Ibn Hawqal 伊本·霍卡尔 198
Ibn Humayd 伊本·比扎德 235, 247
Ibn Khaldun 伊本·赫勒敦 2, 9, 52, 74, 180, 309; on 'asabiyya 阿萨比亚 10-11, 28-29, 86-88, 89, 123, 154, 163, 266, 308; cyclical theory of 循环理论 68, 69, 88, 129-136, 154-161, 253; Gellner and 盖尔纳 69, 74, 90, 94, 95-96, 103, 115, 116, 121; on leadership 领袖地位 29, 87-98, 158, 163, 165, 170, 178; and Machiavelli 马基雅维利 121-125; segmentary-lineage model and 分支—世系模式 90, 91, 94, 95-96, 103; theory of consciousness 意识理论 88-89; theory of tribe and state 部落—国家理论 85-90, 99, 115, 116, 121-136, 154-161; Yemen and 也门 259
Ibn Rashid 伊本·拉希德 228, 308
Ibn Sa'ud ('Abd al-'Aziz Al Sa'udi) 伊本·沙特（阿卜杜拉·阿齐兹·沙特）226-241; passim 307
Ibn Tumart, Abu 'Abdallah Muhammad 伊本·图马尔特，阿布·阿卜杜拉·穆罕默德 31, 36
Identity, group 组织认同 13, 18, 146; Qashqa'i 卡什卡人 102-103, 189, 197, 200-201; state 国家 16, 277-278; symbolism of 象征主义、象征意义 103, 146, 189, 197; 参见 'Asabiyya; Nationalism; State formation 阿萨比亚；民族主义；国家形成
Ideology 意识形态 310; in Libya 利比亚 298-300, 301; Saudi 沙特 227, 231-232, 243, 247; in theories of tribe and state 部落—国家理论 74, 75, 79-90, 96, 98, 101, 112-113; and Yemen 也门 254, 277; 参见 Nationalism; Religion; Values 民族主义；宗教；价值观

Idris, King 伊德里斯国王 288, 293, 294
al-Idrisi 伊德里斯 228
Idrisids 伊德里斯王朝 31
Ikhwan 伊赫万 230-232, 233, 234, 235, 247
Iklil (al-Hamdani) 《伊克里尔》（哈姆达尼文）257-258
Ilkhani 伊尔汗尼 81, 84, 100-103, 176, 177
Imamate, Yemeni 伊玛目国，也门 12-13, 15, 95, 120, 252-281, 306; first and last 第一个到最后的 256, 258, 259-260, 275
Imams 伊玛目 36, 65, 306, 314; 参见 Imamate, Yemeni 伊玛目国，也门
Imperial states 帝制国家；参见 Empires 帝国
India 印度 43, 98, 179, 267
Individualization, Marx on 个体化，马克思的观点 76, 78, 79
Inner Asia 内亚 28; chiefdoms in 首邦 10, 29, 33-34, 58; conquest movements in 征服运动 29, 33-34, 44; Sufism in 苏非主义 28, 43; tribe-state relations in 部落—国家关系 153-180; 参见 Iranian plateau; Mongols; Turkish/Anatolian plateau; Turks 伊朗高原；蒙古人；土耳其/安纳托利亚高原；土耳其人
Insaf 平等 314; 参见 Egalitarianism 平等主义
Insilimen 英希利曼 43
International systems: economic 国际体系：经济的 128, 132, 136, 236, 301; nation-state 民族国家 128, 132, 133, 136, 141, 143-146, 281, 290-291, 301; world time and 世界时间 131-132, 133, 143; 参见 Foreign involvement; Oil; War 外国卷入；石油；战争
Iqta' 伊克塔 27
Iran 伊朗 15, 16, 185-218, 307; Basseri in 巴

索 引

塞利人 58; confederations in 联盟 53, 101, 153–160, 166, 176–177, 185, 197–205, 212, 217, 218; Islamic Republic of 伊斯兰共和国 16, 187, 202, 209–211, 217; Kurds of 库尔德人 4, 32–33, 139, 153, 179, 196–202, 207–212; nationalism in 民族主义 14, 17, 206–207, 210; nomads in 游牧民 4, 185–186, 190, 192, 197, 198, 207, 213; revolutions in 革命 16, 187, 205, 208–209, 210, 211; Sufism in 苏非主义 38, 39, 43; Timurid 帖木儿 176; "tribal problem" in "部落问题" 51–52; and tribe concept 部落概念 51–63, 187–198, 213, 304; Turco-Mongolian invasions of 突厥—蒙古入侵 32–33, 154, 170–171, 172, 174; and Umayyad-'Abbasid empire 伍麦叶—阿拔斯帝国 35; *uymaqs* in 乌亚马克 33, 39, 41–42, 57, 58, 60; 参见 Bakhtiyari; Pahlavis; Qajars; Qashqa'i; Safavids 巴赫蒂亚里人；巴列维王朝；卡什卡人；萨法维王朝

Iranian plateau 伊朗高原 2, 155, 157, 159–160, 176, 180; 参见 Iran 伊朗

Iranian Studies 《伊朗研究》 57

Iraq: and 'Abbasids 伊拉克：阿拔斯王朝 35; Britain in 英国 14, 232, 234; and Iran 伊朗 201, 208, 210; Kurds of 库尔德人 139, 179, 208, 210; Saudis and 沙特 230, 231, 232, 234, 235; Shi'a of 什叶派 140; Turks in 突厥人 172

Iraqis, in Safavid Iran 伊拉克人，萨法维王朝的伊朗 38

'Ird 荣誉 314

Irons, William 威廉·艾恩斯 166

Isfahan 伊斯法罕 308

Islah 革新 43

Islam 伊斯兰教 7, 25–45, 155, 164, 306, 309–310; and egalitarianism 平等主义 62, 64, 163–164, 256; expansion on the basis of 以伊斯兰教为基础的扩张 10–12, 33, 265, 307, 309; Fundamentalist 原教旨主义 10, 96, 98, 117, 126, 277–278; hierarchical tribal confederations and 等级体系的部落联盟 170; Ibn Khaldun's model and 伊本·赫勒敦模式 88–89, 129; in Iran 伊朗 16, 26–43, 172, 187, 196, 199, 202–203, 209–210, 309; and nation-state formation 民族国家形成 127, 129, 130, 133–135, 136, 144, 145; neofundamentalist 新原教旨主义 137; in Ottoman Empire 奥斯曼帝国 147–148, 310; reformist 改革主义者 43, 120 (参见 Wahhabis 瓦哈比派); revivalist 复兴主义者 117, 128, 247; segmentary-lineage model and 分支—世系模式 96, 97–98, 112–13, 117–120, 122; Yemen and 也门 260, 262, 264, 269–271; 参见 *Shari'a*; Shi'ism; Sufism; Sunnis 沙里亚；什叶派主义；苏非主义；逊尼派

Islamic Republic, of Iran 伊朗伊斯兰共和国 16, 187, 202, 209–211, 217

Isma'il, Shah 沙汗·伊斯玛仪 32, 39

Isma'ilis 伊斯玛仪派 259, 261

Italy: and Cyrenaica 意大利：昔兰尼加 120, 293; and Libya 利比亚 14, 292, 293, 299; Machiavelli on 马基雅维利 123, 125; slavery in 奴隶制度 123

Ithna-'ashari Shi'ism 十二伊玛目派 38

J

Jabal Bara 巴拉特山 267
Jabal Shammar 杰贝勒沙马尔 228
Jaf 贾夫 197

377

Jahiliyya 蒙昧时代 307, 310, 314
Jamahiriyya 《民众国》 298
Janikhani 亚尼哈尼 204, 212
al-Jawf 焦夫 230, 268
Jelal 吉拉尔 39
"Jellyfish tribes" "水母部落" 67
Jews, as tribes 犹太人，作为部落 61
Jidda 吉达 243
Jihad 吉哈德、圣战 32, 164, 257, 314
Jirga 支尔格大会 162, 314
Johnson, Allen W. 艾伦·W. 约翰逊 8
Jordan 约旦 308; 参见 Transjordan 外约旦
Judicial system, Saudi 司法体系，沙特 242
Juhayman 朱海曼 247
Junayd, Shaykh 谢赫祝奈德 32, 33
Justice, in Yemen 司法，也门 256, 271

K

Kababish 卡巴比什 82-83, 84, 305
Kachin 克钦 69
Kalantar 卡兰特 81
Kalat 喀拉特 192
Kalbiyya 卡勒比耶 138
Karim Khan Zand 卡里姆汗·赞德 200, 204
Karimojong 卡里莫琼 61
Karpat, Kemal 凯末尔·卡尔帕特 147
Kashkuli 克什库利人 200
Katkhoda 卡图达 81
Kawkaban 考凯班 267
al-Kawkabani, 'Ali 阿里·卡卡巴尼 270
Kay, Shirley 雪莉·凯 244
Kazakhs 哈萨克人 33, 34
Keddie, Nikki 尼基·克迪 186
Kerman province 克尔曼省 197, 201

Kermanshah 科曼莎 200
Khalid, King 哈立德，国王 247
Khamseh 卡梅什 53, 176, 197, 199, 203-204, 217, 304
Khanaqas 苏非派学校 32
Khans: Bakhtiyari 可汗：巴赫蒂亚里人 81-82, 101, 196, 218; confederations led by 可汗为首领的部落联盟 99-102, 159, 173, 176, 177, 178, 217; and egalitarian tribal system 平等主义的部落体系 161; Qashqa'i 卡什卡人 84, 100, 101-103, 204, 216-217
"Khans and Kings" (Garthwaite) "可汗与国王"（加思韦特） 100
Kharijism 哈瓦利吉派 31
Khartoum 喀土穆 140, 142, 149
Khayma 帐篷 314
Khayyatin 哈亚廷 138
Khidr 海德尔 32
Khomeini, Ayatollah 阿亚图拉·霍梅尼 209, 210, 211, 217
Khorasan 呼罗珊 199, 206, 212
Khoury, Philip S. 菲利普·S. 库里 1-19, 148
Khuri, Fuad 福阿德·库里 7, 305, 308
Khurma 胡尔马特 229
Khuwwa 保护费 245, 314
Khuzistan 胡齐斯坦 203, 212
Khwajas 和卓 43
Khwarazm Shahs 花剌子模 171
Kingships 王权；参见 Monarchies 君主制
Kinship 亲属关系 12, 18; *'asabiyya* and 阿萨比亚 28-29, 86, 154; in confederation 联盟 70, 101, 156, 157-158, 164-165; in egalitarian tribal system 平等主义的部落体系 160-162; in Libya 利比亚 293-296, 297-298, 299, 301; *mamluk* system and 马穆

鲁克体系 12, 114, 115; segmentary-lineage model and 分支—世系模式 91, 110; in state formation 国家构建 15, 18, 28–29, 31–32, 34, 68; vs. State loyalty 对比国家忠诚 288; in tribal political structures 部落政治结构 155–156, 157–158, 160–161, 164–165; in tribe concept 部落观念 5, 6, 8, 26, 50, 59, 62, 70, 156–157, 193–194, 198, 303, 304; 参见 Descent 血缘

Komachi 科玛茨 189, 197

Kostiner, Joseph 约瑟夫·克丝缇娜 1–19; and Saudis 沙特 12, 14–15, 16, 17, 18, 226–248

Kurdistan 库尔德斯坦 12, 199–200, 208, 210, 211, 212

Kurds: in Almohad military forces 库尔德人：在穆瓦希德王朝军队中 35; of Baluchistan 俾路支斯坦 195; in egalitarian model 平等主义模式 157; and ethnicity 族群 139, 196, 207–212; of Iran 伊朗 4, 32–33, 139, 153, 179, 196–202, 207–212; of Iraq 伊拉克 139, 179, 208, 210; sedentary 定居 156; and tribe concept 部落观念 52, 189, 194

Kuruni 库鲁尼人 200–201

Kushans 贵霜 171

Kuwait 科威特 228, 229, 230, 232, 235

Kuwait Conference 科威特会议 232, 235

L

Labor division, Marxism and 劳动分工，马克思 76–77, 79, 81, 85

Laki-speakers 说拉基语的部落 200

Laks 腊克人 198

Lambton, Ann K. S. 安·K. S. 兰布顿 51–52, 198

Land: ownership of 土地：所有制 77, 78, 84, 305; 参见 Ecological conditions; Territory 生态条件; 领土

Language: and ethnicity 语言：族群 142; in Iran 伊朗 186, 210; Marxist model and 马克思的模式 80

Lapidus, Ira M. 艾拉·M. 拉皮杜斯 3, 9, 10, 11–12, 25–45, 274, 310; and 'asabiyya 阿萨比亚 28–31, 34, 38, 307; on conquest movements 征服运动 28–38, 39, 44, 229, 307

Law: Islamic (*shari'a*) 教法：伊斯兰（沙里亚）62, 64, 239, 309; state and 国家 261; 参见 Authority 权威

Leach, E. R. E. R. 里奇 51, 55, 62, 69

Leadership 领导力 305–306, 307; caliph 哈里发 19, 34–35, 36, 37, 172; charismatic 克里斯玛式的（参见 Charismatic leadership 魅力型领袖）; chiefdom 酋邦 9, 33, 38, 40, 87, 89–90, 110–111, 116; and confederations 联盟 65–67, 99–101, 155–178, 217; egalitarian tribal 平等主义的部落 161, 162, 163; hierarchical 等级制度（参见 Hierarchical leadership 等级领导）; Ibn Khaldun on 伊本·赫勒敦 29, 87–98, 158, 163, 165, 170, 178; imperial 帝国 35–37, 38, 310; Inner Asian tribal 内亚部落 155–170; Iranian state 伊朗人的国家 191, 203, 214; Iranian tribal 伊朗部落 81–82, 84, 100, 101–103, 190, 194–196, 203–205, 207, 214, 216–218; in Libya 利比亚 295; Marxist model and 马克思主义的模式 84; religiopolitical 宗教政治 25, 31, 39, 40, 43, 65, 135, 159, 163–164（参见 Holymen 圣人）; Saudi 沙特 233, 238, 240, 246, 247; segmentary-lineage model and 分支—世系模式 95–96, 97–99, 110–111, 112, 116–120, 124, 265; state creating tribal 国家构建部

379

落 99–103; subtribal 次部落 84, 101–102; succession in tribal 部落的继承制 111, 204; and tribe concept 部落观念 26–27, 59; Yemeni imamate 也门伊玛目教长国 256; Yemeni tribal 也门部落 217, 268, 274, 275–277, 304; 参见 Authority; Political elites 权威; 政治精英

League of Nations 国联 291

Lebanon 黎巴嫩 305

Leftists: in Iran 左翼: 伊朗 211–212; 参见 Marxism 马克思主义

Legitimacy 合法性 3, 6, 17, 18–19, 306; egalitarian-scripturalist vs. mediationist 平等主义—经训主义对比调解主义者 120–121; ideology creating 意识形态构建 83; imperial 帝国 35–36, 310; of Iranian tribal leaders 伊朗部落首领 194–195, 216; Libya and 利比亚 288, 296; religion enhancing 宗教强化 9, 27, 147; Yemen and 也门 260, 266, 269; 参见 Authority 权威

Libya 利比亚 15, 17, 18, 288–301; Bedouins of 贝都因人 153; independence of 独立 293; Italy and 意大利 14, 292, 293, 299; oil revenues of 石油收入 16, 17, 296, 298, 300, 301; particularism in 特殊主义 278; revolution in 革命 16, 296–300, 301; Sanusi in 赛努希 12, 164, 292–293; segmentary populations in 分裂社会 43

Lindholm, Charles 查尔斯·林霍尔姆 157

Lindner, Rudi 鲁迪·林德纳 58–59, 63

Literacy 识字率 146, 208, 293

Literate tradition: Imperial 识字传统: 帝国 36, 37, 38; Yemeni 也门人 257–258, 264, 265, 268–270, 274–275, 279–280; 参见 Education 教育

Loeffler, Reinhold 莱因霍尔德·莱夫勒 53

Luri-speakers 说卢里语的部落 33

Luristan 卢里斯坦 199

Lurs 鲁尔人 53, 192, 198, 199–200

M

McChesney, R. D. R. D. 麦克切斯尼 58

Machiavelli, Niccolo 尼可罗·马基雅维利 121–125, 269, 272, 308

Madhdhahib 教法学派 27, 314

al-Madina, University of 麦地那大学 247

Mahdi 马赫迪 31, 39

Mahdi, Muhsin S. 穆欣·S. 马赫迪 85, 88–89

al-Mahdi Ahmad, Imam 伊玛目马赫迪·艾哈迈德 268

al-Mahdi al-'Abbas 马赫迪·阿巴斯 269, 270

Mahdiyya 马赫迪运动 12, 39, 116, 309

Mahsuds 马哈苏德 96–97, 98, 162

al-majala 《杂志》 280

Majlis 会议 245, 314

Majlis al-shura 协商议会 233, 314

Majlis al-wukala' 大臣会议(伊本·沙特时代) 233, 314

Majlis al-wuzard' 大臣会议(伊本·沙特继任者时代) 233, 314

Makhzans 精英集团 41

Makhzen 马克詹(处于国家管理之下的部落地区) 69, 70

Mala 马拉 30

Maliki law 马利基法 31, 37

Mamassani 马马萨尼 199

Mamluks 马穆鲁克 12, 40, 113–115, 121, 124, 153, 314; and Inner Asia 内亚 171, 172, 176

索引

al-Ma'mun 马蒙 37

Manchurians 满洲 154

Mao-tun 冒顿 165

Marabtin 圣徒、贤者 264, 314

Marabtin-bil-baraka 附属于小部落的卑微圣徒 120, 314

Marinids 马林王朝 31, 39-40, 41

Marri 马里人 58, 63

Marriage: in egalitarian tribal model 婚姻：在平等主义部落的模式中 161-162; first-cousin 第一代堂兄妹 170; in hierarchical tribal confederations 等级体系的部落联盟 164-165; Iranian tribal 伊朗部落 195; in Libya 利比亚部落 294-295; parallel cousin 平辈表亲 161-162; Qu'ran and 古兰经 170; Saudi 沙特 230, 233

Marx, Karl 卡尔·马克思 75-79, 81, 85, 290

Marxism: in Iran 马克思主义在伊朗 212; model of tribe and state 部落和国家模式 74, 75-85, 99, 103

Marxism and the Philosophy of Language (Volosinov) 《马克思主义与语言哲学》(沃罗斯洛夫) 80

Masai 马赛人 61

Mascara 马斯卡拉 40

Masmuda Berbers 马斯穆达柏柏尔人 31-32

Massignon, Louis 路易斯·玛西侬 305

Matawira 马塔维拉 138, 139-140, 142

Matrilineal groups 母系群体 110

Mauritania 毛里塔尼亚 43

Mawali 麦瓦里 314

al-Mawardi 马瓦尔迪 19

Mead, G. H. G. H. 米德 80

Mecca 麦加 30, 133, 231, 234, 247, 307

Mediation 调停 93-100; by Ibn Sa'ud 伊本·沙特 233; by religious leaders 宗教领袖 9, 29, 65, 95, 97-99, 120; segmentary-lineage model and 分支—世系模式 93-99, 120-121; by tribal political leaders 部落政治领袖 99-100, 216

Medina 麦地那 30, 133, 307

Meeker, Michael 迈克尔·米克 91

Mental life, Marx on 马克思关于精神生活的论述 75-76, 79-80

Mercenaries 雇佣兵 113-114, 123-124, 308

Merv 梅尔夫 176

Mesopotamia 美索不达米亚 32, 35, 228

Messianism: *mahdi* 救世主观念：马赫迪 31, 39; Sufi 苏非 39

Middle Ages 中世纪 78, 261-262, 264-265, 270, 306

Middle class, Saudi 沙特的中产阶级 243, 248

Migdal, Joel 乔尔·米格代尔 6-7, 146-147

Military forces 军队 7, 8, 291, 306, 307, 308; egalitarian tribal system and 平等主义的部落体系 163; for hierarchical tribal confederations 等级体系的部落联盟 165; imperial 帝国 13, 38, 41, 138, 177; in Iran 伊朗 35, 185, 302, 303, 306, 308-309, 310, 317; in Libya 利比亚 397; Machiavelli on 马基雅维利 123-124; *mamluk* 马穆鲁克 12, 113-114, 124, 171; Marxism and 马克思主义 79; mercenary 雇佣兵 113-114, 123-124, 308; mixed 混合型 124; of regional states 地区性国家 153, 163; Safavid 萨法维王朝 32-33, 34; in Saudi Arabia 沙特阿拉伯 226, 231, 239; in segmentary-lineage model 分支—世系模式 109, 113-114, 123-124; slave 奴隶 12, 35, 41, 113-114, 123-124, 171; state vs. Kurd and Pashtun 国家对比库尔德和普

381

什图　179; and warrior leadership　军事领导权　38; in Yemen　也门　258–259, 265, 267, 275; 参见 War　战争

Ming period　明朝　167

Minorities, national　少数民族　198, 207–213

Miracles, as signs　奇迹，当作符号　98

Mirror stage　镜像阶段　278

Mirs　米尔　43

Mizan　平衡　314

Modernists　现代主义者　141

Modernization　现代化　16; in communications and transportation　交通运输　17, 131–132, 136, 212, 233, 242; in Iran　伊朗　186, 208, 212; Libya and　利比亚　289, 291, 301; and nation-state formation　民族国家构建　17, 131–132, 136, 142, 144, 148–149; Saudi　沙特　240–244, 246–248; Yemen and　也门　276, 279

Modern states　现代国家　2, 13, 14–16, 18, 19, 290; in Iran　伊朗　14, 15, 179, 191; Kurd and Pashtun resistance to　库尔德语普什图的抵抗　179; Libya and　利比亚　292–293; and nation-states　民族国家　131–132, 143; 参见 Nation-states　民族国家

Moghuls　莫卧儿　267

Mohammad Reza Shah　穆罕默德·礼萨汗　185, 186, 207–208, 211

Monarchies　君主制　30, 35–37, 120, 306; Ibn Khaldun and　伊本·赫勒敦　87; Libyan　利比亚　288, 293–297, 300, 301

Mongols　蒙古人　32, 153, 154, 157, 158–160, 164–180

Monotheism　一神论　135, 136

Montagne, Robert　罗伯特·蒙塔尼　69

Morality: Yemeni　道德：也门人　255–256, 258; 参见 Values　价值观

Morgan, Lewis Henry　路易斯·亨利·摩尔根　86, 91

Morocco　摩洛哥　40, 41, 306; Berbers of　柏柏尔人　31, 41, 139, 148, 149, 153; genealogies in　血统　110; Islam in　伊斯兰　36, 40, 41, 119, 309; leadership in　首领　36, 39, 41, 119, 307, 309; pluralism in　多元主义　278; tribal vs. government control in　部落对抗政府控制　66

Mosaddeq, Mohammad　穆罕默德·摩萨德　207

Mubarak　穆巴拉克　228

Mughals　莫卧儿　153, 179

Muhajirun　迁士　30

Muhamara treaty (1922)　《穆哈迈尔条约》(1922)　234

Muhammad, Prophet: 'Abassid caliphs and　先知穆罕默德：阿拔斯哈里发　37; 'Alawi descent from　阿拉维王朝血统来源　36; Hamzi Sharif descended from　哈姆兹·谢里夫血统来源　260; Ibn Tumart and　伊本·图马尔特　31; imams descended from　伊玛目血统来源　256, 257, 264; Islamic state formed by　伊斯兰国家之建立　133–134, 135; Sa'dian descent from　萨阿德王朝血统来源　36; tribes claiming descent from　部落自称血统来源　112, 138; *umma* and　乌玛　30; Yemeni tribe-state conflict and　也门的部落与国家冲突　270–271

Muhammad Salih　穆罕默德·萨利赫　268

Mujtahids　穆智台希德　36

Mulk　君王　314

Mullas　毛拉　65, 97–99, 314

Muluk　君主　259, 314

al-Mu'min, 'Abd　阿卜杜·慕敏　36, 37

索　引

al-Munif, 'Abd al-Rahman　阿卜杜拉·本·拉赫曼·穆尼夫　247

Muqaddimah, The (Ibn Khaldun)　《历史绪论》（伊本·赫勒敦）　88, 90, 95

Al-Murra　穆拉　63, 244

Murshidin　穆尔什迪耶　138

Muslims　穆斯林；参见 Islam　伊斯兰

al-Mutawakkil al-Qasim　穆塔瓦基勒·卡赛姆　268

al-Mutawakkil Isma'il　穆塔瓦基勒·伊斯玛仪　265, 269

Mutayr　木太儿　229, 230, 231

N

Nader Shah　纳迪尔·沙　101

Nafar　纳法尔　197

Najd　内志　226–235, 239

Najran　奈季兰　259

Naser Khan　纳赛尔·可汗　103, 189

Nasser　纳赛尔　240, 275

National Freedom Institute　美国自由协会　213

National Front, in Iran　国民阵线，伊朗　196

Nationalism　民族主义　14, 17, 146, 310; Arab　阿拉伯　142–143, 144, 146, 240; colonization and　殖民化　148; and ethnicity　族群　138, 139; in Iran　伊朗　14, 17, 206–207, 210; in Libya　利比亚　17, 296, 299–300; and tribalism　部落主义　138, 148; in tribal states　部落国家　69; in Yemen　也门　253–254, 277–278, 279

Nation-states　民族国家　15–16, 127–149; concept of　概念　144–145; disintegration of　瓦解　137, 141; of Europe　欧洲的　2, 15–16, 132, 142, 144, 145, 146; integration/homogeneity of　统一　15–16, 17, 127, 131–137, 143–147; international system of　国际体系　128, 132, 133, 136, 141, 143–146, 281, 290–291, 301; in Iran　伊朗　207; Libyan　利比亚　300, 301; sovereignty of　主权　127, 128, 131, 132, 145–146, 147, 148; Yemenis and　也门人的　273–274, 275–281

Near East, as term　近东，作为一个名词　127

Nepotism, in Libya　裙带关系　294–296, 298, 300

Nesting, in segmentary-lineage model　嵌套，分支—世系模式　109–110

Nestorians　聂斯托利派　35

Niebuhr, M. S.　M. S. 尼布尔　267

Nihm　尼姆　268

al-Nihmi, 'Ali　阿里·尼米　268–269

Nikitine, Basile　巴西莱·尼基丁　55

Nile　尼罗河　2, 12, 115

Nomads　游牧　136, 139–140; in confederations　联盟　8, 166, 169, 178, 185; egalitarian tribes of　平等主义部落　179; in Iran　伊朗　4, 185–186, 190, 192, 197, 198, 207, 213; Marxist studies of　马克思对游牧的研究　81, 84; percentage remaining today　当今遗留比例　136; in regional states　地区国家　157; Saudi　沙特　230–231, 244; and tribe concept　部落观念　54, 57–58, 59, 62, 64, 156; Yemeni tribes and　也门的部落　254

Noor Muhammad　努尔·穆罕默德　98

North Africa　北非　2, 9, 12, 13, 28, 306; conquest movements in　征服运动　30–31; Ibn Khaldun and　伊本·赫勒敦　116, 154–155, 180; Islam in　伊斯兰　28, 31, 36, 40, 41, 43, 202; Ottoman Empire and　奥斯曼帝国　39, 41, 155, 292; regional/territorial states in　地区国家　12, 39–40, 157, 166, 180; Yemen and　也门　253, 257,

383

259, 264; 参见 Libya; Morocco 利比亚；摩洛哥

al-Nu'aymat 努埃马特 268

Nuer 努尔人 50−51, 61, 63, 92, 161

Numailatiyya 努迈拉提伊 138

O

Ogodei 窝阔台 173

Oil: in Iran 石油：伊朗 16; in Libya 利比亚 16, 17, 289, 296, 298, 300, 301; in Saudi Arabia 沙特阿拉伯 16, 17, 236−237, 238, 240, 242, 247, 248; in Yemen 也门 276

Oman 阿曼 278

Onassis, Aristotle 亚里士多德·奥纳西斯 238, 240

Orientalism 东方主义 122, 130

"Oriental" model "东方"模式 79

Oscillation model 震荡模型 69, 70, 96

Osmanlis 奥斯曼人 34

Ottomans 奥斯曼帝国 12, 26, 39, 113, 306, 308; chiefdoms/confederations within empire 帝国内的首邦/联盟 of, 9, 13−14, 177; conquest by 被征服 33−34; duration of empire 帝国延续的时间 165; ethnicity in 族群 147−148; Ibn Khaldun's theory and 伊本·赫勒敦理论 121−122, 125; Inner Asian roots of 内亚根源 155, 171, 172, 175, 176; Islamin 伊斯兰 147−148, 310; Italy and 意大利 292; and Kurds 库尔德人 179; Machiavelli on 马基雅维利 121−122; *mamluk* in 马穆鲁克 115−116; military-administrative apparatus of 军队管理机构 9, 35; nation-states following 随之而来的民族国家 127, 145; North Africa and 北非 39, 41, 155, 292; and Saudi Arabia

沙特阿拉伯 228, 229; as tribal state 部落国家 69, 115−116, 153, 175; and tribe concept 部落观念 58, 59−60, 63

Owen, Roger 罗杰·欧文 6

Ownership 所有权 76, 77−78, 81, 84, 305

P

Padishah 帕迪沙 310

Pahlavis 巴列维王朝 15, 117, 191, 201, 206−209, 210; 'Abbasids and 阿拔斯 36; Bakhtiyari and 巴赫蒂亚里人 10l; Beck on 贝克 14, 185−186, 191, 201, 206−111, 216−217; Islamic revolution against 伊斯兰革命反抗 16, 211, 217; Qashqa'i under 巴列维王朝统治下的卡什卡人 185−186, 207−208, 216−217

Pakhtun 普什图 97

Pakistan 巴基斯坦 90, 96−99, 162, 211, 212

Palestinians 巴勒斯坦人 142, 304

Palmer, Monte 蒙特·帕尔默 297

Pareto, Vilifredo 维利弗雷多·帕累托 69

Parthians 帕提亚人 171

Pashtuns 普什图人 153; as egalitarian tribes 平等主义的部落 157, 161, 162; resistance by 抵抗 179; sedentary 定居 156; tribe concept and 部落观念 52, 53

Pastoralism: of chiefdoms/confederations 游牧：首邦/联盟的 8, 166, 178, 185; Ibn Khaldun and 伊本·赫勒敦 87; in Iran 伊朗 185−186; 190; in Libya 利比亚 292, 293; Marxist studies of 马克思主义者的研究 77, 84−85; segmentary-lineage modeland 分支—世系模式 110, 111−112; in tribe concept 部落观念 54, 57−58, 59, 62, 63, 156; Yemeni tribes and 也门部落 254

Pathans 帕坦人 66

Patrilineal groups 父系群体 110

Patrimonialism 世袭主义 15; Saudi 沙特 18, 236, 237, 240, 241

Patron-client relations 恩庇关系 18, 70, 125-126, 149; *'asabiyya* and 阿萨比亚 154; in Libya 利比亚 295; in Saudi Arabia 沙特阿拉伯 245, 246

Pax Islamica 伊斯兰的平和 134

Peasants 农民 274

Pellow, Thomas 托马斯·佩兰 119

Persian Gulf, blockades 波斯湾，封锁 228

Persianization 波斯化 186, 203, 206, 207

Persians 波斯人 10, 186, 192, 197; leftist 左翼 212; Pahlavis and 巴列维王朝 186, 206, 207, 208, 210; in Qashqa'i 卡什卡人 198; Safavids and 萨法维王朝 35; Shi'i 什叶派 202; Shi'i *'ulama* 什叶派乌里玛 202; tribe concept of 部落观念 52; and Yemeni imamate 也门伊玛目 260

Peters, Emrys L. 埃姆里斯·L.彼得斯 58, 93-94, 278

Philby, H. St. John H.圣·约翰·菲尔比 230, 237

Pilgrimage routes 朝圣之路 313; Saudi 沙特 232, 234, 236; segmentary-lineage model and 分支—世系模式 112, 117

Pirs 皮尔（苏非圣人）65, 314

Piscatori, James 詹姆斯·皮斯卡托里 144, 145

Plato 柏拉图 114, 121

Pluralism 多元主义 278-280

Policing: in segmentary-lineage organization 管理：分支—世系结构中 109; 参见 Military forces 军队

Political elites 政治精英 102, 308; Libyan 利比亚 291-292, 295, 297; *mamluk* 马穆鲁克 113-115; Marxist model on 马克思主义的模型 82-83, 84, 85; 参见 Administrators; Leadership; Military forces 管理者；首领；军队

Political scientists 政治学家 3-4, 48-49, 252

Political units, tribes as 政治元素，部落 61, 62, 63, 65

Politics: border 政治：边境 175-176; of Confederations 联盟 8, 101-102, 157-158, 159, 165-166, 167-169, 175-179; of egalitarian tribes 平等主义的部落 179; of empires 帝国 155, 167-169; ethno- 族群— 141; in Iran 伊朗 191-192, 202, 208; and kinship 血缘关系 194; patron-client relations based on 恩庇关系 18; of regional states 地区国家 155; religious leadership in 宗教首领 25, 31, 39, 40, 43, 65, 135, 159, 163-164 （参见 Holy men 圣人）; Saudi 沙特 243; of segmentary-lineage model 分支—世系模式 113; in state-tribe relations 在国家部落关系中 42-43, 157-158, 175-178; tribal 部落 155-156; tribe-confederation 部落联盟 101-102; 参见 Authority; Government; States 权威；政府；国家

Polynesia 波利尼西亚 263-264

Portuguese 葡萄牙人 41

Power: Ibn Khaldun on 权力：伊本·赫勒敦 87-88, 308; ideology and 意识形态 101; Marx and Engels on 马克思与恩格斯对权力的评论 76-77; Marxist model on 马克思主义关于权力的模式 81, 84; segmentary-lineage model and 分支—世系模式 90, 98; semiotics of 符号学 75; in Yemen 也

门 261–262；参见 Authority; Coercion; Leadership 权威；威权；首领

Primitive societies, tribes as 原始社会，作为部落 50, 52–53, 60

Primordialism 原生论 17–18, 141, 144

Prince (Machiavelli) 《君主论》（马基雅维利）124–125

Printing 印刷业 146

Production, in Marxist model 生产，马克思主义中的生产模式 75–84, 90, 99, 103

Progress 进步 130, 290

Property ownership 财产所有权 76, 77, 78, 84, 305

Prophets: Ibn Khaldun and 先知：伊本·赫勒敦 88–90, 95, 96, 97–98；参见 Muhammad, Prophet 穆罕默德，先知

Proselytism, Saudi 改宗，沙特 231

Pterapsis 鳍甲鱼 253

Puritan scholars, Yemeni 清教徒式的学者，也门 270

Q

Qabaliyya 部族主义 138

Qabila/Qaba'il 部落 130, 274, 314

Qadadfa 卡达法 298

al-Qaddafi, Mu'ammar 穆阿迈尔·卡扎菲 17, 295, 297–300, 301

Qadiriyya 卡迪里耶 40

Qahtan 夸坦 230, 231

Qa'ids 卡兹（宗教法官）40

Qajars 卡扎尔人 9, 13, 14, 57, 69, 153, 206, 306; and Kurds 库尔德人 179; levies on tribes 向部落征税 177, 203; and tribal leaders 部落首领 100–101, 203–205

Qamaris 嘎马里耶 138

Qarachahi 卡拉什河 197

Qarakhanids 喀喇汗人 33

Qashqa'i 卡什卡人 53, 59, 60, 185–218, 305; confederacy of 联盟 53, 102, 176, 194, 199, 200, 212, 217; and descent 血缘 194, 198, 304; leaders of 首领 84, 100, 101–103, 204, 216–217

Qashqa'i of Iran (Beck) 《伊朗的卡什卡人》（贝克）101–103

al-Qasim 盖西姆 226, 228, 239, 247–248

al-Qasim b. Muhammad 卡赛姆·本·穆罕默德 265

Qasimis 卡赛姆王朝 265–275

Qaum 阿富汗的亲属关系用语 314

Qawmiyya 民族主义 138

Qays 卡伊斯 304

Qizilbash 红巾军 33, 35, 53, 57, 59, 60, 153

Qur'an 《古兰经》37, 130, 135, 170, 209

Qurayshites 古莱什 30, 138

al-Qusaybi, 'Abd al-'Aziz 阿卜杜拉·本·阿齐兹·库赛比 241

al-Qusaybi family 库赛比家族 239

Qutb 库特布 32

R

Rabinovich, Itamar 伊塔马尔·拉比诺维奇 138–139, 141–142

Radman, 'Ali 阿里·拉德曼 268

Radman, Bayt 巴伊特·拉德曼 268

Raiding: revenues through 劫掠：收入 169, 171; Saudi 沙特 230, 246; slave 奴隶 175–176

Ra'iyyat 波斯农民 314

Rashid al-Din 拉施特 173

Rashidis 拉希德 116, 227–234, 308

Rasulids 拉苏勒王朝 260, 261, 262

Red Sea: blockades 红海：封锁 228; Yemeni ports 也门港口 273

Reforms: Pahlavi 改革：巴列维王朝 206, 208; Saudi governmental 沙特政府的 240–242; Sufi 苏非 43, 120; tribal reactions to 部落反应 17–18, 206, 208; 参见 Wahhabis 瓦哈比

Regional solidarity, in Saudi Arabia 沙特阿拉伯的地区团结 242

Regional studies approach 地区研究方法 143

Regional/Territorial states 地区国家 12–13, 39–40, 127, 155–166, 180

Reid, James 詹姆斯·里德 57–58

Religion 宗教 25, 133–35, 159, 172; 'asabiyya based on 基于阿萨比亚 29–31, 65; and confederations/chiefdoms 联盟/首邦 8, 9, 10–11, 29, 33, 65, 170; expansion based on 建立在宗教之上的扩张 10–12, 30–31, 33, 265, 307, 309; Ibn Khaldun on 伊本·赫勒敦 88–89, 122, 124, 129, 170; imperial authority and 帝国权威 25, 35–38, 41; in Inner Asia 内亚 170; Machiavelli on 马基雅维利关于宗教的评论 124–125; monotheistic 一神论 135, 136; pre-Islamic Arabian 前伊斯兰时代的阿拉伯人 133; and religiopolitical leadership 宗教政治首领 25, 31, 39, 40, 43, 65, 135, 159, 163–164（参见 Holy men 圣人）; salvation ideologies 救赎的意识形态 137; in Saudi Arabia 沙特阿拉伯 230–232, 235; segmentary-lineage model and 分支—世系模式 96, 117; shamanism 萨满教 170; sociology of 社会学 133, 135; state institutions differentiating from 国家制度不同之处 37, 38, 40; toleration in 包容 170; 参见 Islam 伊斯兰

Resistance: to confederation 抵抗：联盟 66–67; 参见 Resistance, to state authority 反抗, 国家权威

Resistance, to state authority 反抗, 国家权威 3, 13, 17, 66–67, 153; in Algeria 在阿尔及利亚 40; by egalitarian tribes 平等主义的部落 179; in Inner Asia 在内亚 175–176; in Iran 伊朗 14, 208, 209–211; Islam and 伊斯兰 39, 40, 43, 140, 310; in Pakistan 巴基斯坦 98; in Saudi Arabia 沙特阿拉伯 235–236, 247, 248; 参见 Revolutions 革命

Revenues 税收 35, 305; in Inner Asian states 内亚的国家 169–170, 171, 173–174, 177; in Iran 伊朗 16, 177, 203, 216; in Libya 利比亚 15, 16, 17, 296, 298, 300, 301; in Saudi Arabia 沙特阿拉伯 15, 16, 17, 232–239; in Yemen 也门 15, 267, 269

Revivalism 复兴运动 117, 128, 230–231, 232, 247

Revolutions: in Iran 革命：伊朗 16, 187, 205, 208–209, 210, 211; in Libya 利比亚 16, 296–300, 301; in Yemen 也门 16, 274; Young Turk 青年土耳其 292

Reza Shah Pahlavi 礼萨·沙·巴列维 186, 189, 191, 201–210, 216

Riyadh 利雅得 227

Robertson Smith, W. W. 罗伯森·史密斯 93

Romans 罗马人 31, 36, 164, 262

Roumani, Jacques 雅克·鲁马尼 289, 298, 301

Rub 'al-Khali desert 鲁卜哈利沙漠 231

Rural groups: and nation-state formation 乡村集团：民族国家构建 129, 148; Saudi 沙

387

特 247-248; sectarian 教派 140; and tribe concept 部落观念 129, 139-140, 193, 303, 305; 参见 Agriculture; Nomads; Pastoralism; Sedentary groups 农业; 游牧民; 游牧; 定居集团

Russia 沙俄 176, 204-206; 参见 Soviet Union 苏联

Rustamids 鲁斯塔姆王朝 31

Ruwala 卢瓦拉 52-53, 61, 63, 161, 308

S

Sada 萨达 94, 120

Sa'da 萨达 258, 259, 260

Sa'di 萨迪 172-173

Sa'dians 萨阿德王朝 31, 36

Sadr al-Din 萨达尔·丁 32

Safavids 萨法维王朝 13, 26-42, 69, 155; chiefdoms/confederations within empire of 帝国内部的首邦/联盟 9, 177; and Islam 伊斯兰 38, 39, 202, 309; and Kurds 库尔德人 179; political elites of 政治精英 35, 42, 308; roots of 根源 171, 172, 176, 201; *uymaqs* during 乌亚马克 33, 39, 41-42, 58

Safi al-Din, Shaykh 谢赫萨菲·丁 32

Saharan Africa 撒哈拉非洲 43, 110

Sahlins, Marshall D. 马歇尔·D.萨林斯 61, 253

Said, Edward 爱德华·赛义德 130

Saints: Ibn Khaldun and 圣徒: 伊本·赫勒敦 95-96, 97, 124; mediation by 调解、妥协 9, 95, 97, 120; and Safavids 萨法维王朝 32; segmentary-lineage model and 分支—世系模式 95-96, 97, 99, 118-119, 120, 124

Sakas 塞族 171

Salamé, Ghassan 加桑·萨拉米 128-129

Salem, Hasan Salaheddin 哈桑·萨拉赫丁·塞勒姆 295

Saljuqs 塞尔柱人 26, 39, 40, 153, 201; and Anatolian/Iranian frontier 安纳托利亚/伊朗边境 176; Inner Asian roots of 内亚根源 171; levies on tribes 对部落征税 177; military forces of 军队 32-33, 34; Turkmen and 土克曼人 175; warrior authority among 军人权威 33

Salzman, Philip C. 菲利普·C.萨尔兹曼 58, 84

Samburu 桑布卢 61

San'a' 萨那 258, 259, 269, 270, 273, 275

Sanhaja Berbers 桑哈扎柏柏尔人 31

Sanusiyya 赛努西教团 12, 39, 116, 120, 164, 292-293

Saqqaf, 'Umar 奥马尔·萨卡夫 241

Sarvistan 萨维斯坦 197

Sasanians 萨珊 25, 30, 35, 171, 310

Sa'ud, King 沙特国王 233, 237, 238, 239, 240

Sauda 萨乌达 31

Sa'ud family 沙特家族 14-15, 16, 226-246

Saudi Arabia 沙特阿拉伯 15, 17, 226-248; *'asabiyya* in 阿萨比亚 231, 307, 308; patrimonialism in 世袭主义 18, 236, 237, 240, 241; pattern of religiopolitical cement 宗教政治粘合剂模式 119-120; first state (1744-1822) 第一沙特国家 (1744—1822) 12, 226; second state (1823-1891) 第二沙特国家 (1823—1891) 226; state formation in 国家构建 12, 226-248, 307; tribe-state relations in 部落国家关系 14-15, 16, 18, 226-227, 235-248; and Yemen 也门 232, 236, 239, 259, 275, 276

Sayyids 赛义德 43, 314; mediation by 调解、妥协 65, 97; Waziristan 瓦济里斯坦 97; and Yemen 也门 257, 267–268, 271, 273

Schneider, David 戴维·施耐德 91

Scholars: in empires 宗教学者：帝国内 36, 37, 38; in Ibn Khaldun's state 伊本·赫勒敦的国家 122; 参见 HolyMen; Literate tradition 圣人、识字传统

Sectarianism 部落主义 17, 140–142, 148

Sedentary groups: administration of 定居集团；管理 172–174; defense by 防御 179, 180; in Iran 伊朗 190, 192; in regional states 地区国家 157; Saudi 沙特 230–231, 244, 246; semi- 半- 8, 111, 244; states 国家 160, 163, 166, 173–174; tribes 部落 4–5, 156, 157, 179, 180; 参见 Agriculture 农业

Segmentary-lineage model 分支—世系模式 6, 58, 64–65, 90–99, 103, 109–126, 198; Segmentary populations 分裂社会 69–70; in chiefdoms 首邦 17; in egalitarian tribal system 平等主义的部落体系 160–161; Saudi 沙特 227; Sufi organization of 苏非派 43–44; tribe concept and 部落观念 55–56, 131, 156, 198; 参见 Segmentary-lineage model; Tribes 分支—世系模式；部落

Semiotics 符号学 75, 80–81, 85, 90, 97–99, 103–104; 参见 Symbolism, group 象征主义、象征意义、团体

Semisedentarized tribesmen 半定居的部落 8, 111, 244; 参见 Sedentary groups 定居集团

Separatism, tribal 分裂主义，部落 148

Service, Elman R. 艾尔曼·R. 瑟维斯 61, 135, 253

Shaban, M. A. M. A. 萨班 29

Shafi'i 沙斐仪派 267

Shahsevan 沙塞温 4, 53, 59, 60; confederation of 联盟 176, 197, 199; face-to-face interactions among 间面对面的相互交流 103; origin of 起源 55, 197

Sha'lan, Nuri 努里·沙兰 308

Shamanism 萨满教 170

al-Shami, 'Ali 阿里·沙米 266

Shammar 沙马尔 229, 232, 244

Shamsis 沙姆绥耶 138

Shan-yu 单于 167–168

Shari'a 沙里亚 62, 64, 239, 309, 314

Sharifs 谢里夫、圣裔 36, 41, 43, 309

al-Shayif family 沙伊夫家族 268

Shaykhs 谢赫 314; Bedouin tribal 贝都因部落 162; mediation by 调解、妥协 65, 95; saints and 圣人 95; Yemeni 也门 267–269, 275–276

Shibam 希巴姆 259

Shi'ism 什叶派 27, 31, 37, 117, 314; 'Abbasids and 阿拔斯王朝 35; in Iran 伊朗 32, 36, 38, 41, 172, 196, 199, 202–203, 209, 210; Iraqi 伊拉克人 140; in Saudi Arabia 沙特阿拉伯 247; in Yemen 也门 120; 参见 'Alawis/Alawites 阿拉维派/阿拉维派信徒

Shi'ization 什叶派化 203

Shirk 什尔克 119, 314

Siba 锡巴 69, 70

Sidiya al-Kabir, Shaykh 谢赫希迪亚·卡比尔 43

Sign use 记号使用 75, 80–81, 85, 90, 97–99, 103–104; 参见 Symbolism, group 象征主义、象征意义、团体

Sira 传记体文学 258, 315

Skocpol, Theda 西达·斯考切波 131

Slaves 奴隶 308; conquest movements and 征

服运动 35; Inner Asian 内亚 171, 172, 175–176; *mamluks* and 马穆鲁克 12, 113–115, 121, 171, 172; Marx and Engels on 马克思与恩格斯 78; in military forces 军队 12, 35, 41, 113–114, 123–124, 171; segmentary-lineage model and 分支—世系模式 113–115, 121, 122, 123–124; in Yemen 也门 267

Smith, Anthony 安东尼·史密斯 133, 138, 141, 142

Snyder, Louis 路易斯·斯奈德 137

Social Basis for the Third Universal Theory (Qaddafi) 《世界第三理论的社会基础》（卡扎菲） 299

Society 社会 309–310; and homogeneity 同质 143–144, 147; Libyan 利比亚 299, 301; Marx and Engels on 马克思与恩格斯关于社会的理论 75, 76; Saudi 沙特 240, 241–245, 247, 248; and state and tribe concepts 国家和部落的观念 289–290; Yemeni tribal 也门部落 254–256; 参见 Cultural... 文化……

Sociobiology 社会生物学 62–63

"Socio-cultural-ethnic entity," tribe as "社会文化民族实体"，部落 61, 62

Sociology 社会学 253; folk 公众社会学 253, 254; of religion 宗教 133, 135; 参见 Anthropologists 人类学家

Soghdians 粟特人 35

Solidarity: Saudi regional 团结；沙特地区 242; 参见 '*Asabiyya* 阿萨比亚

Solution to the Problem of Democracy (Qaddafi) 《民主问题的解决之道》（卡扎菲） 298

Sovereignty 主权 2–3; external 外部 127, 132; internal 内部 127, 128, 131, 132; of nation-states 民族国家 127, 128, 131, 132, 145–146, 147, 148; in Saudi Arabia 沙特阿拉伯 242;

territorial 领土 3, 6, 15, 50, 70, 127

Soviet Union 苏联 201, 207, 210, 240

Spittler, Gerd 赫尔德·斯皮特勒 136

Spooner, Brian 布莱恩·斯普纳 197–198

State concept 国家观念 2–4, 6–7, 132, 306; anthropology on 人类学 48–49, 50; historians on 历史学家 48–49, 57–58, 61; and Iran 伊朗 191–192; and Libya 利比亚 289–291; and Yemen 也门 252–253, 261–263, 275–279

State formation 国家构建 2–4, 11, 12–19, 25–45, 52, 64–70, 75, 291, 307; anthropological theories of 人类学理论 3, 69–70, 74–104, 253, 280; from chiefdoms 首邦 10, 11–12, 16–17, 28–38, 226–239; Concept of 观念 49, 50, 252; Ibn Khaldun and 伊本·赫勒敦 88–89, 115, 116, 121–136; Imperial 帝国 2, 11–12, 28–38, 127, 153, 155, 172–175; integration in 整合 15–16, 17, 127, 131–137, 143–147, 238–248; in Iran 伊朗 201, 206–207, 210, 211; in Libya 利比亚 293–301; Marxist model and 马克思主义模式 78–85; nation- 国家- 15–16, 127–149; in Saudi Arabia 沙特阿拉伯 12, 226–248, 307; segmentary-lineage model and 分支—世系模式 116–126; territorial 领土 17, 39–40, 70, 127, 145; tribes created by 被创造 62, 253; tribes creating 部落创造 65–66, 69, 153, 155, 172–175, 201; tribes destroyed by 部落被摧毁 61–62; tribes persisting through 部落存在 66–67, 133–137, 201; Yemen and 也门 260–281

States 国家 2–8, 51–52; authority of 权威 2–3, 25, 35–44, 51, 70, 288, 290–291; centralization of 集权化 99–103, 115, 229–239, 241–242;

European 欧洲 2, 15–16, 132, 142–146, 261–262, 264, 290, 291, 306; formation of 构建（参见 State formation 国家构建）; Ibn Khaldun's theory of 伊本·赫勒敦的理论 85–90, 99, 115, 116, 121–36, 154–26l; imperial 帝国的（参见 Empires 帝国）; in Iran 伊朗 191–193, 201–215; Libya and 和利比亚 293–301; Marx on 马克思 75–85, 90; Modern 现代（参见 Modern states; Nation-states 现代国家；民族国家）; regional/territorial 地区/领土 12–13, 39–40, 127, 155–166, 180（参见 Confederations 联盟）; segmentary-lineage model on 分支—世系模式 90–99, 109–126; tribal 部落的 69, 109–26, 167–178, 192; tribes destroying 摧毁部落 309–309; tribes' evolutionary relationship to 国家与部落的进化关系 3, 11–12, 50, 61–63, 63–64, 67, 70, 253, 290; tribes' relations with 部落与……关系（参见 Tribe state-relations 部落国家关系）; weak 虚弱 146–147, 148, 193; Yemen and 也门 259–265, 274, 275–281; 参见 Government; State concept 政府；国家观念

Subay' 苏贝 229

Succession, in tribal leadership 继任，部落首领 111, 204

Sudan 苏丹 43, 304; Dinka of 丁卡 139, 140, 149; Fatimid slaves from 法蒂玛王朝奴隶来源 35; Kababish of 卡巴比什人 82–83, 84; Mahdiyya of 马赫迪 12, 39, 116, 309; Nuer of 努尔人 50–51

Sufis/Sufism 苏非/苏非主义 10, 27, 43–44, 202, 310, 314; expansion on basis of 建立在苏非主义之上的扩张 10, 33; in Iran 伊朗 32, 36, 38, 39, 43; and mediation 调解、妥协 65, 97; neo- 新苏非主义- 43; in North Africa 北非 36, 40, 41, 43, 120, 202; in Pakistan 巴基斯坦 97; tribes organized on basis of 建立在苏非主义之上的部落组织 28, 31, 32, 43–44; in Turkish empires 在土耳其帝国 38, 39; in Umayyad-'Abbasid empires 伍麦叶—阿拔斯帝国 37; Yemen Zaydis and 也门宰德派 265

Sukhna 苏克纳 305

Sulayhids 苏莱赫王朝 260

Sulayman, Abdullah 阿卜杜拉·苏莱曼 237, 238, 239

Sultanates 苏丹国 259, 261, 262, 268, 310; 参见 Ottomans 奥斯曼

Sunnis 逊尼派 314; in Iran 伊朗 32, 38, 196, 199, 202–203, 209–210; mediation among 调解 65; in Syria 叙利亚 140

Swat 斯瓦特 82, 192

Swiss, Machiavelli and 瑞士，马基雅维利 123, 124, 125

Symbolic interaction, with charismatic leadership 符号互动，魅力型领袖 99

Symbolism, group 象征主义、象征意义，团体 146, 189, 197

Syria: 'Alawis/Alawites of 叙利亚：阿拉维派/阿拉维派信徒 17, 129, 138, 139–140, 142, 148, 149, 313; Druzes of 德鲁兹派 142, 148; French and 法国 14, 148; Kurds of 库尔德人 139; and Safavids 萨法维王朝 32–33, 38; Turks and 突厥人 172

Syrian desert 叙利亚沙漠 2, 12, 305

T

Taghut 恶魔 270, 271, 315

Tahirids 塔希尔 260

Ta'if 塔伊夫 231

Ta'ifa/Tawa'if 部落 281, 314

Tajdid 复兴 43

Tamerlane 帖木儿 176

T'ang dynasty 唐朝 167, 169

Tangistanis 坦吉斯坦人 199

Tapper, Richard 理查德·塔珀 13, 48–70; on chiefdoms 酋邦 9, 50, 53, 63, 68; on concepts of state and tribe 国家和部落观念 4, 5, 6, 7, 48–64, 70, 289; on Shahsevan 沙塞温 53, 55, 59, 60, 103; on Tribal states 部落国家 69, 192

Tariqa/Turuq 塔里卡/道乘 27, 41, 44, 314

Tawa'i/Ta'ifa 派（复数）/派系（单数） 281, 314

Taxation 税收 305; in Iran 伊朗 203; in Libya 利比亚 15; in Saudi Arabia 沙特阿拉伯 15, 232–239; Umayyd-'Abbasid 伍麦叶—阿拔斯帝国 35; in Yemen 也门 15, 267, 269

Tayafeh 塔亚法赫 100

Tayfa 地方部落分支 315

Tehran 德黑兰 117, 303

Territory, chiefdom 领土：首邦 10–12, 17, 28–34, 229–239; conquest expansion of 征服扩张 10, 12, 28–38, 39, 44, 229–239, 269, 307; ecologically motivated expansion in 扩张中的生态动机 160; religion as basis of expansion in 扩张中的宗教因素 10–12, 30–31, 33, 265, 307, 309; Saudi concept of 沙特观念 234–235; sovereignty over 主权 3, 6, 15, 50, 70, 127; state formation on basis of 国家构建的基础 17, 39–40, 70, 127, 145; and tribe concept 部落观念 50, 304; Yemeni concept of 也门观念 272, 304; 参见 Borders 边境

Tibi, Bassam 巴萨姆·提比 3–4, 9–10, 16, 17, 19

Tijaniyya 提加尼耶 40

Tilly, Charles 查尔斯·梯利 145

Timurids 帖木儿人 153, 171, 176

Timuris 提姆里人 199

Tinmal 梯摩尔 31

Titteri 蒂特里 40

Toghril 图格里勒 174

Tolba 布教者 31

Trade: in hierarchical tribal confederations 贸易：等级体系的部落联盟中 169; in Libya 利比亚 292; in Saudi Arabia 沙特阿拉伯 228, 233, 236, 247–248; in segmentary-lineage model 分支—世系模式 112, 117; tribe-state 部落国家 7, 8, 9, 56, 112, 154, 163, 185

Transjordan 外约旦 14, 230, 231, 232, 234, 235

Transoxania 河中地区 35, 43

Transportation 运输 17, 112, 131–132, 136, 233, 242

Trebizond 特拉比松 32

Tribal Alliance of Iran 伊朗的部落联盟 212–214

"Tribal problem" "部落问题" 14, 51–52

Tribe concept 部落观念 4–6, 7, 8, 26–27, 48–64, 156, 303–305, 307; and ethnicity 族群 131, 138; and Iran, 伊朗 51–63, 187–198, 213, 304; kinship in 血缘 5, 6, 8, 26, 50, 59, 62, 70, 156–157, 193–194, 198, 303, 304; and Libya 利比亚 289–290; Marxism on 马克思主义 85; Yemen and 也门 252, 253, 274–275, 304

Tribes 部落 2, 3–4, 17, 25–45, 49, 51–57, 74–104, 308–309; empires created by 创造帝国 153, 155, 172–175; and ethnicity 族群 131, 137–143, 147–148, 149; Ibn Khaldun's theory of 伊

索 引

本·赫勒敦的理论 85–90, 115, 116, 121–136, 154–161; in Iran 伊朗 187–201, 213; Libya and 利比亚 297–301; Marx on 马克思 75–85; organization of 组织 155–172, 180, 190–191（参见 Leadership 首领）; persisting through state formation 存在国家构建过程中 65–67, 133–137, 201; Saudi 沙特 226–248; and sectarianism 部落主义 17, 139–140; sedentary 定居 4–5, 156, 157, 179, 180; segmentary-lineage model on 分支—世系模式 6, 58, 64–65, 90–99, 103, 109–126, 198; solidarity in 团结（参见 'Asabiyya 阿萨比亚）; state formation creating 国家构建创造部落 62, 67; state formation destroying 国家构建破坏部落 61–62; stateness acquired by 国家特性的获取 7–8; state evolutionary relationship to 国家与部落的进化关系 3, 11–12, 50, 61–62, 63–64, 67, 70, 253, 290; stereotypes of 构成部分 53–54; Yemeni 也门人 254–259; 参见 Confederations; Egalitarianism; Tribe concept; Tribe-state relations 联盟; 平等主义; 部落观念; 部落—国家关系

Tribe-sects 部落—教派 17, 139–140; 参见 Alawis/Alawites 阿拉维派/阿拉维派信徒

Tribe-state relations 部落—国家关系 3, 4–5, 6, 7, 12–19, 52, 153, 310; and chiefdoms/confederation 酋邦/联盟 9, 10–11, 12, 64–70, 99–103, 164–170, 229–230; economic 经济 7, 8, 9, 56, 112, 154, 163, 185; in empires 帝国 12–14, 25, 27–28, 34–35, 38–44, 127, 158, 159, 168–170, 175–178; Historians on 历史学家 3, 59; Inner Asian perspective on 中亚视域中的 153–180; in Iran 伊朗 185–218; in Libya 利比亚 18, 288–301; Marxist model of 马克思主义模式 81–

83; and nation-states 民族国家 127–149; and resistance 抵抗（参见 Resistance, to state authority 抵抗，国家权威）; in Saudi Arabia 沙特 14–15, 16, 18, 226–227, 235–248; in territorial states 领土国家 127; in Yemen 也门 15, 16, 17, 18, 95, 260, 267, 269–281

Tripol Republic 的黎波里共和国 292
Tripolitania 的黎波里塔尼亚 292
Tuareg 图阿雷格人 110
Tunis 突尼斯 116
Tunisia 突尼斯 31, 306
Turkana 图尔卡纳 61
Turkey: confederations in 土耳其：联盟 176; and Kurds 突厥人 139, 179; Ottomans ruling 奥斯曼统治 165, 172; 参见 Anatolia; Turks 安纳托利亚; 突厥人
Turkish/Anatolian plateau 土耳其人/安纳托利亚高原 2, 155, 157, 159, 176, 180; 参见 Turkey 土耳其
Turkmens 土库曼人 60, 175–176; in Iran 伊朗 197, 198, 199, 206, 207–208, 210; Sufi 苏非派 43
Turks 突厥人 52, 157, 158–160, 164–180; in Algeria 阿尔及利亚 40; in Basseri 巴塞利 197; chiefdoms of 酋邦 10, 29, 33–34, 58; historians on tribes of 历史学家对突厥人部落研究 58; Ibn Khaldun on 伊本·赫勒敦 124; in imperial military forces 帝国军队 35, 171; imperial state formation by 帝国构建 33–34, 38, 39（参见 Ottomans）; in Iran 伊朗 32–33, 199, 202; Iran invaded by 入侵伊朗 32–33, 154, 170–171, 172; Medieval migrations of 中世纪移民 26; in Qashqa'i 卡什卡 198; and Yemen 也门 265, 266, 268, 273, 275

393

Turuq 道乘 27, 41, 44, 314

U

'Ujman 阿季曼 229, 231
'Ulama' 乌里玛 314; in Iran 伊朗 38, 202–203; in North Africa 北非 40, 41; Ottomans and 奥斯曼 39; in Saudi Arabia 沙特阿拉伯 226–227, 232, 237, 241, 243; Waziristan 瓦济里斯坦 97
'Uman 阿曼 306
Umara'/Amir 乌马拉（复数）/埃米尔（单数） 226–227, 245, 313
Umayyads 伍麦叶 34–35, 36, 37, 304
Umma 乌玛 19, 30, 130, 133–134, 164, 262, 314
Unilineal groups 单系群体 110
Unitarianism: Ahansal 唯一神论：阿汗索 120; puritan 清教徒 96, 119–120; Wahhabi 瓦哈比 227
United Nations 联合国 240–241, 291, 293
United States: and Iran 美国：与伊朗 187, 207, 211, 212, 213–214; and Libya 利比亚 294; and Saudi Arabia 沙特阿拉伯 236–237, 240, 247
University of al-Madina 麦地那大学 247
'Uqayr treaty (1922) 《乌凯尔条约》(1922) 234
Urbanization 城市化 17, 142; 参见 Cities; State formation 城市；国家构建
'Utayba 乌太巴 229, 230, 231, 235, 247
Uymaqs 乌亚马克 33, 39, 41–42, 57, 58, 60, 315
Uzbeks 乌兹别克人 33, 34, 43

V

Values: Libyan tribal 价值观：利比亚部落 300, 301; Saudi modern 现代沙特 243–244; Saudi tribal 沙特部落 230, 234, 237, 245–248; tribal 部落 7, 16; Yemeni 也门人 255–256, 257–258; 参见 Authority; Egalitarianism; Religion 权威；平等主义；宗教
Van Bruinessen, Martin M. 马丁·M.范·布鲁伊辛 194
Violence: segmentary-lineage modeland 暴力：分支——世系模式 94–95, 118, 120; 参见 Conquest movements; War 征服运动；战争
Volga region 伏尔加河流域 34
Vološinov, V. N. V. N. 沃罗希洛夫 80, 83

W

Wahhabis 瓦哈比派 226, 265; in egalitarian model 平等主义模式 164; Ikhwan and 伊赫万 231–232; law code of 法律 233, 238, 246; and marriage practice 婚姻 230; and Ottoman Empire 奥斯曼帝国 39, 116; Yemen and 也门 273
Walis 保护者 36
Wallerstein, Immanuel 伊曼纽尔·沃勒斯特 143
Waqf 瓦克夫 315
War: 'asabiyya based on 战争：基于阿萨比亚的 34, 38, 123, 154, 266–267, 307–308; distribution of spoils of 分配战利品 174; and egalitarian tribes 平等主义的部落 162, 179; Iran-Iraq 两伊战争 210; Italy-Libya 意土战争 293; jihad 圣战 32, 164, 257, 314; Marx and Engels on 马克思与恩格斯的战争理论 78; Saudi chieftaincy 沙特酋长国 229–230; Saudi-Yemeni 沙特—也门战争 236, 239; World War I 第一次世界大战 205–206, 228, 292;

World War II 第二次世界大战 207, 293;
Yemeni civil 也门内战 15, 268, 275；参见
   Conquest movements; Military forces 征服运动；军队
Warrior chieftainship 军人统治 29, 33–34, 38
Watt, W. Montgomery W. 蒙哥马利·瓦特 133–135, 136
Wattasids 瓦塔斯德王朝 41
Waziristan 瓦济里斯坦 96–99
Weber, Max 马克斯·韦伯 85, 89, 96, 131, 202, 281, 290
Weiner, Myron 迈伦·韦纳 2–3
Welfare system, Saudi 沙特福利体系 242, 245, 248
Westphalia, Peace of 威斯特伐利亚的和平 145, 290
White, Leslie 莱斯利·怀特 253
Wolus 政治共同体 315
World Bank 世界银行 295
World system approach 世界体系论 143；参见 International systems 国际体系
World time 世界时间 131–132, 133, 143
World War I 第一次世界大战 205–206, 228, 292
World War II 第二次世界大战 207, 293

Y

Yaghistan 亚吉斯坦 66, 315
Yahya, Imam 伊玛目叶海亚 15, 273, 275
Yam 亚姆 259

al-Yamani, Zaki 扎基·亚马尼 241
Yasin, Yusuf 优素福·亚森 237
Yemen 也门 15, 16, 17, 252–281, 304; Arab Republic 阿拉伯共和国 217, 254, 275; imamate 伊玛目教长国 12–13, 15, 95, 120, 252–281, 306; Lower 下也门 254, 259, 260, 262, 265, 267, 269, 270, 276; North 北也门 94, 273, 276, 279; Palestinians and 巴勒斯坦 304; revolution in 革命 16, 274; and Saudi Arabia 沙特阿拉伯 232, 236, 239, 259, 275, 276; segmentary-lineage model and 分支—世系模式 95, 120; South 南也门 276; tribal leaders in 部落首领 217, 268, 274, 275–277, 304; tribe-state relations in 部落—国家关系 15, 16, 17, 18, 95, 260, 267, 269–281; Upper 上也门 252–281
Yomut 约穆特 197
Yu'firid *dawla* 雅法尔王朝 259
Yürük 尤鲁克人 59–60

Z

Zagros Mountains 扎格罗斯山脉 153, 192, 204
Zaidi Shi'ism 什叶派宰德支派 120
Zakat 天课 135, 263–264, 315
Zawaya 扎瓦亚 43
Zawiyas 学校 32, 41
Zayanids 扎亚尼德王朝 31
Zaydis 宰德派信徒 253–274, 306
Zulm 压迫 161, 310, 315
Zuray'ids 祖莱人 259

译者分工

《中东部落与国家形成》一书是集体翻译而成，译者分工如下：

前言、纪念马尔科姆·克尔、致谢、引言、第十章、中东术语词汇表、索引并通稿全文——韩志斌（西北大学中东研究所所长、二级教授、博士生导师）

第一、九章，结语——闫伟（西北大学中东研究所副所长、教授、博士生导师）

第二章——李云鹏（咸阳师范学院资源环境与历史文化学院博士生）

第三、四章——姜欣宇（西北大学中东研究所博士研究生）

第五、八章——尹婧（山西医科大学马克思主义学院讲师）

第六章——杨张锋（西安外国语大学国际关系学院讲师）

第七章——贺婷（西藏民族大学民族研究院讲师）

图书在版编目（CIP）数据

中东部落与国家形成/（美）菲利普·库里，（以）约瑟夫·克丝缇娜主编；韩志斌等译. —北京：商务印书馆，2022
（中东部落名著译丛）
ISBN 978-7-100-20415-6

Ⅰ.①中⋯ Ⅱ.①菲⋯ ②约⋯ ③韩⋯ Ⅲ.①中东问题—研究 Ⅳ.①D815.4

中国版本图书馆 CIP 数据核字（2021）第203947号

权利保留，侵权必究。

中 东 部 落 与 国 家 形 成

〔美〕菲利普·库里
〔以〕约瑟夫·克丝缇娜 主编
韩志斌 等译

商 务 印 书 馆 出 版
（北京王府井大街36号 邮政编码100710）
商 务 印 书 馆 发 行
山东韵杰文化科技有限公司印刷
ISBN 978-7-100-20415-6

2022年5月第1版 开本 640×960 1/16
2022年5月第1次印刷 印张 25½

定价：128.00元